Historia de la gubernamentalidad II
Filosofía, cristianismo y sexualidad en Michel Foucault

BIBLIOTECA UNIVERSITARIA
Ciencias Sociales y Humanidades

Filosofía política

Historia de la gubernamentalidad II
Filosofía, cristianismo y sexualidad en Michel Foucault

Santiago Castro-Gómez

Castro-Gómez, Santiago, 1958-
    Historia de la gubernamentalidad II: filosofía, cristianismo y sexualidad en Michel Foucault / Santiago Castro-Gómez. – Bogotá: Siglo del Hombre Editores; Pontificia Universidad Javeriana-Instituto Pensar; Universidad Santo Tomás, 2016.

    440 páginas; 21 cm.
    Incluye bibliografía

    1. Foucault, Michel, 1926-1984 - Crítica e interpretación. 2. Filosofía política 3. Sexualidad 4. Cristianismo 5. Estética I. Tít.

    320.1 cd 21 ed.
    A1547323

                CEP-Banco de la República-Biblioteca Luis Ángel Arango

Primera edición, 2016

© Santiago Castro-Gómez

© Siglo del Hombre Editores
Cra. 31A n.° 25B-50, Bogotá D. C.
PBX: 337 77 00 • Fax: 337 76 65
www.libreriasiglo.com

© Pontificia Universidad Javeriana
Instituto de Estudios Sociales y Culturales-Pensar
Cra. 7 n.° 39-08 Casa Navarro, Bogotá, D. C.
PBX: 320 83 20 - Exts. 5440 - 5441 • Fax: 340 04 21
www.javeriana.edu.co/pensar/

© Universidad Santo Tomás
Cra. 9 n.° 51-11, Bogotá D. C.
PBX: 587 87 97
www.usta.edu.co

Carátula
Amarylis Quintero

Diseño de colección y armada electrónica
Ángel David Reyes Durán

ISBN: 978-958-665-415-9
ISBN ePub: 978-958-665-416-6
ISBN PDF: 978-958-665-417-3

Impresión
Nomos Impresores
Diagonal 18Bis n.° 41-17, Bogotá D. C.

Impreso en Colombia-Printed in Colombia

Todos los derechos reservados. Esta publicación no puede ser reproducida ni en su todo ni en sus partes, ni registrada en o transmitida por un sistema de recuperación de información, en ninguna forma ni por ningún medio, sea mecánico, fotoquímico, electrónico, magnético, electroóptico, por fotocopia o cualquier otro, sin el permiso previo por escrito de la editorial.

ÍNDICE

INTRODUCCIÓN	9
CAPÍTULO I. EL ÚLTIMO FOUCAULT	21
Un viaje hacia el mundo antiguo	21
Gubernamentalidad y libertad	38
Kant como estación intermedia	48
Baudelaire y la estética de la existencia	65
El problema de los tres ejes	76
CAPÍTULO II. LA SINGULARIDAD DEL CRISTIANISMO	89
Decir la verdad sobre sí mismo	89
Aleturgia y gobierno de sí	104
El giro tertuliánico	115
La teatralización de la verdad	125
El dispositivo monacal	136
La hermenéutica del sujeto	152
CAPÍTULO III. SEXUALIDAD Y VERDAD	163
En busca del eslabón perdido	163
La fábula del elefante	175

El dilema de la penetración	189
Amores pederásticos	214
La experiencia de la carne	234
CAPÍTULO IV. ARTES FILOSÓFICAS DE VIVIR	**249**
Las tres transformaciones	249
El momento socrático-platónico	269
La edad de oro del cuidado de sí	284
Tecnologías del yo	296
CAPÍTULO V. ESTÉTICA DE LA EXISTENCIA	**325**
La *parrhesía* como noción araña	325
La democracia como lugar de la no-verdad	339
Dramática del discurso verdadero	355
El perro como símbolo de antipolítica	371
Cinismos transhistóricos	389
EPÍLOGO. EL "EFECTO FOUCAULT" DE LA POLÍTICA	**403**
BIBLIOGRAFÍA	**429**

INTRODUCCIÓN

Este libro se enmarca en una serie de exploraciones y tanteos en torno a la filosofía política, iniciada en 2010 con la publicación del volumen I de *Historia de la gubernamentalidad*, seguido luego por el libro *Revoluciones sin sujeto* (2015). Desde el comienzo, *Historia de la gubernamentalidad* fue concebido como un solo libro escrito en dos partes, tal como se anunciaba ya en el final del capítulo cinco. Su intención era estudiar el problema de las *tecnologías políticas* en el último Foucault, comenzando con las técnicas modernas de gobierno de la conducta de otros, desplegadas en la razón de Estado, el liberalismo y el neoliberalismo, pero continuando luego con las técnicas de gobierno de la propia conducta, estudiadas por el filósofo francés en el mundo antiguo durante sus últimos años. Sin embargo, una serie de circunstancias institucionales, académicas y personales dilataron un poco la redacción de la segunda parte, que ahora finalmente se presenta al público.

El problema de fondo que planteaba el primer volumen era el siguiente: ¿podemos hablar de una *teoría de la política* en los escritos de Michel Foucault? Y de ser afirmativa la respuesta, como lo es, sobreviene otra pregunta: ¿qué cambios podemos observar en esa teoría de la política una vez abandonado el "modelo bélico" (con el que el filósofo había trabajado hasta 1976) y adoptado en su lugar el "modelo gubernamental"? Es evidente que el modelo bélico arrastraba consigo una visión *sui generis* de la política: solo puede hablarse de política en el nivel microfísico de las relaciones de poder, pero jamás en el nivel "molar" de la economía, las clases sociales y los aparatos de Estado. Imbuido por el espíritu de Mayo del 68, Foucault creía necesario *pensar la política sin Estado*. Sus escritos durante la primera mitad de la década del setenta dejaban claro que el Estado no es más que una cristalización de relaciones microfísicas de poder que lo *desbordan* por completo y que se extienden como una malla por toda la sociedad. Estas relaciones operan con una "lógica" muy diferente a la del Estado, hasta el punto de que existe una *exterioridad radical* entre las dos dimensiones. El Estado busca "capturar" las redes microfísicas para integrarlas en su maquinaria totalizante, pero estas se mueven en direcciones divergentes, escapando a las jerarquías estatales. Más aún, Foucault plantea en esos escritos que la verdadera política es aquella que interviene *directamente* en las redes moleculares de poder, sin involucrarse en absoluto con la esfera del Estado. Es decir que los cambios progresistas no se producen interviniendo a nivel del Estado de derecho y la democracia (con todo lo que ello implica: movimientos sociales, sindicatos, partidos políticos, órganos locales de gobierno, medios de comunicación, etc.), sino en el nivel de los *micropoderes*. No se trata de pedirle nada al Estado, de luchar por la adquisición de derechos, de fortalecer la democracia, y mucho menos de entrar en la pugna por la hegemonía de los aparatos estatales, pues allí nada podrá lograrse. Se trata, más bien, de modificar las relaciones de poder en un nivel molecular y por fuera del Estado, tal como lo dejó ver el propio Foucault en su compromiso con el GIP (Grupo de Información sobre las Prisiones). Aquí la lucha no pasaba por cambiar el código penal, invocar la protección de los Derechos Humanos, solicitar al Estado mejores oportunidades de reinserción en la vida civil para los presos o cambios sustanciales en el régimen carcelario, sino por modificar las relaciones cotidianas entre prisioneros y carceleros. A los "aparatos de Estado" se les pide únicamente que *desaparezcan*, tal como consta en el Manifiesto del GIP publicado en 1971: "Son intolerables los Tribunales, los policías, los hospitales, los asilos, la escuela, el servicio militar, la prensa, la televisión, el Estado y ante todo las cárceles".

Podríamos decir entonces que el modelo bélico del poder utilizado por Foucault conllevaba el ideal de una política sin sociedad política, o para decirlo de otro modo, de una *potentia* sin *potestas*. Una especie de foquismo nietzscheano en el que se combate sin cuartel en cada punto cuerpo a cuerpo, resistiendo todo el tiempo al poder soberano, cortocircuitando sus mecanismos de captura, descomponiendo sus dispositivos, pero sin recurrir a una agenda ideológica específica. Una guerra permanente *contra el Estado* en la que se busca escapar a la soberanía de la ley, la obediencia y la dominación. El Foucault de la primera mitad de los setenta defiende, pues, una vida sin Estado y una política en constante insubordinación. No obstante, hacia el año de 1976 todo este ideario político daba signos de empezar a cambiar. Lo mostrábamos al comienzo del volumen I: Foucault había entrado en una profunda crisis motivada por el fracaso de la revolución iraní (en la que creyó ver la emergencia de un "arte de no ser gobernado"), su creciente malestar con el trabajo que realizaba en el Collège de France, las duras críticas que había recibido por parte de la izquierda francesa y, por encima de todo, el descontento con el tipo de analítica que había utilizado en sus trabajos anteriores para comprender el funcionamiento del poder. Poco a poco, el modelo bélico de análisis, centrado en el esquema de la guerra permanente, se vio desplazado por un nuevo modelo centrado en la categoría de "gobierno". De la grilla bélica de análisis se pasa entonces a la grilla gubernamental, donde la mirada no se centra ya en los micropoderes, sino en configuraciones más globales del poder como son, por ejemplo, los fenómenos poblacionales, la imbricación mutua entre biopolítica y capitalismo, la economía política y los dispositivos de seguridad. ¿Y el Estado? El filósofo francés pareciera distanciarse de la radicalidad de sus posiciones anteriores, en las que el Estado aparecía como una "maquinaria infernal" que impone su dominio a sangre y fuego. De la visión anterior del Estado como aparato de soberanía total y absoluta, se pasa a una visión del Estado como aparato de *gobierno* cuya agenda, sin embargo, *ya no la pone el soberano*. Pues recordemos: la categoría "gobierno" abarca un campo mucho más amplio que el ejercicio del poder estatal, de modo que la gubernamentalidad es condición de posibilidad de ese poder. Y esta racionalidad gubernamental va a estar marcada, desde finales del siglo XIX, por la *economía*.

En efecto, el volumen I de *Historia de la gubernamentalidad* mostró que ya desde su curso de 1976, pero sobre todo en sus cursos de 1978 y 1979, Foucault parece haberse dado cuenta que las luchas emancipatorias no deben dirigirse ya contra el poder soberano, sino contra un nuevo poder que no tiene soberano. Si antes se había esforzado en mostrar que el poder nunca es poseído por el Estado y que se hacía necesario pensar el poder "sin la cabeza del rey", ahora se da cuenta que ese poder sin rey había "colonizado" al Estado y usurpado sus funciones. ¿Y cuál era ese nuevo poder ácrata contra el que había que luchar? La *economía neoliberal*. Los cursos *Seguridad, territorio, población* y *Nacimiento de la biopolítica* muestran que ya desde finales del siglo XVIII emerge una forma de poder que lentamente arrebata la soberanía al Estado. Fuerzas de ocupación externas han invadido la corte del soberano, imponiendo severos "límites" a su acción. Tanto la fisiocracia como el liberalismo introducen un nuevo tipo de gobierno económico que no se funda en la ley y la soberanía (propia del mercantilismo vinculado a la razón de Estado), que no opera por normalización y disciplinamiento, que no somete las conductas de los individuos por medio de la fuerza policial, sino que presupone la libertad de aquello que se gobierna. Emergencia de una nueva racionalidad política, no centrada en el Estado, cuyo objetivo no es someter por la fuerza a los desobedientes, sino conducir su conducta y neutralizar su peligrosidad mediante la implementación de dispositivos de seguridad. Con el surgimiento del liberalismo (pero incluso ya antes con la razón de Estado), no es la "guerra" sino el "gobierno" lo que prevalece. Y con el quiebre abierto por el neoliberalismo del siglo XX, pasamos de una racionalidad que le impedía al Estado "gobernar demasiado", a una que le impide gobernar en absoluto. Una racionalidad que se define por su "fobia al Estado" y que asume directamente el *gobierno de lo social* sin recurrir para nada a los aparatos del Estado.

Resulta claro que para entender el *modus operandi* del gobierno económico y desarrollar una estrategia de resistencia efectiva, el modelo bélico resultaba particularmente inadecuado. En sus cursos de 1978 y 1979 Foucault manifiesta que el enemigo había cambiado de rostro y que el modelo de la guerra (adecuado quizás para entender el combate a la soberanía absoluta del Estado) tenía que ser abandonado. Con el surgimiento del neoliberalismo, era evidente que la "grilla bélica" no era suficiente para entender el ejercicio de la política. Esta ya no se despliega en el fragor de la batalla, definiendo quiénes son los vencedores y los vencidos, sino que tiene que ver ahora con el "arte de gobernar". La *política*, en suma, se despliega en el dominio de las *tecnologías políticas*, y estas, a su vez, tienen dos caras: por un lado, tenemos las *artes de gobierno de otros*, que son precisamente las desplegadas por la razón de Estado, el liberalismo y el neoliberalismo. Estas buscan dirigir la conducta del individuo con base en técnicas, fines y objetivos que no son definidos por él mismo, sino por cálculos y estrategias gubernamentales de carácter global, por lo que Foucault se refiere a ellas como "tecnologías políticas de los individuos". Por otro lado, tenemos las *artes de gobierno de sí mismo*, cuyo objetivo es permitir que el individuo defina autónomamente las técnicas, fines y objetivos con los que quiere dirigir su propia conducta. Aquí se trata básicamente de "desgubernamentalizar" la subjetividad frente a las técnicas que pretenden gobernarla desde afuera, y de convertir la propia vida en una obra esculpida enteramente por el sujeto mismo. Por eso Foucault se referirá a estas técnicas con el nombre de "estética de la existencia".

Pues bien, mientras que el volumen I de *Historia de la gubernamentalidad* se ocupó de estudiar las "tecnologías políticas de los individuos", el volumen II se ocupará de analizar la "estética de la existencia". Para ello estudiaremos los cinco últimos cursos dictados por Foucault en el Collège de France, entre 1980 y 1984, en los que el filósofo propone una ampliación de la categoría "gobierno" hacia las técnicas de sí desarrolladas en el mundo griego, romano y cristiano. No es difícil adivinar la razón de este súbito viaje a la antigüedad: si el curso de 1979 había establecido que el neoliberalismo es una técnica de gobierno de la subjetividad que genera una peculiar relación de sí consigo (el sujeto como empresario de sí mismo), Foucault se da cuenta de que es en el *terreno de la subjetividad* donde hay que replantear la batalla por la emancipación. Esta ya no se dirige más contra el Estado y sus mecanismos de captura, sino contra la mercantilización de la vida reproducida por el sujeto mismo. Las técnicas neoliberales de gobierno deben ser combatidas con otras "técnicas de sí" capaces de desmercantilizar la propia vida y convertirla en una obra de arte. El viaje a la antigüedad obedece, por tanto, al intento de buscar herramientas para una reactivación contemporánea de la "estética de la existencia", cuya genealogía será trazada en los cinco últimos cursos.

Mirados en su conjunto, los dos volúmenes de este libro buscan entender el potencial del concepto *gubernamentalidad* para una comprensión de la política. La estrategia fue realizar un estudio minucioso del *Nachlass*, particularmente de los cursos dictados en el Collège de France entre 1978 y 1984. La razón para esta estrategia es simple: si solamente se consideraran las obras publicadas en vida por el filósofo durante este período de tiempo (*El uso de los placeres* y *La inquietud de sí*), no se comprendería en absoluto la importancia que tuvo el problema del *gobierno* para el último Foucault; vale decir, permaneceríamos ciegos frente al hecho de que los últimos tomos de *Historia de la sexualidad* formaban parte de un proyecto mucho más grande, que es el que aquí denominamos *Historia de la gubernamentalidad.* Reconstruir ese proyecto y analizar sus implicaciones políticas, es el propósito de este libro. Desde luego se trata de un proyecto experimental, fragmentario y en muchos casos errático, que Foucault no pudo completar a causa de su muerte prematura. No obstante, a través de los siete últimos cursos en el Collège de France es posible descubrir una serie de hilos conductores que nos sirvieron de guía en medio de los diversos giros y exploraciones por los que atravesó el proyecto.

Siguiendo estos hilos conductores, podemos reconocer al menos dos giros que marcan la trayectoria de este ambicioso proyecto. El *primer giro* se produce en el curso de 1978 (*Seguridad, territorio, población*), cuando Foucault se distancia del modelo bélico que había utilizado en sus investigaciones anteriores. A partir de ese momento explora el problema de las tecnologías políticas, pero desde un ángulo diferente al propuesto en libros como *Vigilar y castigar* (1975) y *La voluntad de saber* (1976). Las relaciones de poder serán vistas ahora desde el punto de vista de las *técnicas de gobierno* y no como puros mecanismos de guerra. No son técnicas que producen al sujeto, como si este careciera de agencia moral, sino técnicas que gobiernan racionalmente su conducta. Este giro, que supone el paso del modelo bélico al modelo gubernamental, fue estudiado con amplitud en el volumen I. El *segundo giro* se produce en el curso de 1980 (*Del gobierno de los vivos*), cuando Foucault inicia una exploración de las técnicas de gobierno en el mundo antiguo, pero desde un ángulo diferente al propuesto en los cursos de 1978 y 1979, pues el énfasis se hará en las técnicas de autogobierno de la conducta, trazando su historia entre el siglo V a.C. y el siglo V d.C. A través del estudio de este largo período de tiempo, Foucault quiere mostrar cómo, a partir del cristianismo, la racionalidad de las técnicas de sí elaboradas por la filosofía antigua se fue desvirtuando poco a poco, quedando el camino abierto para el triunfo de las tecnologías gubernamentales modernas. Este segundo giro es el tema abordado en el volumen II del libro.

Los cursos dictados por Foucault entre 1980 y 1984 exploran tres momentos de esta larga historia: las *artes de la vida* en la Grecia clásica (curso de 1983 y 1984), las *tecnologías del yo* en el mundo helenístico (cursos de 1981 y 1982) y la *hermenéutica del sujeto* en el mundo cristiano (curso de 1980). A esto habría que añadir un cuarto momento, el de las *tecnologías políticas de los individuos*, estudiado por el filósofo en los cursos de 1978 y 1979. Como se puede ver, el orden de los cursos es prácticamente inverso a la cronología de la historia narrada. Foucault decía que sus investigaciones se movían "hacia atrás", como el cangrejo, alejándose cada vez más atrás en el tiempo. Nosotros hemos querido acompañar al filósofo en este camino hacia el pasado, razón por la cual *Historia de la gubernamentalidad* puede ser vista como una novela que empezó a ser escrita por el final. El volumen I, que corresponde a los últimos capítulos de la novela, describe el triunfo de las tecnologías políticas modernas que culminan en el neoliberalismo. Pero para saber cómo empieza la novela, cómo se da inicio a esta larga tragedia, tendremos que remitirnos a los cursos dictados entre 1980 y 1984, que es el tema abordado en este volumen II. Se trata, por tanto, de una historia que narra *retrospectivamente* el "olvido" de las técnicas antiguas de sí en el mundo moderno y su reemplazo por las tecnologías políticas de los individuos. Es el movimiento propio de una "ontología del presente".

El volumen II inicia con un capítulo que muestra las razones por las cuales Foucault emprende su viaje hacia el mundo antiguo, y continúa luego con cuatro capítulos que buscan acompañarlo en ese viaje. El capítulo dos se ubica en el punto de embarque, el curso de 1980, *Del gobierno de los vivos*, en el que Foucault explora las relaciones entre el sujeto y la verdad que emergen con el cristianismo durante los siglos III-V. El énfasis se hará en una serie de prácticas como el bautismo, la confesión y la penitencia, a través de las cuales el sujeto se ve compelido a interpretarse a sí mismo para descubrir las señales de un mal que habita oculto en su interior. El capítulo tres estudia el curso *Subjetividad y verdad* (1981), en el que Foucault desplaza su interés hacia el período inmediatamente anterior a la expansión del cristianismo, los siglos I-III d.C., para buscar allí las claves de la moral sexual monogámica retomada por los Padres de la Iglesia. Nuestro filósofo se centrará en las "técnicas de sí" desarrolladas por los estoicos, tema que ampliará en su siguiente curso, *La hermenéutica del sujeto* (1982), sobre el cual se enfocará nuestro capítulo cuatro. Aquí el problema sigue siendo el de las relaciones entre subjetividad y verdad, pero visto a la luz del "cuidado de sí" que emerge durante la Grecia clásica y que se transforma luego en las "tecnologías del yo" del período helenístico. El capítulo cinco propone una lectura de los dos últimos cursos de Foucault en el Collège de France, *El gobierno de sí y de los otros* (1983) y *El coraje de la verdad* (1984), centrada en el problema de la "estética de la existencia". Se trata de un problema surgido ya en el curso de 1982 a propósito de las técnicas estoicas de sí, pero que ahora el filósofo explora en las formas de vida desplegadas por los cínicos.

Estos cinco capítulos se encuentran unidos por tres ejes transversales de lectura: *filosofía, cristianismo* y *sexualidad*. Para comprender el modo en que la relación del sujeto consigo mismo fue problematizada durante mil años (entre los siglos V a.C y V d.C.), Foucault emprende un concienzudo estudio de las escuelas filosóficas antiguas. Las artes de sí que se exploran en los cinco capítulos fueron desarrolladas en su mayor parte por filósofos, entre los cuales Foucault destaca a los estoicos y a los cínicos. De otro lado, el cristianismo ocupa un lugar singular en este libro, ya que se ubica *en medio* de la estética de la existencia del mundo antiguo y las tecnologías políticas del mundo moderno. Los cinco capítulos resaltarán el modo en que, según Foucault, el cristianismo es el factor clave para explicar el debilitamiento de las artes de sí en el mundo moderno. Por último, el eje de la sexualidad puede rastrearse en todos y cada uno de los capítulos. Recordemos que es en torno a la sexualidad que surge el interés de Foucault por la estética de la existencia en el mundo antiguo, y es ella la que motiva su diagnóstico trágico del mundo moderno. La historia que este libro reconstruye se *deriva* del malogrado proyecto *Historia de la sexualidad* y constituye una ampliación cronológica, temática y metodológica del mismo.

Una palabra más: los dos volúmenes que componen este libro son algo más que una simple "introducción" a los siete últimos cursos de Foucault en el Collège de France. Si bien proponen una lectura cuidadosa y detallada de los mismos, útil tanto para los que se inician en la obra del filósofo como para los lectores más avanzados, su objetivo es mostrar los alcances y límites de la concepción foucaultiana de la política. Una de las tesis centrales del libro es que, a pesar de haber abandonado el modelo bélico de análisis, pensado inicialmente como una estrategia de guerra contra el Estado, Foucault nunca transformó su convicción de que toda política debe hacerse *por fuera* del Estado y sus aparatos, capturados de entrada por unas tecnologías políticas que destruyen la creatividad y expresividad del individuo. De ahí que, conforme con su diagnóstico, la *subjetividad* es la última trinchera de resistencia frente al avance incontenible del neoliberalismo. De nada vale plantear una lucha política que pase por ámbitos ya "gubernamentalizados" como la democracia, el Estado de derecho y la sociedad civil. Esta lucha tendrá que darse a partir de una serie de intervenciones éticas y estéticas del sujeto consigo mismo y en su entorno más próximo, que contribuyan a una efectiva desgubernamentalización de la subjetividad. No obstante, semejante *repliegue* de la lucha política en el ámbito de la subjetividad desconoce que la *recuperación* del Estado de derecho, desarticulado —como bien lo vio el mismo Foucault— por el neoliberalismo, es la única estrategia viable que tenemos para combatir la precariedad en la que han caído millones de personas en todo el mundo, abocadas a vivir en el "desierto de lo real". A *nada* conduce, políticamente hablando, la utopía foucaultiana (recuperada hoy día por Hardt & Negri) de una *potentia* sin *potestas*, de una "estética de la existencia" desconectada de la sociedad civil, de un poder constituyente que no constituya instituciones públicas, de la creación de aldeas moleculares que no cristalicen en sociedad política. La mística izquierdista de la "revolución permanente", a la que tanto ha contribuido Foucault, ignora que ha sido el *capitalismo* el que ha realizado perversamente ese ideal, y que la lucha por la *hegemonía política* de los aparatos de Estado y de la *hegemonía cultural* sobre el "sentido común", son los únicos medios a nuestro alcance para evitarlo. El Epílogo de este libro reflexionará sobre todos estos temas.

Quiero agradecer a mis estudiantes de la maestría en estudios culturales de la Universidad Javeriana y del doctorado en filosofía de la Universidad Santo Tomás, con quienes compartí mis primeras reflexiones alrededor de estos temas. Andrea Benavides hizo la transcripción de mis notas de clase y Laura Lemos colaboró en la traducción de algunas secciones del curso *Subjetividad y verdad*. Juan Fernando Mejía, buen conocedor de la filosofía griega, leyó algunos capítulos del manuscrito y aportó valiosos comentarios. Mis amigos Laura Quintana, Carlos Noguera, Adrián Perea, Gustavo Chirolla y Amalia Boyer han sido excelentes compañeros de discusión en torno a la filosofía de Foucault durante todos estos años. A ellos un agradecimiento especial, así como a Emilia Franco, directora de Siglo del Hombre Editores, por la confianza depositada en este proyecto, y desde luego al Instituto Pensar de la Universidad Javeriana por el apoyo de siempre. Finalmente, quiero dedicar este libro a mi compañera, Mónica Eraso, quien todo el tiempo ha estado cuestionando, inquietando, dudando y evitando mi cristalización prematura.

Bogotá, 22 de mayo de 2016

CAPÍTULO I
EL ÚLTIMO FOUCAULT

Un viaje hacia el mundo antiguo

En el año de 1982, Michel Foucault dictó una conferencia pública en la Universidad de Vermont, titulada "La tecnología política de los individuos". Allí trató de explicar a su auditorio la relación entre sus anteriores trabajos sobre la "razón de Estado" y sus actuales investigaciones en torno a las "técnicas de sí", sobre las cuales acababa de ofrecer un seminario en aquella misma universidad.[1] En esa conferencia, Foucault establece una distinción categorial de gran importancia para entender la continuidad temática y conceptual entre los volúmenes I y II de esta *Historia de la gubernamentalidad*. Nuestro filósofo dice que una cosa son las "tecnologías políticas de los individuos" y otra cosa muy distinta son las "técnicas de sí" (Foucault, 2013a: 240). En los cursos de 1978 y 1979 había

---

[1] Se trató en realidad de seis sesiones cerradas impartidas en el otoño de 1982 en las que presentó un resumen de las investigaciones adelantadas en los cursos de 1980 y 1981 en el Collège de France: *Del gobierno de los vivos* y *Hermenéutica del sujeto*. Los seminarios fueron reunidos luego en un solo texto publicado bajo el título *Tecnologías del yo*. Véase: Foucault, 1991b: 45-94.

estudiado el nacimiento, hacia finales del siglo XVIII, de una tecnología de gobierno que colocaba la vida de los individuos en el centro de la racionalidad política. Si hasta esa época la *vida* de los súbditos carecía de importancia para el poder soberano (a no ser para sustraer de ella las potencias necesarias para la guerra o para la recolección de impuestos), con el nacimiento de la razón de Estado las cosas empiezan a cambiar. De ahora en adelante, "gobernar" significará ocuparse de los individuos en tanto seres vivos que trabajan y comercian (*ibíd.*, 250). La función de la "policía" será, precisamente, integrar a los individuos en las funciones propias del Estado, ocupándose de asuntos tales como la enfermedad, los auxilios para pobres, los accidentes, el abastecimiento de alimentos, etc. Por primera vez en la historia política de Occidente, la felicidad de los individuos se convierte en una necesidad para el Estado, que ahora se ocupará de velar por el cuidado y potenciamiento de los cuerpos. Nacimiento, entonces, de una nueva tecnología política que hará del individuo un objeto privilegiado de las artes de gobierno, al mismo tiempo que buscará consolidar el poder del Estado como un todo.[2]

No obstante, hacia finales del siglo XVIII, al mismo tiempo que se consolidaba la "tecnología política de los individuos", surgió también la pregunta por el modo en que sería posible "resistir" a esos procesos de gubernamentalización. Es la pregunta por la Ilustración (*Aufklärung*), formulada por Kant en un opúsculo tardío, que según Foucault nos remite

---

[2] *Omnes et singulatim*: gobierno de todos y de cada uno. Al final de la conferencia, Foucault resume esta idea de la siguiente forma: "La gran característica de nuestra racionalidad política radica, a mi criterio, en este hecho: la integración de los individuos a una comunidad o una totalidad es la resultante de una correlación permanente entre una individualización cada vez más extremada y la consolidación de la totalidad" (Foucault, 2013a: 256). En la entrevista de 1983 con Dreyfus & Rabinow dirá que el Estado es una "forma de poder a la vez totalizadora e individualizadora. Jamás, me parece, en la historia de las sociedades humanas, ha habido combinación tan compleja en la estructura de técnicas de individualización y procedimientos de totalización" (Dreyfus & Rabinow, 2001: 246).

directamente al problema de las "técnicas de sí".[3] De acuerdo con el filósofo francés, la pregunta de Kant hace referencia al modo en que podemos constituir autónomamente nuestra subjetividad, convirtiéndonos en individuos que escapan a las tecnologías políticas. En esto radica la "mayoría de edad" que Kant anunciaba en su famoso opúsculo. Si las tecnologías políticas apuntan hacia un modo de gobierno que integra la vida del individuo a la racionalidad de la economía y el Estado, las técnicas de sí, por el contrario, buscan "desgubernamentalizar" a los individuos de este mecanismo perverso y colocarlos en un escenario diferente. El objetivo de las técnicas de sí es combatir los procedimientos de individualización fomentados por la razón de Estado y producir, al mismo tiempo, un nuevo tipo de subjetividad que nuestro filósofo caracterizará como una *estilística de la existencia*.

Ya vemos entonces cómo la tensión entre el gobierno de la individualidad (técnicas de normalización y disciplinamiento) y la desgubernamentalización de esa individualidad por parte del sujeto (tecnologías del yo), se ubicará en el centro de las investigaciones realizadas por Foucault durante sus últimos años. Con lo cual se entiende también la necesidad de "suplementar" el volumen I de *Historia de la gubernamentalidad*, dedicado a estudiar las tecnologías políticas de los individuos, con un nuevo volumen dedicado exclusivamente a las técnicas de sí. Utilizo aquí la noción derrideana de "suplemento" para indicar que en aquel volumen I había una "ausencia" que impedía cerrar la historia en ese punto y demandaba ser llenada por este volumen II. Tal ausencia consistía en que no es posible comprender los alcances políticos de esta historia sino *retrospectivamente*, es decir, solo *después* de haber explorado en detalle el recorrido que hace Foucault por el mundo cristiano y greco-latino en sus cinco últimos cursos dictados en el Collège

---

[3] En realidad, como veremos, son dos preguntas diferentes a las que Foucault dedicó sendas conferencias: *¿Qué es la crítica? (1978)* y *¿Qué es la Ilustración?* (1982).

de France (1980-1984). Podríamos decirlo del siguiente modo: *Historia de la gubernamentalidad* es como una novela que empezó a ser escrita por el final. El análisis de los cursos de 1978 y 1979 corresponde a los últimos capítulos de la novela, cuando se produce el triunfo de las tecnologías políticas de los individuos que culmina en el neoliberalismo.[4] Pero para saber cómo empieza la historia, para entender cómo se abrió el camino de este triunfo malhadado, para reconstruir esa larga narrativa trágica, tendremos que estudiar a fondo los cursos dictados por Foucault entre 1980 y 1984. ¿Por qué razón? Porque es allí donde se traza la genealogía de este presente neoliberal que nos constituye. Es allí donde se muestra cómo nacieron y crecieron en el mundo antiguo unas "técnicas de sí" y una "estética de la existencia" que fueron marginalizadas con el surgimiento de la modernidad. Tendremos entonces que acompañar a Foucault en su largo viaje por la antigüedad cristiana y greco-latina para completar la *Historia* iniciada en el volumen anterior. Lo cual nos confronta con una serie de problemas de orden conceptual, temático, metodológico y cronológico que serán discutidos con amplitud en este primer capítulo.

En el volumen I de *Historia de la gubernamentalidad* estudiamos detenidamente el uso que hace Foucault del concepto de "gobierno" en sus cursos de 1978 (*Seguridad, territorio, población*) y 1979 (*Nacimiento de la biopolítica*). Vimos que el concepto refiere el modo en que el Estado moderno surge de la conjunción de dos tecnologías diferentes: el gobierno de la conducta de los individuos y el gobierno de la conducta de otros.[5] La primera de ellas (el "poder pastoral"), desarrollada específicamente por el cristianismo de los siglos III-V, consistía

---

[4] Desde luego que los detalles de ese triunfo ya se habían empezado a estudiar en libros como *Vigilar y castigar* y *La voluntad de saber*. Pero allí no era clara todavía la trama de la historia. No se sabía *por qué* se habían desplegado esos procesos de normalización y disciplinamiento. Tan solo *después* de que Foucault abandonara el "modelo bélico" se hizo claro que las protagonistas de toda la historia son en realidad las técnicas de gobierno.

[5] Véase: Castro-Gómez, 2015a: 95-113.

en el sometimiento de la voluntad individual a la voluntad de una autoridad superior; la segunda emerge apenas en el siglo XVI de la mano de una serie de tratados que aconsejaban sobre el gobierno de la casa, la familia, la servidumbre, y que hacían énfasis en el recto modo de conducir la conducta de otros. El Estado moderno se "gubernamentaliza" en la medida en que incorpora estas dos tecnologías en su propia racionalidad. De un lado, el Estado buscará ocuparse de la vida de los individuos a través de la higiene, la educación, la salud y el control de la sexualidad; del otro, hará del gobierno económico la estrategia idónea para llevar a feliz término estos propósitos. Gobierno de todos y de cada uno (*omnes et singulatim*) a través de la economía.

Según el recuento de Foucault, el despliegue de estas técnicas de gobierno llegará a su clímax cuando aparezcan nuevas tecnologías de gobierno que no son implementadas ya por el Estado, sino por la economía. La racionalidad neoliberal en particular colocará la capacidad de autodeterminación del sujeto en el centro mismo de sus objetivos gubernamentales. De lo que se trata es de que sean los individuos mismos (y no el Estado) quienes asuman la responsabilidad de su propio destino. En lugar de someterse a los cuidados "pastorales" del Estado benefactor, los individuos tendrán que autoconstituirse como sujetos empresariales.[6] Lo cual significa que deberán ser capaces de generar sus propias condiciones de prosperidad económica y asumir también el posible fracaso de sus estrategias. Con el neoliberalismo surge una "fobia al Estado" que abre la posibilidad de un sujeto activo, responsable, competitivo, capaz de *gobernarse a sí mismo* sin tener que recurrir a la protección ofrecida por los aparatos estatales de gobierno.[7] La autodeterminación del sujeto se convierte de este modo en la clave para la prosperidad económica de la sociedad. No obstante, y a contrapelo de lo que algunos investigadores han afirmado

---

[6] *Ibíd.*, pp. 204-214.
[7] *Ibíd.*, pp. 175-180.

recientemente, *no es* este sujeto neoliberal "emancipado" del Estado el tipo de sujeto autónomo que Foucault busca, sino aquel que hace de su propia experiencia una obra de arte y es capaz de resistir el gobierno heterónomo de su vida.[8] Precisamente la búsqueda de pistas para entender las *técnicas de sí* que hacen posible tal autogobierno es lo que motivará el largo viaje de Foucault hasta el mundo antiguo.

Ya vimos que en sus cursos de 1978 y 1979, Foucault descubre que el concepto "gubernamentalidad" puede servir no solo para entender la constitución de la subjetividad a partir de los aparatos del Estado, sino también para entender la constitución de los sujetos *a partir de sí mismos*. Esto, como dijimos, le abrirá los ojos para ir al mundo griego en búsqueda de un sujeto estéticamente constituido, pero también reforzará su furiosa posición *antiestatalista* defendida ya desde épocas anteriores. De hecho, en uno de los textos más importantes de su producción final (el opúsculo de 1983 titulado "El sujeto y el poder"), Foucault dejó claro que el "gobierno de sí mismo", en contraposición al "gobierno del Estado", constituye la lucha política *más importante* del mundo contemporáneo:

> En nuestros días, las luchas contra las formas de sujeción, contra la sumisión de la subjetividad, se vuelven cada vez más importantes, aun cuando las luchas contra las formas de dominación y explotación no han desaparecido [...]. La razón de que este tipo de lucha tienda a prevalecer en nuestra sociedad se debe al hecho de que desde el siglo XVI se ha desarrollado continuamente una nueva forma de poder. Esta nueva estructura política, que

---

[8] En su polémico libro *La última lección de Michel Foucault*, Geoffroy de Lagasnerie (2012) ha señalado que el antiestatalismo económico del neoliberalismo coincide sospechosamente con el antiestatalismo político de Foucault. No hay, sin embargo, ninguna señal de que Foucault se sintiera "fascinado" por la teoría y menos aún por la práctica del neoliberalismo. Antes bien, sus análisis del sujeto neoliberal desarrollados en el curso *Nacimiento de la biopolítica* muestran que la autoconstitución de tales sujetos obedece a criterios económicos y no *estéticos*.

todos conocemos, es el Estado [...]. Pero me gustaría subrayar el hecho de que el poder del Estado (y esta es una de las razones de su fuerza) es una forma de poder a la vez totalizadora e individualizadora. Jamás, me parece, en la historia de las sociedades humanas —inclusive en la de la antigua sociedad china— ha habido combinación tan compleja en la estructura política de técnicas de individualización y de procedimientos de totalización [...]. Quizás el objetivo más importante de nuestros días es descubrir lo que somos, pero para rechazarlo. Tenemos que imaginar y construir lo que podría liberarnos de esta especie de política de "doble ligadura" que es la individualización y totalización simultánea de las estructuras de poder. La conclusión podría ser que el problema político, ético, social, filosófico de nuestros días no sea tratar de liberar al individuo de las instituciones del Estado, sino de liberarnos a la vez del Estado y del tipo de individualización que se vincula con el Estado. (Foucault, 2001: 245, 246, 249)

Para Foucault, gobernarse a sí mismo significa, en primer lugar, desligarse del modo en que el Estado ha gobernado desde el siglo XVIII la conducta de los individuos. Pues, como ya vimos, el Estado es una entidad que se constituyó a partir de técnicas muy precisas de modelado de la individualidad que dejaban poco espacio para la autonomía. Las luchas políticas que Foucault pondera no son, por tanto, aquellas que buscan la hegemonía de los aparatos de Estado para liberarnos de la desigualdad y la dominación, sino aquellas que buscan *liberarnos del Estado*.[9] Por eso, en otro pasaje del mismo texto dice que se trata de "luchas anarquistas" que no buscan liberaciones futuras (revoluciones), sino que rechazan *in situ* el "gobierno de la individualización" por parte del Estado (Foucault, 2001: 244).[10] ¿Cómo desestatalizar la subjetividad? Responder a esta

---

[9] Sobre el antiestatalismo endémico de Foucault y Deleuze, véase el excelente estudio de José Luis Pardo (2000: 23-84). En el Epílogo de este libro volveremos sobre este problema.

[10] No hay que confundir, sin embargo, a Foucault con un *anarquista radical* que

pregunta demandará trazar una genealogía de la subjetividad que se remonta hasta la antigüedad griega, helenística y cristiana, empresa que nuestro filósofo iniciará en su curso *Del gobierno de los vivos* en 1980.[11] Allí buscará encontrar algunas pistas que puedan contribuir a entender mucho mejor en qué consisten las luchas contemporáneas contra la sujeción de la individualidad.

Sin embargo, existen otras razones que empujaron a Foucault hacia ese largo viaje por la antigüedad. Cuando en 1976 publicó el primer volumen de *Historia de la sexualidad* titulado *La voluntad de saber*, en la contratapa del libro se anunciaron cinco volúmenes más que completarían el proyecto: vol. 2, *La carne y el cuerpo*; vol. 3, *La cruzada de los niños*; vol. 4, *La mujer, la madre y la historia*; vol. 5, *Los perversos*; y vol. 6, *Poblaciones y reglas*. Pero con excepción del primero, ninguno de estos libros apareció jamás. El proyecto se interrumpió durante ocho años, y apenas en el mismo año de su muerte (1984) Foucault logró terminar dos libros que finalmente complementarían el accidentado proyecto: *El uso de los placeres* y *La inquietud de sí*. Un tercer libro fue terminado, pero Foucault no logró hacer

---

rechaza *toda* forma de poder. Lo que Foucault rechaza no es el poder como tal, sino la cristalización del poder, esto es, aquella situación en la cual una relación de fuerzas se torna inmóvil, se "molariza". En una entrevista de 1980 decía: "Lo reitero, el poder tal como es, las relaciones de poder tal como existen en alguna o alguna otra sociedad, jamás son otra cosa que las cristalizaciones de relaciones de fuerza, y no hay razón para que esta cristalización pueda o deba formularse como teoría ideal de las relaciones de poder en una sociedad dada" (Foucault, 2016b: 149). Es justo este rechazo a toda cristalización del poder (y no una vocación de radical anarquismo) lo que inspira el antiestatalismo de Foucault, asunto que derivará —como veremos en el Epílogo— en una incapacidad para pensar la acción política como tal.

[11] La pregunta, naturalmente, es ¿por qué ir hasta la antigüedad para encontrar un tipo de sujeto estético como el que Foucault busca? La respuesta, que desarrollaremos en los capítulos siguientes, es que la modernidad ha supuesto la marginación de la estética de la existencia, o bien su integración funcional a dispositivos estatales y económicos. El proyecto de la *Historia de la gubernamentalidad* consiste en mostrar cómo nacieron (en la Grecia clásica), crecieron (en el mundo helenístico), se transformaron (en el cristianismo) y finalmente desaparecieron (en la modernidad) las "tecnologías del yo".

las correcciones pertinentes y quedó como manuscrito inédito: *Las confesiones de la carne*. No obstante, en estos tres libros se aprecia un cambio absoluto con respecto al proyecto inicial, no solo en el aspecto temático, sino también en el histórico y metodológico.

¿Qué había ocurrido? ¿Por qué modificó Foucault su proyecto de forma tan radical? En el volúmen I de *Historia de la gubernamentalidad* explicamos que el meollo del asunto estaba en las modificaciones que el filósofo introdujo en su analítica del poder. El "modelo bélico" que había utilizado en sus investigaciones hasta 1977 ya no le satisfacía, y en sus cursos de 1978 (*Seguridad, territorio, población*) y 1999 (*Nacimiento de la biopolítica*) comenzó a elaborar un nuevo modelo para entender las relaciones de poder. Bajo la categoría "gubernamentalidad" Foucault recoge su nuevo entendimiento de las relaciones de poder. Lo que define las relaciones de poder ya no es la dominación (por medios coercitivos), sino que ahora el poder es entendido en términos de *gobierno*. Ejercer poder no significa "someter" a otro, análogamente a como se hace en la guerra, sino conducir su conducta y estructurar su posible campo de acción. No se trata, pues, de inhibir o constreñir la acción de otros, sino de crear un "medio ambiente" para que esa acción pueda cumplir determinadas metas y seguir determinados rumbos. Como ya se dijo antes, a raíz de sus estudios sobre el *modus operandi* del neoliberalismo, Foucault se da cuenta que el concepto "gubernamentalidad" podría aplicarse no solo al gobierno de la conducta individual por parte del Estado, sino también al modo en que un individuo se constituye a sí mismo como *sujeto autónomo*. Y todo esto le obligará a modificar sustancialmente su inicial proyecto de una *Historia de la sexualidad*:

> Es cierto que cuando escribí el primer volumen de la *Historia de la sexualidad*, hace ahora siete u ocho años, tenía absolutamente la intención de escribir estudios de historia sobre la sexualidad a partir del siglo XVI y de analizar el devenir de ese saber hasta el siglo XIX. Y haciendo ese trabajo me di cuenta de que la cosa no

marchaba. Quedaba un problema importante: ¿por qué habíamos hecho de la sexualidad una experiencia moral? Entonces me encerré, abandoné los trabajos que había hecho sobre el siglo XVII y empecé a remontarme a siglos anteriores. (Foucault, 1999a: 389)

En efecto, en su libro *La voluntad de saber*, Foucault había descubierto que a partir del Concilio de Trento la confesión de los pecados sale del monasterio y empieza a diseminarse por todo el cuerpo social. En su afán de combatir las herejías de Lutero, la Iglesia Católica hace obligatoria la confesión de los pecados como mínimo una vez al año para todos los fieles. A partir de ese momento, el dispositivo confesional se multiplica y se despliega. De un lado, la confesión se hace más abarcadora: hay que "decirlo todo", no solamente los pecados "en acto", sino también los que están "en potencia", es decir, hay que confesar incluso los malos pensamientos. De otro lado, los pecados específicos contra el sexto mandamiento debían pasar *exhaustivamente* por el filtro de la palabra. El interrogatorio del confesor debía dirigirse ahora ya no solo hacia las violaciones estatutarias (adulterio, fornicación, estupro, molicie, sodomía, etc.), sino incluso hacia las miradas concupiscentes, los tocamientos impúdicos, las sensaciones en el baile y la conversación, en fin, hacia el universo entero de la corporalidad. El pecado habita ahora en el cuerpo mismo y no es solo la infracción de una ley. El cuerpo y los placeres es aquello que debe ser confesado, justo en la época en que empiezan a aparecer los colegios, los talleres, las escuelas, las instituciones disciplinarias que procuran la domesticación de los cuerpos.

Pero aquí empieza a dibujarse una contradicción en el modelo teórico empleado por Foucault. Si la confesión significaba "ponerse a sí mismo en discurso", "decir la verdad sobre sí mismo", convertirse en *sujeto moral* a través de la verdad confesada, esto no podía ser explicado recurriendo únicamente a la violencia exterior del disciplinamiento. El hacerse a sí mismo un objeto de discurso verdadero era algo que excedía los dispositivos modernos de poder-saber investigados hasta el momento, en los que el sujeto aparecía únicamente como "sujetado", esto es, como incapaz de enunciar sobre sí mismo una verdad independiente del discurso objetivante de las ciencias humanas. Foucault se da cuenta entonces que el modelo bélico "ya no marchaba" y se silenció durante ocho años, tratando de entender el modo en que la enunciación de sí mismo construye una relación de poder en la que el individuo queda sujeto a su *propia* verdad. Problema que le llevó a dirigir sus estudios de la gubernamentalidad hacia el modo en que un individuo es capaz de constituirse en sujeto moral a través de la enunciación de la verdad sobre sí. Es por eso que en el curso de 1980 (*Del gobierno de los vivos*) abandona de repente la investigación en torno a las técnicas gubernamentales de los siglos XVI-XX y se centra en el problema de las técnicas cristianas de sí desarrolladas en los siglos III-V.

Ya para el año de 1983, y sin saber todavía hacia dónde lo conduciría este cambio de rumbo, Foucault se encontraba trabajando en dos proyectos paralelos. Su interés por entender el modo en que la confesión se había convertido en una experiencia moral a partir del cristianismo le llevó inesperadamente a ocuparse del problema de las "artes de la existencia". Particularmente a partir del curso de 1982, *La hermenéutica del sujeto*, el filósofo empieza a interesarse cada vez más por el modo en que en la antigüedad los individuos gobernaron su propia conducta, y esboza el proyecto de trazar una historia de las técnicas a través de las cuales se constituyeron como sujetos morales. Este primer proyecto debería culminar en un libro independiente que se titularía *La inquietud de sí*. El segundo proyecto era completar su malograda *Historia de la sexualidad*, pues no quería quedar en deuda con sus lectores y consigo mismo. No podía dejar inacabado un proyecto del que, temerariamente, había anunciado la publicación de seis volúmenes de los que solamente publicó uno. Sin embargo, al enterarse en ese mismo año de que estaba enfermo de Sida y que no le quedaba mucho tiempo de vida, el filósofo decide fusionar los dos proyectos.[12] Ante la premura de tiempo y el progresivo desfallecimiento de sus fuerzas, toma la decisión de integrar aquel primer proyecto en este segundo y dedicarse a terminar, por lo menos, la serie de libros sobre la sexualidad.

Tratemos de profundizar un poco más sobre la fusión de estos dos proyectos. En una importante entrevista concedida a Dreyfus y Rabinow en 1983, titulada "Sobre la genealogía de la ética", Foucault dice que el estudio de la historia de la sexualidad le llevó a descubrir que era necesario ir mucho más atrás en el tiempo, hasta la antigüedad clásica, para tratar de descubrir allí unas prácticas de subjetivación que no estuvieran mediadas por la *scientia sexualis* de la modernidad, sino por el *ars erótica* (tal como ya se anunciaba en *La voluntad de saber*). Pero, ¿qué lo fue lo que en realidad encontró? Que para los griegos la sexualidad era una actividad subordinada que carecía de centralidad alguna. Para ellos, la sexualidad se hallaba enmarcada en un conjunto de prácticas mucho más importantes, relacionadas con la autoconstitución moral de los sujetos. Antes que en la sexualidad como característica definitoria de la identidad de un individuo, los griegos estaban interesados en el "cuidado de sí". De modo que el propio Foucault terminó desencantándose del problema de la sexualidad: "Debo confesar que estoy mucho más interesado en problemas sobre técnicas y otras cosas por el estilo que por el sexo… El sexo es aburrido" (Dreyfus & Rabinow, 2001: 261). A medida que avanzaban sus investigaciones sobre la sexualidad en la Grecia antigua, se daba cuenta que lo importante para ellos era "conformar una ética que fuera una estética de la existencia" (*ibíd.*, 263), de modo que surgió la idea de publicar un libro aparte, que llevaría como título *La inquietud de sí*. Un libro —dice— "separado de la serie del sexo", en el cual se exploraría la noción de *epimeleia* y las técnicas de constitución del yo. Sin embargo, al igual que

---

[12] Didier Eribon, en el capítulo de su biografía titulado "La vida como una obra de arte", cuenta que Foucault probablemente sabía que no le quedaba mucho tiempo de vida (Eribon, 1992: 405).

había ocurrido antes, este proyecto tampoco se realizó nunca. Los esbozos de este libro, su "archivo", se hallan contenidos en el curso de 1982, *La hermenéutica del sujeto*. Lo que quedó, entonces, fue una nueva transformación en la que Foucault integró sus dos proyectos, de modo que en el volumen II de *Historia de la sexualidad*, titulado *El uso de los placeres*, incluye una larga introducción titulada "Modificaciones", en la que explica por qué su investigación sobre la sexualidad se centra en el problema de las "técnicas de sí", afirmando incluso que su pretensión es retomar la larga historia de las "artes de la existencia", llevándola más atrás de lo que hizo Burckhardt en su estudio clásico sobre el renacimiento (Foucault, 2007a: 14). Al mismo tiempo, el volumen III recibe el nombre que antes tenía planeado dar al libro independiente: *La inquietud de sí*, cuyo capítulo III ("El cultivo de sí") se compone exclusivamente de materiales destinados al libro independiente.

Vemos entonces que el núcleo alrededor del cual empezó a girar el interés del último Foucault es el de la *estética de la existencia*. Pero, ¿qué quiere significar nuestro filósofo con esta noción? Aquí tendremos que considerar primero el modo en que Foucault entiende el papel del *arte moderno*. Ya desde los años cincuenta se había venido interesando mucho por la literatura, la pintura y la música derivadas de las *vanguardias artísticas*. Lo que le interesaba de estas vanguardias era su concepción de que el arte no debía estar limitado a ser un privilegio de conocedores expertos, a quedar encerrado en museos e instituciones privadas, sino que debía trascender estos límites y afectar la totalidad de la cultura. Es, entonces, la *reconciliación entre arte y vida* promovida por las vanguardias lo que atrae la atención de Foucault. La obra de arte no debía limitarse a ser un objeto estético de contemplación, sino que la vida misma debería ser una obra de arte. Esto era lo que habían mostrado en Europa movimientos vanguardistas como el dadaísmo y el surrealismo.[13]

---

[13] Lo que se rechazaba era la *institución arte*, como bien lo ha mostrado Peter

> Lo que me sorprende es que en nuestra sociedad el arte se haya convertido en algo que solo se relaciona con los otros objetos y no con los individuos o con la vida. Ese arte es algo especializado, o que es producido por expertos que son artistas. Pero, ¿podría alguien convertir su vida en una obra de arte? ¿Por qué puede la lámpara de una casa ser un objeto artistico, pero no nuestra propia vida? (Dreyfus & Rabinow, 2001: 269)

Las razones de esta compartimentalización del arte deben buscarse en el tipo de "gobierno" que se impuso en Europa a partir del siglo XVIII, tema estudiado ampliamente por Foucault en los cursos *Seguridad, territorio, población* y *Nacimiento de la biopolítica*. En la medida en que el Estado se convierte en "principio de inteligibilidad" de las relaciones sociales en su conjunto (con la emergencia de la razón de Estado), el arte se va convirtiendo en una esfera *autónoma* de acción, recluida en manos de expertos y sometida a imperativos burocráticos. Las vanguardias artísticas combaten esta gubernamentalidad y Foucault se une a la cruzada. Piensa que una de las claves (si no "la" clave) para escapar al gobierno de la subjetividad promovido por el Estado es la estetización de la propia vida, pero se da cuenta de que en el mundo moderno ya casi no hay "técnicas" que faciliten esta operación. Las antiguas artes de la existencia han desaparecido prácticamente de la escena. En la Introducción a *El uso de los placeres*, Foucault dice que las artes de la existencia han perdido su importancia y su autonomía, por lo que es necesario "hacer o retomar la larga historia de estas estéticas de la existencia y de estas tecnologías de sí"

Bürger. "El dadaísmo, el movimiento más radical de la vanguardia europea, no practica una crítica a las corrientes artísticas que le precedieron, sino que apunta contra la *institución arte*, tal como esta se conformó en la sociedad burguesa. En el concepto institución arte se deberían incluir el aparato productor y distribuidor del arte como también las ideas dominantes sobre el arte en una época dada, las cuales definen esencialmente la recepción de las obras. La vanguardia se torna en contra de ambas: del aparato de distribución, al cual está sometida la obra de arte, y del *status* del arte en la sociedad burguesa" (Bürger, 2009: 31).

(Foucault, 2007a: 14). Y agrega que, con excepción de los estudios de Burckhardt y Greenblatt sobre el Renacimiento y de Benjamin sobre Baudelaire, este tipo de estudios se ha vuelto cada vez más esporádico. Nuestro filósofo está convencido, entonces, de la necesidad de reinscribir las artes de la existencia en el mundo moderno como medio para contrarrestar la tecnología política de los individuos desplegada por el Estado.

Lo que se propone Foucault es trazar una *historia de la estética de la existencia* que no se remita, como en Burckhardt y Greenblatt, al Renacimiento, sino que busque sus raíces en el mundo griego. ¿Por qué los griegos? ¿Quizás tenemos aquí nuevamente la influencia de Nietzsche? Lo dudo mucho.[14] A diferencia de Nietzsche, Foucault dice que fue en la Grecia *clásica* donde se desarrollaron unas "tecnologías de sí" cuyo objetivo era transformar estéticamente la vida de los individuos.[15] Ya con Sócrates se empieza a delinear la idea de que la virtud consistía en hacer de la propia vida una obra de arte, digna de ser admirada y recordada. Y siguiendo las huellas de Sócrates, las diferentes escuelas helenísticas (epicúreos, estoicos y cínicos) entendieron después que el objetivo de la filosofía era la constitución de una "técnica de vivir", una *techné tou biou*. Tal como lo explica en la entrevista a Dreyfus y Rabinow, la ética griega estaba centrada en el problema de la *vida bella*, es

---

[14] Esta interpretación, muy frecuente en algunos círculos de investigadores (véase: Nehamas 1985), carece en realidad de justificación. Podría ciertamente establecerse *a posteriori* un vínculo entre la teoría de la voluntad de poder, que Foucault hereda de Nietzsche (tal como fue sugerido en mi libro *Revoluciones sin sujeto*), y la tardía concepción nietzscheana de una "fisiología del arte" vinculada a esa teoría. Pero lo cierto es que Foucault mismo no establece tal conexión. Lejos de él (aunque cerca de Deleuze) está la idea de que la creación estética no es un asunto individual, sino fruto de la dinámica de la vida que se despliega por medio de los cuerpos. Al contrario, como tendremos oportunidad de mostrar, el concepto "estética de la existencia" en Foucault arrastra consigo una fuerte carga individualista y tiene poco que ver con la estética tardía de Nietzsche, pero tampoco con su estética temprana (desarrollada en *El nacimiento de la tragedia*) centrada en la "metafísica del artista".

[15] Este punto será estudiado con amplitud en el capítulo cuatro.

decir "en el problema de la elección personal de una estética de la existencia. La idea del *bios* como un material para una obra de arte es algo que me fascina. También la idea de que la ética puede ser una estructura muy vigorosa de la existencia, sin ninguna relación con lo jurídico *per se*" (Dreyfus & Rabinow, 2001: 268). Esta elección del estilo de vida no era una cuestión arbitraria, sino que demandaba el uso de una *techné*, un conocimiento práctico. Hacer de la propia vida una obra de arte significaba entonces la práctica del "cuidado de sí" a través de un saber específico: la filosofía.

No obstante, Foucault piensa que esta tradición socrática de las artes de la existencia empezó a perderse con el surgimiento del cristianismo y el auge de la metafísica. En la clase del 29 de febrero de 1984, casi llegando al final de lo que sería su último curso en el Collège de France, Foucault explica a sus estudiantes en qué consisten sus investigaciones sobre el mundo griego:

> Mi intención es comprender, tratar de mostrarles y mostrarme a mí mismo cómo, en virtud del surgimiento y la fundación de la *parrhesía* socrática, la existencia (el *bíos*) se constituyó en el pensamiento griego como un objeto estético, objeto de elaboración y percepción estética: el *bíos* como una obra bella [...]. Todo este aspecto de la historia de la subjetividad, en cuanto constituye la vida como objeto para una forma estética, estuvo durante mucho tiempo recubierto y dominado, claro está, por lo que podríamos llamar la historia de la metafísica, la historia de la *psykhé*, la historia de la fundación y el establecimiento de una ontología del alma. Ese estudio posible de la existencia como forma bella también quedó oculto por el estudio privilegiado de las formas estéticas que se concibieron para dar forma a las cosas, las sustancias, los colores, el espacio, la luz, los sonidos y las palabras. Pero, despues de todo —bien hay que recordarlo—, para el hombre [griego], su manera de ser y de conducirse, el aspecto que su existencia hace ver a los ojos de los otros y de los suyos propios, la huella, asimismo, que esa existencia puede dejar y dejará en el recuerdo de los demás luego de su muerte, esa manera de ser,

ese aspecto, esa huella, fueron un objeto de preocupación estética. (Foucault, 2010: 174)

Ante la casi desaparición de la estética de la existencia, "olvidada" (como diría Heidegger) por la metafísica, Foucault quiere visibilizar esa larga tradición histórica. Quiere ir a los griegos para buscar allí las claves de un tipo de sujeto capaz de gobernarse a sí mismo, de transfigurarse y darle a su vida una forma bella, con total independencia de los códigos morales establecidos. Pero no se trata, sin embargo, de "volver a los griegos" para recuperar formas de vida ya desaparecidas para siempre.[16] Las técnicas de sí creadas por los griegos no pueden ser transpuestas al mundo moderno. ¿Por qué razón? Porque en medio de los antiguos y los modernos está el *cristianismo*, de modo que habría que estudiar el modo en que la estética de la existencia quedó integrada a ese poder pastoral que, como vimos en el volumen anterior, constituye una de las líneas fundamentales de la razón de Estado. Antes, pues, que mirar con nostalgia a los griegos, Foucault quiere trazar una *historia de la subjetividad* que sirva de inspiración a las actuales luchas contra la forma-Estado. Pues si, como se dijo, lo que buscan las luchas políticas de hoy es "liberarnos del Estado", se hace necesario desarrollar técnicas de autoproducción de la subjetividad que, aunque no repliquen, sí se inspiren al menos en las antiguas artes de la existencia y vayan más allá del psicoanálisis.[17]

---

[16] A la pregunta de si los griegos ofrecen una alternativa plausible y atractiva de subjetivación para el mundo contemporáneo, Foucault responde: "no los estoy viendo como una alternativa; no se puede encontrar la solución de un problema en la solución de otro problema que otra gente alcanzó en otro momento" (Dreyfus & Rabinow, 2001: 264).

[17] "Los recientes movimientos de liberación sufren por el hecho de que no pueden encontrar ningún principio sobre el cual basar la elaboración de una nueva ética. Necesitan una ética, pero no pueden encontrar ninguna fundada en el autodenominado conocimiento científico de lo que es el yo, lo que es el deseo, lo que es el inconsciente y demás" (Dreyfus & Rabinow, 2001: 264).

En el centro de la noción "estética de la existencia" se encuentra, pues, la idea de que el logro de la autonomía y la felicidad dependerá *enteramente* del trabajo que un sujeto hace sobre sí mismo. Para que esto sea posible, el individuo debe intervenir de tal modo su propia vida, que esta se haga independiente de los códigos morales establecidos. La "singularización" de la vida, la creación de un estilo de vida propio, es la meta final. Al igual que un artista, el sujeto le da "forma" a una materia preexistente, la dota de cualidades estéticas y la convierte en una obra de arte única e irrepetible. Tal estetización de la vida significa que el sujeto debe generar *a partir de sí mismo* sus propias normas de existencia, sus propios códigos morales de comportamiento, emancipado por entero de todo código de normas supraindividuales. Este es un tema que ocupó la atención del último Foucault y funciona como punto arquimédico de su producción tardía.[18] En este libro veremos cómo los últimos dos volúmenes de *Historia de la sexualidad* están enmarcados en una *historia de la estética de la existencia*, cuyo esbozo son los cinco últimos cursos dictados en el Collège de France.

Gubernamentalidad y libertad

En el volumen I de esta *Historia de la gubernamentalidad* decíamos que una de las claves para el abandono de la problemática biopolítica en el último Foucault fue la crisis del modelo bélico, que el filósofo había venido utilizando en sus investigaciones sobre el poder hasta el año de 1976. En varias ocasiones manifestó su insatisfacción con la visión del poder que permea sus

---

[18] Resulta curioso que en su libro, *El último Foucault*, Jorge Álvarez Yágüez (2013) apenas mencione de pasada la noción de "gobierno". Creemos que la filosofía del "último Foucault" no es entendible sin acudir a sus estudios sobre las tecnologías de gobierno contenidos principalmente en los siete últimos cursos del Collège de France y no en su obra publicada. De hecho, los volúmenes II y III de *Historia de la sexualidad* se alimentan directamente de estos estudios sobre el gobierno contenidos en el *Nachlass*, que apuntaban, como hemos dicho, en una dirección muy diferente, y delineaban un horizonte mucho más amplio, a los del proyecto sobre la sexualidad.

libros *Vigilar y castigar* y *La voluntad de saber*. ¿Qué es lo que le fastidiaba tanto? El hecho de que en ese modelo teórico[19] la subjetividad se forma en el cruce estratégico de las técnicas de dominación (anatomopolítica y biopolítica) y los discursos de verdad (las ciencias humanas). Es decir que en este modelo bélico, el sujeto es pensado como *constituido* desde poderes exteriores que le someten de antemano e impiden cualquier tipo de autonomía y libertad. El sujeto es un *producto* de las relaciones entre saber y poder.

No obstante, en aquel primer volumen de *Historia de la gubernamentalidad* no se ofrece una explicación *suficiente* de lo que significa en realidad el abandono del modelo bélico que Foucault atribuye a Nietzsche. Sea este el momento para aclarar el punto. Es bien sabido que en el libro II de *Genealogía de la moral*, Nietzsche levanta la pregunta: ¿cómo emerge la conciencia moral? A lo cual responde con una hipótesis sorprendente: la conciencia moral es *resultado* de un larguísimo proceso de "crianza" a la que ha sido sometido el animal humano con el fin de convertirlo en un animal doméstico. Solo domesticando al animal humano ha podido surgir el hombre moral, el sujeto capaz de "cuidar de sí mismo" y de los otros. Solamente a través de un proceso de selección de los instintos a través de la *violencia* ha podido surgir el "individuo soberano", el sujeto que no se define ante ninguna ley externa, sino únicamente frente a su propia ley. A este hombre, criado para la civilización, le es "lícito hacer promesas", en tanto que es capaz de "gobernarse a sí mismo" y expresar la "verdad" de lo que es a través de sus acciones morales. Lo que nos dice Nietzsche es que la emergencia histórica de eso que llamamos "sujeto autónomo" es un efecto de la violencia, la dominación, el castigo, la venganza, la crueldad y el goce ante el dolor ajeno. Para poder "hacer promesas", el hombre ha tenido que aprender a

---

[19] Que Foucault mismo llama "la hipótesis de Nietzsche" en la clase del 7 de enero de 1976, correspondiente al curso *Defender la sociedad*. Véase: Foucault, 2000: 29.

inhibir su voluntad instintiva y dotarse de una "memoria" por medio de torturas, castigos, sacrificios, mutilaciones y guerras. La memoria es entonces más antigua que la conciencia moral. Pues solo a través de un conjunto de nemotécnicas ha sido posible que ese animal prehistórico, anclado en el presente, aprendiese a "diferir" sus instintos, ajustarse a la eticidad de las costumbres y, finalmente, hacer promesas que luego pudiese recordar para cumplirlas. Domesticar al animal-hombre, dotarlo de la capacidad de hacer promesas, de com-prometerse con su propia palabra: he ahí la base misma sobre la que se construyó históricamente la subjetividad moral.

Pues bien, este fue precisamente el problema que empezó a inquietar a Michel Foucault hacia finales de la década de 1970. Si la subjetividad moral es un efecto puro y simple de la violencia y la dominación, tal como lo planteaba Nietzsche, entonces ya no sería posible resistir eficazmente a los poderes que nos someten. Se hacía necesario recuperar una instancia moral que no estuviera constituida *de antemano* por la dominación y que permitiera *interrumpir* la violencia de la ley. Es aquí donde entra en escena el concepto "gubernamentalidad", con el que Foucault busca romper el círculo vicioso al que lo había conducido el modelo bélico. Nuestro filósofo buscará entender la moral ya no desde el paradigma del castigo, sino atendiendo al modo en que un individuo se constituye a sí mismo mediante su relación con determinadas normas sociales de conducta, sin recurrir para ello a la violencia de la prohibición. La relación de sí consigo no surge entonces del castigo y la inhibición de los instintos, sino que se funda en una relación *libre* con los códigos que regulan la conducta. El sujeto moral se forma en confrontación crítica con un conjunto de normas, prescripciones y códigos de comportamiento que le *preceden,* pero que no le *sobredeterminan* "en última instancia". Lo cual significa que el sujeto moral no se constituye primariamente en relación con la violencia, sino en relación con ciertos códigos de subjetivación que le prescriben unos *límites* en el interior de un estado histórico de cosas. Límites que, como veremos luego, podrán ser problematizados a través de la crítica.

Ya vemos entonces que la "hipótesis de Nietzsche" se refiere concretamente a la tesis de que la norma coercitiva produce al sujeto moral como su efecto necesario, sin dejar campo alguno para la libertad. Esta había sido la hipótesis defendida por nuestro filósofo en libros como *Vigilar y castigar* y *La voluntad de saber*, lo cual le acarreó fuertes críticas de autores como Habermas.[20] Para 1978, Foucault se da cuenta de la contradicción que conlleva reducir el sujeto a la subjetivación impuesta por la fuerza y quiere buscar una alternativa conceptual que le permita pensar la subjetivación con relativa independencia de la norma coercitiva. Y para ello recurre a la *ontología de las fuerzas* que había inspirado su trabajo anterior, pero sacando de ella una consecuencia impensada hasta el momento. Si el poder no es una sustancia sino un conjunto de relaciones, si el poder no se *reduce* a las formas empíricas de dominación ni a las intenciones subjetivas de los actores sociales sino que las excede, si el poder no se "localiza" específicamente en ningún lado (el Estado, las clases dominantes, el imperialismo, etc.), si el poder, en suma, es visto como un antagonismo de fuerzas que antecede genéticamente a la facticidad del orden socio-político concreto en que se manifiesta,[21] entonces no es posible pensar

---

[20] Habermas señala básicamente que Foucault no puede explicar por qué resistimos a los poderes que nos someten en lugar de plegarnos a ellos. Si el sujeto está ya preformado por el poder que le produce de antemano, si todo contrapoder se mueve ya en el horizonte del mismo poder que combate, entonces el ejercicio mismo de la crítica se haría superfluo. Foucault cae de este modo en una "autocontradicción performativa" porque dice estar criticando las jerarquías de poder y de saber, pero anula de entrada la posibilidad de esa crítica al postular que el sujeto moral es ya un efecto de la dominación (Habermas, 2008: 301-312). Una crítica muy similar fue articulada por el filósofo esloveno Slavoj Žižek, de la cual me he ocupado en otro lugar.

[21] Hay que decir, sin embargo, que Foucault jamás hizo *explícita* esta "ontología de las fuerzas" que toma como herencia de Nietzsche. Hay que leerla entre líneas en textos como *Nietzsche, la filosofía, la historia* y en el capítulo IV de *La voluntad de saber*. Será apenas Deleuze quien la tematice después de la muerte de su amigo. Hablamos concretamente de la visión agonística

al sujeto como una entidad ya constituida *por completo*. ¿Por qué razón? Porque la relacionalidad de las fuerzas impide que cualquier forma de dominación se *totalice*. Dicho de otro modo: si el sujeto es concebido como un ser enteramente *relacional*, entonces no es posible comprender la subjetivación como un acto clausurado. En una relación antagónica de fuerzas no es posible nunca la *clausura*. Siempre habrá un momento de opacidad, un "exceso" de poder que se nos escapa, que no es susceptible de ser experimentado por completo. Es debido a esta opacidad constitutiva que existirá siempre la posibilidad de que una fuerza, o un conjunto de ellas, se levante para impedir que la dominación se cristalice. En realidad es a *esto* a lo que Foucault se refiere con su famosa tesis de que "donde hay poder hay resistencia" y "los puntos de resistencia están presentes en todas partes dentro de la red de poder" (Foucault, 2009a: 116). En un enfrentamiento agonístico de fuerzas siempre habrá un exceso, un vacío que no podrá ser llenado completamente por ninguna formación empírica de poder. Y es aquí, precisamente, donde se abre para Foucault la posibilidad de abordar el problema de la *libertad*.

En efecto, el abandono del modelo bélico y el paso hacia el modelo gubernamental implica que el poder será visto ahora como un modo de acción sobre otras acciones y no solo como una imposición violenta. En su opúsculo "El sujeto y el poder", escrito por Foucault hacia el final de su vida (texto que puede ser considerado como la versión "última" de su analítica del poder), afirmaba lo siguiente:

> En efecto, lo que define las relaciones de poder es un modo de acción que no actúa directa e inmediatamente sobre los otros. En cambio, actúa sobre las acciones: una acción sobre una acción, sobre acciones existentes u otras que puedan suscitarse en

---

del poder tomada del concepto "voluntad de poder" en Nietzsche. Para una presentación más amplia de este argumento, véase: Castro-Gómez, 2015b: 223-250.

el presente y en el futuro [...]. Por otra parte, una relación de poder solo puede articularse sobre la base de dos elementos que son cada uno indispensables si se trata realmente de una relación de poder: ese "otro" (sobre quien se ejerce una acción de poder) debe ser enteramente reconocido y mantenido hasta el fin como una persona que actúa y que, ante una relación de poder, se abre todo un campo de respuestas, reacciones, resultados y posibles intervenciones [...]. En sí mismo, el ejercicio del poder no es violencia, ni es un consenso que, implícitamente, puede renovarse. Es una estructura total de acciones dispuestas para producir posibles acciones: incita, induce, seduce, facilita o dificulta: en un extremo constriñe o inhibe totalmente; sin embargo, es siempre una forma de actuar sobre la acción del sujeto, en virtud de su propia acción o de ser capaz de una acción. Un conjunto de acciones sobre otras acciones. (Foucault, 2001: 253)

Lo que define las relaciones de poder es el intento de *gobernar* la conducta de otros, pero esto implica necesariamente que esos "otros" puedan reaccionar de una u otra forma al juego de poder que se les propone. Su *voluntad* no es completamente sometida, pues entonces no sería posible ningún tipo de gobierno. El poder "se ejerce solamente sobre *sujetos libres* que se enfrentan con un campo de posibilidades en el cual puedan desenvolverse varias formas de conducta, varias reacciones y diversos comportamientos" (Foucault, 2001: 254).[22] Es decir que las relaciones de poder no son "funcionalistas", como con razón criticaba Habermas al modelo bélico,[23] sino que solo existen cuando los sujetos imbricados en ella son capaces de responder libremente a las incitaciones del poder. El poder no funciona como una guerra salvaje en donde gana quien

---

[22] El resaltado es mío.
[23] "Foucault, al igual que Gehlen, compensa este estrechamiento de los conceptos básicos purificando el concepto de individualidad de toda connotación de autodeterminación y autorrealización y reduciéndolo a un mundo interno producido por estímulos externos y guarnecido de representaciones manipulables a voluntad" (Habermas, 2008: 313-314).

elimine la voluntad del otro, sino como un "juego" en el que los sujetos son desafiados a jugar, pero cuyas "jugadas" son siempre producto de un acto libre de la voluntad y no de una determinación absoluta. Se pueden acatar las reglas del juego y ejecutar jugadas diferentes (hay muchas posibilidades de jugar) o se puede, incluso, negarse a jugar y romper las reglas del juego. No se sabe de antemano cuál será el comportamiento del sujeto frente al juego que se le propone, pues la *voluntad de poder* jamás podrá ser eliminada.

Pensar, sin embargo, en la posibilidad de sujetos libres para comportarse de diversas formas en los juegos de poder conlleva necesariamente afirmar que ellos pueden subjetivarse a sí mismos, es decir, *gobernar su propia conducta* de una forma *diferente* al modo de gobierno que los juegos de poder les proponen. Aquí aparece en escena ese "sujeto moral" que no era posible pensar en el anterior modelo bélico. Foucault muestra que es posible subjetivarse de otro modo y en contraposición a las "posiciones de sujeto" que prescriben las normas socialmente reconocidas de comportamiento. Ya lo dijimos arriba: si la opacidad es una consecuencia directa de entender al sujeto como ser relacional, esto significa que el sujeto no es transparente para sí mismo y que su comportamiento no puede ser la pura y simple *extensión* de los códigos de conducta con los que ha sido socializado. El sujeto no está sobredeterminado por los códigos de saber y poder que se le imponen; no es "efecto" del discurso de las ciencias humanas y tampoco expresión pura y simple de la normalización y el disciplinamiento. Habrá siempre una "incomodidad" en el sujeto, un *desajuste* entre la norma que lo socializa y el modo en que "realmente" se comporta. La libertad es posible debido precisamente a la inestabilidad constitutiva de las relaciones de fuerzas; debido a que siempre habrá un "vacío" que se abre en medio de ellas y que impide la clausura del poder. Es por eso que en la entrevista concedida a Raúl Fornet-Betancourt y Alfredo Gómez-Müller en 1984, Foucault afirmará que *la libertad es la condición ontológica de la ética*, lo cual significa que no es posible comprender el gobierno de sí mismos sino como una "práctica de libertad" (Foucault, 1999b: 396).

Desde luego que tal afirmación no supone un retorno a la metafísica del sujeto, que hace de la libertad una característica esencial de la "naturaleza humana". Más bien, la libertad de la que habla Foucault tiene que ver con el hecho de que en una relación agonística de fuerzas, las cosas nunca están definidas de antemano. No habría libertad si el poder no fuera *relacional*, esto es, si no existieran múltiples posibilidades de acción, de contraposición y de resistencia. No todas las posibilidades están controladas de antemano, pues entonces no sería posible el juego de gobierno. En un campo relacional de fuerzas existirá siempre la posibilidad de que irrumpa algo imprevisto, que ocurra un acontecimiento, una jugada creativa. En la entrevista mencionada, nuestro filósofo afirma lo siguiente:

> Hay que subrayar que no puede haber relaciones de poder más que en la medida en que los sujetos son libres. Si uno de los dos estuviera completamente a disposición del otro y llegara a ser una cosa suya, un objeto sobre el que se pudiera ejercer una violencia infinita e ilimitada, no habría relaciones de poder. Para que se ejerza una relación de poder hace falta, por tanto, que exista siempre cierta forma de libertad por ambos lados [...]. Eso quiere decir que, en las relaciones de poder, existe necesariamente posibilidad de resistencia, pues si no existiera tal posibilidad —de resistencia violenta, de huida, de engaño, de estrategias que invierten la solución— no existirían en absoluto relaciones de poder. Al ser esta la forma general de dichas relaciones, me resisto a responder a la cuestión que en ocasiones me plantean: "Pero si el poder está en todas partes, entonces no hay libertad". Respondo: si existen relaciones de poder a través de todo el campo social, es porque en todas partes hay libertad. Es decir, existen efectivamente estados de dominación. En numerosos casos, las relaciones de poder están fijadas de tal modo que son perpetuamente disimétricas y que el margen de libertad es extremadamente limitado. [Por tanto] la afirmación: "usted ve poder por todas partes, así que no hay

lugar para la libertad", me parece absolutamente inadecuada. No se me puede atribuir la idea de que el poder es un sistema de dominación que lo controla todo y que no deja ningún espacio a la libertad. (Foucault, 1999b: 405-406)

Este importante pasaje muestra que, para el último Foucault, una cosa son las *relaciones de poder* y otra muy distinta son los *estados de dominación*. Las "relaciones de poder" se caracterizan, como queda dicho, por la reversibilidad. El poder del elemento A sobre el elemento B solo es ejercido en la medida en que B puede responder de forma *libre* a las incitaciones propuestas por A. Aquí se visibiliza con mayor fuerza la "condición ontológica de la libertad", puesto que B no está a disposición entera del poder ejercido por A, sino que sus respuestas son capaces incluso de modificar las jugadas de A. Reversibilidad, por tanto, de las posiciones iniciales como efecto mismo del antagonismo. Por el contrario, en los "estados de dominación" el poder del elemento A consiste en imponer sobre B una respuesta condicionada *de antemano*. En este caso, el poder de A es ejercido como *violencia*, porque B no tiene la posibilidad de revertir su propia posición disimétrica de entrada, pero tampoco puede revertir la posición dominante de A.[24] Desde luego, aun en este caso extremo, la libertad continúa operando como "condición ontológica" porque B tiene todavía la posibilidad de huir, de intentar engañar al contendor, incluso de suicidarse.

Pero lo que señala Foucault es que las relaciones de poder deben ser vistas como *relaciones de gobierno*, mientras que en los estados de dominación el gobierno ya no es posible porque la libertad de los elementos ha sido *reducida* al máximo (si bien jamás eliminada).[25] Aunque no se pueda ejercer el gobierno,

---

[24] "Es obvio que el poder no va a definirse a partir de una violencia apremiante que reprima a los individuos, los fuerce a hacer esto y les impida hacer aquello, sino cuando hay una relación entre dos sujetos libres y un desequilibrio por el cual uno puede accionar sobre otro y este último es "accionado" o acepta serlo" (Foucault, 2016b: 145).

[25] En este sentido, Foucault dice que las relaciones de poder no son buenas ni

el "cierre" del poder nunca puede ser total y el control jamás podrá ser absoluto porque, aun en casos de dominación extrema, también es válido el postulado "allí donde hay poder hay libertad". Este es un corolario necesario de la ontología de las fuerzas que Foucault toma de Nietzsche. Si el filósofo es o no *consecuente* con este postulado ontológico en su comprensión de la política, es algo que tendremos aún que dilucidar.

Queda sin embargo el siguiente interrogante: Foucault parece entender la libertad como la posibilidad de que, en una determinada relación de fuerzas, el sujeto pueda afectar esa relación y transformarla a voluntad, gobernando autónomamente su propia conducta, en lugar de que esta sea gobernada por fuerzas exteriores. La libertad consistirá entonces en el ejercicio de la autonomía del sujeto. Pero, ¿cómo entender esta autonomía? ¿Conlleva la construcción de una *voluntad colectiva* (soy libre de forma *mediata*, en la medida en que todos los demás puedan llegar a serlo), o será, más bien, una autonomía que desemboca en el ejercicio de una *voluntad individual* limitada a las acciones estéticas (soy libre cuando entablo una relación inmediata conmigo mismo, haciendo de mi vida una obra de arte, no importa si todos los demás no son libres)? El último Foucault recurrirá curiosamente a Kant para argumentar a favor de esta segunda opción. El sujeto es libre en tanto que no es producido heterónomamente (gobernado desde instancias exteriores), sino desde su propia voluntad autónoma como agente capaz de establecer un "gobierno de sí mismo" que no requiere *mediaciones* de ningún tipo.[26]

---

malas sino "peligrosas", precisamente porque pueden degenerar en estados de dominación (Dreyfus & Rabinow, 2001: 264). Esto resuena con lo afirmado por Deleuze & Guattari sobre los "cuatro peligros" en su libro *Mil Mesetas*.

[26] La última frase de la entrevista "Sobre una genealogía de la ética" dice que "Kant reintroduce una nueva vía en nuestra tradición, por la cual el yo no se da meramente, sino que se constituye en relación consigo mismo como sujeto" (Dreyfus & Rabinow, 2001: 286).

Kant como estación intermedia

En 1978 Foucault presenta una conferencia ante la Sociedad Francesa de Filosofía, titulada "¿Qué es la crítica?", que coincide, temática y cronológicamente, con las investigaciones que realizaba sobre el problema de la gubernamentalidad. Su tesis inicial es que hacia el siglo XVIII, época comunmente denominada el "Siglo de las Luces" (*Aufklärung*), las sociedades occidentales experimentaban un proceso de "gubernamentalización" que se caracterizaba por tres rasgos fundamentales: 1) el surgimiento de una "ciencia positivista" que eleva pretensiones objetivas de verdad sobre el mundo material y también sobre el mundo de lo humano; 2) la emergencia del Estado como principio de inteligibilidad de todos los procesos sociales; y 3) el desarrollo de una "ciencia del Estado" (estadística) que toma la economía como criterio para incrementar el poder del Estado mismo (Foucault, 2006: 15). Estos tres rasgos, recordémoslo, estaban siendo estudiados detenidamente por Foucault en su curso *Seguridad, territorio, población*, que por aquella misma época dictaba en el Collège de France. Pues bien, lo que nuestro filósofo quiere mostrar en esta conferencia es que la "crítica", que encuentra en Kant a su figura más representativa, surge como una forma de resistencia frente a estos procesos de gubernamentalización. Se trata de una manera de pensar y, sobre todo, de actuar, que plantea una cuestión básica: ¿cómo es posible desgobernarse?

> Ahora bien, de esta gubernamentalización, que me parece bastante característica de esas sociedades del Occidente europeo en el siglo XVI, no puede ser disociada, me parece, la cuestión de "¿cómo no ser gobernado?". Con ello no quiero decir que a la gubernamentalización se habría opuesto, en una especie de cara a cara, la afirmación contraria "no queremos ser gobernados, y no queremos ser gobernados *en absoluto*". Quiero decir que, en esta gran inquietud acerca de la manera de gobernar y en la búsqueda de las maneras de gobernar, se encuentra una cuestión perpetua que sería: "cómo no ser gobernados *de esa forma,*

por ese [medio], en nombre de esos principios, en vista de tales objetivos y por medio de tales procedimientos, no de esa forma, no para eso, no por ellos". Y si damos a este movimiento de la gubernamentalización de la sociedad y de los individuos a la vez, la inserción histórica y la amplitud que creo que ha sido la suya, parece que podríamos situar aquí lo que llamaríamos la actitud crítica. (Foucault, 2006a: 7-8)

Varias cosas debemos remarcar que sirven para vincular la conferencia de 1978 con los temas investigados más arriba. En primer lugar, Foucault anticipa lo que cinco años más tarde propondría en su opúsculo "El sujeto y el poder"; a saber, que las luchas políticas más importantes de nuestro tiempo deben servir para "liberarnos del Estado". La "crítica" es vista entonces como una actitud de rechazo a las formas de gobierno de la individualidad desplegadas por el Estado. En segundo lugar, la actitud crítica no se agota en un simple gesto de negatividad. No se trata de rechazar *toda* forma de gobierno, sino de crear formas alternativas de gobierno sobre la subjetividad, que es la tarea propia de las "artes de la existencia".[27] En tercer lugar, y en relación estrecha con lo anterior, la operación crítica es vista por Foucault como un "arte de gobierno", lo cual significa que se despliega como una técnica reflexiva que comporta unas reglas generales, unos conocimientos, unos métodos y unos objetivos.[28] Ante la creencia común de que la crítica es una operación intelectual llevada a cabo por académicos y doctores, Foucault insistirá en que la crítica es "el arte de no ser de tal modo gobernado" y conlleva, por ello, una intervención sobre los cuerpos (Foucault, 2006a: 8). En cuarto lugar, por último, la actitud crítica tiene relación directa con la *verdad*.

---

[27] En la discusión que siguió a la conferencia, Foucault aclara a sus oyentes que la actitud crítica no abre la puerta a una total anarquía, pues la cuestión no es cómo volverse radicalmente ingobernables, sino cómo construir formas alternativas de subjetividad (Foucault, 2006a: 45).

[28] En la sección titulada "Técnicas, racionalidades, tecnologías" del primer capítulo del volumen I hemos reflexionado ampliamente sobre este problema.

Se trata de producir una verdad sobre sí mismos que se desmarque por entero de las "políticas de la verdad" desplegadas por el Estado moderno y hegemonizadas desde el siglo XVIII por los discursos de las ciencias humanas. Es por eso que en la conferencia Foucault dirá que "la crítica tendría esencialmente como función la desujeción en el juego de lo que se podría denominar, en una palabra, la política de la verdad" (*ibíd.*, 11).

Ahora bien, en su conferencia de 1978 Foucault propone también una genealogía de la actitud crítica que anticipa igualmente su proyecto de trazar la "historia de la subjetividad occidental", esbozado en sus últimos cursos en el Collège de France. Nos dice, por ejemplo, que la actitud crítica tiene un primer momento de emergencia con el rechazo de la pastoral cristiana durante toda la edad media europea. Recordemos que ya en el curso *Seguridad, territorio y población* Foucault nos hablaba de las "contraconductas", refiriéndose con ello a cuatro actitudes antipastorales: el gnosticismo, el ascetismo, la mística y la interpretación autónoma de la Biblia. Allí está la génesis de la actitud crítica. Lo cual significa que el cristianismo en su totalidad no es "precrítico", pues no hay que mirar las ideologías sino las prácticas. Hay que ver cuáles fueron las "actitudes" de ciertas personas frente a las formas de gobierno sobre la conducta establecidas por el mismo cristianismo. Hay que ver, en suma, de qué modo ciertas prácticas sirvieron como técnicas de *desobediencia* frente al dominio del pastorado cristiano, cuyo objetivo básico era someter la voluntad de un individuo a la obediencia inaplazable frente a la autoridad del pastor. En este sentido Foucault dirá que "la crítica será el arte de la inservidumbre voluntaria, de la indocilidad reflexiva" (Foucault, 2006a: 11).

Un segundo momento de esta "historia de la actitud crítica" tiene lugar en el siglo XVI, cuando la "inservidumbre voluntaria" ya no se manifiesta frente al pastorado cristiano en particular, sino frente a su diseminación hacia otros ámbitos diferentes al de la institucionalidad cristiana. En la medida en que a partir del siglo XVI el pastorado "sale" de la Iglesia y se difumina, también lo hace la actitud crítica que lo antagoniza. Esta actitud de antagonismo se manifiesta cuando aparece la pregunta por los límites del poder soberano. En *Nacimiento de la biopolítica* Foucault dirá que la crítica al poder soberano viene desde afuera y no desde adentro, como será el caso de la economía política a partir del siglo XVIII (la fisiocracia y luego el liberalismo y el neoliberalismo). "Desde afuera" significa que se trata, sobre todo, de una crítica realizada desde la perspectiva del "derecho natural" (en autores como Grocio, por ejemplo), y que es, por tanto, una crítica *jurídica* realizada en nombre de unos derechos universales a los cuales el mismo soberano debe someterse y cuyos límites no puede violar (Foucault, 2006a: 10). La *pregunta por los límites* aparece entonces como la característica central de ese "arte de la desobediencia voluntaria", que se extiende a varios ámbitos de las sociedades occidentales desde el siglo XVI y que llega a su punto de no retorno en la época de la Ilustración (*Aufklärung*).

El tercer momento de la historia nos conduce finalmente hasta el Siglo de las Luces, y en particular a la figura inmensa de Kant. Pues recordemos, fue Kant quien definió la crítica como la pregunta por los límites del conocimiento humano. El ejercicio crítico radica en establecer los límites de la razón, mostrando que cuando un tipo de conocimiento transpasa ilegítimamente esos límites, cae por fuerza en mistificaciones y aporías. La crítica, entonces, como un ejercicio de sospecha frente a las pretensiones desmedidas del conocimiento; como una "problematización" incesante de la legitimidad de los saberes. Pero, ¿acaso esa problematización no podría dirigirse también hacia las pretensiones desmedidas del poder?[29]

---

[29] La visión política de Foucault parece seguir en este punto los lineamientos de Kant, pues la define como una crítica a las pretensiones desmedidas del poder. En este sentido —y como lo veremos en el Epílogo de este libro—, Foucault dirá que toda filosofía política que se pregunte por cuestiones tales como la justicia, la legitimidad del Estado, los derechos humanos, etc., sigue atrapada en la vieja tradición jurídico-discursiva de la soberanía. Es necesario "cortar la cabeza del Rey" de la filosofía política, pues el problema no es la ley sino

Foucault propone por ello un modo diferente de abordar el problema kantiano de los límites, redefiniendo de este modo el significado de la Ilustración:

> Quisiera simplemente decir y sugerir que me parece que esta cuestión de la *Aufklärung* desde Kant, a causa de Kant y, verosímilmente, a causa de este desfase entre *Aufklärung* y *crítica* que él ha introducido, ha sido esencialmente planteada en términos de conocimiento [...]. Pues bien, en lugar de este procedimiento que toma la forma de una investigación sobre la legitimidad de los modos históricos de conocer, se podría quizás abordar un procedimiento diferente. Este podría tomar como entrada no el problema del conocimiento, sino el del poder; este procedimiento avanzaría, no como una investigación sobre la legitimidad [del conocimiento], sino como lo que yo denominaría una prueba de *eventualización*. (Foucault, 2006a: 24-25)

La crítica no es tan solo una operación epistemológica sino que es, fundamentalmente, una *actitud política y moral*. Al reducir la crítica a ser una investigación formal sobre los modos de conocer, Kant introduce un "desfase" entre crítica e Ilustración que debe ser corregido.[30] Si la Ilustración (*Aufklärung*) es el tiempo histórico que encarna el ejercicio de la crítica, como bien lo vio Kant, entonces una época ilustrada es aquella en que

---

el gobierno. Regicidio, pues, de la filosofía política por parte de Foucault. Véase: Simons 1995: 51-52.

[30] El "desfase" consiste en que para Kant la Ilustración tenía que ver más con la libertad de pensar que con la libertad de actuar, por lo que podía exhortar tranquilamente a sus lectores a que *obedecieran* al Rey de Prusia. Kant no comprende que la crítica tiene que ver en realidad con una actitud de desobediencia a las costumbres establecidas. Una consideración rigurosa mostraría, sin embargo, que la crítica de Foucault no es acertada. Pues, para Kant, la Ilustración no tiene que ver solo con la razón teórica sino, ante todo, con la razón práctica, es decir, con la acción (*Sittengesetz*). Si lo que dice Foucault es que la medida de la Ilustración no es lo que pensamos sino lo que hacemos, ¡pues esto es justo lo mismo que dice Kant! Pero esta consideración desborda ya con mucho los límites de la presente investigación.

los individuos luchan por liberarse de las coacciones que pesan sobre la subjetividad. La crítica, entonces, como un ejercicio de sospecha frente a la gubernamentalización de la sociedad.[31] En lugar de ser un análisis de las condiciones formales de la verdad, la crítica debe ser vista como una "prueba de eventualización". ¿Qué significa esta categoría *événementialisation*? La eventualización es la operación a través de la cual los límites del poder son cuestionados de tal modo que puedan generar un "acontecimiento" (*événement*). Y un acontecimiento, ya lo sabemos, significa una ruptura, un corte, una discontinuidad con el pasado. Lo que quiere decir Foucault es que la Ilustración es la época histórica en que los individuos son capaces de levantarse contra los poderes que los subyugan y adquieren la disposición moral para *conducirse de otro modo*. En este caso, como vemos, la crítica no se limita a ser una actitud puramente negativa frente al pasado ("no queremos seguir siendo gobernados de aquel modo") sino que es una actitud propositiva frente al presente ("queremos gobernarnos de este modo *aquí y ahora*").

Ya vamos entendiendo por qué la invocación del último Foucault a Kant puede ser vista como una "estación intermedia" en su largo viaje hacia la antigüedad.[32] La crítica, como acabamos de ver, es un "ethos filosófico",[33] una actitud de rechazo frente

---

[31] "De ahí el hecho de que la pregunta de 1784 "Qué es la *Aufklärung*?" o, más bien, la manera en que Kant, en relación con esta pregunta y con la respuesta que le dio, ha intentado situar su empresa crítica, esta interrogación sobre las relaciones entre *Aufklärung* y crítica va a tomar legítimamente el aspecto de una desconfianza o en todo caso de una interrogación cada vez más sospechosa: ¿de qué excesos de poder, de qué gubernamentalización, tanto más inaprehensible porque se justifica mediante la razón, es responsable históricamente esta misma razón? (Foucault, 2006a: 15).

[32] Hubo ciertamente otras invocaciones de Foucault a Kant a lo largo de su carrera intelectual, pero ninguna de ellas sirvió como estación intermedia hacia la antigüedad, tal como lo estamos mostrando aquí. Véase: Hemminger, 2004; Castro, 2009; Kraemer, 2011.

[33] Este punto será resaltado en la conferencia de Berkeley de 1983. Podríamos decir que las dos conferencias sobre Kant, la de 1978 y la de 1983, responden en realidad a una sola pregunta: "¿Qué es la filosofía?".

a lo que *hemos sido* en el pasado, pero también una forma de afirmarnos en aquello que *queremos ser* en el presente. Por eso mismo, nos dice Foucault, la crítica "tiene parentesco con la virtud".[34] De lo que se trata es de crear nuevas formas de vida, de relación, de amistad, de individualidad, que se desmarquen del modo en que los cuerpos han sido gobernados por el Estado y la economía. La crítica tiene que ver, por tanto, con el arte de vivir filosóficamente, con la "estética de la existencia" que Foucault querrá encontrar en la antigüedad griega y romana. La operación crítica no es aquella que apela al modelo de la legitimidad epistémica (¿cuáles son las condiciones formales y universales para que un conocimiento sea verdadero?), sino aquella que apela al modelo de la subjetividad libertaria (¿de qué tipo de poderes debo desujetarme para hacer de mi vida una obra de arte?). En el centro de la pregunta foucaultiana por la crítica se halla, entonces, el problema del "estilo de vida", de la individualización estética. Para ser autónomo, dueño de sí mismo, el individuo debe desujetarse frente a los códigos supraindividuales que gobiernan su conducta y crear normas propias de comportamiento. Es por esto que Foucault se interesa por las *problematizaciones éticas* en el mundo antiguo, ya que en ellas verá en acción el ejercicio "experiencial" de la crítica. ¿Cómo debo conducirme a mí mismo? ¿Qué tipo de reglas de acción debo crear para darle a mi vida una forma bella? Todas estas son preguntas "críticas" en la medida en que expresan una actitud de desobediencia frente a las normas establecidas de gobierno, pero también el "coraje" de crear formas alternativas de subjetividad: la voluntad inquebrantable de *producir acontecimientos*. Para que emerja el sujeto ético, el individuo debe "desujetarse" con respecto a la norma moral establecida, pero además debe ser capaz de producir autónomamente sus

---

[34] Judith Butler dice que la virtud, para Foucault, es la actitud vital de "poner en riesgo el orden establecido". No se trata, por tanto, del cumplimiento de normas o leyes que valen para todos, sino de la *transgresión* de esas leyes en nombre de una vida estéticamente bella (Butler, 2008: 147-149).

propias reglas de acción; ser capaz, en últimas, de convertirse en agente de su propia vida.[35]

Son precisamente estos problemas de la autonomía del sujeto, la relación entre moralidad y eticidad, el comportamiento ético, los que motivan a Foucault para volver de nuevo a Kant en una conferencia dictada cinco años después con el título "¿Qué es la Ilustración?", que recoge los contenidos de la primera clase ofrecida en el curso *El gobierno de sí y de los otros*.[36] En esa ocasión, Foucault se refiere concretamente al opúsculo "Beantwortung der Frage: Was ist Aufklärung?", de 1784, en el que Kant reflexiona sobre una pregunta de gran actualidad en aquel momento y que se hallaba en el centro mismo del debate intelectual: "¿Qué es la Ilustración?". Foucault interpreta esta situación coyuntural diciendo que el opúsculo de Kant es una reflexión sobre el presente, sobre el "ahora", sobre el tiempo mismo en que se desenvuelve la vida del filósofo: "¿Cuál es mi actualidad? ¿Cuál es el sentido de esta actualidad? ¿Qué es lo que hago cuando hablo de esta actualidad?" (Foucault, 2006b: 57). Kant se interroga por el estatuto de su propia época, pero al hacerlo la coloca en evidencia, la pone en cuestión, la "problematiza". Hablando de forma pública (recordemos que se trataba de un artículo de prensa), Kant expresa un rechazo a la situación que en ese momento vivía Europa y que consistía (como se dijo en la conferencia de 1978) en el despliegue de un conjunto de procedimientos de gubernamentalización encarnados por el Estado moderno. El opúsculo de Kant, entonces, como expresión de un rechazo filosófico ante el presente, como

---

[35] Véase Fiamini, 2005: 65-72. Como veremos, Foucault piensa que la subjetivación ética es ya, *por sí misma*, una subjetivación política, en la medida en que ella expresa un *rechazo a la autoridad*, que es la marca de la Ilustración. Pero cabe reflexionar si la subjetivación política se produce solo en el acto del rechazo, de la negatividad pura, o si es preciso —como muestra Laclau— avanzar hacia la construcción de puntos nodales. De este tema me ocuparé en el Epílogo del libro.

[36] La conferencia tuvo lugar en Berkeley en el otoño de 1983, mientras que la primera sesión del curso (ocasión en la que fue presentado el texto de Kant) tuvo lugar el 5 de enero de ese mismo año.

el malestar generado frente a un determinado "arte de gobernar". En ese opúsculo, Kant desmitifica el presente, destruyendo las evidencias que lo definen y abriendo paso a su transformación. Esto es, precisamente, lo que en la conferencia de 1978 se denominó "actitud crítica".[37]

Decíamos que lo propio de esta "actitud crítica" es la visibilización de los límites. Kant dijo que la operación crítica consiste en mostrar cuáles son los límites de la razón con el fin de no transgredirlos, evitando así que el conocimiento se pierda en quimeras. Foucault, como ya se dijo, quiere desligar la crítica de la pregunta por los límites del conocimiento y vincularla más bien con una actitud de desobediencia frente a la autoridad. De esto se deriva una consecuencia práctica: si lo propio de la crítica es mostrar los límites, el objetivo de este ejercicio no es evitar ir más allá de ellos, como quería Kant, sino *transgredirlos*. "Se trata de transformar la crítica ejercida bajo

---

[37] En la clase del 5 de enero de 1983 Foucault dice que Kant da inicio no a una, sino a *dos* formas de entender la crítica: la primera interroga las condiciones de posibilidad del conocimiento (*Analítica de la verdad*), mientras que la segunda interroga el presente, lo que somos hoy, la "actualidad" (*Ontología del presente*). Aunque en sus tres obras mayores Kant ejemplifica una forma más bien *academicista* de entender la crítica, en sus opúsculos tardíos y artículos de prensa lo vemos actuar en un registro diferente. Aquí vemos a un Kant combativo, político, que no habla para los expertos sino para el público, que lucha por definir qué es el presente. Es *este* registro el que más le interesa a Foucault, pues allí ve ejemplificada una segunda modalidad de la crítica (Foucault, 2009b: 38-39). Kant, entonces, como el fundador de dos grandes "tradiciones críticas", frente a las cuales Foucault nos pide tomar una "elección filosófica": podemos optar por la "analítica de la verdad", pero el precio a pagar será quedarnos recluidos en cuestiones puramente formales, sin relación alguna con el presente, prosiguiendo de este modo el "desfase" entre Ilustración y crítica inaugurado por Kant. En este caso, la *verdad* no sería más que un problema enteramente formal, desligado de la vida del sujeto que filosofa (tema que será abordado en los cursos de 1982 (*La hermenéutica del sujeto*) y 1984 (*El coraje de la verdad*). La segunda opción, por el contrario, nos inscribe de lleno en la "ontología del presente", vinculando la filosofía con la gran herencia crítica de Nietzsche, Weber y la escuela de Frankfurt. Es, por tanto, a *esta* segunda tradición crítica de la modernidad, preocupada por la desujeción con respecto a los códigos morales y sociales que nos gobiernan, a la que pertenecen los trabajos del propio Foucault.

la forma de la limitación necesaria en una crítica práctica bajo la forma de la transgresión posible" (Foucault, 2006b: 91). Pero, ¿qué es aquello que la crítica nos pide transgredir? No tanto la autoridad en sí misma, sino el modo en que esa autoridad ha configurado nuestra forma de ser. El trabajo crítico deberá visibilizar cuáles son los límites de lo que somos y deberá darnos el "coraje" necesario para ir más allá de ellos, para llegar a ser de otro modo, para transformarnos a nosotros mismos. En su sentido *negativo*, la crítica nos permitirá conocer lo que hoy día somos, el modo en que hemos sido históricamente gobernados; en su sentido *positivo*, la crítica deberá mostrar la posibilidad de transgredir esos límites históricos de lo que somos (desgobernarnos), perfilando nuevas formas de autogobierno individual marcadas por el ejercicio de la libertad. Esta doble faz de la crítica, que Foucault ve perfilada en el opúsculo kantiano de 1784, es denominada "ontología del presente" o, bien, "ontología histórica de nosotros mismos" (*ibíd.*, 92).

Profundicemos un poco en el significado de esta "ontología del presente". En la primera hora de la clase del 5 de enero de 1983, Foucault dice que el opúsculo de 1784 inaugura una nueva manera de interrogar la historia. No se trata ya de preguntarse por el "origen" de la historia, ni por su "finalidad" (*telos*) —como había hecho hasta entonces la teología cristiana—, sino de preguntarse por el tiempo actual. Solo en el presente, en *el aquí y el ahora*, se puede decir "no" a una cierta forma de ser gobernados. El presente como el momento de la acción, de la lucha, del acontecimiento, y no de la contemplación. El presente no como un tiempo cualquiera, sino como el punto específico desde el cual se piensa, se vive y se toman decisiones radicales. El texto de Kant inauguraría, entonces, una interrogación sobre el vínculo del sujeto empírico con la historia del modo en que ha sido gobernado. No se trata aquí de la Historia con mayúscula, la Historia Universal, sino de la historia *individualmente vivida*, allí donde se escenifican las fuerzas que nos constituyen como sujetos y donde se juega el ejercicio crítico de la desgubernamentalización (Foucault, 2009b: 29).[38]

Es aquí, en el comentario al opúsculo de 1784, donde Foucault reinterpreta la famosa definición que hace Kant de la Ilustración. Como se sabe, el filósofo alemán dice que *Aufklärung* es la salida (*Ausgang*) del hombre de su minoría de edad (*Unmündigkeit*); y agrega que esta consiste en no tener el valor (*Mut*) y la resolución (*Entschliessung*) de servirse del propio entendimiento (*Verstand*), sino permanecer bajo la guía (*Leitung*) de otros.[39] Para Foucault, la "inmadurez" o "minoría de edad" a la que se refiere Kant tiene que ver con la aceptación pasiva de una cierta forma de ser gobernado. Aceptar con resignación el modo en que "otros" nos dicen qué hacer, cómo conducirnos, cómo comportarnos.[40] En este sentido, Kant dirá que esta inmadurez no es inocente sino "culposa" (*selbst verschuldeten Unmündigkeit*). Si somos obedientes frente a los poderes que *gobiernan* (no *dominan*) la subjetividad, es porque de algún modo hemos *aceptado* las reglas de juego que se nos proponen. Recordemos la definición que le da Foucault a la noción de "gobierno" en su opúsculo "El sujeto y el poder":

---

[38] Aquí Foucault lee con demasiada liberalidad a Kant, para quien el sentido (*Sinn*) de la historia nada tiene que ver con lo empírico, con la historicidad de los individuos y grupos, sino con la historia de la *especie humana* como tal. El sentido de la historia echa sus raíces en la idea trascendental de humanidad.

[39] Reproducimos el texto completo en alemán: "Aufklärung ist der Ausgang des Menschen aus seiner selbst verschuldeten Unmündigkeit. Unmündigkeit ist das Unvermögen, sich seines Verstandes ohne Leitung eines anderen zu bedienen. Selbstverschuldet ist diese Unmündigkeit, wenn die Ursache derselben nicht am Mangel des Verstandes, sondern der Entschliessung und des Mutes liegt, sich seiner ohne Leitung eines anderen zu bedienen. Sapere aude! Habe Mut, dich deines eigenen Verstandes zu bedienen! Ist also der Wahlspruch der Aufklärung" (Kant, 1996a: 53).

[40] Al respecto escribe Judith Butler: "Ser gobernado no es solo que a uno se le imponga una forma sobre su existencia, sino que le sean dados los términos en los cuales la existencia será o no será posible. Un sujeto surgirá en relación con un orden de verdad establecido, pero también puede adoptar un punto de vista sobre ese orden establecido que suspenda retrospectivamente su propia base ontológica" (Butler, 2008: 156).

"Gobernar es estructurar el posible campo de acción de los otros" (Foucault, 2001: 254). La "minoría de edad" radica, pues, en la libre aceptación de una cierta forma de ser gobernados, que Foucault identifica (siguiendo a Kant) con la dependencia frente a una triple autoridad: el libro, el médico y el director de conciencia. Desde luego que en la Alemania luterana del siglo XVIII ese libro que hace las veces de entendimiento (*Verstand*) era la Biblia y ese director que hacía las veces de conciencia (*Gewissen*) era el pastor (*Seelsorger*), de modo que Foucault está pensando en el poder individualizante del pastorado, que, como ya vimos, es una de las líneas constitutivas de la "razón de Estado".

Tenemos entonces que si la "minoría de edad" es la aceptación voluntaria de una condición de servidumbre, la Ilustración, por el contrario, sería el intento de buscar una "salida" (*Ausgang*) de ella. Esa salida no puede ser otra que la transgresión de los límites de lo que somos. Foucault insiste en que esa transgresión no puede asumir la forma de una revolución global de la sociedad:

> Esta ontología de nosotros mismos debe apartarse de todos esos proyectos que pretenden ser globales y radicales. De hecho, se sabe por experiencia que la pretensión de escapar al sistema de la actualidad para ofrecer programas de conjunto de otra sociedad, de otro modo de pensar, de otra cultura, de otra visión del mundo, no han llevado de hecho sino a reconstruir las más peligrosas tradiciones. Prefiero las transformaciones muy precisas que han podido tener lugar desde hace veinte años en un cierto número de dominios que conciernen a nuestros modos de ser y de pensar, a las relaciones de autoridad, las relaciones entre sexos, la manera en que percibimos la locura o la enfermedad; prefiero estas transformaciones, ciertamente parciales, que han sido efectuadas en la correlación del análisis histórico y de la actitud práctica, a las promesas del hombre nuevo que los peores sistemas políticos han repetido a lo largo del siglo XX. (Foucault, 2006b: 92-93)

Cambios parciales y orientados hacia la desgubernamentalización de la subjetividad, en lugar de transformaciones globales y revolucionarias. Intervenciones moleculares a nivel de la experiencia vivida, en lugar de intervenciones molares a nivel de las instituciones.[41] Este es el programa *político* que Foucault vincula con su "ontología del presente" y que cree estar apoyado en la filosofía de Kant. La Ilustración y la libertad que nuestro filósofo invoca deben ser ejercidas en el ámbito de la *subjetividad*, pues no es a nivel institucional donde deben producirse las transformaciones importantes. Deberíamos, por el contrario, liberarnos de esa gubernamentalidad institucional, tal como lo han mostrado acontecimientos como Mayo del 68. Para Foucault, como para otros intelectuales vinculados a ese ambiente de rebelión juvenil, la autoridad es intrínsecamente sospechosa, por lo que la lucha política debe dirigirse hacia el combate de toda forma de legislar para otros cómo tienen que comportarse.[42] No obstante, el "presente" sobre el que se interrogaba Kant, esa "época de Ilustración" a la que se refiere, estuvo marcada por un acontecimiento que, a diferencia de Mayo del 68, sí marcó transformaciones institucionales de importancia: la *Revolución francesa*. En textos como *El conflicto de las facultades* (1794), Kant se pregunta si acaso la Revolución francesa suponía algún tipo de progreso moral para el género humano. No preguntaba por el hecho en sí mismo (ya que un evento socio-histórico no puede ser "objeto" de conocimiento), sino por el *entusiasmo* que ese evento despertó en el ánimo

---

[41] Recordemos lo dicho por Deleuze: las categorías "molar" y "molecular" no hacen referencia a una cuestión de *escala* (lo molar es lo grande, lo molecular es lo pequeño), sino a una cuestión de dureza o flexibilidad. Las relaciones *molares* de poder son aquellas en las cuales hay una cristalización, una inmovilización de la dinámica de las fuerzas; por el contrario, las relaciones *moleculares* son aquellas que son reversibles y permiten el juego de la libertad. En este sentido, Foucault piensa que las relaciones de poder en el nivel supraindividual tienden a "molarizarse", y por eso desconfía de la política que se juega en las instituciones del Estado.

[42] Sobre la influencia del pensamiento autonomista de Mayo del 68 en Foucault, véase: Merquior, 1988.

(*Gemüt*) de las personas que fueron testigos de él. Y como el progreso hacia un estado "mejor" de cosas no se juzga con base en datos empíricos sino por *signos*,[43] la respuesta del filósofo es clara: la Revolución francesa es un signo inequívoco de que la humanidad se halla en un progreso continuo hacia lo mejor. ¿Por qué razón? Porque ella ha despertado en los espectadores un entusiasmo (*Begeisterung*) inédito por las *instituciones republicanas*. En otras palabras, la Revolución francesa ha generado un *pathos* entusiasta por la republicanización de la política, que es conforme con la disposición moral de la humanidad. Y aunque la Revolución francesa no consiguiese realizar empíricamente tales ideas morales (libertad, igualdad, fraternidad), estas no podrán caer ya sin más en el olvido. Los humanos continuarán añorando darse a sí mismos una *constitución republicana* (Kant, 1996b: 357-362).[44]

¿Qué tiene que decir Foucault frente a esto? Por desgracia, no mucho. En su clase del 5 de enero de 1983 en el Collège de France, el filósofo hace un buen resumen del texto de Kant sobre la Revolución francesa, pero se contenta con decir que allí se "amplió" lo dicho en el opúsculo de 1784. La pregunta "¿Qué es la revolución?" complementó la pregunta "¿Qué

---

[43] Para Kant, el sentido de la historia no tiene lugar en el escenario histórico, sino en el sentimiento de lo sublime despertado en los "espectadores" por un evento histórico específico (en este caso la Revolución francesa). Lo que se experimenta no es, sin embargo, un sentimiento por el objeto mismo, sino por la *idea de humanidad* que está en nosotros como sujetos. Esto quiere decir que la Revolución francesa no es sublime por sí misma. Lo sublime es el "entusiasmo" que la Revolución suscita en el ánimo de los espectadores y su capacidad para movilizar en ellos la idea trascendental de humanidad.

[44] "Pues ese acontecimiento [la Revolución francesa] es demasiado grandioso, se halla tan estrechamente implicado con el interés de la humanidad, y su influencia sobre el mundo se ha diseminado tanto por todas partes, como para no ser rememorado por los pueblos en cualquier ocasión donde se den circunstancias propicias y no ser evocado para repetir nuevas tentativas de esa índole; pues al tratarse de un asunto tan importante para el género humano, la proyectada constitución ha de alcanzar finalmente en algún momento aquella firmeza que la enseñanza no dejará de inculcar en el ánimo de todos mediante una experiencia cada vez más frecuente" (Kant, 2003: 164).

es la Ilustración?", pues ambas apuntaban hacia lo mismo: el cuestionamiento del presente, la problematización de lo actual. Ningún comentario le merece a Foucault el asunto del republicanismo, tan central para el texto de 1794, sino que prefiere retomar los temas abiertos en el opúsculo escrito por Kant diez años antes. Como si la Revolución francesa no hubiera significado un cambio de acento en el pensamiento del filósofo de Königsberg. La "cuestión republicana" no es entonces aquello que le interesa a Foucault, sino la "cuestión de la subjetividad". Para nuestro filósofo, la Revolución francesa no puede ser vista como un acontecimiento libertario, pues ella abrió la puerta a la consolidación de la razón de Estado, ese tipo de gubernamentalidad que combinaba la individualización del pastorado cristiano con la totalización de un poder burocrático absolutista.[45] En la Alemania de Kant, ese tipo de gobierno absolutista estaba encarnado en la figura de Federico II de Prusia. No en vano, Foucault dice que los ecos de la Revolución francesa coinciden con la publicación en Alemania del primer libro dedicado enteramente a la nueva "ciencia de la policía" (*Polizeiwissenschaft*), escrito por Johann Peter Frank; tratado que serviría de base para el control y administración de la *vida* de la población (Foucault, 2013a: 240-241).[46] No es casualidad, agrega, que haya sido en Alemania (y no en Francia) donde la filosofía adoptó la forma de una "actitud crítica" frente a estos procesos de gubernamentalización de la sociedad,

---

[45] No es en realidad la Revolución francesa *como tal* lo que le interesa a Foucault, sino el modo en que la subjetividad del revolucionario es transformada; esto es, el modo en que esa subjetividad se libera de las constricciones operadas sobre ella por los dispositivos de la razón de Estado. Sobre esto volveremos en el capítulo cuatro.

[46] Se refiere al libro *System einer vollständigen Medicinischen Polizey* publicado en cinco tomos. Foucault anota que "cuando el último volumen salió de la imprenta, en 1790, la Revolución francesa ya había comenzado"; y agrega que "a través de ese libro podemos ver que el cuidado de la vida individual se convierte en esta época en un deber para el Estado" (Foucault, 2013a: 240).

como se expresó en la obra de Nietzsche, Weber y la Escuela de Frankfurt.[47]

Esta desconfianza total frente a las instituciones republicanas marcará también la curiosa lectura que hace Foucault del concepto kantiano de autonomía. Pues recordemos que para Kant, la autonomía moral presupone que el individuo no solo sea capaz de gobernar su propia vida, sino de colocarla en sintonía con las normas que gobiernan la vida común de todos los ciudadanos. No es autónomo quien se "ocupa de sí mismo" con independencia de las normas que gobiernan el bienestar común de la sociedad, sino quien asume *responsabilidad* por el mantenimiento de ese bienestar común.[48] La autonomía kantiana tiene que ver, por tanto, con el autogobierno colectivo y no simplemente con el autogobierno individual. La autonomía tendrá que ser *autonomía política*, o no lo será en absoluto. Foucault, en cambio, sospecha del concepto trascendental de subjetividad utilizado por Kant (por considerarlo ligado al "modelo jurídico") y tomará el camino contrario. En su opinión, la autonomía tiene dos momentos complementarios: el primero es desmarcarse por entero de las normas que gobiernan el comportamiento colectivo, pues allí se despliega la "normalización" de los individuos y el disciplinamiento de los cuerpos; el segundo momento es crear las reglas facultativas de

---

[47] Este, recordemos, fue uno de los temas abordados en la conferencia de 1978. La tesis de Foucault es que la Revolución francesa *impidió* el cuestionamiento de los procesos de gubernamentalización de la sociedad, mientras que en Alemania la Reforma protestante los favoreció. "En todo caso, el bloque constituido por las Luces y la Revolución, sin duda ha impedido de una forma general que se ponga nuevamente en cuestión, real y profundamente, esta relación entre la racionalización y el poder. Quizás también el hecho de que la Reforma (que creo que ha sido en sus raíces muy profundas el primer movimiento crítico como arte de no ser gobernado) no haya tenido en Francia la amplitud y el éxito que ha conocido en Alemania, ha hecho sin duda que en Francia esta noción de *Aufklärung*, con todos los problemas que planteaba, no haya tenido una significación tan amplia" (Foucault, 2006a: 17).

[48] En otras palabras: para Kant, ocuparse de sí mismo significa *también* ocuparse de las *condiciones políticas* que garantizan esa labor de autogobierno y asumir responsabilidad por ellas.

comportamiento que se ajusten mejor a cada situación particular, a fin de convertir la vida en una "obra de arte". La autonomía, por tanto, radica en asumir la responsabilidad del individuo *por sí mismo* y su entorno inmediato, con total independencia de las normas sociales o políticas de comportamiento.

¿Qué pasa entonces con las instituciones republicanas que desencadenó la Revolución francesa y que despertaron el "entusiasmo" del propio Kant? ¿Qué pasa, en suma, con la autonomía política ligada a la *democracia*?[49] Foucault piensa que la democracia, al igual que todas las instituciones republicanas, funciona como un mecanismo que sirve para gobernar *jurídicamente* la subjetividad.[50] A diferencia de Kant, no es la constitución de una autoridad *justa* lo que le interesa como objetivo político (*gerechte Herrschaft*), sino la liberación de *toda* forma de autoridad (*herrschaftsfreie Gesellschaft*). Ya lo vimos antes: Foucault pondera las luchas que buscan liberar la subjetividad *del* Estado, por lo que no es extraño que la democracia, producto inmediato de la Revolución francesa, no despierte en él ningún "entusiasmo".[51] Más bien lo harán individuos marginales y abyectos, separados por entero de las luchas democráticas, según estudiaremos enseguida.

---

[49] Hay que decir aquí, sin embargo, que el propio Kant prefería una república gobernada autocráticamente (monarquía constitucional), como la de Federico II, y no una república enteramente democrática, para la cual, según creía, la "humanidad" no estaba todavía preparada en el siglo XVIII.

[50] Como ya lo estudiamos en el volumen I, Foucault piensa que el "camino revolucionario" (también llamado "rousseauniano") es de carácter *jurídico* y asume por ello la forma del contrato social. Para él, la Revolución francesa se "agota" en asuntos relativos a los derechos supraindividuales y no afecta por ello el ámbito de la subjetividad. Por el contrario, el "camino radical" seguido por el liberalismo no toma la forma del *homo juridicus* sino la del *homo economicus*, lo cual sí tiene repercusiones directas en el comportamiento de los individuos. Muy influenciado por Rousseau, Kant prefiere tomar en cambio el "camino revolucionario".

[51] Sobre la relación entre la Revolución francesa y el imaginario democrático, véase mi libro *Revoluciones sin sujeto*.

Baudelaire y la estética de la existencia

La conferencia "¿Qué es la Ilustración?", de 1983, se encuentra dividida en tres partes. En la primera, Foucault reflexiona sobre la ontología del presente, tal como lo acabamos de mostrar. La segunda, en cambio, se halla dedicada casi por entero a la figura de Baudelaire.[52] Pero, ¿qué tiene que ver Baudelaire con Kant? Y más aún: ¿qué tiene que ver Baudelaire con la Ilustración? Recordemos que en la conferencia de 1978, Foucault había dicho que la *Aufklärung* conlleva una "indocilidad reflexiva", un modo de "inservidumbre voluntaria". La crítica no es un puro ejercicio intelectual, sino una experiencia de rebeldía, una actitud libertaria frente a la vida misma. Es "el arte de no ser de tal modo gobernado" y tiene como objetivo principal la "desujeción" con respecto a la forma-Estado. El propio Kant había dicho, apelando a Horacio, que la salida de la minoría de edad era una cuestión de coraje: "*sapere aude*, ten el valor (*Mut*) de servirte de tu propio entendimiento". Sin embargo, Foucault dice que ese "coraje" no es una operación del entendimiento, pues no se trata solo del coraje de saber, sino sobre todo del coraje de actuar. La admonición de Kant debería ser leída entonces del siguiente modo: ten el coraje de *conducir tu vida de otro modo*. La Ilustración, por tanto, es un asunto de rebeldía contra la autoridad, pero también de autogobierno. No es extraño que en la conferencia de 1983 afirme lo siguiente: "hay que suponer que [el hombre] no podrá salir de ese estado [de minoría de edad] si no es por un cambio que él mismo ha de efectuar sobre sí mismo" (Foucault, 2006b: 75).

Ahora bien, si la resistencia a la autoridad y la transformación de sí mismo es lo que constituye el sello de la Ilustración, parece claro que no es en Kant donde Foucault encontrará un ejemplo a seguir, pues se trataba de una figura rutinaria y poco aventurera, cuya vida giraba exclusivamente en torno al

---

[52] Esta lectura de Baudelaire no se incluye en la clase del 5 de enero de 1983, sino que es exclusiva de la conferencia de Berkeley.

cumplimiento de sus deberes. Aunque es cierto que Kant *enuncia* cuál es la función de la actitud crítica, no es, sin embargo, el ejemplo paradigmático de ella. Foucault busca una figura que muestre con su propia vida (y no solo con el pensamiento) en qué consiste la desujeción frente a los códigos morales, y por eso acude a Baudelaire, el primero de los "poetas malditos". Él es el ejemplo idóneo para mostrar que la "mayoría de edad" significa construir un *estilo de vida* que se desmarque por entero de los cánones estatales. Baudelaire como paradigma de una vida que se asume enteramente en el aquí y el ahora, en medio de la contingencia radical, pero construyendo sobre ese abismo una forma de existencia bella. Es, por tanto, Baudelaire y no Kant quien enseña con su propia vida lo que significa ser un individuo "moderno".[53]

Para entender mejor este peculiar giro interpretativo, conviene discutir primero la "cuestión de la modernidad", tema que ya para 1980 empezaba a ocupar un lugar importante en los debates filosóficos, gracias sobre todo a las intervenciones de Lyotard y Habermas. En la segunda parte de su conferencia de 1983 sobre Kant, Foucault está muy interesado en aclarar las relaciones entre Ilustración y modernidad. Esta última no es vista por el filósofo como una época histórica, caracterizada por el uso de la razón (*Aukflärung*), a la que precedería una época "premoderna" y le seguiría una "posmoderna".[54] Es decir que, a diferencia de Habermas, la cuestión no radica en interrogar nuestro presente para determinar si se ha realizado

---

[53] De acuerdo con esta lectura, Kant habría sido un individuo moderno en su pensamiento, pero premoderno en su forma de conducirse.

[54] Se equivocan quienes pretenden identificar a Foucault con la "posmodernidad", como es el caso del filósofo esloveno Slavoj Zizek. En varias ocasiones el pensador francés manifestó no estar de acuerdo con el uso de esta categoría, a la que no encontraba ningún sentido. Al ser preguntado por Gérard Raulet sobre la cruzada emprendida por Habermas contra la posmodernidad en Alemania, Foucault responde, no sin ironía: "¿A qué se llama posmodernidad? No estoy al corriente". Y más adelante agrega: "Sé que Habermas ha propuesto como tema la modernidad. Me siento confuso porque no sé muy bien lo que quiere decir" (Foucault, 1999c: 323).

o no el "proyecto de la modernidad", es decir, si las promesas hechas por la razón ilustrada del siglo XVIII han sido cumplidas, o si la modernidad permanece todavía como un "proyecto inconcluso". A Foucault le parece que todo esto es un chantaje inaceptable: "Hay que rechazar todo lo que se presente bajo la forma de una alternativa simplista y autoritaria: o aceptáis la *Aufklärung* y permanecéis en la tradición de su racionalismo [...] o criticáis la *Aukflärung* y entonces intentáis escapar a esos principios de racionalidad" (Foucault, 2006b: 87).[55] En otras palabras, el chantaje de Habermas radica en decir lo siguiente: "si eres un crítico de la razón ilustrada entonces eres un posmoderno irracionalista, un "joven conservador" que ha dejado de lado las promesas de la razón moderna y le abre la puerta al autoritarismo político".[56] Pero más allá de esta presentación un tanto simple del problema (la idea del chantaje), lo que el filósofo alemán quiere decir es que la modernidad ha conducido hacia una racionalización paulatina de la sociedad, que "diferenció" la razón en tres compartimentos separados: la racionalidad cognitivo-instrumental, la racionalidad práctico-moral y la racionalidad estético-expresiva. Esta diferenciación de las esferas es una situación históricamente irreversible, a

---

[55] Un argumento parecido había ofrecido Foucault un año antes, al comienzo de su conferencia de Vermont en 1982, titulada *"Omnes et singulatim"*: "¿Debemos juzgar a la razón? A mi modo de ver, nada sería más estéril. En primer lugar porque este ámbito nada tiene que ver con la culpabilidad o la inocencia. A continuación, porque es absurdo invocar "la razón" como entidad contraria a la no razón. Y por último porque semejante proceso nos induciría a engaño, al adoptar el papel arbitrario del racionalista o del irracionalista" (Foucault, 1991a: 96-97).

[56] Recordemos que en textos como *Die Moderne - ein unvollendetes Projekt*, discurso pronunciado el 11 de septiembre de 1980 con motivo del premio Adorno que le otorgó la ciudad de Frankfurt, Habermas desplegó su batería crítica contra Foucault y contra buena parte de la filosofía francesa contemporánea. Allí dijo que estos pensadores son herederos de un "esteticismo vanguardista" que identifica maniqueamente la razón con la voluntad de poder y recurre a las fuerzas espontáneas de la imaginación, a la experimentación constante y a la fuerza dionisíaca de lo poético, abandonando el "proyecto emancipatorio de la modernidad" (Habermas, 1990). Foucault conocía perfectamente este discurso, traducido al francés en 1981 por la revista *Critique*.

no ser que acudamos a algún tipo de proyecto autoritario y regresivo que pretenda unificarlas de nuevo; peligro en el que precisamente caen los filósofos posmodernos. Con su recurso al esteticismo de las vanguardias artísticas (incluyendo, desde luego, a Baudelaire), pensadores como Foucault pretenden "cancelar" (*aufheben*) la separación entre arte y vida, es decir, pretenden negar la racionalización de la tercera esfera (racionalidad estético-expresiva), buscando regresar a una mítica unidad entre arte y vida. En lugar de dar por "finalizada" la modernidad a través de su superación esteticista, de lo que se trata es de retornar al "proyecto inacabado de la modernidad" (Habermas, 1990: 32-54).[57]

Frente a este diagnóstico habermasiano, Foucault rechaza la idea de que la razón se hubiese alguna vez "diferenciado" en distintas esferas de valor. En la entrevista con Gérard Raulet (1983) dice que no debe confundirse la razón con la racionalidad, y que no hay tres, sino múltiples formas de racionalidad que se transforman unas a otras, sin que ninguna de ellas pueda llegar a identificarse con los valores emancipatorios de "la razón" (Foucault, 1999c: 324). Lo que hay, por tanto, son "modificaciones por las cuales ciertas racionalidades se engendran unas a otras, se oponen unas a otras, se sustituyen unas a otras, sin que sin embargo se pueda fijar un momento en el que la razón habría perdido su proyecto fundamental, ni tampoco fijar un momento en el que se habría pasado de la racionalidad a la irracionalidad" (*ibíd.*, 319).[58] En lugar, por tanto, de interrogar

---

[57] Este proyecto no consiste en recuperar la "unidad de la razón" (perdida ya para siempre), sino en entablar canales de *comunicación* entre los tres ámbitos diferenciados de la razón (ciencia, moral y arte), así como entre las "culturas de expertos" y el "mundo de la vida" (*Lebenswelt*), de tal manera que el potencial cognitivo desplegado en cada una de las esferas pueda tener efectos emancipadores.

[58] Ya dijimos en el volumen anterior que para Foucault no existen prácticas irracionales, sino que toda práctica, en tanto que práctica, es necesariamente racional. De lo que se trata es de investigar históricamente en qué consiste la racionalidad de las prácticas de autosubjetivación y a ello se dirigirá precisamente el proyecto del "último Foucault" con respecto a las técnicas de sí.

al presente con esa actitud arrogante que manifiesta Habermas, como si se tratara de un momento único en el que se define el futuro de la civilización humana, como si estuviéramos en el punto decisorio entre el proyecto moderno de la racionalidad y el posmoderno de la irracionalidad, deberíamos entender que el presente "es un día como los otros, o más bien un día que nunca es completamente igual a los demás" (*ibíd.*, 325).

De todo esto se concluye que, para Foucault, la pregunta por la modernidad solo tiene sentido en tanto que nos refiramos a una cierta "actitud" ética y estética frente al presente y no a una época histórica, y mucho menos a las promesas de un "proyecto emancipatorio" de la razón como el que formula Habermas:

> Teniendo como referencia el texto de Kant, me pregunto si no se puede considerar la modernidad como una actitud más que como un período de la historia. Y por actitud quiero decir un modo de relación con respecto a la actualidad; una elección voluntaria que hacen algunos; en fin, una manera de pensar y de sentir, una manera también de actuar y conducirse que, simultáneamente, marca una pertenencia y se presenta como una tarea. Un poco, sin duda, como eso que los griegos llamaban un *ethos*. (Foucault, 2006b: 81)

Ya vimos antes cómo Foucault está influenciado por las vanguardias artísticas, lo cual explica por qué su concepción de "modernidad" no tiene que ver tanto con la ciencia ni con la política, sino con la *estética*, con la reconciliación entre arte y vida, con una forma de comportarse (*ethos*).[59] Con lo cual retornamos a la figura de Baudelaire y su definición de "modernidad" en el libro *El pintor de la vida moderna*, publicado

---

[59] El último Foucault pone toda su fe política en la fuerza transgresora del arte como única posibilidad que nos queda para acceder a la libertad, de modo análogo a como lo había hecho en su juventud con la literatura de vanguardia. La pregunta es si ese tipo de arte no ha sido sepultado ya por las fuerzas del mercado y la tecnología. Sobre esta idealización y despolitización del arte por parte de Foucault, volveremos en el Epílogo de este libro.

en 1863. A través de la figura del pintor Constantin Guys, Baudelaire muestra cuál es esa "actitud de modernidad" cuya genealogía conducirá a Foucault hasta los filósofos griegos. Guys no es el artista romántico, hastiado de la civilización, que se retira del "mundanal ruido" para pintar en soledad, sino alguien que abandona el *atelier*, que sale a las calles de la gran urbe moderna y busca *integrar el arte a la vida* (que es justo lo que critica Habermas). La tesis de Foucault es que en este proceso de estetización de la vida cotidiana, el sujeto moderno se autotransforma, haciendo de su vida una obra de arte:

> Para Baudelaire, la modernidad no es simplemente una forma de relación con el presente; es también un modo de relación que hay que establecer consigo mismo. La actitud voluntaria de modernidad está ligada a un ascetismo indispensable. Ser moderno no es aceptarse a sí mismo como uno es en el flujo de momentos que pasan; es tomarse a sí mismo como objeto de una elaboración compleja y dura: es lo que Baudelaire llama, según el vocabulario de la época, el "dandismo" […]. El hombre moderno, para Baudelaire, no es aquel que parte al descubrimiento de sí mismo, de sus secretos y de su verdad oculta; es aquel que procura inventarse a sí mismo. Esta modernidad no libera al hombre en su ser propio; le constriñe a la tarea de elaborarse a sí mismo. (Foucault, 2006b: 85-86)

¿Qué significa entonces ser "sujeto moderno"? No significa, como pretende Habermas, vincularse con algún tipo de "proyecto emancipatorio" que defienda revindicaciones igualitarias y libertarias para *toda* la sociedad. La "modernidad" de la que habla Foucault *nada* tiene que ver con la universalización política de intereses por parte de actores específicos, y mucho menos con el establecimiento de la igualdad de derechos para todos. Más bien tiene que ver con intervenciones estéticas de carácter individual y molecular, que afectan directamente el ámbito de la subjetividad. Ser sujeto moderno significa dejar atrás lo que uno ha sido y transformarse en otra cosa diferente.

No es moderno quien se aferra a *identidades* ya consolidadas de tipo familiar, cultural, racial, gremial, sexual, etc., sino quien se niega a "aceptarse a sí mismo"; esto es, quien se embarca experimentalmente en un proceso continuo de autotransformación. Tampoco es sujeto moderno quien busca extender la libertad y la igualdad para todos los ciudadanos a través de una intervención en los aparatos del Estado, sino quien se entrega por entero a "los flujos de los momentos que pasan", haciendo de su propia existencia una obra creativa. Pero no se trata simplemente de *abandonarse a la nada*, lanzándose sin más al azar de los acontecimientos. No es un nihilismo experimental lo que Foucault propone. Para él, la modernidad se relaciona ciertamente con el *vanguardismo*, ejemplificado por artistas como el propio Baudelaire, pero también con un cierto *ascetismo* cuya emergencia será buscada en el mundo greco-romano. El asceta es el que *renuncia a sí mismo*, pero no para dejarse llevar por el azar de las olas, sino para relacionarse autónomamente con el oleaje mediante una dura labor de automodelado. De forma sorprendente, Foucault dice que el caso paradigmático de este sujeto moderno es el *dandy*, tal como es presentado en el libro de Baudelaire.

En efecto, Baudelaire dedica el capítulo IX de su libro a describir la figura del dandy. Comienza diciendo que el dandismo es una institución "muy antigua", dado que algunos personajes del mundo griego y romano (Alcibíades, Catilina, César) pueden ser vistos como dandys. Y agrega luego algo que sin duda llamó la atención de Foucault: "el dandismo, en cierto modo, confina con el espiritualismo y con el estoicismo" (Baudelaire, 2008: 133). Con ello, sin embargo, el poeta no se refiere directamente a corrientes filosóficas o místicas de la antigüedad, sino al rigorismo de sus normas y a la pasión casi religiosa que caracteriza a sus adeptos. En concreto, se refiere a la "elegancia" y la "originalidad" que tienen estas personas, "representantes de lo mejor del orgullo humano", en su lucha sin cuartel contra la trivialidad y la vulgaridad de las costumbres (*ibíd.*, 135). Pues si algo caracteriza al dandy es, precisamente, su tendencia a *distinguirse* de los demás a través del modo de vestir, de caminar por las calles, de relacionarse con los demás.[60] No es entonces el lujo y el dinero aquello que distingue al dandy, sino el *estilo de vida*, el cultivo de su singularidad (*ibíd.*, 133). Ese estilo de vida debe ser *exhibido* mediante la ropa que lleva, los cigarrillos que fuma, el modo de caminar las calles. A través de ese lenguaje semiótico, el dandy entabla con los demás un tipo de comunicación centrado en la distancia moral: "yo no soy como ustedes", "yo soy superior a ustedes".

Foucault lee todo esto de una forma muy particular: el dandy es aquel que no acomoda su vida a las normas morales establecidas y se comporta de forma disfuncional al sistema. Es un personaje disfuncional justo porque se ha desujetado

---

[60] No debemos confundir al *dandy* con el *flâneur*. Aquí vale la pena considerar el paralelismo con la lectura de Walter Benjamin, para quien el flâneur es el símbolo de la desintegración de la memoria en la modernidad. El flâneur, como el dandy, surge de la clase burguesa y lleva un estilo de vida muy poco burgués, que escandaliza a su familia. Benjamin resalta que llevaba a pasear a las tortugas. Pero su "goce estético" no radica, como en el dandy, en jactarse de llevar un estilo de vida diferente, sino en observar a la muchedumbre para captar allí lo nuevo, lo imprevisto, lo desconocido. Le impulsa por tanto la curiosidad por todo lo que ocurre en la calle. Es el hombre del "callejeo", dedicado a deambular por la gran urbe para observar lo que la gente hace. Para Benjamin, el flâneur ejemplifica la vivencia de una modernidad fragmentada, en una sociedad sometida al creciente dominio de la forma-mercancía. El flâneur es el individuo atrapado en la obsolescencia de la ciudad moderna y de sus mercancías, que sale a la calle para "dejarse llevar" por los flujos de sensaciones y estímulos que provoca la vida moderna. Trata en vano de dar sentido a este flujo perpetuo pero no lo logra, y finalmente cae en el *spleen* y la melancolía. El dandy, por el contrario, sale a la calle (como el flâneur) pero no se mezcla con la muchedumbre porque sabe que no forma parte de ella. Conserva su singularidad aristocrática y rechaza por entero los valores burgueses. A diferencia del flâneur, que trata en vano de ser diferente sin lograrlo (es una especie de "hombre-sandwich" atrapado entre la masa obnubilada por la mercancía y la individualidad burguesa), el dandy sí marca su singularidad con respecto a la moral burguesa (Benjamin, 2008: 121-158). Foucault dice que Constantin Guys "no es un paseante" (es decir, un flâneur), sino un dandy que "transfigura" su propia vida (Foucault, 2006b: 84). Tal exaltación de la figura del dandy explica por qué razón Foucault dice que el texto de Benjamin sobre Baudelaire es un "estudio sobre la estética de la existencia" (!) que se enmarca en la tradición inaugurada por Burckhardt. Véase: Foucault, 2007a: 14.

de las costumbres tradicionales y ha optado por una forma "estética" de vida. En el dandy se ha operado una *conversión* de la subjetividad que lo desconecta de la vida burguesa, ya marcada por la forma mercancía. Sin embargo, el texto de Baudelaire parece referirse a un fenómeno muy diferente. En primer lugar, el dandy es un pequeñoburgués que se ve a sí mismo como perteneciente a la *aristocracia espiritual*. Si odia el dinero y las costumbres burguesas no es porque le parezcan un obstáculo moral para "transformarse a sí mismo", como quiere Foucault, sino porque le parecen "vulgares" e indignas de su propia grandeza. El texto de Baudelaire es muy claro cuando se refiere al dandy como un hombre "que se ha criado en el lujo y que desde su juventud está acostumbrado a que los demás le obedezcan". Lo que distingue al dandy del "hombre de la calle" es la "superioridad aristocrática de su espíritu" y su "proyecto de fundar una nueva aristocracia" (Baudelaire, 2008: 131, 133; 135). Antes, pues, que un asceta, el dandy es sobre todo un *narcisista* que se ve a sí mismo como naturalmente "superior" a los demás. Es desde esta pretendida superioridad espiritual que el dandy combate las tres instituciones burguesas por excelencia: el trabajo, el mercado y la democracia. Baudelaire lo describe de este modo:

> El dandismo aparece sobre todo en las épocas transitorias en las que la democracia aún no es omnipotente, en que la aristocracia está envilecida y se tambalea solo en parte. En la agitación de tales épocas ciertos hombres descastados, hastiados, desocupados, pero todos ellos repletos de una fuerza innata, pueden idear el proyecto de fundar un tipo nuevo de aristocracia, que será aún más difícil de destruir porque se basará en las facultades de mayor valor, en las más indestructibles, y en los dones celestes que ni el trabajo ni el dinero pueden conferir [...]. El dandismo es un sol poniente; como el astro en su declinar, es magnífico, sin calor y lleno de melancolía. Pero, ¡ay!, la marea creciente de la democracia, que todo lo invade y todo lo nivela, ahoga día tras día a los últimos representantes del orgullo humano y arroja oleadas

de olvido sobre las huellas de estos mirmidones prodigiosos. (Baudelaire, 2008: 135, 137)

Si bien el rasgo distintivo del dandy es el intento de "heroizar el presente" (Foucault, 2006b: 82), esto no lo convierte en ese ejemplo de sujeto moderno que nuestro filósofo quiere encontrar en artistas como Baudelaire.[61] ¿Por qué no? Porque la "actitud moderna" conlleva no solo romper con los convencionalismos sociales (tal como hicieron ejemplarmente las vanguardias artísticas), sino combatir políticamente las jerarquías tradicionales de la *sociedad desigualitaria*. Todo lo contrario, pues, de lo que afirma Baudelaire, para quien la igualdad es un efecto perverso de la "marea niveladora" levantada por la democracia. Prueba de ello es la visión que el poeta ofrece de las mujeres en el capítulo X, misteriosamente silenciada en la lectura de Foucault. Allí se muestra que el "pintor de la vida moderna" abraza explícitamente la posición del pensador contra-revolucionario Joseph de Maistre, según la cual las mujeres deben permanecer en sumisión a sus maridos y dedicarse a la casa y la educación de los hijos.[62] Las mujeres, nos dice el poeta, son "un hermoso animal cuyas gracias alegran y hacen más ligero el juego serio de la política" (Baudelaire, 2008: 139). Ideas como esta, a la que habría que sumar las conocidas opiniones racistas, misóginas y reaccionarias de Baudelaire, nos hacen

---

[61] En la clase del 29 de febrero de 1984 (curso *El coraje de la verdad*), Foucault dice que la vida del artista moderno (desmarcada por completo de los convencionalismos sociales) es la mejor herencia que ha recibido la modernidad de los cínicos. Y entre estos artistas bohemios menciona específicamente a Baudelaire (Foucault, 2010: 200-201). Volveremos sobre esto en el capítulo cinco de este libro.

[62] Lo cual supone un retroceso con respecto al imaginario de igualdad abierto por la Revolución francesa. Este imaginario político había sido difundido en Francia casi cien años *antes* de Baudelaire por pensadores radicales como Diderot, Condorcet y Olympe de Gouge, quienes defendieron la dignidad de la mujer y la igualdad de sexos. El poeta no es entonces ignorante sino abiertamente *contra-revolucionario*, por lo cual difícilmente podemos atribuirle esa "actitud de modernidad" que en él busca Foucault.

dudar del modo en que Foucault entiende la política. Como si las luchas emancipatorias pudieran reducirse a intervenciones estéticas sobre uno mismo que dejan intactas las desigualdades que operan sobre otros. La resistencia política no consiste en "distinguirse" individualmente de otros a través del estilo de vida, como sugiere Foucault con su ejemplo del dandismo.

Quizás el problema radique en la poca claridad que ofrece Foucault al utilizar categorías como "ética", "estética" y "política". Parece no estar refiriéndose a dominios de acción *diferentes*, sino a una misma "actitud crítica" que combina la transgresión de normas coercitivas, el uso de reglas facultativas para gobernar la conducta y la transfiguración de la subjetividad.[63] Este traslape genera, de un lado, que Foucault no pueda captar la especificidad de la acción política moderna; y del otro, que en su lectura de los griegos confunda fatalmente la ética con la estética. Sobre este último punto, Pierre Hadot ha dicho que Foucault propone una especie de "dandismo antiguo", que desfigura por completo el sentido de los textos. No existe, según Hadot, ninguna "estética de la existencia" en el mundo antiguo, pues lo que los epicúreos y estoicos buscaban no era la belleza (*kalon*) sino el bien (*agaton*); de tal manera que la ética antigua muy poco tiene que ver con esa "estilística de sí" tan alabada por el último Foucault (Hadot, 2006: 251-262; 265-274). Pero no nos adelantemos demasiado. Por ahora digamos que la interpretación que hace Foucault del dandismo como ejemplo de "actitud crítica" que combina la ética, la estética y la política modernas, adolece de una serie de problemas que serán discutidos a medida que nos acerquemos al final del libro.

---

[63] En una de sus últimas entrevistas, al preguntársele si su trabajo tiene más que ver con la ética que con la política, Foucault responde que lo que le interesa es ver la política como una ética, y que, por tanto, sus trabajos no se alinean con ningún proyecto político definido. En su opinión, todo proyecto político supone una "totalización abstracta y limitadora" que él no está dispuesto a seguir (Foucault, 2015a: 309-316).

El problema de los tres ejes

En la tercera y última sección de su conferencia de 1983 sobre Kant, Foucault reflexiona sobre su propia intervención teórica e investigativa. En concordancia con lo dicho en la primera parte, afirma que sus trabajos han procurado "hacer el análisis de nosotros mismos en tanto que seres históricamente determinados, en cierta medida, por la *Aufklärung*" (Foucault, 2006b: 87). ¿Qué significa esto? En primer lugar, que la función de la filosofía es la crítica permanente de nosotros mismos a través de una serie de investigaciones históricas muy precisas. No se trata, por tanto, de entender la filosofía como un ejercicio que se ejerce "en la búsqueda de las estructuras formales que tienen valor universal, sino como investigación histórica a través de los acontecimientos que nos han llevado a constituirnos y a reconocernos como sujetos de lo que hacemos, pensamos y decimos" (*ibíd.*, 91). La filosofía no se dirige hacia la investigación de las estructuras del *sujeto trascendental*, sino hacia el estudio de los discursos y practicas históricas que han coadyuvado a la constitución de *sujetos empíricos*.[64] Esto no quiere decir que la filosofía se reduzca a un mero ejercicio historiográfico.[65] Más bien, el énfasis aquí es el de las relaciones entre el sujeto y la verdad o, más precisamente, entre los discursos de verdad y los procesos de subjetivación, "problema del que los historiadores no se ocupan" (Foucault, 2006a: 21).[66] Ya en la conferencia

---

[64] "Estas investigaciones histórico-críticas son muy particulares, en el sentido de que remiten siempre a un material, una época, un cuerpo de prácticas y de discursos determinados" (Foucault, 2006b: 95-96).

[65] En la introducción al volumen II de *Historia de la sexualidad*, Foucault dice que sus trabajos ciertamente son de historia, "pero no son trabajos de historiador", sino que en realidad se trata de un "ejercicio filosófico" (Foucault, 2007a: 12).

[66] Foucault es consciente de que sus trabajos son tenidos por "híbridos", tanto por la comunidad de los historiadores, como por la de los filósofos. En la conferencia de 1978 dice: "De ahí que los historiadores, ante este trabajo histórico o filosófico, digan: "sí, sí, seguramente, quizás, en todo caso no es exactamente eso", lo cual es efecto de la interferencia debida a este desplazamiento hacia

de 1978 Foucault se refería a sus propios trabajos como una "práctica histórico-filosófica" marcada por la cuestión de las relaciones entre las estructuras de racionalidad que articulan el discurso verdadero y los mecanismos de sujeción ligados a este discurso. Tales investigaciones, según Foucault, se encuentran "hermanadas" con las llevadas a cabo por la Escuela de Frankfurt (*ibíd.*).[67]

Pero si el objeto propio de la filosofía es la investigación crítica de las estructuras históricas de racionalidad, esto significa, en segundo lugar, que los trabajos de Foucault deben ser vistos como "genealógicos en su finalidad y arqueológicos en su método" (Foucault, 2006b: 91). La filosofía será genealógica en la medida en que su objetivo no es estudiar lo que los hombres piensan, sino lo que *hacen* y el *modo* en que lo hacen. Es, por tanto, una investigación sobre la racionalidad histórica de las prácticas de subjetivación y su vínculo con dispositivos de poder. ¿Por qué *actuamos* del modo en que lo hacemos? El estudio de las técnicas de gobierno sobre la conducta es, entonces, la *finalidad* genealógica de la filosofía. De otro lado, la filosofía no solo se ocupará del sujeto sino también de la verdad, pero el *método* para hacerlo no es la búsqueda de las estructuras formales del pensamiento válidas para todos los hombres (analítica de la verdad), o la indagación por las condiciones socioeconómicas de nuestra ignorancia (crítica de las ideologías), sino el estudio de los regímenes históricos concretos a partir de los cuales un discurso es enunciado como "verdadero". ¿Por qué *decimos* lo que decimos en nombre de la verdad? En este

---

el sujeto y la verdad, del que hablaba. Y que los filósofos, incluso si no todos toman el aire de gallinas ofendidas, piensen generalmente: "la filosofía, a pesar de todo, es otra cosa completamente distinta", siendo esto atribuido al efecto de caída, atribuido a ese retorno a una empiricidad que ni siquiera cuenta con el beneficio de ser garantizada por una experiencia interior" (Foucault, 2006a: 22).

[67] Sobre este asunto en particular, véase: Castro-Gómez. "Michel Foucault y la Escuela de Frankfurt". En: https://www.youtube.com/watch?v=sMU2AbbTD00 (consultado: 27 de diciembre de 2016).

sentido, la filosofía será también "arqueológica en su método". Genealogía y arqueología, entonces, como las dos dimensiones del trabajo filosófico que propone Foucault, entendido como una "ontología de nosotros mismos".[68]

Ahora bien, hacia el final de la conferencia, Foucault dice que este estudio histórico-filosófico de las condiciones de acción y enunciación corresponde a tres grandes ámbitos de indagación: el modo en que nos hemos constituido como sujetos de saber, el modo en que nos hemos constituido como sujetos de poder y el modo en que nos hemos constituido en sujetos morales de nuestras acciones (Foucault, 2006b: 95). Se trata, pues, de investigar cómo han surgido históricamente las experiencias de subjetivación en las que todavía hoy nos reconocemos. Nótese cómo el último Foucault insiste *retrospectivamente* en que *todas* sus investigaciones tomaron como objeto el problema de la subjetividad, tal como se indica también al comienzo de "El sujeto y el poder".[69] Sus trabajos son estudios histórico-filosóficos de las técnicas y discursos a partir de los cuales los humanos han experimentado la subjetividad en tres ámbitos diferentes: "el eje del saber, el eje del poder y el eje de la ética" (Foucault, 2006b: 95). Con lo cual llegamos a uno de los asuntos clave para entender ese largo viaje de no retorno que Foucault emprendió hacia el mundo antiguo.

Esta recapitulación de toda su obra en torno al problema de los "tres ejes" será también el tema de la clase del 5 enero

---

[68] Esto desmiente la visión etapista, según la cual Foucault habría pasado de una "fase arqueológica" marcada por los trabajos de la década del sesenta, hacia una "fase genealógica" centrada en la cuestión del poder en los años setenta. Enseguida veremos que para la visión retrospectiva del último Foucault, la genealogía y la arqueología siempre funcionaron juntas.

[69] "Así que no es el poder, sino el sujeto, el tema general de mi investigación" (Foucault, 2001: 242). Con ello, nuestro filósofo quiere responder a las críticas ya mencionadas de Habermas, en el sentido de que Foucault ve la sociedad desde una perspectiva "funcionalista", donde no hay sujetos sino tan solo estructuras anónimas de poder. Sin embargo, esta dimensión del sujeto como autor de su propia subjetivación fue una incorporación *tardía* en su filosofía, tal como lo vimos en el volumen I de este libro.

de 1983, con la que Foucault dio inicio a su curso *El gobierno de sí y de los otros*. Como era usual, nuestro filósofo empieza el año lectivo con algunas "observaciones de método" que recogen esta vez toda su labor como investigador en el Collége de France, donde, como sabemos, ocupaba la cátedra titulada "Historia de los Sistemas de Pensamiento".[70] En otros textos retrospectivos, como por ejemplo en el artículo escrito bajo el seudónimo "Maurice Florence", prefiere hablar de una "historia crítica del pensamiento" que inscribe directamente en la tradición kantiana (Foucault, 1999d: 364). También en la clase de 1983, justo en la que introduce la discusión con Kant, hablará de una "historia crítica del pensamiento" que se distancia metodológicamente tanto de la "historia de las ideas", como de la "historia de las mentalidades". Al hablar de "pensamiento", Foucault no se está refiriendo, entonces, a las "ideas" de los intelectuales o a las "representaciones" ideológicas vigentes en una determinada época, pero tampoco a la "mentalidad" que está en la base de los comportamientos colectivos. Más bien, se está refiriendo al modo en que los discursos y las prácticas son convertidos en *objetos de reflexión*, de tal modo que llegan a ser un "problema" para la gente que había enunciado la verdad de un cierto modo y se había comportado de maneras concretas. La "historia crítica del pensamiento" sería entonces el análisis del modo en que un campo aproblemático de discursos y prácticas que resultaban "familiares" se convierte de pronto en un problema, genera discusión y debate, incita nuevas reacciones y produce una crisis en las formas de enunciar y de actuar:

> Durante largo tiempo he intentado saber si sería posible caracterizar la historia del pensamiento distinguiéndola de la historia de las ideas —es decir, del análisis de los sistemas de representaciones— y de la historia de las mentalidades —esto es, del análisis de las actitudes y de los esquemas de comportamiento—. Me

---

[70] Transformación de la anterior cátedra, "Historia del Pensamiento Filosófico", que ocupaba Jean Hyppolite.

pareció que había un elemento que, de suyo, caracterizaba a la historia del pensamiento: era lo que cabría llamar los problemas o, más exactamente, las problematizaciones. Lo que distingue al pensamiento es que es algo completamente diferente del conjunto de las representaciones que sustentan un comportamiento; es otra cosa que el dominio de las actitudes que lo pueden determinar. El pensamiento no es lo que habita una conducta y le da un sentido; es, más bien, lo que permite tomar distancia en relación con esta manera de hacer o de reaccionar, dársela como objeto de pensamiento e interrogarla sobre su sentido, sus condiciones y sus fines. (Foucault, 1999e: 359)

Ahora bien, decíamos que esta "historia crítica del pensamiento" se inscribe en la tradición kantiana, y esto por una razón específica: su objetivo es reflexionar sobre las *condiciones formales* de una problematización. Es decir que no se contenta con mostrar qué discursos o qué conductas fueron problematizados en algún momento de la historia, sino también *cómo* lo fueron; es decir que procura establecer la *forma* de esa problematización.[71] Desde luego que estas formas son históricas, cambian con el tiempo y no remiten a la estructura de un sujeto trascendental. Sin embargo, el ejercicio es propiamente kantiano en el sentido de que elabora las condiciones formales en las que fue posible ofrecer determinadas soluciones a determinados problemas en determinados momentos de la historia. En qué condiciones formales, por ejemplo, la Biología sustituye a la Historia natural como ciencia de los seres vivos, cómo fue posible que la observación se convirtiera en la fuente del saber médico, o de qué modo la locura y la homosexualidad fueron tenidas como una enfermedad mental. En palabras de Foucault, se trata de un "análisis crítico mediante el cual se procura ver cómo se han podido construir las diferentes soluciones a un problema; pero también, cómo estas diferentes soluciones se

---

[71] Esta pregunta por la *forma* de problematización constituye, como veremos enseguida, la peculiaridad del método arqueológico.

desprenden de una forma específica de problematización" (Foucault, 1999e: 361).

Volvamos a la clase del 5 de enero de 1983, pues allí dice Foucault que la historia crítica del pensamiento problematiza la subjetividad conforme a tres "experiencias" diferentes: la "formación de los saberes", las "matrices normativas de comportamiento" y la "pragmática de sí" (Foucault, 2009b: 19-20).[72] Estos tres dominios de problematización, también llamados "focos de experiencia", se corresponden con los "tres ejes" mencionados en la conferencia de Berkeley.[73] Foucault explica a sus estudiantes que su trabajo de los últimos doce años en el Collège de France quiso abordar estos ejes "uno por uno" de la siguiente forma: en sus primeros libros habría examinado el modo en que experiencias como la locura y la enfermedad fueron problematizadas por un cierto aparato de conocimiento ligado al nacimiento de las "ciencias humanas". De qué manera las experiencias del sujeto loco o del sujeto enfermo fueron producidas a través de unas "formas de veridicción" que operaban en el discurso médico, el discurso psiquiátrico, etc. Este es el "eje de la formación de los saberes". Posteriormente, en libros como *Vigilar y castigar* y *La voluntad de saber*, Foucault habría examinado los cambios en la problematización de las relaciones entre delincuencia y castigo, o entre sexualidad y confesión, a partir de la emergencia de una serie de instituciones de encierro

---

[72] En el curso *El coraje de la verdad*, lección del 8 de febrero de 1984, se hablará de tres "polos": *alétheia*, *politeia* y *ethos*, agregando además que son "irreductibles", si bien se encuentran "irremediablemente ligados unos a otros" (Foucault, 2010: 83-84).

[73] A estos tres ejes corresponden también los "tres dominios de la genealogía" a los que Foucault se refiere en su entrevista con Dreyfus y Rabinow: "Existen tres dominios posibles para la genealogía. El primero, una ontología histórica de nosotros mismos en relación con la verdad, a través de la cual nos constituimos como sujetos de conocimiento; el segundo, una ontología histórica de nosotros mismos en relación con un campo de poder, a través del cual nos constituimos como sujetos que actúan sobre otros; el tercero, una ontología histórica en relación con la ética, a través de la cual nos constituimos a nosotros mismos como agentes morales" (Dreyfus & Rabinow, 2001: 270).

como la cárcel, la escuela y el hospital. De qué manera tales instituciones erigen una norma de comportamiento que postula ciertas experiencias de la subjetividad como "anormales" (el criminal, la lesbiana, el homosexual) con respecto a los hábitos que son funcionales al progreso económico de la sociedad. Este es el eje de las "matrices de comportamiento". Finalmente, en sus últimos años, Foucault se habría ocupado de investigar "las formas mediante las cuales el individuo se ve en la necesidad de constituirse (a sí mismo) como sujeto" (*ibíd.*, 21). Esto se hace claro en libros como *El uso de los placeres* y *La inquietud de sí*, pero particularmente en los cinco últimos cursos en el Collège de France, donde Foucault estudia los cambios en la experiencia del "cuidado de sí", mostrando de qué modo un individuo puede producirse a sí mismo como sujeto moral. Este sería el eje de la "pragmática de sí".

Concentrémonos ahora en el tercer eje, que será el tema principal de este segundo volumen. Decíamos que la filosofía, entendida por el último Foucault como una "historia crítica del pensamiento", analiza las experiencias de subjetivación a través de dos dimensiones, arqueológica y genealógica. La primera dimensión estudia la "forma general" que ha hecho posible, en una época histórica dada (en este caso la antigüedad griega, helenística y cristiana), "problematizar" los modos habituales de comportamiento moral. Para el caso del estudio que adelantaremos en este libro, diremos que la arqueología traza una *historia de las formas de problematización ética*, explicando por qué razón las maneras de ser sujeto moral (el "cuidado de sí") cambiaron entre el siglo V a.C. y el siglo I d.C. (paso del "momento socrático-platónico" al "momento helenístico") y, nuevamente, entre los siglos III y V d.C. (paso del "momento helenístico" al "momento ascético-monástico"). Foucault dará cuenta del cambio radical que sufre la *forma* de la problematización ética en este último momento histórico, cuando el cuidado de sí deja de ser una "estética de la existencia" para convertirse en una "hermenéutica del sujeto". Por su parte, la dimensión genealógica traza paralelamente una *historia de las técnicas de gobierno de la subjetividad* que hicieron posible este cambio de forma. Específicamente, la genealogía estudia el modo en que algunas técnicas de autogobierno nacidas en la Grecia clásica se desligaron hacia el siglo I d.C. de su finalidad política y adquirieron, en escuelas filosóficas tardías, como los epicúreos y los estoicos, una finalidad enteramente diferente (la "estética de la existencia"). La genealogía examina igualmente cómo algunas técnicas propiamente estoicas de gobierno (como el examen de conciencia y la meditación) fueron transformadas hacia el siglo III d.C. por el cristianismo e integradas a nuevas técnicas de subjetivación ligadas a prácticas como la confesión y la penitencia. Dos dimensiones, entonces, del trabajo filosófico: análisis de las "condiciones de posibilidad" de la problematización ética, y análisis de las "técnicas de gobierno" sobre la subjetividad.

Quizás una manera interesante de ver cómo opera el tercer eje de esta "historia crítica del pensamiento" sea examinar brevemente la introducción que escribe Foucault al segundo volumen de *Historia de la sexualidad*, tema sobre el que volveremos en el capítulo tercero. Esta introducción, sintomáticamente titulada "Modificaciones", trata de explicar a los lectores por qué razón los volúmenes II y III del libro guardan tan poca relación con el volumen I publicado en 1976. Una de esas modificaciones tiene que ver, precisamente, con el estudio de la historia de la sexualidad desde el doble punto de vista de los "modos de problematización" y de las "técnicas de gobierno". Con esto se refiere Foucault a la manera en que el comportamiento sexual fue *discursivamente problematizado* y *técnicamente modificado* en el mundo griego clásico (*Historia de la sexualidad II*), en el mundo helenístico (*Historia de la sexualidad III*) y en el mundo cristiano (*Historia de la sexualidad IV*).[74] En la entrevista con

---

[74] Ya veremos cómo el volumen IV de *Historia de la sexualidad* ("Las confesiones de la carne"), dedicado al cristianismo, fue escrito antes que los volúmenes II y III, pero alcanzó a ser corregido por Foucault antes de su muerte, razón por la cual permanece inédito.

Dreyfus y Rabinow, Foucault distingue cuatro aspectos que deben ser tenidos en cuenta a la hora de analizar cómo, a través del "uso de los placeres", un individuo deviene sujeto moral en el mundo greco-romano y cristiano: la "sustancia ética", el "modo de sujeción", el "trabajo ético" y la "teleología moral" (Dreyfus & Rabinow, 2001: 271-273). En su momento explicaremos cada uno de estos aspectos. Por el momento digamos que la "historia de la sexualidad", entendida aquí en el marco de una "historia crítica del pensamiento", tendrá que dilucidar el modo en que estos cuatro aspectos fueron modificados en la antigüedad desde el doble punto de vista de los "modos de problematización" y de las "técnicas de subjetivación".

Desde el punto de vista *arqueológico*, Foucault buscará entender por qué la relación que tenían los filósofos romanos con el placer sexual fue "problematizada" discursivamente por los cristianos, y cómo, a raíz de esta problematización, cambió cada uno de los cuatro aspectos mencionados. Se pasó de una sustancia ética centrada en los *aphrodisia*, a otra muy diferente centrada en la "carne"; se pasó de un modo de sujeción basado en la racionalidad del cosmos, a uno basado en la obediencia a la voluntad de Dios; se pasó de un "trabajo ético" basado en el cuidado de sí, a uno basado en la "hermenéutica del sujeto"; y, finalmente, se pasó de un *telos* moral centrado en la "estética de la existencia", a otro centrado en la salvación del alma. Desde el punto de vista *genealógico*, por su parte, Foucault examina las técnicas de gobierno a partir de las cuales se opera la subjetivación moral de un individuo a través de los placeres. La genealogía describe los ejercicios que un individuo debía realizar con frecuencia, dedicación y disciplina, a fin de no convertirse en un esclavo de las normas sociales o de sus propias pasiones. Técnicas de autogobierno que cambiaron de la edad griega clásica a la edad helenística y luego al mundo cristiano. Se muestran de este modo los cambios históricos en las técnicas a través de las cuales un individuo se relacionaba con los placeres del sexo, la comida y la bebida, con el cuidado de la salud corporal, con los bienes materiales y el matrimonio, así como con el manejo del amor a los muchachos.

Resumiendo, entonces, la "historia de la sexualidad" no es otra cosa que la historia del modo en que, en la antigüedad griega, helenística y cristiana, los individuos hicieron del comportamiento sexual un instrumento para devenir sujetos morales. Y esta historia será abordada desde una doble perspectiva: arqueológica, orientada a examinar los "modos de problematización"; y genealógica, orientada a estudiar las "técnicas de gobierno de la subjetividad". Se trata, por tanto, de una historia de las complejas relaciones entre el sujeto y la verdad, tal como el propio Foucault lo destaca en su primera introducción[75] al libro II de *Historia de la sexualidad*:

> Hoy me parece percibir mejor de qué manera, un poco a ciegas y por fragmentos sucesivos y diferentes, había quedado atrapado en esta empresa de una historia de la verdad: analizar no los comportamientos ni las ideas, no las sociedades ni sus "ideologías", sino las *problematizaciones* a través de las cuales el ser se da como algo que puede y debe pensarse, y las *prácticas* a partir de las cuales estas se forman. La dimensión arqueológica del análisis permite examinar las formas mismas de la problematización; la dimensión genealógica, su formación a partir de las prácticas y sus modificaciones. (Foucault, 2013b: 167)

Quisiera, ya para finalizar este capítulo introductorio, reflexionar sobre la relación entre las investigaciones histórico-filosóficas del último Foucault y sus anteriores estudios sobre las tecnologías políticas de gobierno llevados a cabo en los cursos de 1978 y 1979. Hemos mostrado en el tomo I de este libro que tales estudios se ocuparon de identificar tres diferentes "tecnologías políticas" (la razón de Estado, el liberalismo y el neoliberalismo), atendiendo básicamente al modo en que, a través de ellas,

---

[75] Esta primera versión fue desechada luego por Foucault y publicada como un texto aparte en 1983.

se ejerció desde el siglo XVIII un tipo de gobierno económico sobre individuos y poblaciones. Lo que me gustaría preguntar es si el *modus operandi* de la "historia crítica del pensamiento", explicado anteriormente en sus lineamientos generales, podría servir como marco para entender el gran proyecto de la "historia de la gubernamentalidad", que hemos procurado reconstruir en estos dos volúmenes (y que constituye una *ampliación* del otro gran proyecto de la "historia de la sexualidad"). De ser así, tendríamos que poder distinguir e identificar, también para el caso de aquellos dos cursos (*Seguridad territorio, población* y *Nacimiento de la biopolítica*), las dos dimensiones de análisis elaboradas por el último Foucault; a saber, los "modos de problematización" y las "tecnologías de subjetivación". Mi tesis será que, efectivamente, esas dos dimensiones de análisis se hallan presentes ya en los cursos de 1978 y 1979, pero no se inscriben todavía en lo que Foucault identificó luego como el "eje tres" de su investigación (la pragmática de sí), sino en el "eje dos" (las matrices de comportamiento). Esta última distinción, como veremos, resultará importante para entender la posición de Foucault respecto al neoliberalismo.

Vistas las cosas desde la dimensión *arqueológica*, es claro que en los cursos de 1978 y 1979 los saberes económicos ocupan un lugar central en el análisis de Foucault. Es a partir de la *economía* (no del derecho natural y la teología) que los comportamientos del Estado empiezan a ser "problematizados". El nacimiento de ese arte moderno de gobierno llamado la "razón de Estado" no puede entenderse sin la problematización, llevada a cabo en el siglo XVII por Botero y Palazzo, del modo "pastoral" en que el soberano medieval conducía los asuntos del Estado. El "gobierno" del Estado ya no debía recurrir a una normatividad trascendente (Dios, la ley natural), sino al conocimiento racional e inmanente de las cosas mismas que deben gobernarse: el territorio, las riquezas, la población. El objetivo debía ser el fortalecimiento del Estado y no el mantenimiento en el poder del príncipe, como aún creía Maquiavelo. Luego, hacia finales del siglo XVIII, cambia de nuevo la *forma* de problematización. Esta vez serán los fisiócratas quienes criticarán la racionalidad de la práctica gubernamental, mostrando que los excesivos controles estatales generan carestía, pobreza y atraso. Si el objetivo del gobierno es el engrandecimiento del Estado, la mejor manera de lograrlo es "dejar" las cosas que han de ser gobernadas seguir su curso natural, en lugar de intervenir directamente sobre ellas (*laissez-faire*). Nacimiento del liberalismo como nueva tecnología política de gobierno, que se desplegará propiamente en el siglo XIX con la irrupción del mercado como "principio de veridicción". Finalmente, una tercera mutación arqueológica se producirá desde mediados del siglo XX, cuando los economistas neoliberales (Escuela de Freiburg y Chicago School of Economics) comienzan a problematizar el modelo del Estado benefactor de posguerra (*Welfare*). De nuevo, se trata de señalar un límite a la práctica gubernamental del Estado, pero esta vez dando margen a una regulación estatal del "medio ambiente" (*milieu*) en el que se desempeñan los actores económicos.

Si se miran ahora las cosas desde la dimensión *genealógica* de análisis, encontraremos un desarrollo paralelo. Aquí, recordemos, el centro de atención no se dirige hacia los "modos de problematización", sino hacia las "tecnologías de subjetivación". Tenemos entonces que la emergencia de la razón de Estado supuso el despliegue de una serie de "dispositivos de seguridad" orientados hacia el disciplinamiento de los cuerpos. La "policía" jugó aquí un papel fundamental, en su intento de regular los comportamientos individuales (relativos a la salud, el trabajo, la moral, el tiempo libre, la educación, etc.) con el objetivo de garantizar el engrandecimiento del Estado. Con la emergencia del liberalismo, a finales del siglo XVIII, se produce una nueva "mutación técnica". Ahora ya no se trata de normalizar los cuerpos, sometiéndolos al control del Estado, sino de "dejar" que los individuos sigan sus propios intereses, a fin de convertirse en sujetos económicos. La creación del *homo economicus* debía ser ahora la prioridad de las tecnologías de subjetivación. "Liberar" al sujeto trabajador de los controles estatales, a fin de que pueda generar riquezas para sí mismo y prosperidad para la comunidad entera. Luego, con el nacimiento del neoliberalismo en el siglo XX, otra revolución tecnológica se puso en marcha. Ahora se espera que cada individuo (o unidad empresarial) pueda "gobernarse a sí mismo", es decir, que sea capaz de identificar e incrementar su propio "capital humano", evitando tener que convertirse en una carga para el Estado. El sujeto debe ser "empresario de sí", calculando los costos y beneficios económicos de sus actividades, incrementando sus competencias laborales, potenciando sus activos intelectuales y generando empleo para otros. Cada cual debe comportarse "mercantilmente" en *todos* los aspectos de su vida y responsabilizarse por entero de sus buenas o malas jugadas económicas.

Ya vemos, entonces, que la "historia de la gubernamentalidad", iniciada por Foucault en los cursos de 1978 y 1979, puede ser entendida plenamente desde el marco de una "historia crítica del pensamiento". Sin embargo, es preciso anotar que, en aquel momento, Foucault no disponía todavía de los elementos teóricos para abrir un "tercer eje" de la historia. Aún su pensamiento zigzagueaba entre lo que luego llamó el "eje de la formación de los saberes" y el "eje de las matrices de comportamiento". Todavía no había descubierto el eje de la "pragmática de sí". Es por eso que el énfasis de aquellos dos cursos es el nacimiento de las "tecnologías políticas de los individuos" (razón de Estado, liberalismo y neoliberalismo) y no el despliegue de las "técnicas de sí", conforme a lo dicho al comienzo de este capítulo. Y es por eso también que la afirmación de algunos, según la cual Foucault habría visto en el neoliberalismo un "retorno" del antiguo cuidado de sí y de la estética de la existencia, resulta por entero desafortunada.

CAPÍTULO II
LA SINGULARIDAD DEL CRISTIANISMO

Decir la verdad sobre sí mismo

El cuarto y último volumen de la serie *Historia de la sexualidad*, titulado "Las confesiones de la carne", dedicado a estudiar la hermenéutica del deseo durante los primeros siglos del cristianismo, jamás vio la luz pública, a pesar de que fue escrito antes que los volúmenes II y III, publicados poco antes de la muerte de Foucault. Didier Eribon afirma que Foucault "trabajó denodadamente por poder dar los últimos retoques a esta serie que llevaba tanto tiempo anunciada" y agrega que, según Pierre Nora, ese cuarto volumen era "el libro que más le importaba" (Eribon, 1992: 399; 403). Tan importante eran para él sus análisis del cristianismo, que incluso en la última clase del curso *El coraje de la verdad*, sin saber aún qué tan avanzada estaba su enfermedad, anunció a sus estudiantes que intentaría proseguir el año siguiente con la exploración de las artes de vivir en el mundo cristiano (Foucault, 2010: 327). Nora sugiere que si hubiera tenido tiempo para revisar el manuscrito, Foucault "lo habría reescrito de arriba abajo" (*ibíd.*, 403), pero ese momento jamás llegó. El libro quedó sin corregir y la promesa sin cumplir, pues el filósofo moriría cuatro meses después de su última clase en el Collège de France, el día 25 de junio de 1984.

¿Qué era lo que había pasado? ¿A qué se debió la demora en la publicación de un libro que estaba prácticamente terminado? Sabemos que una vez finalizada la redacción de *La voluntad de saber* en 1976, Foucault introdujo una serie de cambios metodológicos a su analítica del poder, que le obligaron a rehacer por entero su proyecto sobre la sexualidad, originalmente anunciado en seis tomos.[1] La nueva dirección metodológica y cronológica quedó consignada en la introducción a *El uso de los placeres*, titulada "Modificaciones", en donde Foucault explica a sus lectores el "largo rodeo" que tuvo que dar hasta conseguir reorganizar el proyecto de *Historia de la sexualidad* alrededor de la noción de "estética de la existencia" (Foucault, 2007: 10). Este largo rodeo por la antigüedad le iría conduciendo cada vez más hacia atrás en el tiempo, desde los siglos III-IV a.C. hasta el siglo V d.C.; de modo que cuando llegó el momento de publicar los restantes tomos de la serie, sus investigaciones en torno a la ética griega y romana habían tornado obsoleto el manuscrito de "Las confesiones de la carne", escrito poco después de finalizar su curso *Del gobierno de los vivos* en 1980. No es extraño, entonces, que para 1984 Foucault haya querido reescribir el manuscrito "de arriba abajo", como dice Nora, pero al darse cuenta de que ya no tenía tiempo para ello, decidiera prohibir su publicación póstuma. Situación que hasta hoy día se mantiene, pese a que tanto Paul Veyne como Georges Dumézil, amigos muy cercanos de Foucault, eran partidarios de que el libro se publicara tal como quedó escrito.[2]

En este segundo volumen de *Historia de la gubernamentalidad* quisiéramos seguir paso a paso ese "rodeo" de Foucault

---

[1] Nos hemos referido a esto en el anterior volumen de *Historia de la gubernamentalidad.* Véase: Castro-Gómez, 2015a: 19-28.

[2] Según Eribon, Dumezil decía que "basta con insertar una advertencia al lector para explicar cuál es el estatuto del libro" (Eribon, 1992: 404). Hoy sabemos que el libro será finalmente publicado.

por el mundo antiguo, lo cual supone que iremos avanzando en el mismo orden cronológico que lo hizo el filósofo. En varias ocasiones él manifestó con humor que sus investigaciones avanzaban lentamente y hacia atrás, "como los cangrejos",[3] de modo que esta será también la dirección que seguiremos. Lo cual significa que el libro se irá moviendo cronológicamente hacia atrás, comenzando en este primer capítulo con el curso lectivo de 1980 dedicado al cristianismo, para luego avanzar hacia las investigaciones sobre la ética griega y romana desarrolladas por Foucault en sus cuatro últimos cursos del Collége de France: *Subjetividad y verdad* (1981), *Hermenéutica del sujeto* (1982), *El gobierno de sí y de los otros* (1983) y *El coraje de la verdad* (1984). Aunque no disponemos todavía de *Las confesiones de la carne*, podemos reconstruir su contenido basados en un corpus relativamente amplio. Nos centraremos, desde luego, en el curso *Del gobierno de los vivos*, pero haremos referencia también a una serie de cursos, artículos y conferencias producidos entre 1980 y 1984 que abordan el cristianismo desde perspectivas diferentes. Destacaremos las dos conferencias dictadas por Foucault en la universidad de Darthmouth en 1980, recopiladas con el título "Sobre el comienzo de la hermenéutica de sí";[4] el curso *Obrar mal, decir la verdad*, ofrecido en la universidad católica de Lovaina en 1981; y las dos últimas conferencias de la serie "Tecnologías del yo", dictadas en la universidad de Vermont en 1982.

Pero antes de iniciar este amplio recorrido, quisiera situar la problemática que abre el curso *Del gobierno de los vivos* en el marco general de la obra de Foucault. Como hilo conductor tomaremos un problema que intrigó a nuestro filósofo durante largo tiempo: la *confesión*. Ya desde comienzos de la década

---

[3] "Siempre se va hacia lo esencial para atrás, como los cangrejos, y las cosas más generales aparecen en último lugar" (Foucault, 1999f: 371).

[4] La primera conferencia se titulaba "Subjectivity and Truth", la segunda "Christianity and Confession". En 2013, las dos conferencias fueron editadas en francés por Henri-Paul Fruchard y Daniele Lorenzini bajo el título *L'Origine de l'herméneutique de soi*.

del setenta se preguntaba por qué los tribunales y las prisiones hacen de la confesión de la verdad el fundamento para la aplicación del castigo. Si la confesión no necesariamente corresponde a la realidad empírica de lo que ocurrió, ¿por qué se le constituye entonces como prueba? ¿Por qué el criminal debe confesar algo que se utiliza luego como prueba en contra de sí mismo? El mismo problema se deja ver incluso en sus estudios anteriores sobre la locura y la enfermedad: ¿por qué se le impone al enfermo la obligación de "decir la verdad" sobre su enfermedad como condición para el éxito del tratamiento? ¿Por qué el médico necesita un discurso veraz del enfermo sobre sí mismo? ¿A qué se debe la proliferación de instituciones que demandan *decir quiénes somos* en el mundo moderno?

En la primera clase de su curso *Obrar mal, decir la verdad* (1981), Foucault recuerda el caso del psiquiatra francés François Lauret, autor de un volumen titulado *El tratamiento moral de la locura* (1840), a quien ya se había referido antes en el curso de 1973, *El poder psiquiátrico*.[5] En su Tratado, el doctor Lauret cuenta detalladamente la conversación que tuvo con un paciente que sufría delirio de persecución y alucinaciones.[6] De forma repetida, el médico intenta obtener del enfermo la aceptación de su estado de locura, amenazándolo con aplicarle duchas de agua fría. Finalmente, después de varios intentos, el enfermo accede y el médico obtiene la confesión deseada: "estoy loco" (Foucault, 2014a: 22). Así las cosas, el enfermo rubrica el tratamiento que recibe y autoriza al médico para que trabaje en su sanación. A través de la confesión, el enfermo firma una especie de contrato con la institución médica: "les reconozco el derecho a encerrarme; les ofrezco la posibilidad de curarme" (*ibíd.*, 23). ¿En qué consiste la confesión que hizo el enfermo al doctor Lauret? No se trata de la declaración de una falta cometida, pues no es eso lo que el médico desea obtener. Se

---

[5] Véase la clase del 19 de diciembre de 1973 correspondiente a este curso.

[6] El mismo episodio se narra en "Sobre el comienzo de la hermenéutica de sí" (Foucault, 2015a: 141-142).

trata, más bien, de decir la *verdad* sobre lo que uno es. Quien confiesa, dice algo de sí mismo. La confesión es una comprobación acerca de uno mismo que conlleva una obligación moral. Quien dice la verdad sobre sí mismo, se compromete a actuar conforme a esa verdad; es decir, *se obliga a ser quien dice ser*. Al confesar "estoy loco", el paciente de Lauret pasa a constituirse a sí mismo como enfermo y a comportarse de un cierto modo; acepta, por tanto, la responsabilidad por el tratamiento que recibe y funda ese tratamiento (por el cual se le encierra) en su libre consentimiento. De este modo, el sujeto se somete voluntariamente a una forma específica de ser gobernado por el médico, quien recibe la autorización expresa para decir: "ahora usted va a obedecerme" (*ibíd.*, 26).[7]

Este episodio nos sirve para introducir el tema que estará en la base de este primer capítulo: el modo en que un sujeto se relaciona consigo mismo a través del "decir veraz". Si la confesión es un acto verbal mediante el cual el sujeto dice una verdad sobre sí mismo y se compromete con ella, poniéndose en una relación de dependencia con respecto a otro, ¿qué tiene que ver el cristianismo con esto? La respuesta de Foucault no deja dudas: es a través de técnicas surgidas con el cristianismo que el individuo se vincula con su propia verdad, por medio, precisamente, de la enunciación de esa verdad, aceptando al mismo tiempo el poder que se ejerce sobre él. ¿Pero cómo ocurrió esto? ¿Cómo es que el cristianismo inauguró esa obligación de decir la verdad sobre uno mismo que luego pasó a la psiquiatría moderna e incluso al psicoanálisis?

A responder estas preguntas dedicó Foucault algunas reflexiones más o menos esporádicas sobre el cristianismo *antes* del curso de 1980. Comencemos con *Los anormales*, su curso de 1975 en el Collège de France, donde por primera vez se

---

[7] En el capítulo anterior vimos cómo este tipo de "gobierno por el médico" es presentado por Foucault, en su discusión con Kant, como un ejemplo de "minoría de edad" de la que es preciso encontrar "salida" (*Ausgang*) a través de la crítica.

ocupó de examinar el problema de la confesión.[8] El objetivo de aquel curso, recordémoslo, es el de trazar una genealogía de los procedimientos de normalización de los cuerpos que coadyuvaron a la formación de la sociedad disciplinaria. No es, por tanto, el cristianismo lo que en particular le interesa, sino el nacimiento de la noción de "anormalidad sexual" en el mundo moderno a través de los discursos médicos sobre la masturbación en los siglos XVIII y XIX, la medicalización de la familia y la emergencia de ciencias como la psicología y la psiquiatría. No obstante, la clase del 19 de febrero de 1975 estará dedicada enteramente al cristianismo. ¿Por qué razón? Según Foucault, la noción moderna de anormalidad sexual tiene unos linajes muy antiguos que remiten al cristianismo, en especial a los antiguos rituales de confesión que instaban a las personas a *hablar* sobre su sexualidad:

> De una manera general yo diría lo siguiente: en Occidente, la sexualidad no es lo que callamos, no es lo que estamos obligados a callar, es lo que estamos obligados a confesar. Si bien hubo efectivamente períodos durante los cuales el silencio acerca de la sexualidad fue la regla, ese silencio nunca es más que una de las funciones del procedimiento positivo de la confesión. Siempre fue en correlación con tal o cual técnica de la confesión obligatoria que se impusieron ciertas zonas de silencio, ciertas condiciones y prescripciones de silencio. (Foucault, 2000a: 159-160)

Trazar la historia de la confesión de la sexualidad nos llevará entonces directamente a los ritos cristianos de confesión, pero aquí Foucault no indagará por la relación que entabla el sujeto consigo mismo, sino por la *obligación* misma de confesar los pecados, esto es, la *penitencia*. Por eso no se interesará tanto

---

[8] Chevallier muestra que, a excepción de un par de artículos, el cristianismo no había recibido atención alguna por parte de Foucault antes de 1975. Pero no es el cristianismo como totalidad histórica o como cuerpo de doctrinas lo que le interesa, sino las prácticas de confesión desarrolladas por el cristianismo (Chevallier, 2011: 56-58).

por las técnicas de confesión durante los primeros años del cristianismo,[9] sino por la "penitencia tarifada" en el siglo VI, cuando quien cometía una falta grave tenía la obligación de buscar a un sacerdote para contarle; pero, sobre todo, por la penitencia como "sacramento" establecido por la Iglesia a partir del siglo XII, que instauró la obligación para todos los laicos de confesar los pecados por lo menos una vez al año. En este último caso no se trataba ya de confesar solamente los pecados graves, como en la penitencia tarifada, sino de confesar *todos* los pecados. Solo de este modo el sacerdote podría dispensar la "remisión" de esos pecados. Es, entonces, el poder conferido al sacerdote sobre el alma del penitente lo que ocupa el interés de Foucault.[10] Interés que se prolongará cuando examine lo ocurrido a partir del siglo XVI con el Concilio de Trento, donde se produce "el despliegue de un inmenso dispositivo de discurso y examen, análisis y control, dentro y alrededor de la penitencia propiamente dicha" (Foucault, 2000a: 167).

En efecto, es a partir de Trento cuando surge una tecnología de la confesión que busca conminar al penitente a revelar hasta los más mínimos detalles de su sexualidad. A la par del combate contra la nueva herejía de Lutero, la Iglesia católica desarrolla un "arte de la confesión" orientado a que el sacerdote pudiera conocer, hasta en sus más mínimos detalles, los

---

[9] Solo se referirá a la confesión primitiva en relación con el estatuto de penitente que recibía el sujeto confesante. Era el obispo quien otorgaba este estatuto a quien lo solicitara, y ello a través de una ceremonia durante la cual el pecador era reprendido y exhortado. Según Foucault (2000a: 162), ese ritual no requería la confesión pública o privada de las faltas, afirmación que, como veremos, contradice lo que mostrará en el curso de 1980, y que constituirá, precisamente, el centro de todo su análisis: el problema de la "veridicción de sí mismo".

[10] "Digamos, simplemente, que esta teología sacramental de la penitencia se forma en los siglos XII-XIII. Hasta ahí, era un acto por el cual pedía a Dios que le perdonara sus pecados. A partir de esa época, es el sacerdote mismo quien, al otorgarla libremente, provocará esa operación de la naturaleza divina pero por mediación humana que será la absolución. En lo sucesivo, podemos decir que el poder del sacerdote está fuerte y definitivamente anclado dentro del procedimiento de confesión" (Foucault, 2000a: 166-167).

secretos ocultos en el alma del penitente. Pero, insistimos, no es la acción del sujeto confesante lo que importa aquí, sino el modo en que el sacerdote empieza a operar como una especie de "médico del alma" que necesita tener un conocimiento específico de aquello que debe gobernar. Este conocimiento lo ofrecerán una serie de manuales de confesión nacidos sobre todo en los siglos XVII y XVIII, en los que el sacerdote recibía instrucciones muy precisas sobre cómo conducir el interrogatorio.[11] Toda una técnica de confesión muy desarrollada, que abarcaba el tipo de preguntas que se debían hacer al penitente, las reacciones que el confesor debía mostrar ante las diferentes respuestas, el modo en que podía determinar con exactitud de qué tipo de pecado se trataba, etc. Y aquí, desde luego, el interés de Foucault se dirige hacia las faltas cometidas contra el sexto mandamiento, que abarcaba los pecados relativos a la sexualidad. Nuestro filósofo dice que el interrogatorio se debía dirigir hacia un nuevo ámbito de conocimiento y experiencia denominado "la carne", es decir, el cuerpo visto desde el punto de vista de su libidinosidad.[12] Nacimiento, pues, de la "libido" como objeto de discurso, doscientos años antes del psicoanálisis (Foucault, 2000a: 181).

Pero, ¿qué tiene que ver todo esto con los discursos científicos sobre la anormalidad sexual desarrollados en los siglos XVIII y XIX? Tendremos que ir brevemente a la clase del 26 de febrero de 1975 para responder a esta pregunta, pues es allí donde Foucault muestra cómo el interrogatorio del sacerdote se dirigía hacia el pecado de la "molicie", es decir, hacia

---

[11] Para llevar a cabo este ejercicio investigativo, Foucault examinará un conjunto de manuales franceses: Pierre Milhard (1617), Charles Borromé (1648), Louis Habert (1688) y el de la diócesis de Estrasburgo (1722).

[12] Daniel Defert informa que para este curso, *Los anormales*, Foucault recuperó materiales utilizados en su malogrado libro *La carne y el cuerpo*, segundo de la serie *Historia de la sexualidad* anunciada en 1976, pero que jamás se publicó. Foucault alcanzó a escribir buena parte del libro pero destruyó el manuscrito, en el que aparentemente se incluían amplios pasajes sobre las prácticas cristianas de confesión y dirección de conciencia. Nos ocuparemos de la invención cristiana de la "libido" en el próximo capítulo.

el conjunto de miradas, tocamientos y sensaciones corporales que provocaban la *polución* sin que hubiese todavía un acto sexual. "El penitente debía decir con precisión, en el caso que hubiera cometido ese pecado, en qué había pensado mientras se provocaba la polución" (Foucault, 2000a: 203).[13] Los tocamientos indebidos conducentes a la polución empiezan a quedar en el radar del confesor, situación que ganará muy pronto el interés de los médicos.[14] La tesis de Foucault es que la "mirada médica" con respecto a la sexualidad infantil es una herencia directa de las técnicas cristianas de confesión:

> Los relevamientos más finos de la nueva cristianización, que comienza en el siglo XVI, introdujeron instituciones de poder y especializaciones de saber, que tomaron forma en los colegios […]. El adolescente masturbador va a ser ahora la figura todavía no escandalosa, pero sí ya inquietante, que asedia y asediará cada vez más, por el rodeo de esos seminarios y colegios que se expanden y multiplican, la dirección de conciencia y la confesión del pecado. De hecho, todos los nuevos procedimientos y reglas de la confesión desarrollados desde el Concilio de Trento —esa especie de gigantesca interiorización, en el discurso penitencial, de la totalidad de la vida de los individuos— se focalizan secretamente en torno al cuerpo y la masturbación. En la misma época, es decir, en los siglos XVI-XVIII, vemos crecer en el ejército, los colegios, los talleres, las escuelas, toda una domesticación del cuerpo, que es la domesticación del cuerpo útil. Hay toda una investidura del cuerpo por mecánicas de poder que procuran

---

[13] Los manuales de confesión distinguían entre la *efussio intra vas praeposterum* (cuando la polución se debe al contacto entre dos hombres o dos mujeres, en cuyo caso se trata de un caso de "sodomía perfecta") y la *efussio extra vas praeposterum* (cuando la polución se debe al contacto entre dos cuerpos de distinto sexo, en cuyo caso no se trata de sodomía). Véase: Foucault, 2000a: 203-204.

[14] El problema de la polución seguirá interesando mucho a Foucault y se convertirá luego en objeto específico de estudio en relación con los monasterios cristianos del siglo III, como veremos en el próximo capítulo.

hacerlo a la vez dócil y útil. Hay una nueva anatomía política del cuerpo. (Foucault, 2000a: 186)

La "mirada médica" se inscribe, pues, en el mismo *phylum* técnico de la práctica confesional. Esto debido, en parte, a que son los curas quienes tendrán a su cargo la educación de los niños en los colegios y seminarios, objeto privilegiado de las campañas médicas durante los siglos XVIII y XIX. La masturbación infantil será el primer campo de intervención médica en estos colegios, y el problema del "niño masturbador" servirá de bisagra entre las técnicas cristianas de confesión y las técnicas médicas de normalización de la sexualidad. De la "fisiología moral de la carne" se pasa a una "medicina pedagógica de la masturbación". Así pues —nos dice Foucault— "esa masturbación recortada de tal modo en la confesión penitencial del siglo XVII, esa masturbación convertida en problema pedagógico y médico, llevará la sexualidad al cuerpo de la anomalía" (Foucault, 2000a: 186). El médico, como antes el confesor con el alma, debe analizar los "síntomas" del cuerpo, clasificar esos síntomas, determinar qué tipo de anormalidad revelan, proponer el tratamiento correcto, etc. Es como si la medicina le dijera a la Iglesia: "esas técnicas que desarrollaste en los seminarios y colegios ahora son *nuestras* y funcionarán bajo nuestra supervisión en los cuarteles, los hospitales, las fábricas y las escuelas". La tecnología de la carne dará origen al examen médico que será practicado en todas y cada una de esas instituciones. Medicalización del cuerpo que va de la mano con la consolidación definitiva de la "sociedad disciplinaria", frente a la cual la Iglesia misma tendrá que rendir tributo.[15]

---

[15] Foucault ilustra este "cambio de jurisdicción" mediante una curiosa historia en su clase del 26 de febrero de 1975. No sabiendo cómo construir el edificio de un seminario que pudiera ajustarse a la nueva espiritualidad tridentina, el señor Olier, director del seminario, acude a la iglesia de Notre-Dame para pedirle a la virgen que le diga cómo hacerlo. La virgen se le aparece entonces con los planos del seminario de Saint-Sulpice, que obedecía a las mismas especificaciones del panóptico de Bentham. Un edificio en donde ya no había

Tránsito, entonces, del confesionario al consultorio, cuyo análisis será proseguido en el libro *La voluntad de saber* (1976). Al igual que ocurrió en el curso *Los anormales*, el análisis de la confesión emprendido por Foucault no tendrá en cuenta el punto de vista del sujeto enunciante. El "decir veraz" le interesa, pero solo en la medida en que le permite entender el cruce de los discursos de saber y los procedimientos de poder en torno al problema de la sexualidad. En el centro de su investigación está la proliferación de instituciones confesionales: la justicia, la medicina, la pedagogía, la psiquiatría, la familia, las relaciones personales y amorosas. "El hombre, en Occidente, ha llegado a ser un animal de confesión" (Foucault, 2009a: 75). ¿A qué se debe esta demanda, esta solicitación permanente de la práctica confesional? La tesis de Foucault es que la sexualidad no ha sido "reprimida" por el cristianismo y la moral burguesa, como ha dicho con insistencia el freudo-marxismo (la represión de los instintos como condición para la emergencia del capitalismo), sino todo lo contrario: hoy día estamos conminados todo el tiempo a hablar de sexo, a verbalizar nuestros secretos más íntimos. En su combate contra la "hipótesis represiva", Foucault se distancia de la idea según la cual el objetivo de las luchas políticas es la construcción de una "sociedad no represiva" (Marcuse) y, particularmente, de una sociedad en la que la sexualidad ya no sea reprimida sino que pueda manifestarse libremente. Lo que esta utópica tesis desconoce es que el poder que despliega el capitalismo no funciona *reprimiendo* la intimidad de los individuos, sino "poniéndola en discurso". Es por eso que la confesión se ha colocado en el centro mismo de las sociedades capitalistas. Y es aquí, así como en el curso *Los*

---

dormitorios comunes sino celdas individuales, donde la disposición de los espacios permitía la aplicación de una "mirada analítica" que lo penetraba todo, que lo controlaba todo (Foucault, 2000a: 212-213). Triunfo, pues, de la sociedad disciplinaria sobre la Iglesia, del liberalismo sobre el catolicismo, de la nueva "anatomía política del cuerpo" sobre la vieja "pastoral de la carne". A partir del siglo XIX, será la mirada del médico, y no la del sacerdote, la que definirá qué es lo normal y qué lo anormal.

anormales, donde entra en escena el análisis del cristianismo tridentino:

> Es quizá entonces cuando se impone por primera vez, en la forma de una coacción general, esa conminación tan propia del Occidente moderno. No hablo de la obligación de confesar las infracciones a las leyes del sexo, como lo exigía la penitencia tradicional; sino de la tarea, casi infinita, de decir, de decirse a sí mismo y de decir a algún otro, lo más frecuentemente posible, todo lo que puede concernir al juego de los placeres, sensaciones y pensamientos innumerables que, a través del alma y el cuerpo, tienen alguna afinidad con el sexo. Este proyecto de una "puesta en discurso" del sexo se había formado hace mucho tiempo, en una tradición ascética y monástica. El siglo XVII lo convirtió en una regla para todos [...]. La pastoral cristiana ha inscrito como deber fundamental llevar todo lo tocante al sexo al molino sin fin de la palabra. (Foucault, 2009a: 29)

En su genealogía del "dispositivo de sexualidad", Foucault quiere estudiar el modo en que la "puesta en discurso" de sí mismo sale del confesionario y se instala como imperativo válido para toda la sociedad. El momento decisivo fue el Concilio de Trento en el siglo XVI, que convirtió la confesión "en una regla válida para todos". Es cierto que este proyecto "se había formado hace mucho tiempo", en el seno de la tradición "ascética y monástica" del cristianismo, pero no es esto lo que Foucault quiere investigar en su libro de 1976.[16] Tampoco quiere investigar el modo en que el "decirse a sí mismo"

---

[16] Sin saberlo en ese momento, Foucault "anuncia" lo que sería *Las confesiones de la carne*, cuarto volumen de la serie *Historia de la sexualidad*, dedicado a investigar la "tradición ascética y monástica" del cristianismo primitivo. Curiosamente, en la misma página en la que hace este comentario incluye una nota de pie donde anuncia un próximo libro titulado *La carne y el cuerpo*, que jamás se publicó. Es una ironía que tampoco *Las confesiones de la carne* haya sido publicado. Sobre los avatares de estos dos libros dedicados al cristianismo nos hemos referido ya al comienzo de este capítulo y en el capítulo anterior.

vincula al sujeto con la verdad, obligándolo a actuar en conformidad con la verdad que ha dicho. Más bien, el análisis del discurso de la verdad en *La voluntad de saber* se inscribe en una genealogía de la *scientia sexualis* que pretende explicar el modo en que los discursos de la medicina, la psiquiatría y el psicoanálisis generan una "ciencia del sujeto" que manifiesta su verdad más íntima, ligada directamente con su sexualidad. No es, pues, la verdad *del sujeto* sobre sí mismo, sino la verdad *sobre el sujeto* articulada por la *scientia sexualis* lo que ocupa la atención de Foucault.

El interés genealógico por el cristianismo seguirá vivo en el curso *Seguridad, territorio, población* de 1978, donde Foucault explora con mayor detenimiento esa "pastoral cristiana" que llevó la sexualidad "al molino sin fin de la palabra". Solo que aquí no será la genealogía de la *scientia sexualis* lo que llamará su atención, sino la genealogía del Estado moderno. En este contexto, el cristianismo será importante en la medida en que desarrolla técnicas de gobierno sobre la individualidad que muchos siglos después serán retomadas por la "razón de Estado". Me he ocupado ampliamente de esto en el capítulo III del primer volumen de este libro, pero quisiera enfatizar algunos puntos que pueden ayudarnos a entender por qué Foucault no se interesa todavía por los efectos del "decir veraz" del sujeto sobre sí mismo, cosa que hará únicamente a partir del curso de 1980, *Del gobierno de los vivos*.

En primer lugar, el foco de interés en el curso de 1978 es el concepto "gubernamentalidad", que amplía notablemente su anterior comprensión del poder. Lo que caracteriza una relación de "gobierno" es la capacidad de conducir la conducta de otros sin tener que recurrir a la violencia física sobre los individuos, sino tan solo estructurando su campo posible de acción. Nótese entonces: el problema que quiere atender Foucault no es la conducción que hace el sujeto de su propia conducta, sino la conducción de la conducta del sujeto *por parte de otros*. El análisis del "poder pastoral" será importante, porque ahí se hallará la clave para entender por qué nos sometemos voluntariamente al tipo de gobierno que propone la "razón de Estado". No obedecemos al Estado por temor al castigo de la ley, sino porque nuestra subjetividad ha sido producida de tal forma (por el poder pastoral), que la obediencia a la autoridad de otro es tenida por *natural*; es decir, porque creemos que nuestra conducta debe ser gobernada por personas o instituciones que gozan de autoridad para ello. En segundo lugar, el curso de 1978 investiga el modo en que el Estado moderno se "gubernamentaliza", integrando a su racionalidad una serie de tecnologías de conducción de la conducta propias del pastorado cristiano: la higiene, la educación, el cuidado de la familia, el control de la sexualidad, etc. Nuevamente: no es la racionalidad de las técnicas de gobierno de sí, sino la racionalidad de las técnicas del gobierno estatal lo que se coloca en el centro de la investigación. El problema es averiguar por medio de qué procedimientos el Estado moderno toma el relevo del pastor y se ocupa de velar por el cuidado de los individuos en tanto miembros de una población (*omnes et singulatim*). No es, entonces, el *cuidado de sí*, sino el *cuidado de la población* aquello que ocupa el interés de Foucault. El problema no es todavía la *techne tou biou*, sino la *biopolítica*. Y no será sino hasta el momento en que este problema desaparezca del horizonte investigativo de Foucault, cuando se abrirá paso la investigación sobre las "tecnologías del yo".[17]

De otro lado, la genealogía del poder pastoral, emprendida en el curso *Seguridad, territorio, población*, abre el camino para comprender la desgubernamentalización del sujeto frente a los poderes que lo someten. Ya mostramos en el capítulo anterior que el rechazo al modo en que los individuos son gobernados constituye, para Foucault, una forma privilegiada de lucha política. En la clase del 1 de marzo de 1978, el filósofo pasa

---

[17] Hemos dicho en el primer volumen de este libro que el proyecto de una genealogía del biopoder que echa sus raíces en las técnicas cristianas de confesión (pero también en el poder pastoral) fue *abandonado* por Foucault, abriendo paso a un nuevo capítulo de la historia de la gubernamentalidad. Véase: Castro-Gómez, 2015a: 65.

revista a una serie de "contra-conductas" que desafiaban al poder pastoral desde el interior mismo del cristianismo, pero que eran vistas por la jerarquía eclesial como expresiones "heréticas" (Foucault, 2006a: 221-261). En realidad eran formas de desobediencia, porque aunque todavía buscaban la salvación en nombre de Cristo, lo hacían sin tener que aceptar las condiciones establecidas por el poder pastoral. Foucault menciona específicamente a los gnósticos, los anacoretas, las monjas místicas de la Edad Media y también a personajes como John Wyclif, Jan Hus y, desde luego, Martín Lutero. Todos estos personajes y movimientos rechazaban la estructura pastoral y expresaban la negativa a ser gobernados de esa manera y bajo esos métodos. En este sentido, nuestro filósofo dirá que tales movimientos pueden ser vistos como un preludio genealógico de la "actitud crítica" que hará suya la *Aufklärung* en el siglo XVIII.[18] La pregunta es: ¿en qué consistían *específicamente* todas estas luchas antipastorales? Me parece que, al establecer la relación directa de tales luchas con la "actitud crítica" de la Ilustración,[19] Foucault da un paso importante para una comprensión diferente del "decir veraz". Si, como hemos visto hasta el momento, sus estudios sobre la confesión no hacían énfasis en el decir veraz del sujeto con respecto a sí mismo, sino en el modo en que la verdad del sujeto es enunciada por "otros" (el médico, el pastor, el Estado), el breve repaso de las "contra-conductas" le ofrece una pista diferente. Pues, para que el sujeto pueda escapar al tipo de gobierno pastoral que se le impone, necesita *darse a sí mismo* un tipo de verdad diferente. O, para decirlo de forma precisa, el sujeto debe "decirse a sí mismo" de otro modo. En lugar de aceptar pasivamente la "verdad de sí" que le ofrecen *otros*, el sujeto debe ser capaz

---

[18] En la clase del 8 de marzo de 1978 Foucault señala que el siglo XVIII puede ser visto como el "final de la era pastoral" (Foucault, 2006a: 177).

[19] Este vínculo, recordemos, es establecido explícitamente por Foucault en su conferencia sobre Kant de 1978 (el mismo año del curso *Seguridad, territorio, población*). Véase: Foucault, 2006a: 9.

de construir autónomamente una verdad sobre sí mismo. En esto radica precisamente el "coraje" (*Mut*) de la *Aufklärung* exigido por Kant.

No obstante, a pesar de vislumbrar el horizonte, Foucault no desarrolló esta temática en el curso *Seguridad, territorio, población*. ¿Por qué no lo hizo? Ya lo vimos en el capítulo anterior: la genealogía del biopoder se inscribía en los trabajos del *eje dos* (las "matrices de comportamiento"), mientras que el enfoque del decir veraz como forma de contra-conducta pertenece, más bien, a los trabajos correspondientes al *eje tres* (la "pragmática de sí"). A pesar de haber ampliado su entendimiento del poder con el concepto "gubernamentalidad", los cursos ofrecidos por Foucault en 1978 y 1979 se inscribían todavía en el horizonte analítico de la biopolítica, por lo que la "veridicción" se ligó directamente a los discursos de la economía. El paso hacia la "veridicción de sí" no se dará sino a partir del curso *Del gobierno de los vivos*, tal como estudiaremos a continuación.

ALETURGIA Y GOBIERNO DE SÍ

Volvamos por un momento a la conferencia inaugural del curso *Obrar mal, decir la verdad* (2 de abril de 1981), donde Foucault explica a su auditorio la razón por la que el tema del "decir veraz" ha sido importante para sus investigaciones. Allí retoma el problema de la *Aufklärung* y afirma que existen dos formas de filosofía crítica:

> Por una parte está la que se pregunta en qué condiciones puede haber enunciados verdaderos: condiciones formales o condiciones trascendentales. Y por otra está la que se interroga sobre las formas de veridicción, sobre las diferentes formas del decir veraz […]. En el caso de una filosofía crítica de las veridicciones, el problema no es saber cómo puede un sujeto en general conocer un objeto en general. El problema es saber cómo los sujetos están efectivamente ligados en y por las formas de veridicción en las que se involucran […]. Digamos, en una palabra, que con esta filosofía

crítica no se trata de una economía general de lo verdadero, sino más bien de una política histórica o de una historia política de las veridicciones. (Foucault, 2014a: 29-30)

Una cosa es, entonces, el análisis de las estructuras epistemológicas y otra muy distinta es el análisis de las "formas de veridicción". En este caso, el asunto es estudiar las prácticas a partir de las cuales un sujeto se hace capaz de enunciar una verdad sobre sí mismo.[20] Estudiar no solo las obligaciones de verdad impuestas *para* el sujeto y aceptadas por este de forma pasiva, sino el modo en que el sujeto queda ligado a una "verdad de sí" enunciada por él mismo: tal es el propósito de una "filosofía crítica de las veridicciones". Y en la clase del 29 de abril de 1981, correspondiente al mismo curso, Foucault introduce el ejemplo paradigmático de este análisis crítico: las formas de penitencia en el cristianismo primitivo. Aquí se muestra cómo algunas prácticas desarrolladas por el cristianismo de los siglos III-V generaron la obligación de decir la verdad sobre uno mismo.

Pues bien, mi punto es que para el año de 1981 Foucault dispone ya de las herramientas para estudiar el problema de la veridicción *del* sujeto por sí mismo y no solo *para* el sujeto por parte de otros (médicos, pastores, economistas). Esta claridad, inexistente todavía en los cursos de 1978 y 1979, será obtenida a partir del curso *Del gobierno de los vivos*, dictado un año después en el Collège de France, donde estudiará las formas de veridicción y los modos de problematización que instauraron al sujeto como capaz de elaborar una "hermenéutica de sí". En este curso, el filósofo cambiará también su aproximación al cristianismo, tanto cronológica como metodológicamente. De un lado, ya no será el cristianismo tridentino el que le interese, sino las antiguas prácticas de confesión desarrolladas en

---

[20] Al análisis de las "formas de veridicción" debemos añadir aquí el de los "modos de problematización", según el doble registro (genealógico y arqueológico) de la filosofía crítica, tal como vimos en el capítulo uno.

los primeros siglos de la era cristiana; del otro, el cristianismo ya no será visto como un "poder pastoral", sino como un "régimen de verdad" muy específico. De tal modo que si en sus estudios anteriores Foucault veía el cristianismo como un episodio más en el marco de una genealogía de la *scientia sexualis* o de una genealogía de la "razón de Estado", ahora se ocupará de estudiar la *singularidad* de las técnicas cristianas y el corte histórico introducido por ellas. Por primera vez, entonces, el cristianismo aparece como objeto *específico* de estudio. Aunque nos ocuparemos más adelante de los contenidos específicos del curso, quisiera detenerme un momento en este importante cambio de aproximación metodológica.

El primer punto será mostrar que en el curso *Del gobierno de los vivos* Foucault entiende el cristianismo como un "régimen de verdad" y ya no como un "poder pastoral".[21] Ya en los cursos de 1978 y 1979 el filósofo hablaba de "regímenes de veridicción", haciendo referencia al modo en que la economía política opera como criterio de verdad que legitima las prácticas gubernamentales del Estado. En la clase del 17 de enero de 1979 decía que su propósito es hacer una "genealogía de los regímenes de veridicción", refiriéndose con ello no solo al modo en que determinadas instituciones (como por ejemplo la policía) reglamentaban lo permitido y lo prohibido, sino también al funcionamiento de los discursos de verdad (el mercantilismo,

---

[21] El "cristianismo" de 1980 no es el mismo que el de 1978. ¿Por qué razón? Porque Foucault ha dejado de interesarse por el asunto del "gobierno económico" del pastor. Lo que le preocupa ya no es la "economía de las almas", esto es, el modo en que el pastor ejerce un control exhaustivo y calculado sobre las acciones y los pensamientos de sus ovejas. Ya no le interesa tampoco el asunto de la "biopolítica", es decir, el problema del "bienestar de la población", la gestión de la salud, enfermedad, mortalidad, etc. No es el problema de la "economía del bienestar" lo que ahora le preocupa. ¿Qué es entonces? Es el problema del modo en que un individuo es capaz de subjetivarse a sí mismo, es decir, de convertirse en "sujeto" de sus propias acciones, en dueño de su propia conducta. Un sujeto capaz de conducirse autónomamente, tal como lo planteara Kant. Es, por tanto, el problema de la libertad lo que se encuentra ahora en el centro de las preocupaciones de Foucault, tal como lo vimos en el capítulo uno.

la fisiocracia) que trazaban los límites de la práctica gubernamental (Foucault, 2007b: 53). Lo que pretende hacer Foucault en aquellos dos cursos es trazar una "historia de los regímenes de veridicción", lo cual empata, según él, con el tipo de crítica a la racionalidad moderna desarrollada por la escuela de Frankfurt (*ibíd*., 54). Pero, en este caso, no se trata de una crítica que muestra lo que hay de opresivo en la razón, sino de una "crítica política del saber", orientada a determinar "en qué condiciones y con qué efectos se ejerce una veridicción" (*ibíd*.). El problema de la *crítica* consiste, pues, en poner de relieve no solo las condiciones que se debieron cumplir para que el Estado moderno actuara de un cierto modo respecto al gobierno de las riquezas, el territorio y las poblaciones, sino también las condiciones formales que permitieron a los economistas "problematizar" ciertas prácticas estatales tenidas antes como verdaderas.

Pues bien, lo que queremos mostrar es que en el curso *Del gobierno de los vivos*, el anterior concepto "régimen de veridicción" se transforma en "régimen de verdad" y es usado de forma diferente. La idea de "análisis crítico" se mantiene, pues de lo que se trata es de establecer las condiciones a partir de las cuales una acción gubernamental es eficaz y puede ser enunciada como verdadera. Pero cambia ostensiblemente el contenido de esa crítica: no se refiere tanto a las prácticas del Estado y a los discursos de los economistas, sino a los actos a través de los cuales un sujeto es capaz de enunciar la *verdad de sí mismo* y reconocerse en ella:

> Por régimen de verdad querría entender lo que obliga a los individuos a una serie de actos de verdad [...]. Un régimen de verdad es por lo tanto [...], lo que define, determina la forma de esos actos y establece para ellos condiciones de efectuación y efectos específicos. A grandes rasgos, si se prefiere, un régimen de verdad es lo que determina las obligaciones de los individuos en lo referido a los procedimientos de manifestación de lo verdadero. (Foucault, 2014b: 115)

No se trata, como se dijo, de indagar por las reglas formales que hacen posibles los enunciados científicos y que presentan a los sujetos ciertas obligaciones. Se trata, más bien, de centrarse en la *dimensión pragmática de la verdad*, esto es, en las acciones a partir de las cuales un sujeto enuncia la verdad sobre sí mismo y se "reconoce" en ella. Subjetivación *en* la verdad a través de "prácticas de sí" desarrolladas en este caso por el cristianismo de los siglos III-V. Prácticas que —aclara Foucault— no son "coercitivas", aunque suponen una cierta "obligación" consentida por el sujeto. No es, entonces, que el sujeto se "rinda" ante la evidencia de una verdad que se le presenta como "objetiva", sino que es gobernado de tal modo, que se ve en la obligación (moral, no lógica) de reconocer ese gobierno como verdadero. No se trata, por tanto, de la verdad *index sui* (el carácter intrínseco de lo verdadero), sino de la verdad que resulta de la aplicación sobre sí mismo de una serie de técnicas de gobierno. Hablamos, pues, de la subjetivación en un "régimen de verdad" (Foucault, 2014b: 117-121).

Resumiendo, con el curso *Del gobierno de los vivos* se opera un desplazamiento analítico. Se pasa de los regímenes de verdad de la economía moderna entre los siglos XVIII-XX (tema de los dos cursos anteriores), a los regímenes de verdad manifestados en el cristianismo de los siglos III-V. La diferencia entre estos dos regímenes no es su grado de racionalidad, sino su *modus operandi*. Se trata de determinar en qué consiste la "fuerza" que se le atribuye a la verdad en una serie de prácticas que emergen en aquellos siglos, como el bautismo, la penitencia y la dirección de conciencia. Lo que le interesa a Foucault ahora es entender qué tipo de acciones obligan a los individuos a "decir la verdad" sobre sí mismos. Pero atención: aquí no se trata del sujeto que habla sobre su sexualidad en el confesionario, como proponía *La voluntad de saber*. Más bien, se trata de los procedimientos a través de los cuales un sujeto puede objetivarse a sí mismo, sondear en las profundidades de su alma y descubrir allí lo que íntimamente define su "identidad" como sujeto. El gran aporte del cristianismo, lo que marca su singularidad en el contexto de la cultura occidental no es, entonces, la invención del pastorado (como se afirmaba todavía en el curso de 1978), sino de "formas de veridicción" sobre uno mismo.[22]

El segundo punto a destacar es que en el curso *Del gobierno de los vivos* Foucault introduce una noción clave para entender su nueva aproximación al cristianismo. La clase del 9 de enero de 1980, primera del curso, comienza con una alusión a la sala de justicia del emperador Septimio Severo (quien gobernó el Imperio romano entre el año 193 y el 211), soberano muy influenciado por los estoicos, quien sin embargo continuó la persecución a los cristianos iniciada por sus antecesores. En su sala de audiencias había hecho representar la posición de las estrellas en el momento mismo de su nacimiento, tratando de mostrar con ello que sus sentencias eran siempre justas porque se inscribían en la verdad y necesidad que reina en el cosmos, tal como lo afirmaban los estoicos y las religiones orientales a las cuales el emperador era tan adepto. Foucault explica que esta alusión a la sala de justicia de Septimio Severo nos enseña una lección muy importante: no es posible el "gobierno de los otros" sin el conocimiento; pero aquí no se trataba de un conocimiento utilitario (como el de la economía política examinada en los dos cursos anteriores), ni siquiera de un conocimiento que pasara por el discurso. Se trataba, más bien, de un conocimiento ritual, de una escenificación no verbal a través de la cual se sacaba a la luz algo que se postulaba como verdadero. Era un "ritual de manifestación de la verdad", que nada tiene que ver con un sistema racional de conocimientos como los

---

[22] Añadamos a esto que en el curso *Del gobierno de los vivos* Foucault no se interesa por la figura de Jesús y tampoco por San Pablo. Se interesa, en cambio, por los llamados "Padres de la Iglesia" (Tertuliano, Ambrosio, Justino), pero no en sus grandes tratados dogmáticos, sino en aquellos textos que se refieren específicamente a las prácticas cotidianas de los cristianos: celebraciones, liturgias, catecumenados, rituales de penitencia, etc. Es allí donde Foucault destacará tres "formas de veridicción" que serán objeto de análisis: el bautismo, la penitencia y la dirección de conciencia. Y es también allí, en los escritos de los llamados "Padres de la Iglesia", donde emergerá la "problematización" de algunas prácticas utilizadas en los dos primeros siglos del cristianismo.

desplegados en la modernidad y que, sin embargo, cumple exactamente el mismo propósito: saca a la luz una verdad en nombre de la cual se gobierna. A este tipo de procedimientos a través de los cuales se postula abiertamente la verdad que acompaña el ejercicio de gobierno, Foucault lo llama *aleturgia:*

> Podríamos llamar "aleturgia" al conjunto de los procedimientos posibles, verbales o no, por los cuales se saca a la luz lo que se postula como verdadero en oposición a lo falso, lo oculto, lo indecible, lo imprevisible, el olvido, y decir que no hay ejercicio de poder sin algo parecido a una aleturgia [...]. Donde está el poder, donde es preciso que esté el poder, donde se quiere mostrar efectivamente que allí reside el poder, es preciso que haya verdad. Y donde no lo haya, donde no haya manifestación de lo verdadero, será porque el poder no está allí, o es demasiado débil, o es incapaz de ser el poder. La fuerza del poder no es independiente de algo que es la manifestación de lo verdadero. (Foucault, 2014b: 24; 27)

La palabra *aleturgia* (modificación de la palabra griega *alethourges*) significa el acto a través del cual la verdad se manifiesta. Ese acto consiste, como en el caso de Septimio Severo, en "mostrar" (evidenciar) que el poder que se ejerce corresponde indefectiblemente a una verdad; es decir, que allí donde hay poder es preciso también que habite la verdad. Lo cual significa, según Foucault, que el *arte de gobernar* demanda siempre la "manifestación de una verdad", y esto vale tanto en el caso "performativo" de la sala de justicia del emperador, como en el de los protocolos racionales de la ciencia moderna. Después de todo, nos dice, "la ciencia, el conocimiento objetivo, no es sino uno de los casos posibles de todas esas formas a través de las cuales se puede manifestar lo verdadero" (Foucault, 2014b: 21). Trátese de la verdad en que se apoya el arte "moderno" de gobierno de los siglos XVI-XVIII (investigado en los dos cursos anteriores), como de la verdad en la que se apoyaban los emperadores romanos en la antigüedad, pero también (como veremos) de la verdad desplegada por las escuelas filosóficas greco-romanas y el cristianismo, el ejercicio del poder requiere de la aleturgia. Donde no hay aleturgia no hay poder, pues la fuerza del poder dependerá siempre de la manifestación de la verdad (*ibíd.*, 27).

Ahora bien, esto no quiere decir que Foucault esté colocando en un *mismo* plano el arte moderno de gobernar con el antiguo. Desde el punto de vista moderno, expresiones aletúrgicas como las de Septimio Severo nada tienen que ver con la verdad. Todavía en el siglo XVI algunos príncipes europeos se rodeaban de hechiceros, astrólogos y adivinos como en los tiempos del emperador romano. Pero con la emergencia de la razón de Estado "había que expulsar a los adivinos de la corte del Rey y sustituir al astrólogo por un verdadero ministro capaz de aportar al Príncipe un conocimiento que fuera un conocimiento útil" (Foucault, 2014b: 29). Esta expulsión de las "viejas" aleturgias en nombre de las "nuevas" que desarrolla la ciencia explica, según Foucault, la cacería de brujas, hechiceros, adivinos y astrólogos que se llevó a cabo desde el siglo XVI: "había que eliminar ese tipo de saber, ese tipo de manifestación de la verdad, ese tipo de producción de lo verdadero, ese tipo de aleturgia, tanto en las capas populares, como en el entorno de los príncipes y en las cortes" (*ibíd.*). Con todo, esta "limpieza epistémica" exigida por la razón de Estado fue un proceso lento. Todavía un teórico del nuevo arte de gobernar como Jean Bodin, autor de *Los seis libros de la República* (1576), escribió también un libro sobre brujería. Pero justo estos dos registros del pensamiento de Bodin apuntan, según Foucault, al lento desplazamiento de la "aleturgia antigua" por la "aleturgia moderna"; del arte de gobernar que operaba todavía en el cristianismo, por el arte de gobernar racionalizado que impone la razón de Estado. Pero, como lo estudiamos en el volumen I de este libro, aun la razón de Estado incorporó elementos del viejo arte cristiano de gobernar; de modo que las relaciones entre lo "moderno" y lo "antiguo" no pueden ser vistas como un simple proceso de "sustitución":

> Me gustaría tratar de ir más allá de esos diferentes esquemas y mostrarles que no fue el día en que la sociedad y el Estado aparecieron como objetos posibles y necesarios para una gubernamentalidad racional cuando se entablaron por fin relaciones entre gobierno y verdad. No hubo que esperar la constitución de esas nuevas relaciones modernas entre arte de gobernar y racionalidad, digamos, política, económica y social, por que se estableciese el vínculo entre manifestación de verdad y ejercicio del poder. Ejercicio del poder y manifestación de verdad están ligados desde mucho tiempo atrás, en un nivel mucho más profundo. (Foucault, 2014b: 37)

La modernidad tiene capas arqueológicas y linajes genealógicos muy antiguos que se niega a reconocer, pero que la "filosofía crítica" se propone sacar a la luz. Esta es la razón por la cual, a partir del curso *Del gobierno de los vivos*, Foucault decide investigar ese "antiguo" arte de gobernar, en lugar de proseguir sus estudios sobre la racionalidad gubernamental moderna. Si en los dos cursos anteriores esbozó la noción de gobierno, examinando los mecanismos y procedimientos utilizados por el Estado moderno para conducir la conducta de otros, ahora quisiera examinar la noción de "gobierno de sí mismo" a través de la verdad. Como dijimos, no es que la noción de "verdad" haya estado ausente de sus estudios sobre la razón de Estado, el liberalismo y el neoliberalismo. Pero su vocación de genealogista le lleva a darse cuenta que los procesos aletúrgicos de la modernidad se apoyan en linajes mucho más antiguos, que son los que ahora quisiera estudiar. Trazar, por tanto, la historia de las relaciones entre el sujeto y la verdad no es un ejercicio que pueda remitirse solo al siglo XVI, sino que debe ir mucho más atrás. Pues la noción de "régimen de verdad" no se circunscribe a los vínculos entre el Estado y la ciencia moderna, sino que echa sus raíces en formas aletúrgicas muy anteriores. La "historia política de las veridicciones" es mucho más antigua que la modernidad.

Tenemos entonces que a través del concepto *aleturgia*, Foucault muestra que la "verdad" que el gobernante necesita para gobernar no es solo de carácter objetivo sino también, y primordialmente, de carácter subjetivo. Debe ser una verdad enunciada por el "sujeto" que es gobernado y no solo por "expertos" que legitiman la verdad de quien gobierna. El "arte de gobernar" requiere, por tanto, de una verdad que no es generada solo a partir de procedimientos "objetivos" elaborados por la medicina, la psiquiatría o la economía, sino también de unos procedimientos (verbales y no verbales) a través de los cuales los sujetos gobernados puedan enunciar una "verdad" sobre sí mismos. Además de esto, el concepto de *aleturgia* ejemplifica el tránsito del modelo bélico al modelo gubernamental, mostrando que el poder no es un brutal ejercicio de violencia que impone una necesidad y una obligación sobre el sujeto. Más bien, el ejercicio del poder requiere una "manifestación de la verdad" que no es *obligada* (mediante procedimientos de tortura, como había postulado el propio Foucault en estudios anteriores), sino que tiene que ver con rituales y ceremonias en los que el sujeto se reconoce a sí mismo y "saca a la luz" algo que estaba "oculto".

El curso *Del gobierno de los vivos* muestra entonces que la singularidad del cristianismo radica en haber inventado unas "prácticas aletúrgicas" que se prolongan hasta el día de hoy. Si en el presente se nos impone todavía la obligación de "decir la verdad" sobre nosotros mismos (esto es, de tener una identidad personal, social, sexual, racial, laboral, cultural, etc.), el análisis histórico-filosófico de esta imposición remite al cristianismo de los siglos III-IV. No se interesa Foucault por los dogmas de fe del cristianismo, sino por las técnicas de desciframiento de la verdad de sí por parte del individuo, y por el modo en que esas técnicas fueron problematizadas. Ni San Pablo, ni Jesús[23]

---

[23] Estas dos ausencias son bastante notables, si se tiene en cuenta que tanto Slavoj Žižek como Alain Badiou han construido una lectura política del cristianismo sobre la base de estos personajes: San Pablo en el caso de Badiou, Cristo en

(los fundadores de la *doctrina* cristiana) son figuras importantes en la genealogía que traza Foucault, pues su cristianismo no tiene Cristo ni dogmas, y tampoco Iglesia.[24] Son, en cambio, personajes "menores", como Tertuliano, Orígenes y Justino, quienes adquieren relevancia a la hora de trazar la historia de las relaciones del sujeto con la verdad.[25] Como bien lo dice Michel Senellart, "es la historicidad del sujeto, no del cristianismo en cuanto tal, lo que está en el centro de la reflexión de Foucault" (Senellart, 2012: 73).

En esta óptica, el análisis histórico-filosófico se centrará en tres formas específicas de veridicción: el bautismo, la penitencia y la dirección de conciencia. A través de ellas, el sujeto será dotado de la capacidad para "descifrarse a sí mismo", esto es, para reconocer, exhibir y manifestar la "verdad de sí". Lo "propio" del cristianismo —decía Foucault en su curso *Obrar mal, decir la verdad*—, aquello que "constituyó una ruptura en la historia de la subjetividad occidental, es el conjunto de técnicas perfeccionadas para extraer la verdad de uno mismo" (Foucault, 2014a: 132). Técnicas para descubrir una verdad oculta en el fondo del propio sujeto. El "sujeto" es visto aquí como sede de procesos, más o menos oscuros, que debe descifrar y exponer a la luz del día. El cristianismo, insistía Foucault en

---

el caso de Žižek. Para una discusión sobre estas dos lecturas, véase mi libro *Revoluciones sin sujeto* (Castro-Gómez, 2015b: 198-222).

[24] En sus estudios sobre el cristianismo, Foucault rechaza explícitamente el eje de los dogmas de fe y prefiere centrarse más bien en el eje de la relación sujeto-verdad. "En general, cuando se menciona, con referencia al cristianismo, la cuestión del gobierno de los hombres y del régimen de verdad, se piensa en la economía dogmática del cristianismo [...]. Régimen doctrinal que está constituido desde luego por un cuerpo doctrinal que se apoya en una referencia permanente a un texto y, por otro, se refiere a una institución también permanente y que se transforma y vela por algo tan enigmático como la tradición [...]. Ahora bien, dada la perspectiva en que me sitúo, comprenderán primero que, en el régimen de verdad, voy a privilegiar más bien no el contenido de las creencias sino el acto mismo de verdad" (Foucault, 2014b: 106-107).

[25] Sobre las fuentes patrísticas de Foucault, véase el excelente estudio de Phillipe Chevallier, *Michel Foucault et le christianisme* (Chevalier, 2011).

aquel curso, ató al individuo a la obligación de averiguar, en el fondo de sí mismo, cierto secreto que tendría una importancia decisiva en su camino hacia la salvación. Obligación no solo de descubrir esa verdad oculta y manifestarla ante la propia mirada, sino también obligación de manifestarla a la mirada de otros a través de una serie de ritos y procedimientos.[26] En el centro de interés de Foucault se hallan, por tanto, los procedimientos aletúrgicos que se expresan en el bautismo, la penitencia y la dirección de conciencia, que son el gran aporte del cristianismo a la historia de las tecnologías de subjetivación.

El giro tertuliánico

En la clase del 6 de febrero de 1980, Foucault dice que el cristianismo definió "dos grandes polos de regímenes de verdad": por un lado los "actos de fe" y por el otro los "actos de confesión" (Foucault, 2014b: 125). ¿En qué radica la diferencia? En el primer caso, se trata de la relación que entabla el cristiano con la verdad de los dogmas; y designa, por tanto, un conjunto de creencias doctrinales tenidas por verdaderas. No es este, sin embargo, el polo que le interesa a Foucault, por las razones antes aludidas: el análisis crítico no se pregunta por la "verdad en sí" (trátese de una verdad lógica o teológica), sino por la "veridicción". Es, entonces, el segundo polo el que resulta interesante: la obligación que se impone al cristiano de manifestar la verdad de sí mismo a través de una serie de actos.[27] El cristianismo es

---

[26] Véase la clase del 29 de abril de 1981 del curso *Obrar mal, decir la verdad*.

[27] En la quinta conferencia de Vermont (1981), Foucault expresa la misma idea del siguiente modo: "El cristianismo no es tan solo una religión de salvación, es también una religión confesional. Impone obligaciones muy estrictas de verdad, dogma y canon [...]. El deber de aceptar un conjunto de obligaciones, de considerar un cierto número de libros como verdad permanente, de aceptar decisiones autoritarias en materia de verdad, el no solo creer ciertas cosas sino el demostrar que uno las cree y el aceptar institucionalmente la autoridad, son todas características del cristianismo. [Pero] el cristianismo requiere *otra* forma de verdad diferente de la de la fe. Cada persona tiene el deber de saber quién es, esto es, de intentar saber qué es lo que está pasando

una religión *confesional*, en el sentido de que todo cristiano está obligado a manifestar frente a sí mismo y frente a otros, a través de actos verbales o no verbales, los "arcanos de su corazón". Es por eso que en el curso *Del gobierno de los vivos* Foucault estudiará tres grandes manifestaciones aletúrgicas: el bautismo, la penitencia y la dirección de conciencia.

La clase del 6 de febrero inicia la reflexión sobre el problema del bautismo. Hablo de "problema" en sentido estricto, porque como ya vimos en el capítulo uno, lo que interesa a la "historia crítica del pensamiento" desarrollada por Foucault es la forma en que una práctica es "problematizada" en cierto momento de la historia, esto es, el modo en que cierta forma de actuar, tenida antes por "natural", es interrogada de tal modo que desencadena cambios importantes en los hábitos y comportamientos de los sujetos. En este caso, Foucault quiere analizar cómo el rito bautismal, tal como era practicado por las primeras comunidades cristianas (siglos I-II), fue "problematizado" desde adentro por Tertuliano, en medio de la lucha que se libraba en el seno de aquellas comunidades por definir la "pureza" de la fe.

La fuente documental utilizada por Foucault para analizar cómo era practicado inicialmente el bautismo es un manual catequístico, litúrgico y disciplinario llamado *Didaché*, atribuido (falsamente) a Bernabé, obra compuesta aparentemente en la segunda mitad del siglo I y encontrada apenas en 1873.[28] Este manual establece que en los dos primeros siglos del cristianismo, el acto del bautismo estaba precedido por una enseñanza previa, de tal manera que el candidato a ser cristiano tenía que ser sometido primero a una *catequesis* (Foucault, 2014b: 129). De este modo, el rito bautismal no era otra cosa que la

---

dentro de sí, de admitir las faltas, reconocer las tentaciones, localizar los deseos, y cada cual está obligado a revelar estas cosas a Dios, o bien a la comunidad, y por lo tanto a admitir el testimonio público o privado sobre sí" (Foucault, 1991: 80-81).

[28] También utiliza la *Apología* de Justino, texto del siglo II, y la obra *De Baptismo* de Tertuliano.

sanción de una verdad que ya había germinado en el corazón del aspirante a cristiano; era la manifestación pública de una verdad que el individuo había descubierto en el fondo de su corazón por medio de la catequesis. El bautismo, entonces, como "forma de veridicción" y la catequesis como "procedimiento aletúrgico". El punto de Foucault es que durante los primeros años del cristianismo, el bautismo era visto como un "ciclo de verdad" que tiene varias estaciones: primero hay una preparación, un conocimiento de la verdad, pero *allí todavía no hay purificación*. La evangelización por sí misma no salva, si bien es necesaria para que el sujeto descubra las semillas de verdad sembradas en su corazón a través de la catequesis. Pero tales semillas solo germinarán efectivamente con el acto mismo del bautismo. La purificación se producirá únicamente a través del agua bautismal, cuando el Espíritu Santo haga morir al "hombre viejo" encadenado al poder de Satanás y pueda surgir el "hombre nuevo" iluminado por Cristo. Hay, por tanto, un antes y un después del bautismo. El acto bautismal marca una discontinuidad ontológica entre el hombre pecador y el hombre redimido.

Pues bien, según Foucault, esta concepción inicial del bautismo fue "problematizada" radicalmente a partir de Tertuliano en el siglo III. ¿Y por qué específicamente Tertuliano? Porque fue él quien introdujo (quien "inventó" dice Foucault) la noción de *pecado original* (Foucault, 2014b: 134). Esto significa que a raíz de la expulsión del paraíso, el hombre nace pecador y su naturaleza está pervertida, de tal modo que se encuentra separado de Dios por una "alienación fundamental". Tertuliano cambia la economía de las relaciones entre el sujeto y la verdad cuando dice: "no nos sumergimos en el agua del bautismo *para* purificarnos, sino que nos sumergimos *porque* ya estamos purificados". Es decir que la purificación ya no se da en el acto del bautismo, sino en un momento *previo* al bautismo, cuando el candidato reconoce la verdad de sí mismo como sujeto pecador. El bautismo supone ciertamente el perdón de los pecados, pero no *garantiza* que el alma no pueda ser esclavizada nuevamente por el poder de Satanás. En otras palabras: la purificación que se obtiene en el momento del bautismo puede desvanecerse.

Todo esto, como decimos, es consecuencia de la doctrina del pecado original, desconocida antes del siglo III. Tertuliano, dice Foucault, "compone una teoría de la transmisión de la falta original por la simiente", lo cual significa que el pecado original es transmitido de padres a hijos a través del acto sexual, y específicamente a través del semen del varón. Es la famosa teoría de la "pangénesis" del esperma (Foucault, 2014b: 148). En la eyaculación masculina tenemos ya el vehículo de transmisión de una enfermedad incurable, el síndrome del pecado original, que no se desvanece con la terapia del bautismo. Siempre permanecerá un elemento del mal dentro del alma, una morada que Satanás aprovechará para recuperar el alma que se le ha escapado. Para Tertuliano, cuanto más cristiano se es, más furor muestra el diablo. El bautismo ya no marca limpiamente un antes y un después, como pensaban todavía San Pablo y el pseudo-Bernabé, sino que es tan solo una estación en el camino de una batalla que nunca termina. Lo que muestra el bautismo es la "dramaticidad de la lucha", el combate permanente de final abierto contra un adversario que se aloja en la propia subjetividad. "El peligro nunca amaina; el cristiano nunca está seguro, nunca está en reposo" (*ibíd.*, 154). Bautizarse no le garantiza por tanto al sujeto un estatuto de invulnerabilidad; razón por la cual jamás debe abandonar el "cuidado de su alma". Siempre deberá dudar de sí mismo, sospechar de lo que "es". "Si uno quiere tener fe, nunca debe estar seguro de lo que uno mismo es", decía Tertuliano (*ibíd.*, 150). El bautismo, entonces, no es el final del camino, sino el comienzo de una larga batalla contra sí mismo. La relación de sí consigo, en el cristianismo, estará marcada por el *miedo* a lo que uno es:

> El miedo, por primera vez en la historia —en fin, el miedo en ese sentido, el miedo con respecto a sí mismo, el miedo a lo que uno es, el miedo a lo que puede pasar, y de ningún modo el miedo al destino, y de ningún modo el miedo a los decretos de los dioses—

está, creo, anclado en el cristianismo a partir de la transición entre el siglo II y el siglo III y tendrá, como es evidente, una importancia absolutamente decisiva en toda la historia de lo que podemos llamar la subjetividad, es decir, la relación de sí consigo, el ejercicio de sí sobre sí y la verdad que el individuo puede descubrir en el fondo de sí mismo. (Foucault, 2014b: 156)

La pregunta, desde luego, es: ¿qué factores llevaron a Tertuliano a "problematizar" de este modo la práctica inicial del bautismo? Foucault muestra que en aquel momento (para comienzos del siglo III) se estaba produciendo en el seno de la Iglesia cristiana una lucha sin cuartel por definir el sentido de la salvación. Los gnósticos, un grupo de cristianos que gozaban de gran influencia en algunas comunidades, decían que el mundo material es intrínsecamente malo y que, por tanto, no puede ser cierto que Dios sea el creador del mundo, pues siendo Dios un ser infinitamente bueno, de él no podría proceder algo infinitamente malo como es la materia. De ahí que, para los gnósticos, cuando Jesús fue bautizado en el río Jordán fue liberado automáticamente de todo pecado y, por tanto, de toda vinculación con el mundo material. Y lo mismo vale para los cristianos: en el momento del bautismo, el individuo pecador es redimido de una vez para siempre, de tal modo que ya no puede caer de la gracia. Ha sido liberado del influjo de Satanás (Dios del mundo material) y es ahora un "ser espiritual". Es por eso que para el gnóstico, el bautismo "conecta" irreversiblemente al sujeto con la verdad divina que se encuentra alojada en el fondo de su alma. "Para el gnóstico" —nos dice Foucault— "conocer a Dios y reconocerse es lo mismo. Lo que vamos a buscar en nosotros mismos es a Dios, y si conocemos a Dios es porque, en la medida en que nos hemos tornado transparentes para nosotros mismos, hemos recuperado a Dios en nosotros" (Foucault, 2014b: 355).[29]

---

[29] En el curso *Seguridad, territorio, población*, Foucault dice que los gnósticos representaban una rebelión contra el "poder pastoral": "La inmensa querella

Personajes como Tertuliano se dan cuenta que la doctrina gnóstica se halla influenciada por la filosofía platónica (o neoplatónica) que proclamaba un conocimiento salvífico a través de la memoria de lo divino. Una vez liberado el sujeto de toda influencia "material" por medio del bautismo, la transparencia epistémica resulta inevitable: el conocimiento de sí y el conocimiento de Dios ya no podrán jamás separarse. En este sentido, Foucault detecta en la teología del bautismo de Tertuliano una importante modificación de la "corriente platonizante" (Foucault, 2014b: 169). Para el platonismo helenístico, la *metanoia* era un giro del alma sobre sí misma, mediante el cual el sujeto accede a la verdad. Al descubrir la verdad del ser, el sujeto descubre también su propia verdad (debido al parentesco entre el alma y el ser). El sujeto reconoce la verdad en el fondo de sí mismo. El "giro tertuliánico" modifica profundamente la noción de *metanoia*. Con el cristianismo del siglo III se da inicio a un nuevo capítulo de las relaciones entre subjetividad y verdad, pues aquí el sujeto ya no encuentra en sí mismo una verdad impoluta, sino, todo lo contrario, sospecha que lo que puede encontrar en el fondo de su alma es un signo de maldad oculta. En este sentido, el cristianismo ató al sujeto a averiguar, a través de todos los obstáculos posibles, el secreto oculto de su identidad. La "veridicción de sí mismo" que propone el cristianismo es, por tanto, muy diferente a la del platonismo, en la medida en que lo que se busca no es una verdad transparente, sino una que se halla *oculta* en el fondo del sujeto. El sujeto es tenido como sede de procesos *oscuros* que es necesario descifrar, lo cual abre un nuevo capítulo en la historia de la subjetividad occidental. Es la historia del "dime quién eres", "conminación fundamental de la civilización occidental" (*ibíd.*, 171).

---

de la gnosis, que desgarró durante varios siglos al cristianismo, es en gran parte una disputa sobre el modo de ejercicio del poder pastoral. ¿Quién es el pastor? ¿Cómo, de qué forma, con qué derechos, para hacer qué? El gran debate —también ligado a la gnosis— entre el ascetismo de los anacoretas y la regulación de la vida monástica en la forma del cenobio aún es en los primeros siglos de nuestra era un asunto de pastorado" (Foucault, 2006c: 178).

Regresemos al tema del bautismo. Si, como dice Tertuliano, no vamos al agua para purificarnos (como decían los gnósticos), sino porque ya hemos iniciado una preparación que nos capacitará para luchar toda la vida, ¿en qué consiste tal preparación? Aquí es donde entra en escena el problema de la *confesión*, de la manifestación (verbal y no verbal) de lo que uno "es" como ejercicio preliminar al bautismo. Tertuliano decía que "el pecador ha de llorar sus faltas *antes* del tiempo del perdón", lo cual significa que la persona debía someterse a una serie de prácticas prebautismales, como el ayuno, la vigilia, la plegaria y la posternación, con el objetivo de prepararse para esa lucha contra el mal que se redoblará después que reciba el bautismo. Tal preparación será caracterizada por Foucault con una palabra griega que será clave para entender su interés por llevar la historia de la subjetividad occidental mucho *antes* incluso que el cristianismo. El candidato al bautismo deberá someterse a una *ascesis*, una gimnasia del cuerpo y del alma que le permitirá luchar toda su vida contra un mal escondido en el fondo de sí mismo:

> La preparación para el bautismo es por lo tanto ascesis en este sentido estricto: es una gimnasia. Es una gimnasia física, es una gimnasia corporal, es una gimnasia espiritual, es una gimnasia del cuerpo y del alma para luchar contra el mal, contra Satanás, contra el Otro en nosotros mismos, contra la tentación de la que nunca podremos deshacernos. (Foucault, 2014b: 162)

Quien se bautiza obtiene ciertamente el perdón de los pecados, pero ese perdón es un premio que hay que comprar a un alto precio que es la *ascesis* (Foucault, 2014b: 163). Esta gimnasia permanente, este ejercitarse para la batalla, este continuo estado de alerta frente a sí mismo, es signo de que el sujeto se encuentra en el *camino* a la salvación. Pero no hay *garantía* alguna de salvación, porque no existe la "iluminación" definitiva en el acto del bautismo, tal como proclamaban los gnósticos. Sin ascesis no hay verdad, lo cual significa que el sujeto deberá "trabajar" su propia salvación durante toda la vida, atravesando un camino lleno de dudas. Con Tertuliano se inicia entonces la separación de los "dos polos" del régimen cristiano de verdad: una cosa es la iluminación, otra es la ascesis. En palabras de Foucault, en el siglo III se da una separación "entre el Oriente de la fe y el Occidente de la confesión" (*ibíd.*, 165). Toda la historia del cristianismo será la tensión entre estos dos polos. Si hay que llegar al bautismo ya purificados, como decía Tertuliano, es porque no es el rito lo que salva, sino que es necesaria la penitencia. No podrá obtenerse la remisión de los pecados solo por la realización exterior del rito, a menos que el individuo esté ya preparado de antemano. No basta la "fe sola", sino que son necesarias las "obras", el trabajo del sujeto a través de la ascesis. No es el bautismo lo que salva, sino el conjunto de "pruebas" a las que el sujeto deberá someterse antes y después del bautismo.

En la clase del 20 de febrero de 1980, Foucault habla de una institución creada desde finales del siglo II para facilitar la preparación para el bautismo: el catecumenado. Se trataba de un dispositivo encargado de reglamentar el proceso de manifestación de la verdad. El catecumenado funcionaba a la vez como estrategia de lucha contra el neoplatonismo gnóstico, pero también como instrumento aletúrgico. Foucault recurre a un texto del siglo III atribuido a Hipólito, titulado *La tradición apostólica*, para entender cuáles eran los ejercicios ascéticos a los que debía someterse el catecúmeno. Primero debía comparecer ante los "doctores de la iglesia", quienes indagaban las razones por las cuales la persona solicitaba convertirse en catecúmeno. Se examinaba su manera de vivir, se le preguntaba sobre su vida personal, si es esclavo o libre, si tiene mujer o hijos, en qué oficio se desempeña, etc. Este interrogatorio buscaba orientar a los dirigentes de la iglesia para decidir si el candidato podía o no ser aceptado, puesto que existían una serie de actividades que eran incompatibles con el catecumenado. No podían ser admitidos soldados, prostitutas, gladiadores, sodomitas, hechiceros ni astrólogos. Para ser "oyente" del evangelio (¡ni siquiera todavía cristiano!), el individuo debía llevar una vida que facilitara el trabajo de sí consigo. El "examen" era entonces el primer filtro, la primera prueba a la que debía someterse un aspirante al bautismo. Una vez admitido al catecumenado, el individuo debía permanecer dos o tres años sometido a intensa preparación y ejercicio, hasta el momento en que se le sometía a un segundo examen. Aquí se le interrogaba de nuevo, pero ya no sobre su vida anterior, sino sobre su tiempo en el catecumenado, convocando también a personas que dieran testimonio sobre su comportamiento: ¿ha vivido piadosamente durante este tiempo?, ¿ha visitado a las viudas y los enfermos? (Foucault, 2014b: 176).[30] Una vez aprobado este segundo examen, el candidato recibía finalmente la luz verde para bautizarse, para lo cual los ejercicios ascéticos debían intensificarse durante algunas semanas: ayunos, vigilias, plegarias, cilicio, etc.[31] Con este rigorismo se buscaba convertir al candidato en un "atleta de la fe", capaz de combatir y resistir las pruebas que vendrían una vez recibido el bautismo; pruebas que, recordemos, podrían resultar especialmente dramáticas, dada la persecución violenta que en esos tiempos sufrían los cristianos. Es necesario, entonces, que el sujeto pase por una "prueba de verdad"; que a través de una serie de *actos aletúrgicos* pueda "mostrarse" a sí mismo y frente a otros como una persona digna de recibir el bautismo.[32]

---

[30] Para entender toda esta minuciosidad en la preparación del catecúmeno debemos tener en cuenta la doctrina tertuliana del pecado original. Desde la caída de Adán, el alma de hombre ha sufrido una degradación, y está sometida, por tanto, al imperio de Satanás. El Espíritu Santo no podrá habitar allí a menos que, a través de un duro trabajo del sujeto consigo mismo, el demonio se vaya. Satanás y el Espíritu Santo no pueden convivir en la misma morada. "Es preciso que uno se vaya para que otro llegue" (Foucault, 2014b: 179).

[31] Foucault señala cómo, incluso en el ritual mismo del bautismo, la persona era sometida a una última prueba: el exorcismo. El obispo mismo preside la ceremonia, el postulante se quita el cilicio, se desnuda (signo de que está dispuesto a abandonar el hombre viejo), y el obispo pronuncia una palabra para expulsar a Satanás (Foucault, 2014b: 178).

[32] El catecumenado finalizaba con un acto de *confesión pública* justo antes de

Someterse a las "pruebas de verdad" significa aceptar que la *mortificación de sí mismo* es el camino por el cual se llega a la verdad. El cristiano no es un "iluminado", un sujeto transparente para sí mismo, como suponían los gnósticos, sino un simple mortal que tendrá necesariamente que recorrer el camino de la mortificación, de la negación de sí mismo. Lo que vemos emerger aquí, según Foucault, es una "teología de la falta", que siglos después será retomada por el psicoanálisis de Lacan: nunca podremos ser completos, transparentes, plenos, porque hay siempre un "otro" que está en nosotros todo el tiempo. Ese otro es Satanás, que intentará una y otra vez recuperar el imperio que le fue arrebatado (Foucault, 2014b: 189). La vida cristiana es, por tanto, una lucha incesante contra ese "otro" que acecha en el fondo del alma y que nunca podremos conocer plenamente. Por eso son necesarias todas estas "pruebas de verificación", para tener indicios borrosos de que el "otro" sigue ahí:

> En cierta forma vivimos perpetuamente, hasta la muerte, en instancia de bautismo, al tener que purificarnos, al tener, por lo tanto, que mortificarnos y luchar contra el enemigo que está en el fondo de nosotros mismos. Mortificación y lucha contra el enemigo, lucha contra el otro, no son episodios transitorios que terminen cuando nos bautizamos. Hasta el final de la vida de aquí abajo, hasta el final de esta vida que es siempre una vida de muerte, tenemos y tendremos que mortificarnos y deshacernos de los influjos y los asaltos de Satanás. Aun bautizados, debemos mortificarnos hasta la muerte. Aun bautizados, debemos luchar contra Satanás hasta el momento de la liberación final. Y desde luego, para ello necesitamos pruebas constantes de verdad. Necesitamos autenticar lo que somos. Necesitamos vigilarnos, hacer que sobrevenga en nosotros la verdad misma y ofrecer a quienes

---

la triple inmersión. El obispo pregunta al catecúmeno si cree en el Padre, en el Hijo y en el Espíritu Santo, a lo que este debía responder "sí creo", siendo sumergido en el agua después de cada respuesta (Foucault, 2014b: 182).

nos observan, a quienes nos vigilan, a quienes nos juzgan y nos guían, ofrecer pues a los pastores, la verdad de lo que somos. (Foucault, 2014b: 190-191)

En suma: alrededor del siglo III se reorganizan por completo las relaciones entre el sujeto y la verdad gracias a la emergencia de un "régimen de verdad" que no existía en el mundo griego y tampoco en el romano. El cristianismo logra crear un dispositivo de subjetivación que gira alrededor de la siguiente pregunta: ¿cómo dejar de ser lo que uno es? ¿Cómo negarse a sí mismo? ¿Cómo es posible llegar a ser alguien completamente distinto? Estamos, pues, frente al tema de la *conversión*, que Foucault rastreará luego en los estoicos, pero que desde el siglo III e.c. marcaría definitivamente las relaciones entre el sujeto y la verdad.[33]

La teatralización de la verdad

Después de haber disertado largamente sobre el bautismo, en la clase del 27 de febrero de 1980 Foucault se concentra en una segunda práctica aletúrgica: la penitencia. Recordemos que ya había mencionado la penitencia en relación con los "actos pre-bautismales" definidos por Tertuliano, pero ahora quiere hablar de la penitencia *pos-bautismal*, para lo cual recurre al famoso libro *El Pastor*, atribuido a un tal "Hermes", documento de referencia para entender las prácticas litúrgicas de los primeros cristianos. Foucault comienza diciendo que este texto ha generado un gran debate entre los teólogos modernos: ¿qué ocurría en los primeros siglos con un cristiano que pecaba después de haber sido bautizado? ¿Existía la posibilidad de redimirse? ¿Había en el cristianismo primitivo la posibilidad de

---

[33] Ya en la clase del 20 de febrero de 1980, Foucault decía que este tema de la conversión "no lo inventó el cristianismo", sino que "lo reencontramos también en diferentes culturas", si bien no de la misma forma (Foucault, 2014b: 192).

la "recaída"?[34] Ya vimos cómo, para los gnósticos, el bautismo era la única posibilidad de hacer penitencia, ya que después no había necesidad de ella. Con el bautismo el cristiano "muere" a la materia (en sí misma mala) y es "iluminado" por el Espíritu Santo de una vez y para siempre. Pues bien, lo que *El Pastor* muestra es que frente a esta doctrina de la iluminación definitiva por el bautismo, existía en los primeros siglos una doctrina alternativa: la "teoría del jubileo", según la cual sí se admitía la penitencia después del bautismo. Lo cual significa que, frente a los gnósticos, había otra corriente de ortodoxos (o proto-ortodoxos) que afirmaban que el cristianismo no es una religión de seres perfectos y de iluminados escogidos que no pueden "recaer" en el pecado. El vínculo bautismal entre el sujeto y la verdad no es definitivo, no se da de una vez para siempre, sino que puede *deshacerse*. ¿Por qué razón? Ya lo vimos: en el medio está la teoría del pecado original, que abre la posibilidad de pecar siempre. Por lo tanto, se hacía necesario conceder que después del bautismo podría existir una "segunda oportunidad" de arrepentirse, una nueva posibilidad de penitencia. Esto lo testimonian otros documentos de la época, como las *Epístolas de Clemente*, texto muy leído por las primitivas comunidades cristianas.

Ahora bien, la peculiaridad de *El Pastor* radica en que postula una penitencia posbautismal que no depende del bautismo. El cristiano pasaría así de una "penitencia primera" (dada en el bautismo) a una "penitencia segunda", que es independiente del bautismo y que no es la simple prolongación de la *metanoia* bautismal (Foucault, 2014b: 208). De este modo, el problema de la "recaída" aparece por primera vez en el pensamiento occidental. El cristianismo inaugura un nuevo capítulo de las relaciones entre el sujeto y la verdad, debido a que introdujo

---

[34] Foucault se refiere aquí a la controversia entre la "teoría de la impecabilidad" (*Sündiglosigkeittheorie*), expuesta hacia comienzos del siglo XX por el teólogo alemán Hans Windisch, y la "teoría del jubileo", defendida por teólogos como Robert Joly, según la cual existe la posibilidad de *una* penitencia excepcional, con fecha fija.

una nueva "problemática" de orden ontológico. Si el alma no es transparente para sí misma (como en el platonismo), sino que es opaca, turbia y susceptible de ser engañada por el maligno, esto se debe a la noción de la recaída. Noción que, de acuerdo con Foucault, era completamente desconocida en la antigüedad greco-romana, e incluso también en la religión hebrea. ¿Por qué? Porque tanto los griegos como los hebreos consideraban que *la ley* es aquello que permite discriminar entre la verdad y el error. Qué es lo verdadero y qué es lo falso es un problema de orden *jurídico*, que no toma en cuenta la "calidad" del sujeto (*ibíd.*, 209). En cambio, en el esquema de la recaída que introducen los teólogos ortodoxos, será precisamente la "calidad" del sujeto lo que determine qué es verdad y qué no lo es; qué acciones son moralmente buenas y cuáles son moralmente reprobables. Desde luego, en la filosofía helenística (sobre todo en los estoicos), encontramos que el sabio tenía la posibilidad de discriminar entre lo bueno y lo malo a partir de la sabiduría misma, con independencia total de la ley. A esto se referirá Foucault en sus cursos posteriores como el "nacimiento de la ética". Pero la singularidad del cristianismo, la "diferencia cristiana" con respecto a la ética greco-romana, radica en que la sabiduría sola no garantiza que el sujeto permanecerá siempre en la verdad. Una vez que "está en la verdad" puede quedar despojado de ella y "recaer". De modo que, para el cristianismo, la relación entre el sujeto y la verdad es *reversible*. El sujeto puede llegar a ser un desgraciado, puede "caer de la gracia" debido a que será siempre *sujeto de una falta*.

En esa clase del 27 de febrero Foucault examina más de cerca este problema, estudiando el caso de los "relapsos".[35] Se refiere a todos aquellos cristianos que bajo la tremenda presión de las persecuciones iniciadas contra ellos habían renegado de

---

[35] En la clase del 22 de febrero de 1978, correspondiente al curso *Seguridad, territorio, población*, Foucault había hablado de los "lapsi", retomando la palabra usada por San Cipriano en su *Liber de lapsis*, que en español podría traducirse como "renegados" (Foucault, 2006c: 199).

la fe y adorado falsos ídolos (Foucault, 2014: 213). ¿Qué hacer con ellos? ¿Es posible reintegrarlos a la iglesia o están definitivamente "excomulgados"? ¿Qué pasa si un apóstata solicita volver al redil? ¿Puede el sujeto retomar la relación fundamental con la verdad que había entablado alguna vez? Son, pues, las duras circunstancias de la persecución (y no solo la lucha teológica contra el gnosticismo) las que empujan a los "doctores de la iglesia" a plantear la posibilidad de un arrepentimiento *después* del bautismo. Foucault aclara, sin embargo, que el cristianismo no introdujo la idea de "pecado" en un mundo que desconocía por entero esta noción, como usualmente se piensa. Esta opinión tiene que ver con una cierta idealización romántica de la antigüedad greco-romana que se llevó a cabo en el curso del siglo XIX. Pues "si hubo verdaderamente un mundo, una civilización, una cultura que conoció, codificó, reflexionó, analizó lo que podía ser la falta, la infracción, y las consecuencias que podía tener, fue sin duda el mundo griego y romano" (*ibíd.*, 218). No fue, pues, la idea de "pecado" lo que introdujo el cristianismo en el mundo antiguo, sino más bien la idea de que la *falta* está inserta en el corazón mismo de las relaciones entre el sujeto y la verdad. No es, entonces, el problema de la "caída" lo que introduce el cristianismo como novedad, sino el de la *recaída* (*ibíd.*, 219). Es el problema de la "ruptura" entre el sujeto y la verdad. Y para entender este problema se hace necesario analizar los "actos" a partir de los cuales esa ruptura puede cerrarse. Si en la clase del 20 de febrero de 1980 la pregunta era: ¿qué pasa con el sujeto cuando va hacia la verdad mediante el catecumenado?, la pregunta de la clase del 27 de febrero es: ¿qué pasa con el sujeto después que ha "roto" su relación con la verdad?

Al igual que para llegar a ser *catecúmeno*, el procedimiento para llegar a ser *relapso* era bastante riguroso. Primero que todo, el pecador debía solicitar a los dirigentes de la Iglesia recibir el "estatuto" de penitente. Pero, para ello, tenía que pasar por un complejo ritual de entrada que comenzaba con la imposición de manos por parte del obispo y que tenía una significación importante: se expulsaba al espíritu malo que había entrado en el alma del pecador y al mismo tiempo se llamaba al Espíritu Santo para que regresara a ella (Foucault, 2014b: 227). Ahí comienza un largo camino que puede durar muchos años. Durante todo ese tiempo, el relapso está sometido a varias prohibiciones: no puede participar de la comunión, no puede ocupar ningún cargo de liderazgo en la Iglesia, no puede predicar o asistir a ciertas ceremonias eclesiales. Y, si es casado, le está completamente prohibido mantener relaciones sexuales con la esposa o el esposo (*ibíd.*, 228). Además de eso, deberá cumplir con una serie de obligaciones: tendrá que practicar ayunos sistemáticos, plegarias, mortificaciones, obras de caridad y, de acuerdo con San Ambrosio,[36] se le obligará a permanecer sucio, es decir que se le prohibirá limpiar su cuerpo. ¿Cuánto tiempo dura esto? Depende. Podían ser unos meses, unos años, en algunos casos toda la vida. Pero, sea como fuese, aun después de haberse "reconciliado" con la Iglesia, de haber salido del estatuto de penitente, el relapso no podrá borrar del todo su pasado (como sí ocurría en el caso del bautismo). No podrá ser sacerdote o diácono, no podrá realizar determinados oficios y, si es soltero, jamás podrá casarse (*ibíd.*, 228).

Recordemos en este punto que lo que le interesa a Foucault son los "actos de verdad" a partir de los cuales el sujeto se relaciona con la verdad. Estos actos —nos dice— son de dos categorías: objetivos y subjetivos. Los actos *objetivos* de verdad son aquellos en los que la Iglesia somete a prueba al penitente, y no se diferencian tanto de los que ya vimos para el caso del bautismo: hay un procedimiento de interrogación en el que se evalúa al pecador y se determina si será o no aceptado en el estado de penitente. Después de esto, cuando se vea que el penitente ha cumplido sus obligaciones, se le examina por segunda vez y se procede a un ritual oficial de reintegración (Foucault, 2014b: 229). La decisión de reintegrar al pecador dependerá entonces de la gravedad de la falta cometida. San

---

[36] Foucault utiliza su texto *De Penitentia*.

Cipriano decía que es necesario tener en cuenta si, como consecuencia de la persecución, el cristiano se prestó de buena gana a adorar falsos dioses, si se resistió lo más que pudo, si comprometió a su familia, si luchó hasta el final (*ibíd.*, 231). En todo caso, algunos líderes ortodoxos, como Tertuliano, no veían con buenos ojos a aquellos que no se habían entregado voluntariamente al martirio.[37] Estos líderes consideraban que la disposición al martirio era un sello distintivo de la fe, por lo cual proliferaron en aquella época los "martirologios" (narraciones acerca de episodios de martirio) en los que se alababa este tipo de muerte y se elevaba al mártir al estatuto de santidad. En cualquier caso, aun habiendo decidido reintegrar al pecador, los líderes de la Iglesia no estaban seguros de que esa persona obtendría de Dios el perdón de sus pecados. San Cipriano dice en su *Correspondencia* que la decisión de incorporar al relapso no significa que automáticamente Dios ha perdonado sus faltas: "Tomamos nuestras decisiones como podemos, pero el Señor tiene derecho a corregir las decisiones de su servidor" (*ibíd.*, 232).

La segunda categoría de actos de verdad es la de los actos *subjetivos*, que es a la que pertenece el pecador una vez que ha sido admitido de nuevo en la iglesia como relapso. Es esta la categoría que más interesa a Foucault. ¿Por qué razón? Porque la primera categoría se refiere, sobre todo, a actos de tipo *jurídico*, que en realidad se ejercen *sobre* el sujeto sin tener en cuenta la relación que el sujeto mismo entabla frente a esos actos. Por eso se les llama "objetivos". Por el contrario, en los actos subjetivos el sujeto es el actor principal. Hay aquí una aceptación *voluntaria* del tipo de gobierno que se le propone, y es a partir de esa aceptación que el sujeto manifiesta su propia verdad y se reconoce en ella. Los actos subjetivos conllevan, por ello, la obligación de mostrarse, de manifestarse. Es a este

---

[37] En la segunda conferencia ofrecida en Darthmouth (1980), Foucault dice que el martirio era visto por algunos como un acto de *exomologesis*, noción sobre la que volveremos enseguida (Foucault, 2015a: 163).

tipo de actos subjetivos a los que hace referencia la palabra griega *exomologesis*, que literalmente significa "estar de acuerdo", "manifestar su acuerdo" (Foucault, 2014b: 233). De tal modo que al utilizar esta palabra Foucault enfatiza el hecho de que el sujeto ha aceptado ser gobernado de una determinada forma, que reconoce la verdad contenida en esa forma de gobierno y que se reconoce en ella. Con otras palabras: el sujeto se reconoce a sí mismo en su "verdad" como pecador y accede voluntariamente a *exhibir* esa verdad a los demás.

Es cierto que en la literatura patrística examinada por Foucault, la palabra *exomologesis* puede tener un sentido muy amplio. Puede referirse, por ejemplo, a las plegarias colectivas por el perdón de los pecados, que se hacían en la iglesia, y en cierta forma este es el uso que se la da a la palabra en textos tempranos como la *Didaché*. No obstante, afirma Foucault, hacia finales del siglo II y comienzos del siglo III, justo en el momento en que el partido "ortodoxo" empieza a tomar control de la Iglesia, la exomologesis adquiere un sentido más preciso" (Foucault, 2014b: 235). Empieza a aflorar una distinción entre la *exomologesis* y la *penitencia*. De un lado, ya lo vimos, el pecador es obligado a "exponer su caso" verbalmente ante los obispos, a fin de solicitar el estatuto de penitente. El pecador declara frente a los líderes cuál es el pecado que ha cometido y solicita ser aceptado de nuevo como "relapso". Mediante la confesión, el pecador se pone a sí mismo *en discurso* y se dispone a la penitencia. Otra cosa muy diferente ocurre con la exomologesis. Este acto subjetivo no tiene ninguna función verbal, analítica o descriptiva, sino que es el acto a través del cual el sujeto se manifiesta *performativamente* como pecador. Foucault utiliza como ejemplo la penitencia de Fabiola, narrada por San Jerónimo, para ilustrar el funcionamiento del ritual de exomologesis (*ibíd.*, 242). Fabiola era una mujer cristiana que había abandonado a su marido y se había vuelto a casar, es decir que era una "adúltera". "Era una persona muy mala", dice Foucault con ironía. En algún momento, sin embargo, tuvo remordimiento y decidió pedir a la iglesia el estatuto de relapso, pero lo hizo de tal forma que su "petición" en nada puede asimilarse a la *expositio casus* de la que hablamos antes. Fabiola se colocó fuera de la iglesia, semidesnuda, manchada de cenizas, "desmelenada" (había cortado sus cabellos), mostrando sus cicatrices (se había hecho sajaduras en su cuerpo), llorando y gritando. Antes que de una confesión de la verdad, se trata de una *teatralización de la verdad* (*ibíd.*, 246). No es una *expositio casus*, sino una *publicatio sui*. La exomologesis, por tanto, "está por completo del lado de los elementos expresivos no verbales", pues no se trata de decir cuáles pecados uno ha cometido, sino de "manifestar que uno es pecador" (*ibíd.*, 248). Lo que aquí habla es *el cuerpo*: la ceniza, el cilicio, la vestimenta, las cicatrices y las lágrimas.[38] En suma: la exomologesis es un "acto de verdad" performativo, en el que el sujeto manifiesta con su cuerpo el hecho de ser pecador:

> Como ven, esta *exomologesis* no obedecía a un principio judicial de correlación, de exacta correlación, ajustando el castigo al crimen. La *exomologesis* obedecía a una ley de énfasis dramático y de teatralidad máxima. Y esta *exomologesis* tampoco obedecía a un verdadero principio de correspondencia entre enunciación verbal y realidad. Como ven, ninguna descripción de esta *exomologesis* es de una penitencia; ninguna confesión, ni enumeración verbal de pecados, ningún análisis de pecados, sino expresiones somáticas y expresiones simbólicas. Fabiola no confiesa su falta, contando a alguien lo que ha hecho, sino que pone ante los ojos de todos la carne, el cuerpo que ha cometido el pecado. Y, paradójicamente, la *exomologesis* es ese momento en que el pecado se borra, se restituye la pureza previa adquirida con el bautismo, y esto mostrando al pecador como él es en su realidad sucia, profanada, mancillada. (Foucault, 2015a: 162)

---

[38] Es Tertuliano quien en el capítulo IX de su libro *De penitentia* llama "exomologesis" a este tipo de humillaciones y prosternaciones (Foucault, 2014b: 245). La exomologesis es el acto de "mostrar las heridas" para ser curado de ellas. En Tertuliano, la exomologesis asume entonces la forma del martirio.

¿Qué es entonces la exomologesis? Es un acto subjetivo que no se desarrolla *in mente, in conscientia sola*, sino que se expresa en el cuerpo y afecta el modo en que un sujeto se manifiesta a sí mismo frente a otros. Es un acto *público* que supone una "exteriorización de la *metanoia*" (Foucault, 2014b: 245). Es, en suma, una dramatización del drama ontológico de ser pecador. No es la penitencia como tal, sino un elemento "extra" de dramaticidad que se añade a la penitencia, y que no adquiere por ello una "forma jurídica" como la confesión. Se trata, por tanto, de una manera de relacionarse con uno mismo, una relación de sí consigo que nada tiene que ver con la ley, con la confesión como ritual jurídico; en suma, con el derecho. Basta con que el sujeto exprese con su propio cuerpo que es pecador, para que esto se constituya en verdad, sin necesidad de ninguna prueba. Pero, ¿cuál es concretamente el tipo de relación que el sujeto entabla consigo mismo en el acto de la exomologesis? En el curso *Obrar mal, decir la verdad*, Foucault dice que este tipo de expresión performativa manifiesta un deseo de "autodestrucción".[39] A través de un castigo corporal y emocional *autoimpuesto*, el sujeto busca su propia muerte como pecador.[40] Por ello, "la fórmula que está en el corazón de la exomologesis es *ego non sum ego:* yo no soy yo" (Foucault, 2015a: 164). Se trata, pues, del polo opuesto al *ergo sum* cartesiano. De ahí que al final de la conferencia Foucault diga que el problema de la modernidad fue, precisamente, tratar de fundar una hermenéutica de sí sobre la base, ya no de la negación y el sacrificio, sino de la afirmación de un "yo positivo". Ese fue el intento de todas las instituciones judiciales, médicas, educativas y políticas de la

---

[39] "Uno produce la verdad de sí solo en la medida en que es capaz de autosacrificarse. El sacrificio de sí por la verdad de sí, o la verdad de sí por el sacrificio de sí, eso es lo que está en el corazón del rito de la exomologesis penitencial" (Foucault, 2015a: 128).

[40] En la quinta conferencia de Vermont (1982), hablando de la exomologesis, Foucault dice: "Los actos por los cuales [el sujeto] se castiga a sí mismo no pueden distinguirse de los actos por los cuales se descubre a sí mismo. El autocastigo y la expresión voluntaria del yo están unidos" (Foucault, 1991: 83).

modernidad, como también de la filosofía: postular un antropologismo, un "humanismo", una *metafísica de la subjetividad* capaz de sustituir el motivo cristiano del sacrificio (*ibíd.*, 174).

No es extraño, entonces, que la clase del 5 de marzo de 1980 termine con una reflexión en torno al vínculo del cristianismo con la muerte. Parecieran resonar aquí los ecos de Nietzsche, cuando se afirma que en la exomologesis cristiana se manifiesta una *voluntad de muerte*:

> Al derramarse cenizas sobre la cabeza, al martirizarse, al gritar, al llorar, se trata en efecto de mostrar lo que uno es, es decir, un pecador —no, insisto, el pecado—, mostrar que uno es pecador. Ser pecador, es decir, estar en el camino de la muerte, pertenecer al reino de la muerte, estar del lado de quienes están muertos. Al ayunar, al renunciar a todo, al cubrirse con un atuendo miserable, uno muestra que renuncia al mundo y que lo que podían ser los placeres, las plenitudes, las satisfacciones de este mundo, nada de eso cuenta. La muerte que se manifiesta en la exomologesis cristiana es la muerte que uno es y representa porque ha pecado, pero también es, a la vez, la muerte que quiere con respecto al mundo. Uno quiere morir para la muerte. (Foucault, 2014b: 250)

La exomologesis conlleva entonces una paradoja: uno quiere morir para poder vivir; renunciar a sí mismo para encontrarse a sí mismo; negar lo que uno es para afirmar lo que quiere ser. A través del acto exomologético que afirma la muerte, el sujeto hace emerger la verdad de sí que le permitirá vivir. A través de decirse *no* a sí mismo, el sujeto se afirmará a sí mismo. Mostrando su condición de pecador, el pecador se alejará del pecado. Foucault dice que esta situación ilustra la paradoja de los efectos *retroactivos* de la enunciación sobre el enunciado: el mismo acto por el cual el sujeto afirma la verdad de su ser pecador, niega la verdad de esa afirmación (Foucault, 2014b: 251). El valor de verdad del acto exomologético no es, por tanto, "lógico", pues se trata de una *paradoja* que, como tal, no tiene resolución lógica, como es el caso de la famosa paradoja de Epiménides.

El cretense que dice "todos los cretenses son mentirosos" está diciendo algo que es falso y verdadero *a la vez*, lo cual atenta contra el principio lógico del tercero excluido. Igual ocurre con el acto exomologético: muestra algo que es verdadero y falso al mismo tiempo, pues afirma una verdad que el mismo acto se encarga de borrar. Es un acto que califica al cristiano como pecador y, al mismo tiempo, como no pecador (*ibíd.*).

¿En qué radica, entonces, la singularidad del cristianismo en esa larga historia de las relaciones entre el sujeto y la verdad? ¿Qué nuevas cosas introduce en el mundo de la antigüedad? No son ciertamente los ritos de suplicación, la ceniza, el llanto y las prosternaciones. Todo esto era ya conocido por las sociedades griega, helenística y romana (Foucault, 2014b: 249). Tampoco es la moral ascética como incorporación de la enfermedad del resentimiento y como actitud negadora de la vida, tal como lo suponía Nietzsche. Estos valores, según el filósofo alemán, eran totalmente desconocidos por la cultura griega, a la que celebra por su talante dionisíaco y afirmador de la vida.[41] Pero como veremos en los siguientes capítulos, los ideales ascéticos son *tomados* por el cristianismo de la cultura greco-romana. Lo que introduce el cristianismo, en cambio, es el tema de que la flaqueza humana no obstaculiza, sino *posibilita* la salvación. Somos salvos, precisamente *porque* somos imperfectos. Aquí radica, en parte, la "diferencia cristiana" con respecto al mundo greco-romano (como veremos luego). El cristianismo es una religión de la salvación *en medio* de la imperfección.[42] Y es por

---

[41] En la entrevista con Dreyfus y Rabinow, al preguntarle si Nietzsche se equivocó cuando le atribuye al ascetismo cristiano el haber hecho de nosotros criaturas débiles y pesimistas, Foucault responde: "Sí, pienso que estaba equivocado al atribuírselo al cristianismo, dado lo que [hoy] sabemos acerca de la evolución del paganismo desde el siglo IV antes de Cristo (Dreyfus & Rabinow, 2001: 282). Y en la última clase de su curso *El coraje de la verdad* afirma tajantemente: "Tampoco me parece que haya que caracterizar como opuestos, a la manera de Nietzsche, si se quiere, un ascetismo antiguo, el de la Grecia violenta y aristocrática, y otra forma de ascetismo que supuestamente separa el alma del cuerpo" (Foucault, 2010: 332).

[42] "Creo que el gran esfuerzo y la gran singularidad del cristianismo, que explica,

eso que la relación de sí consigo será una que enfatiza siempre el error, la debilidad, la fragilidad, la desconfianza y el miedo. Miedo frente a sí mismo, frente a la maldad de la que soy capaz.

El dispositivo monacal

Las clases del 6 de febrero al 5 de marzo de 1980 se han ocupado de analizar dos "formas de veridicción" a través de las cuales un sujeto manifiesta la verdad sobre sí mismo. La primera, cuando un individuo quiere hacerse cristiano y se somete voluntariamente a una serie de técnicas para "probar su alma". La segunda, cuando ese individuo peca después de haber sido bautizado y acude a la penitencia, sometiéndose (también voluntariamente) a una serie de procedimientos que le permiten reintegrarse a la comunidad cristiana. Dos formas de veridicción, entonces: *probatio animae* y *publicatio sui* (Foucault, 2014b: 254). En ambos casos, la verdad que se manifiesta no está enunciada *para* el sujeto por un conjunto de expertos (médicos, pedagogos, economistas, psiquiatras), tal como lo había mostrado el filósofo en sus estudios anteriores a 1980, sino que es enunciada por el sujeto mismo. El énfasis de Foucault no está, por tanto, en las prohibiciones ejercidas *sobre* el sujeto por instituciones disciplinarias como el hospital, la cárcel o la escuela, sino en el modo en que el sujeto se gobierna a sí mismo. Concretamente, en el modo en que voluntariamente acepta una determinada forma de gobierno que se le propone como buena y verdadera. Lo que el curso *El gobierno de los vivos* estudia, por tanto, es el conjunto de procedimientos a partir de los cuales un sujeto se "objetiva" a sí mismo, se da el estatuto de un objeto por conocer y por explorar. Si bien, como veremos luego, este tipo de procedimientos existían ya en la filosofía antigua ("conócete a ti mismo"), con el cristianismo asumen unas características muy especiales.

---

a no dudar, muchos de los rasgos de su desarrollo y permanencia, consistió en haber logrado disociar salvación y perfección" (Foucault, 2014b: 295).

El análisis de estas características especiales es justo lo que lleva a Foucault a interesarse por el monacato cristiano. Su tesis es que con la institución del monacato se "acoplan" dos técnicas que antes existían en la iglesia por separado: la verbalización de la falta por parte del sujeto que la comete (confesión), y la exploración dirigida que hace el sujeto para descubrir en sí mismo los orígenes de la falta. Es precisamente este acoplamiento lo que produce el giro histórico en las relaciones entre el sujeto y la verdad, que se prolonga hasta nuestros días. Foucault dice entonces que sin el dispositivo monacal no podemos entender el nacimiento de la subjetividad moderna, así como en 1978 había dicho que sin el dispositivo pastoral no podemos entender el nacimiento del Estado moderno. No obstante, el dispositivo pastoral del que hablaba en 1978 no es equivalente al dispositivo monacal del que habla en 1980. Quizás la diferencia sea que con el término "pastorado" Foucault se refería en 1978 a un *arte general de gobierno*, que incluía la técnica de la verbalización de las faltas y la técnica de la dirección de conciencia.[43] En 1980 dice, sin embargo, que estas dos técnicas de gobierno estaban "separadas" (no había ningún "dispositivo pastoral" que las integrara) y que su "acoplamiento" se produce apenas con el nacimiento de los primeros monasterios cristianos.[44]

---

[43] Basta ver las fuentes primarias que usa Foucault cuando habla del pastorado en 1978: junto con las *Instituciones cenobíticas* de Juan Casiano menciona también la *Regula pastoralis* de Gregorio Magno, *De officiis ministrorum* de San Ambrosio, las *Epístolas* de San Jerónimo, *La regla de San Benito* y *De sacerdotio* de San Juan Crisóstomo (Foucault, 2006c: 194-195). Eran, pues, documentos que se referían a las funciones *generales* de un ministro de la Iglesia. Por el contrario, el análisis de 1980 se centrará en los textos de Juan Casiano en torno a la dirección de conciencia en los monasterios.

[44] En la clase del 19 de marzo de 1980, Foucault reconoce que sus anteriores análisis sobre el pastorado no habían sido del todo precisos: "Este tema pastoral es sin lugar a dudas importante, pero no coincide con la idea o con la técnica de una dirección. No coincide con la idea de una intervención permanente que sería la de un individuo sobre otro, con el objetivo de observarlo, conocerlo, guiarlo y conducirlo punto por punto a lo largo de toda su existencia en una relación de obediencia ininterrumpida. El tema del poder pastoral no implica una técnica de dirección, aun cuando, más adelante, una vez que esta técnica

Los efectos de este acoplamiento se producen lentamente, "en el transcurso de los siglos VII y VIII", cuando la veridicción se convierte en un asunto de carácter jurídico (Foucault, 2014b: 255).[45] Pero al filósofo le interesa llevar su genealogía un poco más atrás, hasta los siglos III y IV, que es cuando se fundan los primeros monasterios. Antes de esa fundación no estaban todavía ligadas las técnicas de verbalización (confesión de los pecados) y las técnicas de autoexploración dirigida. Ya vimos cómo en el bautismo y la penitencia el problema no era que el sujeto pudiera "interpretarse" a sí mismo, sino tan solo reconocerse como pecador. Desde luego que este reconocimiento va a operar también en el monacato, pero de forma diferente. Pues con la vida monástica se erigirá una estructura que permitirá al sujeto *descifrar* sistemáticamente los misterios ocultos de su alma y caminar hacia una perfección cada vez mayor. Lo que aparece con el monacato es una *hermenéutica del sujeto*, tema al que dedicará Foucault las tres últimas clases del curso de 1980.

En los monasterios cristianos se implementó una tecnología que el cristianismo tomó de las escuelas filosóficas paganas: la dirección de conciencia. Pero, ¿se trató solo de un préstamo, o hubo allí alguna modificación con respecto al modo en que la dirección funcionaba en las escuelas griegas y romanas de filosofía? A responder esta pregunta dedica Foucault buena parte de la clase del 2 de marzo de 1980. En primer lugar, la técnica de la dirección supone que la voluntad de un individuo se

---

se haya desarrollado dentro del cristianismo, se la pondrá bajo el signo del pastorado" (Foucault, 2014b: 289).

[45] En la clase del 5 de marzo Foucault dice que en el curso de la historia de Occidente, los actos objetivos de veridicción ganaron prioridad sobre los subjetivos. El ritual de penitencia fue paulatinamente codificado, juridizado y reglamentado, a tal punto que la relación de sí consigo empieza a pasar exclusivamente por el discurso. "Lo que se involucró en esta historia de la penitencia es todo el movimiento de giro de la cultura occidental alrededor del problema del discurso y alrededor de las formas del derecho" (Foucault, 2014b: 247). Movimiento que, al mismo tiempo, supuso el triunfo de una visión "jurídica" de la política bajo la égida del Estado. Este diagnóstico de Foucault será discutido en el Epílogo de este libro.

somete a la voluntad de otro, lo cual, en el caso de la dirección greco-romana, no debe entenderse como una "transferencia de soberanía". Es decir que el individuo que acude a un filósofo para que dirija su conducta no renuncia a su propia voluntad, sino que voluntariamente se entrega a la voluntad del maestro. Desea ser gobernado por otro y ajustar su conducta a lo que ese otro le indique. ¿Y por qué lo hace? Precisamente porque ese otro es reconocido como maestro. Se le respeta como tal, se le venera por su sabiduría, pero no se le entrega jamás el control de la propia voluntad. En las escuelas filosóficas greco-romanas, la voluntad del dirigido no se anula ni se disuelve en la voluntad del maestro, sino que "las dos voluntades coexisten". No hay, por tanto, una transferencia de poderes, un "contrato social" en el que uno *cede* la soberanía de sí mismo a la voluntad de un soberano externo. Al no ser, entonces, de carácter jurídico, el vínculo entre el director y el dirigido está mediado por la *libertad*:

> Las dos voluntades coexisten, pero en su coexistencia hay entre ambas un vínculo que no es el de la sustitución de una por otra, el de la limitación de una por otra, sino que es un vínculo que liga las dos voluntades de manera tal que siguen íntegras y permanentes, pero también de manera tal que una quiere totalmente y siempre lo que quiere la otra [...]. No hay sanción ni coerción. El dirigido quiere siempre ser dirigido y la dirección solo funcionará, solo se desenvolverá, en la medida en que el dirigido siempre quiera serlo. Y siempre tiene la libertad de querer dejar de serlo. Si en un momento dado sobreviniera una amenaza, una sanción en virtud de la cual el dirigido quedara obligado, por una vía coercitiva cualquiera, a dejarse dirigir, [esto] se saldría del ámbito de la dirección. El juego de la completa libertad en la aceptación del vínculo de dirección es, creo, fundamental. (Foucault, 2014b: 261-262)

Esto significa que la relación entre maestro y discípulo en las escuelas antiguas de filosofía era un "juego estratégico entre libertades" y no un "estado de dominación", como diría

Foucault en alguna entrevista.[46] El discípulo obedece libremente al maestro, porque él puede enseñarle a adquirir una relación de libertad consigo mismo. Lo que aprende un discípulo en el vínculo de dirección es, entonces, a conducirse a sí mismo con libertad, sin someterse a los imperativos de la sociedad, la política, las costumbres morales, y mucho menos a las órdenes coercitivas del maestro. Este era el objetivo de la dirección filosófica: la formación de un *ethos* que permitiera al individuo ser "dueño de sí" y no esclavo de las pasiones.

Ahora bien, la *dirección filosófica* no era la única que existía en la antigüedad occidental precristiana. También existía la *dirección sofística*, en la que algunos personajes ofrecían sus servicios como consejeros a personas que experimentaban algún tipo de duelo, infortuna o desdicha.[47] A cambio de un pago concertado, estos sabios itinerantes ofrecían "dirigir la conducta de otros" y sus contratadores aceptaban someterse voluntariamente a esa dirección (Foucault, 2014b: 265-266). Lo que se ofrecía era entonces una "salvación", entendida como el logro de la "salud" del alma en momentos de crisis. Tal era el proceder no solo de sofistas como Antifonte[48] (que según Foucault había instalado un "gabinete de consultas" en Atenas), sino también de médicos como Galeno, quien daba consejos a quienes sufrían no solamente de males físicos, sino también de dolencias morales. Nótese, entonces, que se trata de una forma de dirección esporádica, discontinua, episódica, desligada de un contexto institucional preciso. Pero, sobre todo, era una dirección que no requería el establecimiento de un vínculo afectivo entre el director y el

---

[46] Véase: Foucault, 1999b: 413.

[47] También, como lo reconocerá luego Foucault en su curso *Hermenéutica del sujeto*, la dirección podía tomar la forma de la amistad generosa en forma epistolar, como será el caso de Séneca y Lucilio, sin que mediase un contexto institucional como el de las escuelas de filosofía.

[48] Foucault recurre aquí al testimonio de Plutarco en su *Vida de los diez oradores*. No está claro, sin embargo, si Antifonte el sofista, de quien se hallaron fragmentos en papiro en el año 1915, es el mismo Antifonte el orador, a quien se refiere Plutarco.

dirigido, pues "formaba parte de un mercado" (*ibíd.*, 266). Es por eso que Foucault no se interesa en la forma sofística que adquirió la dirección en el mundo griego, sino en la forma propiamente filosófica. Aquí la dirección no se buscaba para salir de este o aquel aprieto existencial, de esta o aquella crisis moral, sino que se buscaba para adquirir un "régimen general de existencia", es decir, para llevar una "vida filosófica".[49]

En estas escuelas greco-romanas de filosofía busca Foucault el linaje genealógico de los monasterios cristianos. Si se quiere entender por qué el monacato funciona como un dispositivo que transformó radicalmente la relación entre el sujeto y la verdad, tendremos que entender primero cómo funcionaban las escuelas de filosofía y cuál era el papel que en ellas jugaba la técnica de la dirección. Pues, según Foucault, la práctica monástica, emplazada en el mismo *philum* técnico de la dirección filosófica, supone, sin embargo, una transformación muy importante con respecto a esa dirección. Entender en qué radica esta "novedad técnica" supone, por tanto, una comprensión de las técnicas de vida filosófica. El monacato será la prolongación de estas técnicas de gobierno emplazadas en las escuelas greco-romanas de filosofía, pero transformadas en cuanto a sus objetivos y estrategias. No se trata, por tanto, de la misma *racionalidad*, sino de una enteramente diferente.[50] El monacato supone la irrupción de una nueva forma de "gobierno" que marcará definitivamente la historia de las relaciones entre subjetividad y verdad. Tanto es así que en la clase del 12 de marzo Foucault dirá sin paliativos que "la subjetivación del hombre occidental es cristiana, no es grecorromana" (*ibíd.*, 269).

Para comprender, entonces, la novedad del dispositivo monacal, Foucault estudia primero las características técnicas

---

[49] Foucault no desconoce, sin embargo, que esta actividad de dirección "se llevaba a cabo dentro de estructuras institucionales a menudo estrictas y jerarquizadas" (Foucault, 2014b: 267).

[50] Sobre el uso que hace Foucault de la categoría "racionalidad", véanse mis comentarios en el capítulo I del primer volumen de *Historia de la gubernamentalidad* (Castro-Gómez, 2015a: 29-36).

de la dirección greco-romana. Desde luego no había técnicas que fueran siempre las mismas en todas las escuelas, sino que cada una de ellas ponía en acción racionalidades diferentes. Por ejemplo, en la escuela de los pitagóricos, el maestro pedía a sus dirigidos estar atentos a lo que ocurre en "el alma" mediante un examen retrospectivo de lo que habían hecho en cada jornada. Antes de acostarse, el dirigido debe meditar en todas las acciones realizadas durante el día, a fin de discriminar entre las buenas y las malas. El examen tenía por función evaluar los progresos del dirigido; evaluación que debía ser hecha individualmente, con la ayuda del maestro. Para la escuela pitagórica era muy importante que el alma pudiera "recordar" su historia anterior (a lo largo de muchas vidas pasadas), pues esto le permitiría al dirigido "conocerse a sí mismo", aprender quién es, explorar su *psyché*. El examen funcionaba, entonces, como un instrumento de autoconocimiento (Foucault, 2014b: 273). Los pitagóricos creían que esa "verdad" del alma (por lo general olvidada, pero que el maestro debía ayudar a recordar) emergía de forma codificada en los sueños, de modo que el dirigido debía "prepararse para dormir" escuchando música o respirando perfumes.[51] El "examen de conciencia" opera, en realidad, como una preparación para el sueño, a fin de que el dirigido estuviese en la capacidad de abrirse al contacto con esa realidad espiritual que queda "oscurecida" durante el día, cuando el alma se somete a los afectos cotidianos del cuerpo. Nótese, entonces: el objetivo del examen pitagórico no es conocer los errores, las dudas o las "faltas" del dirigido, sino conocer la luz del alma inmortal que se manifiesta en el sueño (*ibíd.*, 275). Es una *hermenéutica* cuyo objetivo no es, sin embargo, el descubrimiento trágico de la falta y la autoculpabilización del dirigido, sino el descubrimiento de la verdad. No es, entonces,

---

[51] "La calidad del dormir es importante y depende en parte del ejercicio del examen de conciencia; se debe a que esa calidad es reveladora del estado del alma, de su tranquilidad y del dominio que uno ha podido mantener sobre todos los deseos y apetitos. Un buen dormir es un dormir revelador de un alma tranquila y dueña de sí misma" (Foucault, 2014b: 113).

la verdad del error, sino la verdad "en sí misma" lo que busca la dirección pitagórica de conciencia.

¿Qué pasa con el examen de conciencia estoico? A diferencia del pitagórico, no es un examen "retrospectivo" (el repaso de los actos del día, el recuerdo de la historia del alma) sino "prospectivo". Séneca, por ejemplo, habla también del examen de la jornada antes de ir a dormir, pero el objetivo del ejercicio apunta hacia el futuro: la obtención del dominio de sí.[52] El dirigido opera como juez de sí mismo y como un detective: escudriña, hurga, investiga, recorre analíticamente la jornada, sus acciones, sus gestos, a la manera de un "desdoblamiento judicial" (Foucault, 2014b: 279). Pero en este gesto de objetivarse a sí mismo, de ser un "juez" de su propia conducta, no se manifiesta la actitud de un *acusador*. El dirigido no se "acusa" a sí mismo y tampoco busca en el fondo de su alma la figura del "gran acusador" que está oculto,[53] sino que opera más bien como un "inspector". "Se trata menos de un juez que condena las infracciones que de un administrador que tiene que advertir los errores de gestión y, por consiguiente, repararlos" (*ibíd*.). La dirección estoica es, entonces, una técnica de gobierno que adquiere un carácter administrativo y económico, similar al de las técnicas que investigaba Foucault en sus cursos de 1978 y 1979. Administración de sí mismo, gestión económica de sí, pero no con el objetivo de insertarse con éxito en un mercado, como en el caso del neoliberalismo, sino para ir mejorando los posibles "errores de gestión" que impiden llegar al objetivo final: la imperturbabilidad del sabio, el logro de la *apatheia*. Tampoco hay aquí "un intento de buscar las causas o raíces de la falta; ninguna exploración etiológica de la falta cometida",[54]

---

[52] En el libro III, numeral 36 de su tratado *Sobre la ira*, texto muy citado por los autores cristianos.

[53] En la Biblia se habla de Satanás como "el gran acusador" (Apocalipsis 12:10).

[54] En el curso *Obrar mal, decir la verdad*, dice que para los estoicos "todas las faltas son iguales" y que, por tanto, el objetivo del examen no era determinar la gravedad de una falta (Foucault, 2014a: 133).

sino un esfuerzo orientado hacia el "mejoramiento" permanente (*ibíd.*, 280). La dirección estoica de conciencia no mira entonces hacia atrás, sino hacia adelante, hacia la perfección espiritual del dirigido, a fin de que este pueda conducirse conforme a la razón, al *logos* que gobierna el mundo. Ajuste, pues, de la propia conducta a la racionalidad objetiva del mundo, a fin de llegar a ser *autónomos*. Pero no, desde luego, en un sentido kantiano (autonomía frente a las determinaciones de la naturaleza), sino en el sentido de conseguir la autarquía. El objetivo es llegar a comportarse "racionalmente", descubriendo el *logos* del mundo en la propia vida, lo cual le permitirá al dirigido ser autónomo en relación con las opiniones y temores de la sociedad, pero también frente a la tiranía de las propias pasiones. "El examen estoico tiene, por consiguiente, un fin esencial, que es el de la autonomía: me examino por poder ser autónomo, por poder guiarme sobre la base de mí mismo y mi propia razón" (*ibíd.*, 283). Nada, entonces, de "secretos ocultos" que tengan que ser sacados a la luz y "confesados" al director de conciencia. Nada tampoco de sacrificio de la propia voluntad. Las dos voluntades que se acercan, la del director y la del dirigido, son siempre libres una respecto a la otra. No hay "estructura ternaria" (director, dirigido, Satanás), sino relación libre entre el maestro y el discípulo.

Las técnicas de dirección de conciencia no las inventó, pues, el cristianismo, pero tampoco las inventaron los griegos. Foucault dice que este tipo de técnicas "las encontramos en otras civilizaciones. En las civilizaciones china, japonesa, hindú, se hallarán prácticas muy desarrolladas de dirección" (Foucault, 2014b: 263). También había técnicas de discipulado entre los mayas, los aztecas y los incas. ¿Cuál es, entonces, la *peculiaridad* de las técnicas occidentales? Que solo en Occidente (hasta donde podemos saber hoy) estas técnicas fueron dirigidas hacia la creación de un tipo de conducta independiente por entero de los códigos morales y religiosos vigentes. Lo que se inventó en Grecia no fueron las técnicas de dirección como tales, sino el *objetivo* específico al que había que dirigir estas técnicas: el logro de la autonomía (en el sentido arriba descrito). Quizás a esto se refiera Deleuze cuando dice que los griegos inventaron una fuerza que se afectaba ella misma, que era autogobernante, que se plegaba sobre sí misma. Y la inventaron porque la *polis* griega era concebida como una relación de fuerzas entre hombres libres.[55] De modo que lo que está en el centro del análisis que hace Foucault de la dirección filosófica es el problema de la *libertad*. Esto, como veremos enseguida, fue justo lo que se perdió con el advenimiento del monacato cristiano. El cristianismo toma de los griegos las técnicas de dirección, pero les atribuye un objetivo diferente. Ya no será la libertad del dirigido lo que se busca, sino su *obediencia* permanente.

En efecto, en la clase del 19 de marzo de 1980 Foucault muestra cómo el cristianismo introdujo una forma de subjetivación completamente desconocida por los griegos. Cuando Clemente de Alejandría, en el tercer libro de su tratado *El pedagogo* (escrito en el siglo IV), instruye a los cristianos sobre la necesidad de "conocerse a sí mismos", en realidad no está inventando nada nuevo. Ya el pitagorismo y después el platonismo habían mostrado que el conocimiento de sí equivale al conocimiento de Dios en uno mismo.[56] También los estoicos entendían el conocimiento de sí como el conocimiento del *logos* universal en la propia vida. Ni Clemente de Alejandría, ni San

---

[55] Vale la pena reproducir la cita de Deleuze, pues ella muestra hasta qué punto el "último Foucault" continuaba aferrándose a la noción nietzscheana de *voluntad de poder*, tal como lo mostramos en el capítulo uno: "Si no hubiera una relación de fuerzas, si los griegos no hubieran inventado una relación de fuerzas nueva, la relación agonística que se establece entre hombres libres, que no existía antes, jamás habría derivado un arte de gobernarse a sí mismo […]. El razonamiento griego, o en todo caso el razonamiento de Foucault sobre los griegos, es que ellos inventan una nueva relación de fuerzas, la relación de fuerzas entre hombres libres […]. Los griegos plegaron la fuerza sobre sí misma, la relacionaron consigo misma, relacionaron la fuerza con la fuerza. En otros términos, doblaron la fuerza y, por eso mismo, constituyeron un sujeto, inventaron un adentro de la fuerza. Los griegos […] inventaron la subjetividad" (Deleuze, 2015: 98; 99; 100).

[56] Ya discutimos esto más arriba, al hablar de la influencia de los gnósticos en la iglesia primitiva.

Ambrosio de Milán (en su comentario al famoso Salmo 118 de David) habían dicho algo nuevo cuando se referían a las técnicas de autoexamen. Tampoco la institución misma del monacato era algo novedoso. El establecimiento de una institución especializada en aplicar técnicas de dirección sobre la conducta ya existía antes en las escuelas de filosofía griega y seguramente en otras instituciones de la antigüedad.[57] ¿Qué es lo nuevo entonces? Como en el caso de Grecia, no las técnicas, sino el *objetivo* de las técnicas. Solo que, en este caso, el cristianismo les otorga a las técnicas de autoexamen una *racionalidad* diferente a la que había sido concebida por los griegos. Este cambio de objetivo de la técnica de dirección obedece, según Foucault, a la característica central del cristianismo; a saber, que se trata de una "religión de la salvación en la no perfección" (Foucault, 2014b: 295). Este punto es decisivo y ya lo comentamos antes. La singularidad del cristianismo radica en que, a diferencia de la mayoría de los movimientos religiosos del mundo antiguo, propone una disociación entre la salvación y la perfección. Uno puede salvarse sin tener que ser perfecto. Ya vimos que este asunto estaba en el centro de los debates contra los gnósticos, y que la institución de la penitencia surge precisamente como arma de combate contra aquellos que proclamaban que el cristiano, una vez bautizado, ha logrado la perfección y, por tanto, ya no puede pecar más. Pero, además de la penitencia, surge una segunda institución orientada al combate contra el gnosticismo: el monacato. También aquí se enfatizará la condición pecadora del ser humano (en virtud del pecado original), pero, al mismo tiempo, se procurará conducir al cristiano hacia una salvación en la no perfección de la existencia. El monacato, entonces, como institución a través de la cual algunos pocos

---

[57] "Es en el monacato justamente, y no en el cristianismo en general, donde estas técnicas de vida filosófica volvieron a ponerse en funcionamiento" (Foucault, 2014b: 295). Con esta afirmación, Foucault "corrige" lo dicho dos años antes en sus estudios sobre el pastorado.

van marchando hacia una "vida filosófica", que no es tanto de perfección sino de *perfeccionamiento*.[58]

Para analizar este punto, Foucault recurre a los textos de Juan Casiano (360-435), el famoso escritor y eremita de los primeros siglos del cristianismo. ¿Por qué Casiano? Porque "lo esencial del monacato occidental" proviene de sus textos *Instituciones cenobíticas* y *Colaciones*,[59] que sirvieron como guía para la fundación de los primeros monasterios del Occidente cristiano, en especial del monacato benedictino.[60] Además, porque se trata de textos prácticos y no teológicos. Casiano no se limita simplemente a describir reglas, sino que dice "cómo puede actuar ese sistema de reglas de manera tal que se llegue a aquellas cumbres del heroísmo monásticas" (Foucault, 2014b: 302). Casiano expone, entonces, el "régimen de vida" de las comunidades monásticas. Y lo primero que observa Foucault en sus textos es que no puede haber vida monástica sin dirección. Uno no puede llegar a ser un buen monje si no es dirigido; si no establece relación con un maestro, al igual que ocurriría en las escuelas filosóficas greco-romanas. No basta ser un "anacoreta", un asceta solitario en medio del desierto, como propugnaban algunos.[61] El solipsismo no es opción para un monje. Uno no se puede gobernar a sí mismo sin aprender

---

[58] Al mismo tiempo que personajes como Tertuliano y Justino rechazaban (por paganos) los temas de la filosofía griega, otros personajes como Casiano recuperan para el cristianismo el motivo de la "vida filosófica", apropiándose de técnicas utilizadas en las escuelas de filosofía. Tanto así que, según Foucault, "los monasterios recibirán el nombre de escuelas filosóficas" y el monacato aparece como "institución de la vida filosófica". "Ser monje y ser filósofo era lo mismo" (Foucault, 2014b: 297).

[59] Foucault se refiere a *Collationes patrum in scetica eremo commorantium*, documento que, como su nombre lo indica, es una recopilación de la sabiduría de los "padres del desierto".

[60] Las obras de Casiano "son sin duda el mejor documento para comprender cómo se elaboraron y transformaron, dentro de la institución monástica, las prácticas de la vida filosófica que los antiguos ya habían definido" (Foucault, 2014b: 303).

[61] En *Seguridad, territorio, población*, Foucault había dicho que los anacoretas pueden ser vistos como ejemplo de las rebeliones "contraconductuales" frente

de otros las técnicas de gobierno. Casiano dice incluso que un monje debería ser dirigido por varios maestros sucesivos y no por uno solo (como en las escuelas de filosofía), a fin de aprender diferentes virtudes (*ibíd.*, 305). El monje requiere, entonces, de la comunidad, del *cenobio* (del griego *koinos* y *bios* que significa "vida en común"), por lo cual el monasterio es visto por Casiano como una "institución cenobítica".

Pero, si no hay monje sin monasterio, esto significa que es necesario hacer que el monje *dependa* por completo del monasterio. Para que esto ocurra, el aspirante a monje debe pasar por varias "pruebas" (análogas a las que debía pasar el aspirante a cristiano antes del bautismo). De nuevo nos encontramos con el tema de la *aleturgia*; con los actos a través de los cuales se manifiesta la verdad. El aspirante a monje debe primero (de)mostrarse a sí mismo y a los demás que su voluntad de ingresar al monasterio es suficientemente fuerte, para lo cual debe permanecer como mínimo diez días en la huerta del monasterio y soportar los vejámenes e insultos de los monjes (Foucault, 2014b: 307).[62] Sometido a la humillación, a la vejación, al desprecio, el postulante debe mostrar que está dispuesto a asumir todos los rigores de la vida monacal. Una vez pasada esta prueba, se le permite la entrada al monasterio; pero esa "entrada" guarda también una cierta analogía con el bautismo. El hombre viejo debe "morir" para dar paso al nacimiento de un "nuevo hombre": el monje. "Se lo despoja entonces de su ropa, renuncia a sus riquezas y se viste con el hábito del convento" (*ibíd.*, 306). Allí, a la entrada del monasterio, en las habitaciones destinadas a los forasteros, deberá permanecer todavía un año bajo la dirección de un monje que le indica cómo servir a los huéspedes. Es la etapa del "noviciado, durante la cual el postulante debe aprender las tres virtudes que le acompañarán para siempre:

---

al pastorado, precisamente porque rechazaban la estructura jerárquica y rígida del monasterio (Foucault, 2006c: 244).

[62] No es difícil encontrar aquí una analogía con la famosa película *El club de la pelea*.

patientia, *humilitas* y *obedientia*. Debe aprender, por tanto, a renunciar por completo a su "posición de sujeto" y entregarse por entero al monasterio. Renunciar a la independencia (pues ahora dependerá del monasterio), a las riquezas, a su identidad social, a cualquier tipo de individualidad, para pasar a ser alguien que vive para servir a otros (siervo).[63]

El novicio debe aprender, entonces, a "vencer su voluntad". ¿Con qué objetivo? He aquí el meollo del asunto: en el monasterio, el monje debe llevar una vida de completa obediencia, con lo cual llegamos a la especificidad de la dirección cristiana. La vida del monje deberá encarnar dos obligaciones complementarias: la primera es no querer nada por sí mismo, es decir, renunciar a su propia voluntad; entregar su vida a la obediencia, a seguir la voluntad de otros. La segunda obligación (que estudiaremos en el próximo apartado) es decir todo de sí mismo a su director de conciencia, sin ocultarle nada:

> Se trata, en efecto […], de ligar el principio "no querer nada por sí mismo" al principio "decirlo todo de sí mismo". Decirlo todo de sí mismo, no ocultar nada, no querer nada por sí mismo, obedecer en todo; la unión de ambos principios está, creo, en el corazón mismo, no solo de la institución monástica cristiana, sino de toda una serie de prácticas, de dispositivos, que van a dar forma a lo que constituye la subjetividad cristiana y, por consiguiente, la subjetividad occidental. Obedecer y decir, obedecer exhaustivamente y exhaustivamente decir lo que uno es, estar bajo la voluntad de otro y hacer recorrer por el discurso todos los secretos del alma. (Foucault, 2014b: 309)

---

[63] A esto se suma el hecho de que la conducta del monje debía ser regulada mediante un estricto régimen de normas y de castigos a su violación. Todo retraso en la hora de levantarse de la cama, en el desayuno, en la oración, en el servicio era severamente castigado. El monje debía tirarse al piso y pedir perdón al superior por su negligencia. Incluso equivocarse en la entonación de los cantos o murmurar durante el sermón eran faltas gravemente sancionadas. El objetivo del castigo era avergonzar al infractor, hacerlo ruborizar, mostrarle su condición de pecador, su necesidad de dependencia frente a Dios, el monasterio y el superior.

Tenemos entonces que en el "dispositivo monacal" quedan ensamblados dos tipos de técnicas que habían existido antes por separado: la dirección y la confesión. Con ello —y esta es la tesis central de Foucault— aparece en Occidente un tipo inédito de relación entre el sujeto y la verdad que nada tiene que ver con el modo en que tal relación se planteaba en las escuelas de filosofía greco-romana. ¿Por qué? ¿Cuál es la diferencia? Volvemos aquí al problema de la *libertad*. Decíamos que los griegos no inventaron las técnicas de dirección, pero sí las orientaron hacia el logro de una meta específica: el logro de la *autonomía* por parte del dirigido. Pues bien, en el monasterio cristiano ocurre todo lo contrario: la dirección no se orienta hacia la autonomía del monje, sino hacia su *heteronomía*. Si en las escuelas de filosofía el dirigido se colocaba bajo la dirección de un maestro para llegar algún día a ser maestro de sí mismo y abandonar al maestro, en el monasterio cristiano el monje deberá obedecer toda la vida a su maestro, nunca podrá abandonarlo. La obediencia no es un momento episódico, como en las escuelas de filosofía, sino un "estado" que perdurará toda la vida.[64] De otro lado, si en las escuelas de filosofía el dirigido se somete a la dirección porque el maestro es un personaje reconocido por su sabiduría, en el monasterio el maestro no tenía que ser un sujeto cualificado. El monje debe obedecer a su superior aunque este sea un hombre rústico, analfabeto, injusto y egoísta. Y lo debe hacer porque la obediencia no depende de la calidad de quien imparte la orden. Se obedece por la obediencia misma, sin importar quién es el que manda o qué cosa manda (Foucault, 2014b: 314).[65]

---

[64] Foucault hace referencia al caso del "abad Pinufio", citado por Casiano, quien a pesar de su gran edad, su sabiduría y el respeto que se había ganado por parte de los monjes, lloraba porque se le permitiera "morir en obediencia", ya que se consideraba un gran pecador (Foucault, 2014b: 313). Quería vivir en la *subjectio*, en la sumisión indefinida.

[65] Aquí Foucault menciona el caso del "abad Juan", también citado por Casiano, a quien su director le había ordenado regar un palo seco plantado en medio del desierto dos veces por día. Al cabo de un año, el director pregunta al

¿Qué es lo que busca la técnica de dirección cristiana? ¿Cuál es su objetivo, su racionalidad específica? Producir un sujeto en la obediencia; un sujeto que obedezca por la obediencia misma; producir, en suma, un "estado de obediencia":

> ¿Qué produce la obediencia? No es difícil: la obediencia produce obediencia. Vale decir que si debemos obedecer —y aquí está la gran diferencia—, no es en función de un objetivo situado en el exterior; no es, como en el caso de la dirección antigua, para recuperar la salud o llegar a un estado de felicidad o superar una pena o un pesar. Obedecemos para ser obedientes, para producir un estado de obediencia tan permanente y definitivo que subsista aun cuando no haya nadie a quien tengamos precisamente que obedecer […]. Es decir, la obediencia no es una manera de reaccionar ante una orden. La obediencia no es una respuesta al otro. La obediencia es una manera de ser anterior a cualquier orden […]. En consecuencia, obediencia y dirección deben coincidir o, mejor, hay una circularidad de la obediencia y la dirección. Si hay dirección, es desde luego porque somos obedientes. (Foucault, 2014b: 316)

Anulación, entonces, de la estructura del libre consentimiento que se desplegaba en la dirección greco-romana. No se dirige hacia la libertad, sino hacia la servidumbre, bajo la creencia de que la *inversión de las jerarquías* es una señal de virtud.[66] Esto significa que, en el juego de las jerarquías (sociales, institucionales, de nacimiento), el sujeto debe sentirse a gusto

---

monje: "¿no ha florecido el palo? Eso es porque no lo has regado lo suficiente. ¡Continúa haciéndolo!" (Foucault, 2014b: 314). No importa si la orden es absurda o contradictoria. El monje está en la obligación incondicional de obedecer.

[66] Esta idea está en el centro mismo de la teología cristiana: Dios se "despojó" de su poder haciéndose hombre, y como hombre nació en la pobreza, murió en la cruz como un criminal cualquiera, ofreció la otra mejilla, predicaba que los últimos serán los primeros, etc. La *inversión de las jerarquías* como prueba de virtud es una idea que inspirará luego a innumerables movimientos socialistas, anarquistas, comunistas, feministas, ecologistas, etc.

en el lugar más bajo, pues se produce a sí mismo a través de la *humillación*: "soy inferior a todos ustedes", "soy el peor de todos". Es un sujeto que dice: "mi voluntad no tiene derecho a querer nada porque yo no valgo nada, porque no soy nadie, porque soy pecador" (Foucault, 2014b: 321). Aquí, sin lugar a dudas, nos encontramos en las antípodas de la dirección greco-romana. El monacato es una máquina que produce *esclavos*. Pero no se trata de una máquina equiparable a la que produce esclavos económicos, esclavos sociales (la institución social de la esclavitud). Aquí se trata de otra cosa. Recordemos que todos estos individuos (algunos de ellos eran "libres" socialmente) se han sometido *voluntariamente* al monacato. Todos ellos han decidido convertirse en cristianos; no han sido obligados a ello por la fuerza. Con lo cual volvemos al problema de los *objetivos* específicos de la dirección cristiana. Las técnicas de dirección monacal deberán producir un nuevo tipo de relación del sujeto consigo mismo. Obtendrá la salvación aquel que se *niega a sí mismo* todo el tiempo, en toda circunstancia y en cualquier situación. Inversión, por tanto, del objetivo de la autonomía que tenía la dirección greco-romana, pero inversión libremente consentida. Es la voluntad de no tener voluntad, la libre decisión de no tener libertad aquello que caracteriza la subjetividad cristiana. Es la decisión de no tener que decidir, sino que otros decidan por mí. La *subditio* como condición permanente del sujeto.

La hermenéutica del sujeto

Hemos dicho que para Foucault el monacato cristiano es un dispositivo que ensambla dos técnicas diferentes: la dirección de conciencia y la confesión; pero hasta el momento solo hemos hablado de la primera. Sin embargo, como vimos al comienzo de este capítulo, es la *segunda* la que más le ha interesado a Foucault durante toda su carrera, pues a través de ella explica por qué proliferan todos esos regímenes modernos de veridicción que nos han convertido en "animales confesantes". Interés que persiste aun después de haber modificado su analítica del poder con el concepto "gubernamentalidad"; razón por la cual su curso *Del gobierno de los vivos* termina con una larga reflexión sobre el problema de la *exogoreusis* cristiana.

La clase del 26 de mayo de 1980 comienza recordando el vínculo existente entre la obediencia y el examen de conciencia. Al monje se le enseña no solo a obedecer, sino también a autoexaminarse; a abrir los ojos frente a todo lo que pasa en su interior, en su mente, en sus pensamientos. Y esa obligación de *interpretar* se traduce inmediatamente en la obligación de *hablar* (Foucault, 2014b: 326). Como se mostró antes, en el centro de estas técnicas monacales está lo que Foucault llama "teología de la falta": el cristiano es un ser imperfecto y su deber es emprender el "camino" de una salvación que nunca podrá estar seguro de alcanzar. El monacato era, por tanto, una institución orientada a conjurar la figura griega del hombre perfecto, del hombre divino, del hombre capaz de encontrar a Dios en la luz de su alma, como creían los gnósticos. De ahí la desconfianza frente a la figura del héroe (tan exaltada por Nietzsche); del hombre que, a partir de sus propias fuerzas y ejercitando la potencia de su voluntad, es capaz de lograr la salvación, como pretendían los anacoretas con sus ejercicios ascéticos en la soledad del desierto. Hay, por tanto, una "arista antiascética" en el monacato (*ibíd.*, 331), a pesar de que el ascetismo era una obligación del monje. Pero se trataba de un ascetismo controlado, vigilado, supervisado. Pues recordemos: la doctrina del pecado original establecía que la naturaleza humana se había corrompido. El hombre "cayó de la gracia" y no puede, a diferencia del sabio estoico, encontrar por sí mismo el camino que le conviene. ¿Cómo corregir entonces esta "falta" constitutiva? Si al hombre le es imposible reinar sobre sí mismo a partir de sus propias fuerzas, como proclamaban los filósofos greco-romanos, ¿qué hacer entonces? Si el diablo está todo el tiempo allí para engañarme, ¿cómo debo conducirme?

Casiano, afirma Foucault, reproduce toda esa "teología de la presencia del diablo en el hombre", que ya era habitual en

Tertuliano y en otros "Padres de la Iglesia" (Foucault, 2014b: 335). La presencia del diablo nunca se conjura, pues "se da dentro del sujeto mismo y es una especie de imbricación en la subjetividad" (*ibíd*). Esto era algo completamente impensable para la filosofía griega. Ni para Platón, ni para Aristóteles, ni para las escuelas que les sucedieron era concebible la idea de que el alma y el mal fuesen de la *misma naturaleza*. A diferencia del platonismo, la teología cristiana introduce la idea de que el cuerpo es la sede tanto del mal como del bien (*ibíd*., 336). El diablo tiene el poder de disfrazar el mal bajo la apariencia del bien, de tal manera que el autoexamen no se orienta a encontrar la "luz de Dios" en el alma, sino las huellas del diablo. El cristianismo introduce, entonces, "la indistinción entre Satanás y el sujeto mismo" (*ibíd*), lo cual significa que el diablo opera a través de la ilusión, del engaño. Es el "gran engañador", como decía San Pablo. Por eso, el objetivo del autoexamen monacal será reconocer la ilusión y no tanto conocer la verdad. O, dicho con mayor precisión: la verdad que emerge del ejercicio hermenéutico del sujeto es, como diría Lacan, la verdad de la ilusión. El objetivo de la técnica de autoexamen es que el sujeto pueda descifrar las signaturas de la ilusión; reconocer, en el fondo de su corazón, los "secretos" del maligno que le impiden avanzar en el camino de la salvación. Es por esta razón que el monacato implementa la técnica del examen-confesión que Foucault denomina *exogoreusis*.[67]

¿En qué consiste esta técnica? Se trata de la obligación de "examinarlo todo" y "decirlo todo" al mismo tiempo. El monje debe, en primer lugar, según Foucault, examinar todos sus pensamientos, sus "cogitaciones". "La *cogitatio* es, sin lugar a dudas, el problema central de su vida", por lo que su obligación es estar atento a los peligros que arrastran los pensamientos

---

[67] Foucault toma esta palabra griega de los escritos de Juan Casiano y dice que es "una palabra prácticamente intraducible" (Foucault, 2014b: 350). El verbo "exagoreuein" puede ser traducido, sin embargo, como "divulgar", "enunciar" o "exteriorizar por el habla". Nada tiene que ver, como veremos, con la confesión sacramental.

(Foucault, 2014b: 340). Su tarea será intentar indagar por el "origen" (*Ursprung*) de esas cogitaciones: ¿vienen de Dios o vienen del demonio? Casiano menciona tres metáforas para ilustrar el problema (*ibíd.*, 342). La primera es la metáfora del molino: los pensamientos del monje están siempre agitados como el agua de un río que no deja de correr y hace dar vueltas al molino. Pero ese molino puede moler bien o puede moler mal; de tal modo que la labor del monje consiste en hacer una "analítica" que le permita distinguir los pensamientos que sirven para moler bien, de aquellos que sirven para moler mal. La segunda metáfora es la del centurión, aquel oficial romano que inspecciona a los soldados a su cargo para saber cuáles son fuertes y cuáles son débiles. El monje deberá también diferenciar los pensamientos que le fortalecen, de aquellos que le debilitan. La tercera metáfora es la del cambista: el monje debe comportarse como aquel cambista que observa las monedas para verificar su autenticidad. Debe, por tanto, diferenciar los pensamientos verdaderos, que vienen de Dios, de los falsos, que vienen de Satanás.

Ahora bien, el punto es que el monje debe "exteriorizar verbalmente" (*exagoreuein*) ante su director de conciencia el contenido de todas esas *cogitaciones*. El discernimiento no es algo que el monje pueda hacer en solitario, pues esto aumenta el peligro de ser engañado por el diablo. La "analítica de los pensamientos" es un ejercicio conjunto, realizado entre el director y el dirigido, a fin de que este pueda comprender lo que pasa en su interior. Pero aquí no se trata de saber si lo que piensa el monje es objetivamente falso o verdadero, sino, como en el caso de Descartes, si acaso hay un "genio maligno" en su interior que lo está engañando. En este sentido, el monje y su director ponen en marcha una especie de "duda metódica", que toma como base la *incertidumbre* de lo que ocurre en el alma. Pero, a diferencia de Descartes, este ejercicio no es preliminar, no se orienta hacia el posterior logro de la certeza. Ya lo dijimos antes: para el cristianismo el sujeto es "opaco" para sí mismo, jamás logrará la transparencia.⁶⁸ Pero si la certeza es algo imposible, ¿para qué entonces la *exogoreusis*? ¿Para qué traducir en palabras la oscuridad de lo que ocurre en el alma?

> Hay que verbalizar por entero lo que está desarrollándose en el alma; la *cogitatio* debe convertirse en habla, la *cogitatio* debe convertirse en discurso. Hay que pronunciar sin cesar un discurso sobre uno mismo, de sí mismo, decir todo lo que uno piensa, decirlo todo a medida que lo piensa, decirlo todo acerca de las formas más sutiles e imperceptibles del pensamiento, estar siempre volcado sobre uno mismo para captar el instante del pensamiento en el momento en que se forma, el momento en que está en el umbral de presentarse a la conciencia, discursivizarlo, pronunciarlo, dirigirlo a alguien. Y de ese modo se producirá el reestablecimiento de la *discretio*, de la medida de sí mismo que el hombre no puede poseer, ya que está perpetuamente habitado por el diablo. (Foucault, 2014b: 340-350)

Las palabras jamás podrán traducir exactamente lo que ocurre en el alma, pero al menos podrán liberar la ansiedad que experimenta el monje. También es cierto que el director es tan opaco frente a sí mismo como lo es el monje, pero al menos podrá ayudarle a poner algo de luz en medio de la oscuridad. Pues si el monje tuviese algo que ocultar, si hubiese algo de lo cual se avergonzara de hablar, es porque eso no puede provenir de Dios sino del diablo (Foucault, 2014b: 348). Si no lo puede decir es porque tiene algo que ocultar. Y recordemos que Satanás es el "príncipe de las tinieblas", aquel que se esconde en lo oscuro, en lo secreto, allí donde no penetra la luz. La confesión funciona, por tanto, como una *aleturgia*, una manifestación de la verdad de sí mismo. Una verdad que sale a la luz a través de la

---

[68] Aquí ya se ve de qué modo Foucault vincula su genealogía de las prácticas cristianas con la modernidad (una genealogía que luego retomará en el curso *La hermenéutica del sujeto*), y que le conducirá a mostrar que el psicoanálisis se engancha perfectamente con las técnicas cristianas de indagación y confesión, tal como lo había sugerido ya en su libro *La voluntad de saber*.

"mirada del otro", tal como lo afirmara muchos siglos después Lacan. No basta el autoexamen solitario de las cogitaciones, sino que este debe transformarse en una narrativa que permita "expulsar el mal".

Un ejemplo del modo en que funciona esta hermenéutica del sujeto en el monasterio podemos verlo en el artículo "El combate de la castidad", publicado en 1982.[69] Foucault hace referencia explícita al sexto capítulo del libro *Instituciones cenobíticas*, donde Casiano analiza la lucha contra "el espíritu de fornicación" que se cierne todo el tiempo sobre el monje.[70] El monasterio, de hecho, es visto por Casiano como el espacio adecuado para llevar adelante el "combate de la castidad"; lo cual conllevará la puesta en práctica de una serie de ejercicios ascéticos, que van desde el ayuno, el trabajo físico, el control sobre el tiempo y las actividades, hasta ejercicios mucho más sofisticados, como la interpretación de los sueños. El objetivo de estos ejercicios era desplegar un combate contra los ocho vicios principales, siendo el principal de ellos la fornicación. Los otros siete vicios eran: la gula, la avaricia, la cólera, la pereza, la acidia, la vanagloria y la soberbia. Foucault dice que de todos estos vicios, la fornicación tiene "cierto privilegio ontológico", ya que de él se desprenden todos los demás (Foucault, 1999g: 263).

Casiano se ingenia una clasificación de los ocho vicios y los agrupa por parejas, colocando la fornicación junto con la gula. ¿Por qué razón? Porque se trata de dos vicios "innatos" que conllevan la participación directa del cuerpo y establecen entre ellos una alianza directa: el deseo de comer despierta el deseo de follar. O dicho de otro modo: el deseo por los

---

[69] El texto dice ser tomado del tercer volumen de la *Historia de la sexualidad* (Foucault, 1999g: 261), titulado *Las confesiones de la carne*; libro que fue escrito pero no publicado por las razones antes explicadas.

[70] Aquí recordemos que para el cristianismo la *fornicación* es una relación sexual ilícita cometida por una persona no casada, mientras que el *adulterio* es una relación sexual ilícita cometida por una persona casada. La fornicación es, entonces, un pecado de gente *soltera*, como eran los monjes.

placeres de la mesa y el deseo por los placeres de la cama van indisolublemente unidos. A combatir esta "pareja infernal" se dirigen, por tanto, los ejercicios ascéticos del monje, pues Casiano creía que combatiendo la gula (a través del ayuno) se disminuye de inmediato la *libido*, que es el "primer motor" que pone en movimiento a todos los demás vicios de la cadena.[71] Pero lo interesante aquí es que el "fornicario" del que habla Casiano no es quien tiene sexo *real* con alguien, sino quien tiene sexo *virtual*, sexo "en potencia"; es decir que se trata de un pecado del pensamiento. Lo que se combate aquí es, entonces, el "espíritu de fornicación"; valga decir, un conjunto de *cogitaciones* que se manifiestan en el cuerpo a través de dos señales: la erección y la polución. Por ello Casiano diseña unos ejercicios tendientes a ver en el *cuerpo* los signos de algo que ocurre en el *pensamiento*. La erección y la polución del monje serán, entonces, la clave de estos ejercicios hermenéuticos. Pero recordemos que estamos hablando de la *exogoreusis*, es decir, de una técnica cristiana de dirección, a través de la cual el monje narra detalladamente a su maestro lo que ocurre en su pensamiento. En este caso, el monje tendrá que ir revelándole discursivamente al director sus "progresos" en el combate para mantener su castidad. Progreso que es medido por Casiano como la paulatina desaparición en el cuerpo del monje de las dos señales físicas que revelan la presencia del "espíritu de fornicación" en su alma. Entiéndase entonces: solo cuando el director comprueba que el monje ya no tiene erecciones ni efusiones involuntarias de semen, podrá darse cuenta que su dirigido avanza por el "camino correcto".[72]

Como puede verse, la vigilancia permanente sobre sí mismo, sobre los propios pensamientos y afecciones, es una tecnología

---

[71] Sobre el modo en que el cristianismo inventa la *libido* nos referiremos en el capítulo siguiente.

[72] Volveremos sobre este episodio en el capítulo siguiente, cuando expliquemos la razón por la cual San Agustín piensa que la erección involuntaria es una consecuencia directa del pecado original.

que está en el centro de la vida monacal. A través de ella se opera un modo de subjetivación que hace de la "discursivización de sí" una condición indispensable para la emergencia de la verdad:

> Lo que entonces está en juego no es un código de actos permitidos o prohibidos, sino toda una técnica para analizar y diagnosticar el pensamiento, sus orígenes, sus cualidades, sus peligros, sus poderes de seducción, y todas las fuerzas oscuras que se puedan ocultar bajo el aspecto que él presenta. Y si, finalmente, el objetivo es de hecho expulsar todo lo que es impuro o inductor de pureza, solo puede ser alcanzado por una vigilancia que no depone nunca las armas, una sospecha que uno debe dirigir en todas partes y en cada momento contra uno mismo [...]. Por otra parte, esta subjetivación en forma de búsqueda de la verdad de sí mismo se efectúa a través de complejas relaciones con el otro. Y de varias formas: porque se trata de desalojar de sí el poderío del Otro, del enemigo, que se oculta aquí bajo las apariencias de uno mismo; puesto que se trata de dirigir contra ese Otro un combate incesante del que no se podría salir vencedor sin el socorro de la Omnipotencia, que es más potente que él; puesto que, finalmente, la confesión a los otros, la sumisión a sus consejos, la obediencia permanente a los directores, son indispensables para ese combate. (Foucault, 1999g: 273-274)

Nótese, sin embargo, que el desciframiento no tiene como objetivo descubrir quién se "es" en el fondo del corazón (la emergencia del "verdadero yo"), sino, más bien, rechazar lo que se es, rechazar la identidad con el pecado, la familiaridad del alma con el demonio. Como en el caso de la *exomologesis*, lo importante no es regresar hacia una verdad oculta detrás de la ilusión, sino asumir la *condición pecadora* como algo con lo cual el sujeto tendrá que lidiar toda su vida. En ambos casos, el sujeto se muestra a sí mismo como pecador, solo que de forma diferente. Para el caso de la *exomologesis*, esta "demostración de sí" adquiere una forma teatral y además pública, pues se realiza como si fuese un drama escenificado sin palabras ante toda la comunidad. La *exogoreusis* requiere, en cambio, la mediación de la palabra y la relación personalizada con un director de conciencia al que se debe obedecer en todos los aspectos.[73] Foucault dirá que, con el paso del tiempo, la *exomologesis* fue desapareciendo lentamente del panorama y la *exogoreusis* se convirtió en la técnica de subjetivación dominante en el mundo occidental. Al final de la quinta conferencia de Vermont, en 1982, Foucault dirá que las técnicas de verbalización creadas por el cristianismo fueron "reinsertadas" desde el siglo XVIII por las "ciencias humanas", y resultaron claves para la emergencia de los regímenes modernos de verdad (Foucault, 1991b: 94). Esto supone una rectificación respecto a lo dicho en aquella misma universidad de Vermont cuatro años antes,[74] en el sentido de que el Estado moderno se apropia de una tecnología "pastoral" de conducción de conducta, pues, como hemos visto, el curso *Del gobierno de los vivos* no habla ya de una tecnología semejante. Habla de dos técnicas diferentes, la confesión y la dirección de conciencia, que quedan ensambladas en el dispositivo monacal a partir del siglo III, sin que antes de eso existiera un dispositivo ("el pastorado") que las hubiera puesto a funcionar juntas.

En este sentido, cuando pensamos en el modo en que la subjetividad moderna fue constituida, no podemos acudir

---

[73] Esta diferencia entre la *exomologesis* y la *exogoreusis* fue uno de los temas centrales de las conferencias dictadas por Foucault en la universidad de Vermont en 1982. Vale la pena citar el siguiente pasaje: "Existen en el cristianismo de los primeros siglos dos formas principales de descubrimiento de sí mismo, de mostrar la verdad acerca de sí. La primera es la *exomologesis*, o expresión dramática de la situación del penitente como pecador. La segunda es lo que ha sido llamado en la literatura espiritual la *exogoreusis*. Se trata de una analítica y continua verbalización de los pensamientos llevada a cabo en la relación de la más completa obediencia hacia otro [...]. La *exomologesis* tiene su modelo en el martirio. En la *exomologesis* el pecador ha de "matarse" a sí mismo a través de maceraciones ascéticas [...]. En la *exogoreusis* uno muestra por otra parte que, al verbalizar los pensamientos y al obedecer permanentemente al maestro, se está renunciando al deseo y al yo propios" (Foucault, 1991b: 93).

[74] En la conferencia "*Omnes et singulatim*. Hacia una crítica de la razón política". Véase: Foucault, 1991a: 95-140.

a explicaciones omnicomprensivas (filosóficas, marxistas o psicoanalíticas), sino que es preciso estudiar las técnicas específicas que coadyuvaron a formar históricamente esa subjetividad. Por eso es importante el estudio del cristianismo. A través de una genealogía de las técnicas de subjetivación y de una arqueología de los modos de problematización desplegados por el cristianismo antiguo, Foucault esperaba dar cuenta del modo en que nuestra conducta es gobernada *hoy*. En este sentido, el curso *El gobierno de los vivos* funciona como una "ontología del presente" que ofrece una respuesta *diferente* a la presentada ya en los dos cursos anteriores (1978-1979), en los cuales su interés se dirigió hacia un análisis de las tecnologías políticas implementadas por el Estado moderno. Pero a partir del curso de 1980, una vez descubierto que el concepto gubernamentalidad puede orientarse con buen éxito hacia el análisis de las "técnicas de sí", Foucault empezará a remontar sus estudios histórico-filosóficos cada vez más atrás en el tiempo, hacia épocas *anteriores* al cristianismo. Este será el tema de los capítulos siguientes.

CAPÍTULO III
SEXUALIDAD Y VERDAD

En busca del eslabón perdido

En el capítulo anterior mencionamos que Foucault comparaba sus investigaciones con el movimiento del cangrejo, refiriéndose no solo a la lentitud de las mismas, sino al hecho de que cronológicamente se mueven "hacia atrás". Ya vimos cómo el interés de nuestro filósofo se desplazó de los regímenes de verdad de la economía moderna entre los siglos XVIII-XX, a los regímenes de verdad manifestados en el cristianismo de los siglos III-V. Sin embargo, el viaje de Foucault hacia la antigüedad no terminaría en este punto. Si en el curso de 1980 (*Del gobierno de los vivos*) se había interesado por las técnicas a través de las cuales un cristiano enuncia la verdad sobre sí mismo y se reconoce en ella, en el curso de 1981 (*Subjetividad y verdad*) el foco de interés se dirigirá hacia las "técnicas de sí" en un período anterior al cristianismo: el del mundo helenístico-romano. Ya vemos que el hilo conductor de estas investigaciones es el problema del "gobierno", iniciado con los cursos de 1978 y 1979. Solo que si en aquellos cursos el énfasis se había puesto en el arte de *gobernar a otros* por medio de técnicas estatales y/o económicas (razón de Estado, liberalismo y neoliberalismo), ahora el énfasis se desplaza hacia el arte de *gobernarse a sí mismo*. El estudio de las formas modernas de gobierno derivará, por tanto, en un análisis de las técnicas de sí en la antigüedad, de tal modo que la historia de las tecnologías políticas (razón de Estado, liberalismo y neoliberalismo) se transformará poco a poco en una *historia de la subjetividad*. Tal pudiera ser el arco trazado por los cursos de Foucault entre 1978 y 1984.

Sin embargo, no debemos perder de vista que con este largo recorrido por el mundo antiguo, Foucault está tratando de encontrar el "eslabón perdido" que le permita retomar su malogrado proyecto de la historia de la sexualidad. Recordemos lo ya dicho en el capítulo uno: cuando en 1976 se publicó el primer tomo de *Historia de la sexualidad*, Foucault anunció a sus lectores la publicación de seis volúmenes más que, sin embargo, jamás vieron la luz. Con la publicación de estos siete libros, Foucault pretendía trazar una compleja historia del modo en que los discursos científicos sobre la sexualidad (*scientia sexualis*), las instituciones disciplinarias (escuelas, colegios, hospitales) y las técnicas de control sobre la población (biopolítica), se articulan en un único entramado de poder (el "dispositivo de sexualidad") para producir una *experiencia del placer* ligada a la verbalización ("decirlo todo") y a la genitalización del deseo (el "sexo"). El problema que buscaba resaltar esta historia es que la sexualidad moderna conlleva la codificación y jerarquización de los placeres, así como la deserotización de los cuerpos. Al final de *La voluntad de saber* Foucault decía que "contra el dispositivo de sexualidad, el punto de apoyo del contraataque no debe ser el sexo-deseo, sino los cuerpos y los placeres" (Foucault, 2009a: 191). El filósofo propugna, entonces, por la creación de una nueva economía de los placeres que ya no esté inscrita en el dispositivo de sexualidad, a la que llama *ars erotica*, en contraposición a la *scientia sexualis*. Foucault dice que el Occidente moderno no posee ninguna *ars erotica*, pero hubo civilizaciones del mundo antiguo (China, Japón, India, Roma) que sí la tuvieron, e incluso algunas culturas orientales y musulmanas del presente que todavía la poseen.[1] En la *ars erotica*, nos dice, la verdad es extraída del placer mismo, es decir que no existe una ley absoluta que defina de antemano cuáles son los placeres prohibidos y cuáles los permitidos, sino que el criterio único del placer es "su intensidad, su calidad específica, su duración, sus reverberaciones en el cuerpo y en el alma" (*ibíd*., 72). Y añade que en casi todas esas civilizaciones antiguas, el arte del placer debía permanecer en secreto y solamente podía ser transmitido por un maestro. Se trataba, por tanto, de una *techné* que se aprendía y en la cual uno se ejercitaba.

Todas estas intuiciones, que sonaban ya bastante misteriosas en 1976, quedaron sin desarrollar en el momento en que Foucault decidió interrumpir su proyecto.[2] No obstante, una vez recompuesta su analítica del poder sobre la base del nuevo concepto "gubernamentalidad", el filósofo decide volver a la carga, y comienza una serie de investigaciones sobre el mundo antiguo en las que busca esa otra "economía de los placeres" anunciada en el libro de 1976. Recordemos que allí había mencionado a "Roma" como una de las civilizaciones que desarrolló un arte del placer en la antigüedad. Su viaje hacia el mundo helenístico-romano en el curso de 1981 estará motivado, entonces, por la búsqueda de esa *ars erotica* que desapareció de

---

[1] En otros lugares del libro Foucault dice que la *ars erotica* "no ha desaparecido de la civilización occidental" (lo cual significa que alguna vez sí la hubo), y se pregunta si acaso no habrá que buscarla "debajo" de la *scientia sexualis* (Foucault, 2009a: 88-89).

[2] En una entrevista concedida a François Ewald pocos días antes de su muerte, Foucault dijo que abandonó su plan inicial de la *Historia de la sexualidad* porque se "aburrió" y se dio cuenta de que tal plan era un "síntoma de envejecimiento". Se refiere a la pretensión que tenía en 1976 de poder desarrollar en seis volúmenes todo lo que tenía en mente, sin darse cuenta que eso le impediría cambiar y pensar algo diferente (Foucault, 1999f: 369). Lo cierto es que el abandono del plan inicial condujo a Foucault hacia una larga y desgastante exploración por el mundo antiguo que generó muchas más preguntas que respuestas. La reformulación se fue complicando cada vez más y al final el proyecto quedó incompleto. Todavía son muchos los que lamentan la interrupción del primer proyecto.

Occidente para ser sustituida en la modernidad por la *scientia sexualis*. Pero, ¿fue esto lo que en realidad encontró? ¿Tuvieron los romanos una *ars erotica*? En la entrevista con Dreyfus y Rabinow de 1983, al ser preguntado sobre los alcances de su primer volumen de *Historia de la sexualidad*, Foucault dice lo siguiente:

> Uno de los numerosos puntos en los que he estado equivocado en ese libro era en lo que decía sobre esta *ars erotica*. Yo había contrapuesto nuestra ciencia del sexo a una práctica constrictiva de nuestra propia cultura. Los griegos y los romanos nunca tuvieron un *ars erotica* que pudiera ser comparada con el *ars erotica* china (o al menos no fue algo verdaderamente importante en su cultura). Contaban con una *techné tou biou* en la que la economía del placer desempeñaba un papel muy amplio. En este arte de la vida, la noción del ejercicio de un perfecto dominio sobre sí mismo se volvió pronto un tema principal [...]. La ética griega está centrada en el problema de la elección personal, de una estética de la existencia. La idea del *bios* como un material para una obra de arte es algo que me fascina. También la idea de que la ética puede ser una estructura muy vigorosa de la existencia, sin ninguna relación con lo jurídico *per se*, con un sistema autoritario, con una estructura disciplinaria. Todo esto es muy interesante. (Dreyfus & Rabinow, 2001: 267-268)

No fue, por tanto, una *ars erotica* lo que Foucault encontró en su exploración del mundo helenístico-romano, sino una *techné tou biou*, un arte de la vida que, como veremos luego, nuestro filósofo apresuradamente interpretó como "estética de la existencia".[3] Pero no nos adelantemos mucho y preguntemos por ahora: ¿en qué consistían estas "artes de la vida"?

---

[3] En *El uso de los placeres*, al referirse a las relaciones sexuales entre el marido y la mujer durante la época helenística, Foucault dice que "estamos muy lejos de las artes del placer conyugal que podemos encontrar, según Van Gulik, en la China antigua" (Foucault, 2007a: 132).

En alcanzar un "perfecto dominio sobre sí mismo", en el que el sujeto conseguiría sustraerse a los excesos en la comida, en la bebida y en el sexo, como era común en los círculos sociales romanos. Se trataba, pues, de hacer un uso moderado de los placeres corporales. No se prohíbe la ingestión de ciertos alimentos o bebidas y tampoco la relación sexual con hombres o con mujeres, sino que se condenan los *excesos*.[4] Es decir que la preocupación de una *techné tou biou* no es separar lo prohibido de lo permitido, sino desarrollar la sabiduría necesaria para que un sujeto consiga "gobernarse a sí mismo". El problema, pues, no es el acto sexual como tal, sino la relación con uno mismo. Pues para los filósofos del período helenístico-romano que Foucault investiga, el placer no se circunscribía de ningún modo a las relaciones sexuales. Los *aphrodisia* —como también veremos luego— no eran vistos como un fin en sí mismos, sino que se hallaban integrados en una "problemática" mucho más grande, en la que lo básico era el modo en que un sujeto debía relacionarse con los placeres del cuerpo: la comida, la bebida y la sexualidad.

Tenemos entonces que en lugar de una *ars erotica*, Foucault encuentra en los romanos una *techné tou biou* en la que los placeres sexuales no tienen centralidad alguna. No hay aquí maestros especializados en el arte de enseñar un placer sexual liberado de las prohibiciones, como se esperaba todavía en el libro de 1976. Lo importante era el modo en que el sabio podía entablar una relación "libre" con sus propios placeres, vale decir, una relación en la que estos no lograran *enseñorearse* de él.[5]

---

[4] Esta es una problemática fundamentalmente *estoica*. Epicteto decía lo siguiente: "Dedicar mucho tiempo a las cosas del cuerpo indica cierta incapacidad natural para la filosofía; por ejemplo: hacer demasiado ejercicio físico, comer demasiado, beber demasiado, defecar demasiado o tener demasiadas relaciones sexuales. Todas estas cosas deben tener en nuestra vida un papel limitado, pues debemos concentrar la atención en nuestras disposiciones interiores". Epicteto. *Enquiridión*, 41.

[5] Como veremos en el próximo capítulo, Foucault sigue aquí los estudios de Pierre Hadot sobre los aportes del estoicismo tardío en el período romano, tomando en consideración las obras de Séneca, Musonio Rufo, Epicteto y

Una relación que no conllevara la servidumbre sino el "dominio propio", aquello que Foucault denominará luego el "cuidado de sí". Aquí se encuentra la clave, el "eslabón perdido" que permitirá a nuestro filósofo repensar su proyecto fallido de una *Historia de la sexualidad*, leído ahora como una genealogía de las "técnicas de sí" a través de las cuales el sujeto entabla una relación autónoma con sus placeres.[6] Una genealogía, en suma, del modo en que los sujetos pueden "gobernarse a sí mismos".

Con este descubrimiento, el proyecto de historia de la sexualidad tomará una dirección completamente diferente a la que se anunció en 1976 con *La voluntad de saber*. Allí, recordemos, la cuestión era desentrañar las formaciones de poder que nos han constituido como sujetos de deseo. La tesis era que la experiencia del "placer sexual" en la modernidad es resultado histórico de unos discursos expertos (médicos, psicológicos, psicoanalíticos) y de unas prácticas institucionales (judiciales, pedagógicas, estatales) que han definido lo que la sexualidad *significa*. Tales significaciones han quedado inscritas en los cuerpos (a través de mecanismos de normalización disciplinaria), y se materializan en la medida en que adoptamos los modos de hablar y desear que impone sobre nosotros el "dispositivo de sexualidad". La experiencia del placer viene ligada, entonces, al problema de la *verdad* (enunciada por la *scientia sexualis*), de tal modo que la sexualidad se vuelve la clave para el desciframiento de lo que en realidad "somos", de la verdad profunda sobre nosotros mismos. No obstante,

---

Marco Aurelio. Este aporte consiste en la dimensión práctica que tales autores ofrecen de la filosofía. Las obras que se han conservado de los estoicos romanos son una serie de "ejercicios espirituales" destinados a poner al lector en camino hacia la virtud, yendo más allá de la concepción esencialmente teórica de la filosofía desarrollada por Aristóteles.

[6] Ya vimos en el primer volumen que las "técnicas de sí" se diferencian de las técnicas de producción, de significación y de dominación. Esto le permite a Foucault hablar de una subjetividad que no es enteramente constituida desde instancias exteriores, tal como proponía el modelo bélico. Es a partir de la relación de sí consigo que el sujeto se puede relacionar de forma autónoma con el mundo.

a partir del viaje de Foucault hacia el mundo antiguo, este proyecto se va modificando paulatinamente. Primero, en el curso de 1980 (*El gobierno de los vivos*), Foucault intentará retomar el problema de las técnicas cristianas de confesión y penitencia como antecedente genealógico del "decir la verdad sobre sí mismo", que desembocaría muchos siglos después en la *scientia sexualis*. Pero en el curso de 1982 (*Subjetividad y verdad*) se dará cuenta que estas técnicas cristianas no eran otra cosa que la transformación de unas "técnicas de sí" desarrolladas *antes* por escuelas filosóficas paganas, lo cual le llevará a desarrollar una genealogía del "uso de los placeres" en los siglos I-III d.C. Pero atención: no es que en el mundo romano Foucault quiera encontrar un modelo subyacente (una *ars erotica* sepultada bajo el peso de la *scientia sexualis*) que pueda retornar y ofrecerse como "alternativa" para el modo en que hoy día experimentamos la sexualidad. Más bien, lo que busca Foucault con su genealogía de las técnicas de sí es generar un efecto de "contraluz". La genealogía que propone el curso de 1981 se mueve hacia un momento en el que lo que hoy somos no había emergido aún, de modo que su estrategia es colocar nuestra experiencia de la sexualidad frente a un momento histórico en el que esa experiencia no existía. ¿Con qué objetivo? Para desnaturalizarla, para entender que eso que hoy somos no es otra cosa que una *diferencia histórica*, una reverberación más en el devenir ciego de la historia.

En este capítulo quiero centrarme en el curso de 1981, *Subjetividad y verdad*. Sin embargo, antes de entrar en materia, valdría la pena revisar el modo en que Foucault entiende las "modificaciones" que hizo a su proyecto de historia de la sexualidad en la Introducción a su libro *El uso de los placeres* (1984). La más importante de ellas —como ya vimos en el volumen I de *Historia de la gubernamentalidad*— tiene que ver con la noción de sujeto. No se trata del sujeto "sujetado" por las relaciones entre el poder y el saber, del sujeto enteramente producido por el "dispositivo de sexualidad", sino de un sujeto capaz de entablar una relación autónoma consigo mismo. El sujeto ya no es constituido como "sujeto de deseo" a partir de tecnologías políticas que disciplinan y normalizan su cuerpo, tal como se decía en el libro de 1976, sino que ahora es libre para autoconstituirse como sujeto moral. Lo cual significa que puede darse una "vida buena" mediante la aplicación de diversos ejercicios, procedimientos, técnicas y discursos que acoge de forma voluntaria. Un sujeto, en suma, capaz de "problematizar" sus placeres sexuales a través de las "artes de la existencia":[7]

> Por ellas hay que entender las prácticas sensatas y voluntarias por las que los hombres no solo se fijan reglas de conducta, sino que buscan transformarse a sí mismos, modificarse en su ser singular y hacer de su vida una obra que presenta ciertos valores estéticos y responde a ciertos criterios de estilo. Estas "artes de la existencia", estas "técnicas de sí", sin duda han perdido una parte de su importancia y de su autonomía, una vez integradas, con el cristianismo, al ejercicio de un poder pastoral, y más tarde a prácticas de tipo educativo, médico o psicológico. No por ello es menos cierto que sería necesario hacer o retomar la larga historia de estas estéticas de la existencia y de estas tecnologías de sí [...]. En todo caso, me parece que el estudio de la problematización del comportamiento sexual en la Antigüedad podría considerarse como un capítulo —uno de los primeros capítulos— de esa historia general de las "técnicas de sí". (Foucault, 2007a: 14)

---

[7] Este es uno de los puntos más criticados de la lectura que hace Foucault del pensamiento griego. Tanto Pierre Hadot como otros expertos en filosofía antigua dicen que no había algo así como "artes de la existencia" en la antigua Grecia. El helenista alemán Wolfgang Detel dice que Foucault tiene una lectura "violenta y unilateral" (*gewaltsam und einseitig*) de los textos antiguos, pues el problema central de la ética griega no era la "estilística de la existencia", sino el logro de la vida buena. No buscaba una "transformación de nosotros mismos", como quiere Foucault, sino la realización plena de nuestras capacidades intelectuales, físicas y sociales. No se puede hablar, por tanto, de unas técnicas de sí en el mundo antiguo sin recurrir a "refinadas maniobras argumentativas" como las que nos ofrecen los textos de Foucault (Detel, 1998: 94; 120; 133).

Sin entrar todavía en la discusión alrededor de la "estética de la existencia", digamos por lo pronto que la noción "técnicas de sí" le ofrece un enfoque diferente al proyecto de historia de la sexualidad, pues lo coloca en un nivel de análisis que no se centra ya en los procesos de normalización de la conducta, sino en los de autoconstitución de la subjetividad. Es decir que el énfasis no está en la norma, sino en el modo en que el sujeto acepta o rechaza la norma. Por eso, en la introducción a *El uso de los placeres* Foucault distingue claramente entre "ética" y "moral".[8] Por "moral" entiende "un conjunto de valores y de reglas de acción que se proponen a los individuos y a los grupos por medio de aparatos prescriptivos diversos, como pueden ser la familia, las instituciones educativas, las iglesias, etc." (Foucault, 2007a: 26). Dado un determinado código social, un conjunto de prescripciones acerca de cómo "conducirse", ¿cuál será la actitud del sujeto? Podrá aceptar pasivamente esa forma de ser gobernado, o podrá rechazarla y encontrar otras normas de comportamiento que se ajusten mejor a sus condiciones particulares.[9] En este último caso ha-

---

[8] Esta distinción se aparta bastante del modo en que estas dos categorías han sido tradicionalmente entendidas por la filosofía moderna desde Kant. La noción de "ética" haría referencia a los proyectos de vida *válidos para individuos o colectivos particulares*, a través de los cuales buscan satisfacer sus propias expectativas de felicidad, realización, virtud, etc. La "moral", por el contrario, haría referencia a las normas de convivencia *válidas para todos*, con independencia de cuáles puedan ser las apuestas "éticas" de los individuos y colectivos particulares. Foucault, por el contrario, identifica la "moral" con el código de comportamiento y la "ética" con el modo en que los *individuos* se relacionan consigo mismos. No hay en Foucault una concepción *política* de la moral. Las normas de convivencia socialmente compartidas son vistas por él como resultado del disciplinamiento de los cuerpos y/o como efecto de determinadas "tecnologías políticas" que se imponen sobre los individuos. Frente a esto, la única alternativa posible son las "técnicas de sí", las formas particulares de autogobierno.

[9] Podríamos formular el problema del siguiente modo: un sujeto no se comporta "moralmente" cuando obedece a un código de comportamiento que se le propone desde afuera (código moral), sino cuando, a partir de una relación consigo mismo, decide cuáles son las normas de conducta que más le convienen para llevar una vida buena y bella.

blaremos ya no de "moral" sino de "ética", entendiendo por ello la "problematización" que hacen los sujetos de ese "código moral" que se les propone a partir de una relación consigo mismos.[10] Lo que está en juego es la relación del sujeto frente a la norma: si la obedece o no, si la acepta o la transgrede. El individuo podrá aceptar que su conducta sea gobernada por otros desde instancias exteriores, o podrá escoger gobernarla él mismo. Aquí, precisamente, se juega la *libertad* del sujeto.

Al hablar de la "libertad" del sujeto, Foucault se distancia de la analítica que había presentado en *La voluntad de saber*, donde afirmaba que no existen sino dos modelos para pensar el poder: el jurídico (que rechaza) y el bélico-estratégico, que es el que utilizó en su análisis del "dispositivo de sexualidad". No obstante, cuando en 1978 Foucault empieza a elaborar el concepto "gubernamentalidad", se da cuenta de que el poder, más que una *guerra* sin cuartel entre adversarios, es un *juego* de acciones sobre otras acciones. El ejercicio del poder tiene que ver con la posibilidad de conducir la conducta de otros. En el ensayo de 1983, "El sujeto y el poder", dice que "la relación propia del poder no deberá buscarse del lado de la violencia o de la lucha", sino más bien en "el modo singular de acción (ni belicoso ni jurídico) que es el gobierno" (Foucault, 2001: 254). Pero, si ejercer el poder no significa someter al otro por la fuerza sino gobernar sus acciones, entonces ese "otro" sobre el que se actúa debe ser visto como un sujeto con capacidad de

---

[10] Foucault reconoce que una acción puede ser "moral" aun cuando no se pliegue a un código. En la primera introducción a *El uso de los placeres* (luego reemplazada por la que hoy conocemos) escribía: "Una acción, para calificarse de "moral", no debe reducirse a un acto o una serie de actos conformes a una regla, una ley o un valor. Toda acción moral, es cierto, comporta una relación con lo real en lo cual se efectúa y una relación con el código al cual remite; pero implica también cierta relación consigo misma que no es simplemente "conciencia de sí" sino autoconstitución como "sujeto moral" [...]. No hay acción moral particular que no se refiera a la unidad de una conducta moral: no hay conducta moral que no exija la autoconstitución como sujeto moral, y no hay constitución del sujeto moral sin "modos de subjetivación" y una "ascética" o unas "prácticas de sí" que los apoyen (Foucault, 2013b: 182).

decisión. El otro es *libre*, en el sentido que puede acogerse o no al juego de poder que se le propone. Podrá, como se dijo, aceptar conducirse de acuerdo con el código moral de la sociedad en la que vive, o podrá "problematizar" ese código y "gobernarse a sí mismo" de otro modo. Un juego de poder deberá incluir, como su *condición*, la posibilidad de aceptación y rechazo.

¿Cómo puede entonces un sujeto comportarse "moralmente" con respecto a sus placeres? En la introducción a *El uso de los placeres* Foucault distingue cuatro aspectos que deben ser tenidos en cuenta al analizar el modo en que un sujeto se relaciona con el placer. El primero, la "sustancia ética", se refiere al "foco de inquietud" o de "cuidado" que un sujeto debe atender para convertirse en señor (y no en esclavo) de sus placeres. En el caso de los griegos, la sustancia ética no es la "sexualidad" (como en los modernos) y tampoco la "carne" (como para los cristianos), sino los *aphrodisia*. ¿Qué son los *aphrodisia*? Son actos ligados directamente al placer corporal, que no se limitan a los placeres del sexo, sino que incluyen también los placeres de la comida y la bebida. Una persona puede ser fiel "en el estricto respeto de las obligaciones", pero entregarse a los excesos en la comida, la bebida y el sexo, como era común en los círculos sociales de la antigüedad; pero esa persona también podría ser infiel al código moral y ser "fiel a sí misma", llevando una vida bella y moderada, resistiendo a las tentaciones del cuerpo, ejercitando el dominio de sí (Foucault, 2007a: 27). En la entrevista con Dreyfus y Rabinow Foucault dice que la "sustancia ética" era el acto vinculado con el placer y los deseos, como por ejemplo cuando un filósofo se enamoraba de un jovencito y, en lugar de tocarlo sin pensarlo demasiado (es decir, dejándose arrastrar por sus deseos), reflexionaba primero qué era lo más conveniente para su propia alma (Dreyfus & Rabinow, 2001: 271). ¿Qué tipo de placeres contribuyen a hacer de mi vida una "obra bella" y cuáles, por el contrario, son un obstáculo para el logro de ese objetivo supremo?

El segundo aspecto tiene que ver con lo que Foucault llama el "modo de sujeción", es decir, con la norma o regla con que se invita a un sujeto para que reconozca sus obligaciones morales. En la citada Introducción, Foucault dice que el modo de sujeción es "la forma en que el individuo establece su relación con esta regla y se reconoce como vinculado con la obligación de ponerle en obra" (Foucault, 2007a: 27). El ejemplo que da es la norma de la fidelidad conyugal. Podemos someternos a este precepto de acuerdo con diversos "modos de sujeción": porque lo reconocemos como norma socialmente aceptada; porque Dios lo manda (como en el caso del cristianismo); porque debo estar en armonía con el universo (como pensaban los estoicos); o porque a través de ese modo de conducirme busco dar a mi vida personal "una forma que responda a criterios de gloria, belleza, nobleza o perfección" (*ibíd,* 28). El tercer aspecto es la "elaboración de sí", es decir, el "trabajo ético" que el individuo efectúa sobre sí mismo cuando quiere ser sujeto de su propia conducta. Tiene que ver con las técnicas que debe aplicar sobre sí mismo, con los ejercicios que realiza con frecuencia, con la disciplina y dedicación que se impone a fin de no convertirse en un esclavo de las normas sociales o de sus propias pasiones. Técnicas que permitan entablar un combate del sujeto contra sí mismo, contra las formas múltiples de esclavitud (*ibíd.,* 28). Por último, el cuarto aspecto señalado por Foucault es la "teleología", que refiere al objetivo moral hacia el cual se quiere dirigir la conducta. ¿Qué es lo que busca un individuo cuando somete su vida a una forma específica de conducirse? ¿Seguridad? ¿Gloria? ¿Reconocimiento? ¿Salvación? ¿Libertad? ¿Cuál es el *telos* de su acción moral?

Ya se ve cómo esta manera de replantear el proyecto de historia de la sexualidad conlleva un desvío considerable respecto al tipo de *fuentes* utilizadas por Foucault en su libro de 1976. Allí se había centrado en documentos médicos, pedagógicos, eclesiales y jurídicos, que le permitían entender el funcionamiento del "dispositivo de sexualidad", es decir, el modo como durante los siglos XVIII y XIX se produce un tipo de subjetividad marcada por la normalización de los placeres. Pero en el momento en que la cronología se desplaza hacia el mundo antiguo y el énfasis ya no se coloca en la norma, sino en la relación ética del sujeto con la norma, las cosas cambian por completo. Las fuentes escogidas tendrán que ser aquellas en las que se "problematizan" los placeres. Textos provenientes sobre todo de las escuelas filosóficas helenísticas (en especial de los estoicos) en los que la conducta sexual es interrogada con base en criterios de perfección moral.[11] Textos en los que estos cuatro aspectos de la conducta moral (la "sustancia ética", el "modo de sujeción", el "trabajo ético" y la "teleología") son abordados desde una perspectiva *filosófica*. Lo que interesa a Foucault es "buscar a partir de qué regiones de la experiencia y bajo qué formas se "problematizó" el comportamiento sexual, convirtiéndose en objeto de inquietud, elemento de reflexión, materia de estilización" (Foucault, 2007a: 25). La historia de la sexualidad se convierte de este modo en la historia del modo como, en la antigüedad greco-romana, los filósofos recomiendan hacer del comportamiento sexual un instrumento para devenir sujetos morales. No es ya la historia de los "códigos morales" que regulan las prácticas sexuales, sino la historia de las moralidades, es decir, la historia del modo como, a través de un determinado "uso de los placeres", los sujetos hacen de su propia vida una obra bella y buena.

La fábula del elefante

Estamos listos para el análisis del curso de 1981, *Subjetividad y verdad*, que comienza con una extraña fábula tomada del libro *Introduction á la vie devote*, escrito por san Francisco de Sales

---

[11] En cuanto a las influencias recibidas, Foucault sigue las ideas del latinista irlandés Peter Brown, a quien conoció personalmente. De particular interés resulta su libro *The Making of Late Antiquity* (1978), en el que Brown plantea la tesis de que el "arte de vivir" en el mundo helenístico era una cuestión de "estilo". Ya veremos cómo esta tesis impactó fuertemente las ideas de Foucault. También es importante la influencia del historiador francés Philippe Ariès, autor de un famoso estudio sobre la "vida privada" en la antigüedad. Y, desde luego, está la gran influencia de Pierre Hadot, su colega del Collège de France, de la que nos ocuparemos en el capítulo siguiente.

en 1604. Allí se dice que los cristianos casados deberían seguir el ejemplo del elefante, que no cambia nunca de hembra, se aparea en secreto cada tres años durante cinco días, y tan solo vuelve a su manada después de haberse lavado el cuerpo con agua. La monogamia, la fidelidad conyugal y la procreación, virtudes ejemplares del elefante, aparecen como las únicas justificaciones posibles del acto sexual dentro del matrimonio, pues fuera de él san Francisco de Sales considera que se trata de un acto esencialmente impuro. En la clase del 7 de enero de 1981, primera del curso, Foucault dice sentirse fascinado por esta fábula. Le interesa mostrar que la idea del elefante como figura moral no se limitaba, sin embargo, a la literatura cristiana, sino que era común también entre los naturalistas de la modernidad temprana. Aldrovandi hacía énfasis en la fidelidad y mansedumbre del elefante, mientras que siglo y medio después Buffon lo presentaba como modelo para la sociedad humana (Foucault, 2014c: 5). Los elefantes poseen grandes virtudes morales que aseguran la cohesión del cuerpo social en la manada. Desconocen el adulterio y no se pelean por una hembra como hacen otros animales, sino que además tienen un gran sentido del pudor, ya que buscan la intimidad del acto sexual bajo la protección segura del bosque. No obstante, Foucault dice que la fábula del elefante como modelo de conyugalidad y sociabilidad se remonta mucho más atrás en el tiempo. Durante la edad media europea fue muy popular un manuscrito conocido como el *Physiologus*, escrito probablemente en Alejandría entre los siglos II y IV d.C., que contiene descripciones de animales y criaturas fantásticas realizadas con una intención moral y dirigidas a un público cristiano (*ibíd.*, 7). Junto con las historias alegóricas de animales como el ave fénix y el unicornio, aparece también aquí la fábula del elefante. Según el *Physiologus*, los elefantes cuentan, mejor que ningún otro animal, en qué consiste la relación del hombre y la mujer antes y después del pecado original. Los elefantes comen la mandrágora poco antes de aparearse (planta que, según creencia popular, estimula la *libido* y genera erección), lo cual es una alegoría de lo que ocurrió en el paraíso terrenal, cuando Eva convenció a Adán de comer el fruto prohibido.[12] Una vez embarazada, el elefante hembra busca dar a luz en medio del agua, protegiéndose así de la serpiente que acecha en la orilla del río, lo cual simboliza el acto del bautismo a través del cual se obtiene el perdón del pecado original. El elefante, entonces, como alegoría de la historia de la humanidad antes y después del paraíso.

Ahora bien, el punto de Foucault es que la fábula del elefante pareciera hablarnos de la moral sexual del cristianismo. Pareciera confirmar aquella tesis según la cual al cristianismo le debemos el tipo de moral que enfatiza la fidelidad conyugal, la monogamia, la heterosexualidad normativa y la reproducción como características centrales de una relación de pareja. El curso anterior (*Del gobierno de los vivos*) había mostrado que el cristianismo es una religión de confesión, que impone al sujeto unas ciertas obligaciones de verdad para consigo mismo. Cada cristiano debe sondear en el fondo de su corazón cuáles son sus deseos más secretos (entre los cuales se encuentran los deseos sexuales) y "ponerlos en discurso", manifestando de este modo la verdad sobre sí mismo. En ese curso se mostró también que casi todas las técnicas que utilizó el cristianismo para realizar esta operación de autodesciframiento (hermenéutica del sujeto) las tomó prestadas de la ética pagana desarrollada por la filosofía griega y helenística de siglos anteriores. En el curso de 1981 esta tesis se profundiza. Ahora se mostrará que el cristianismo no solo tomó del paganismo la *forma* (las técnicas) a través de las cuales un sujeto manifiesta su verdad más íntima, sino también algunos *contenidos* positivos de esa verdad. Pues la moral sexual que se atribuye comúnmente al cristianismo en realidad fue desarrollada *antes* del cristianismo por la ética estoica.[13] No es correcta, entonces, la visión

---

[12] Ya veremos más adelante cómo, según san Agustín, antes de comer el fruto prohibido Adán no conocía los efectos involuntarios de la *libido*.

[13] En la clase del 4 de marzo de 1981 dice lo siguiente: "El esquema histórico

según la cual el cristianismo habría introducido en la historia de Occidente un tipo de rigorismo sexual que los griegos y los romanos desconocían.[14] Un examen cuidadoso de la literatura latina mostraría, por el contrario, que el modelo de conyugalidad ejemplificado en el elefante ya había sido elaborado por la filosofía helenística entre los siglos I-III d.C.

En efecto, la clase del 7 de enero de 1981 muestra que antes de las guerras de expansión de Alejandro Magno los griegos no conocían a los elefantes, y que fue poco a poco que estos se convirtieron en animales "ejemplares". Así, por ejemplo, en su *Historia de los animales* Aristóteles mostraba que los elefantes tienen muy desarrollada la facultad de entendimiento, y aduce como prueba el hecho de que ellos no tocan a la hembra cuando está embarazada. Hay aquí, nos dice Aristóteles, un respeto por la primogenitura, que sirve como elemento de ejemplaridad para la conducta humana (Foucault, 2014c: 10).[15] Pero no fueron los filósofos de la Grecia clásica, sino naturalistas

---

que me gustaría utilizar este año es el siguiente: mostrar cómo, en el interior del paganismo, la ética clásica de los *aphrodisia* se transformó; cómo ella condujo a lo que podríamos llamar una especie de conyugalización del régimen de los *aphrodisia*; cómo esta ética conyugalizada del sexo se transfirió después al cristianismo; y cómo, finalmente, en un tercer tiempo, en el interior de la historia misma del cristianismo hubo toda una reelaboración de esta moral y la emergencia de la experiencia de la carne" (Foucault, 2014c: 179. La traducción es mía).

[14] Aquí Foucault retoma uno de los temas centrales de *La voluntad de saber*. Recordemos que allí se combate la "hipótesis represiva", según la cual la historia de la sexualidad no es otra cosa que la historia de su represión, la cual habría sido introducida por el cristianismo y reproducida luego por el mundo victoriano burgués. Sobre un mundo pagano en el que la sexualidad era libremente vivida, el cristianismo habría inscrito una moral de carácter represivo que, desde entonces, sobredetermina toda la historia de Occidente, y de la cual solo es posible salir a través del modelo "liberador" que propone el psicoanálisis. El curso de 1981 puede ser visto como una crítica, realizada por otros medios, al modelo historiográfico de la represión.

[15] En la introducción a *El uso de los placeres*, Foucault dice que la fidelidad sexual (cuyo modelo es el elefante) era muy apreciada por Aristóteles, para quien la relación de un hombre con otra mujer que no fuera su esposa debía ser vista como un "acto deshonroso" (Foucault, 2007a: 20).

romanos como Plinio el Viejo, quienes desarrollaron la fábula del elefante hasta convertirla en modelo de comportamiento conyugal. En el libro VIII de su *Historia Natural*, Plinio dice que los elefantes son ejemplo de bondad, cordialidad y amistad. Avanzan siempre en grupo, el más viejo conduce la manada y cuando encuentran a un hombre desorientado en el desierto, le enseñan amistosamente el camino. Pero la lección moral más importante de todas, según Plinio, es que los elefantes son monógamos. No conocen el adulterio, pues una vez que se juntan con una pareja, ya jamás en su vida tendrán otra. El naturalista romano hace de esta conducta sexual una virtud digna de ser imitada por los humanos. Modelo de conyugalidad que no solamente fue tomado siglos después por san Francisco de Sales, sino que —conforme muestra Foucault— en la propia época de Plinio era muy valorado en amplios sectores de la sociedad romana. Era un comportamiento ético que los filósofos del *estoicismo tardío* interpretaban como manifestación de virtud, firmeza y dominio de sí. La fidelidad sexual del marido con respecto a su esposa, la condena del adulterio, la estimación del matrimonio, eran valores que existían en el mundo helenístico antes del cristianismo. No fueron los cristianos, por tanto, los primeros en interrogar el bestiario de la naturaleza para extraer de allí lecciones sobre moral sexual.

Foucault concluye que es necesario cuestionar la tesis de la oposición irreductible entre cristianismo y paganismo.[16] No

---

16 El final de la clase del 14 de enero de 1981 está dedicado en buena parte a discutir este problema. Foucault dice que la "repartición de aguas" (como decía Peter Brown) entre el paganismo y el cristianismo es bastante arbitraria desde un punto de vista historiográfico. Pues al considerar ese campo denominado "paganismo", uno encuentra una multiplicidad de elementos completamente diferentes: la religiosidad de los pitagóricos, las reglas jurídico-morales que regían la sociedad romana, la mística neoplatónica, el monoteísmo filosófico de los estoicos, etc. No hay forma de reducir todos estos elementos a una unidad. Fue la Iglesia cristiana del siglo III d.C. la que, en el afán de conservar su propia unidad doctrinaria, y en medio de la batalla contra las herejías, construyó esa unidad exterior llamada "paganismo". Es, entonces, la literatura hereciológica de los padres de la Iglesia, en los siglos III-IV d.C., la que realiza esa repartición de aguas entre cristianismo y paganismo. Y es,

se trata de dos unidades fijas, dos bloques sin fisuras que no se tocan mutuamente. "No hay que tratar la moral sexual del paganismo como un bloque frente al cual habría que dibujar otra unidad igualmente coherente que sería la moral cristiana del sexo" (Foucault, 2014c: 178).[17] Para un genealogista como Foucault no existe algo así como "el" paganismo y/o "el" cristianismo; de modo que su pregunta no es por el origen (*Ursprung*) de nuestros códigos morales, ni tampoco se interesa por saber quién es el "gran culpable" del rigorismo que dignifica la monogamia, la heterosexualidad y la reproducción como ejes de la moral sexual de Occidente. Más bien, la genealogía procura indagar a partir de qué *prácticas* —no importa si fueron paganas o cristianas— se formaron esos códigos morales. ¿Y a cuáles prácticas se refiere específicamente? Pues justo a aquellas que, según decíamos antes, funcionaron como el "eslabón perdido" que hizo posible la reconstrucción de su malogrado proyecto de historia de la sexualidad: las "prácticas de sí". La fábula del elefante apunta precisamente a la existencia de un género literario, un tipo de literatura muy común en el mundo helenístico, justo en la antesala de la difusión del cristianismo, que Foucault denomina las "artes de vivir" (Foucault, 2014c: 29).

¿Qué son las "artes de vivir"? Foucault se refiere en primer lugar a un conjunto de textos antiguos, particularmente estoicos, que hablan de los modos de vida, las formas de conducta y los modelos del buen comportamiento. Una literatura que, según nuestro filósofo, ha "desaparecido" prácticamente de Occidente desde el siglo XVII, hasta el punto de que "hoy nadie se atrevería a escribir un libro sobre el arte de ser feliz" (Foucault, 2014c: 29).[18] Si todavía sobrevive algo de ese viejo género en el

---

desde luego, gracias a esa misma repartición que se eliminan los múltiples cristianismos existentes antes del siglo III, para construir una unidad llamada "cristianismo".

[17] La traducción es mía.

[18] Foucault no podía anticipar el gran auge que tendría pocos años después la literatura filosófica, por cierto, un tanto *conservadora*, centrada en el "arte de la vida" (*Philosophie der Lebensführung*), a la que él mismo contribuyó a

mundo contemporáneo, es tan solo en el ámbito de la pedagogía o de la formación profesional.[19] Pero hacia finales del mundo antiguo, justo en la época en que el pensamiento helenístico y el cristiano se interpelaron mutuamente, era una forma de escribir bastante popular entre los filósofos y los médicos. Se trataba, en primer lugar, de una literatura que ofrecía consejos prácticos para saber cómo comportarse en momentos decisivos de la vida: en épocas de tristeza, enfermedad, ruina, luto e infortunio; pero también para saber cómo prepararse para la muerte (*ibíd.*, 30). No obstante, nos recuerda Foucault, las artes de vivir iban mucho más allá de eso. Eran, sobre todo, un "régimen general de la existencia" que permitía al sujeto gobernar su propia vida: cómo relacionarse con el cuerpo y con el alma, cómo controlar las pasiones, cómo someterse a un conjunto de reglas facultativas orientadas hacia el logro de la felicidad.[20]

---

abrir la puerta. Piénsese en autores bastante conocidos, como André Comte-Sponville en Francia y Wilhelm Schmidt en Alemania. Este último se hizo famoso con un estudio sobre Foucault titulado *En busca de un nuevo arte de vivir* (1991). Recientemente ha escrito textos como *La felicidad. Todo lo que usted debe saber al respecto y por qué no es lo más importante en la vida* (2007), *El arte de vivir ecológico* (2008) y *Ser infeliz* (2012).

[19] "Existe, en sociedades como la nuestra, un arte de la conducta, pero que ha perdido absolutamente su autonomía. No encontramos ya esos modelos de conducta sino vestidos en el interior de la grande, gruesa y masiva práctica pedagógica [...]. Es un hecho que no hay desde el siglo XVII y XVIII, aunque tocaría estudiarlo un poco más de cerca, una literatura autónoma y específica que tenga por propósito decir cómo vivir" (Foucault, 2014c: 29-30. La traducción es mía). Más adelante agrega: "La transición del arte de vivir a la formación profesional es, evidentemente, una de las grandes evoluciones que se pueden constatar, uno de los factores que han llevado a la desaparición del arte de vivir como género autónomo de reflexión y análisis" (*ibíd.*, 33).

[20] "Tenemos también en estas artes de vivir toda una parte que se refiere a lo que podríamos llamar un régimen general de la existencia. No se trata ya de los momentos, ni de tal o cual actividad particular, sino del régimen general de la existencia. Régimen del cuerpo, por supuesto, artes del cuerpo que recortan aquello que se llama la medicina. Gran parte de la medicina griega y romana estaba esencialmente consagrada no tanto a decir cómo sanar las enfermedades, sino a definir un arte de vivir en cierta forma físico, corporal, fisiológico, psicológico. Régimen del alma también: cómo controlar las pasiones. Hay innumerables tratados sobre la ira relevantes para este arte de vivir

El objetivo de las artes de vivir no era capacitar al sujeto para *hacer cosas*, como ocurrió luego en la modernidad,[21] sino enseñarle cómo *llegar a ser*, cómo modificar el propio ser, cómo transfigurar la propia existencia (*ibíd.*, 31).[22] No se trataba de aprender a comportarse de forma decente, vestirse de manera apropiada, pronunciar las palabras correctas en el momento correcto, etc., sino de darse un "estilo de vida" propio, adquirir una modalidad específica de existencia.[23] Las artes de la vida procuraban modificar el *estatuto ontológico del sujeto* (*ibíd.*, 34). En este contexto, Foucault introduce una noción que ya no abandonará más hasta el final de su vida: las "técnicas de la vida" (*technai peri bion*):

    considerado como un régimen general de la existencia" (Foucault, 2014c: 31. La traducción es mía).

[21] "Si ustedes leen los libros de artes de vivir en el siglo XVI, desde Erasmo hasta los moralistas del siglo XVII (porque los moralistas del siglo XVII son también gente que escribe sobre las artes de la vida), me parece que su problema, cada vez más marcado con el tiempo, era la cuestión del hacer: cómo comportarse, qué hacer para adquirir tal o tal actitud, cuál es el tipo de relación que se debe establecer con los otros, cómo aparecer en público, cómo aparecer de manera decente [...]. Eran cada vez más un conjunto de consejos, manuales, pequeños libros prácticos concernientes a los gestos, las actitudes, las maneras de pararse, los vestidos que se deben llevar, las palabras que se deben decir" (Foucault, 2014c: 31-32. La traducción es mía).

[22] A contrapelo de lo que afirma Foucault, el helenista Wolfgang Detel ha mostrado que la dietética griega nada tiene que ver con un "arte de vivir", pues ya con Hipócrates la medicina se había desligado de la ética. No es cierto que en la filosofía antigua podamos encontrar "prácticas de sí" orientadas hacia la transfiguración del individuo, como quiere la lectura del francés (Detel, 1998: 124-125; 140). En la clase del 14 de enero de 1981 Foucault reconoce que todo lo que dice sobre las "artes de vivir" es muy esquemático y tan solo constituye un conjunto de "hipótesis" para un trabajo futuro de investigación. El tema será retomado en el siguiente curso, *La hermenéutica del sujeto*, y desarrollado luego en los volúmenes II y III de *Historia de la sexualidad*, sin que nuestro filósofo haya modificado su opinión en torno a la dietética griega.

[23] En la clase del 14 de enero Foucault puntualiza que el arte de vivir es algo que se aprende, que requiere de la enseñanza de un maestro. Uno no puede aprender por su propia cuenta el arte de vivir. Se necesita la presencia de un "otro" que sea capaz de enseñarlo. Agrega también que el arte de vivir demanda la puesta en práctica de una serie de ejercicios ascéticos, de una *askesis* y no de una *mathesis* (Foucault, 2014c: 34-35). Ambos puntos serán desarrollados en el curso siguiente, *La hermenéutica del sujeto*.

Para designar lo que es la problemática de estas artes de vivir, usé varias palabras. Hablé de arte de la existencia, de transformación del ser, de acción de sí sobre sí. Pero de hecho los griegos, no los latinos sino los griegos, tienen una palabra que designa muy precisamente eso sobre lo que deben intervenir esas artes de la conducta. Esa palabra es *bios*. Ustedes saben que en griego hay dos verbos que nosotros traducimos con una sola palabra: "vivir". Ustedes saben que el verbo *zên* quiere decir: tener la propiedad de vivir, la cualidad de ser viviente. Los animales efectivamente "viven" en este sentido de *zên*. Pero [los griegos] tienen además la palabra *bioûn*, que quiere decir: pasar su vida, que tiene una relación con la manera de vivir esta vida, la manera de llevarla, de conducirla, la manera en la que puede ser calificada de feliz o de infeliz. El *bios* es algo que puede ser bueno o malo; sin embargo, la vida que uno lleva como ser vivo nos es dada simplemente por la naturaleza. El *bios* es la vida calificable, la vida con sus accidentes, con sus necesidades, pero es también la vida tal como uno mismo puede decidirla. El *bios* es lo que nos pasa, por supuesto, pero desde el ángulo de lo que uno hace con lo que nos pasa. Es el curso de la existencia, pero teniendo en cuenta que este curso está indisociablemente ligado a la posibilidad de llevarlo a cabo, de transformarlo, de dirigirlo en tal o cual sentido, etc. El *bios* es el correlato de la posibilidad de modificar la vida de manera razonable y en función de los principios del arte de vivir. Todas estas artes, todas estas *tekhnai* que los griegos y los latinos han desarrollado tanto, todas estas artes de vivir tratan del *bios*, de esta parte de la vida que es correlato de una técnica posible, de una transformación reflexionada. De hecho, [los griegos] tienen para decir todo esto una palabra, una expresión que es preciso tomar literalmente. Ellos llamaban a este arte de vivir (ustedes encontrarán la expresión en Epicteto, pero también en muchos otros) *tekhné peri bion*, la *tekhné* que se aplica a la vida, la técnica que concierne a la existencia entendida como la vida a llevar, la técnica que permite trazar la vida. (Foucault, 2014c: 36)[24]

---

[24] La traducción es mía.

En este importante pasaje, Foucault reflexiona por primera vez sobre nociones que aparecerán luego en todos sus cursos: técnicas de la vida, técnicas de la existencia, técnicas de sí, tecnologías del yo. En la clase del 25 de marzo explica que la noción griega *techné* es diferente a "reglas de conducta" y nada tiene que ver con "códigos de comportamiento". La noción apunta, más bien, a un conjunto de *procedimientos racionales* destinados a operar efectos específicos sobre un ámbito concreto, en este caso, la vida (*bios*).[25] No se trata, sin embargo, de la vida biológica, de la *vida animal*, sino de la vida cualificada, de la *vida moral* (Foucault, 2014c: 253).[26] Dicho de otro modo: para Foucault *la moral es una cuestión técnica*, es el resultado de la aplicación constante y reflexionada sobre sí mismo de un conjunto de procedimientos prácticos. La pregunta es: ¿cuál puede ser la relación de estas "técnicas de la vida" con la sexualidad?

En su curso de 1981, Foucault hará énfasis en la "problematización" de los placeres (*aphrodisia*) realizada por filósofos y moralistas en el mundo griego clásico, pero que luego se prolongaría en la época helenística con los estoicos. En el caso de la Grecia clásica, tal problematización se centraba en el tema de los *excesos*, referidos (como dijimos) no solo a los placeres sexuales, sino también a los placeres de la comida y la bebida. Para el pensamiento clásico este tipo de placeres, comunes al hombre y al animal, eran vistos como inferiores en su calidad. No se recomendaba que estos placeres fueran *suprimidos* (como luego haría el cristianismo), sino que fueran "bien usados". Los placeres serán objeto de problematización en la medida en que la cuestión moral era cómo evitar que un sujeto fuera esclavizado por sus pasiones.[27] Se trataba, por tanto, de que el

---

[25] En el primer capítulo del volumen I se habló ya sobre esta noción de "técnica" utilizada por Foucault. Véase: Castro-Gómez, 2015a: 29-46.

[26] Esta distinción entre *bios* y *zoê* será retomada luego por Giorgio Agamben, pero orientada en un sentido diferente al que le dio Foucault.

[27] Como ya se dijo antes, el comportamiento sexual no era visto por los griegos como un dominio de problematización *en sí mismo*, sino como un elemento subordinado al modo como un sujeto se hace moral en relación con su propio

sujeto instaurara consigo mismo una relación de *gobierno sobre los placeres*, sometiéndolos a unas técnicas de acción moral. El objetivo era que el individuo aplicara voluntariamente una serie de reglas de prudencia (*phronesis*) y pusiera en práctica unas estrategias de autogobierno que no eran universales, sino que variaban según fuese su edad, estado de salud y condición social. Era, pues, una cuestión de "saber práctico" aprendido a través del ejercicio.[28] En la clase del 14 de febrero Foucault dirá que el objetivo de las técnicas de la existencia era el logro de la felicidad, la beatitud y la adquisición de un "estatuto ontológico específico" (Foucault, 2014c: 35). Las técnicas de vivir son entonces métodos y procedimientos para que los individuos modifiquen y transformen la experiencia que tienen de sí mismos.

Las técnicas de vivir apuntaban al establecimiento de una relación ética entre el sujeto y la verdad, y este es precisamente el tema propuesto para el curso de 1981: ¿cómo pensar las relaciones entre *subjetividad y verdad*? En la clase del 7 de enero,

---

[28] cuerpo, aceptando y adaptando un conjunto de técnicas relativas al cuidado y mantenimiento de la salud. Vistas las cosas en esta perspectiva, resulta claro que no existía en Grecia una *scientia sexualis*, unos discursos que tomaban la sexualidad como objeto específico de análisis.

En *El uso de los placeres* Foucault dice que las "artes de sí" proponen instaurar en relación con los placeres una "actitud de combate". Si el deseo es una fuerza que amenaza con exceder su finalidad natural, entonces se hace necesario oponer a esa fuerza una fuerza contraria que permita contenerla, resistirla, gobernarla. La conducta moral no es entonces otra cosa que una "batalla por el poder" (Foucault, 2007a: 64). La libertad consistiría de este modo en el poder de oponerse al poder de los deseos. Por tanto, el "campo de batalla" donde se lleva a cabo esa lucha de poderes, donde se da el ejercicio de la libertad, es uno mismo. Se trata, pues, de entablar una "relación agonística consigo mismo" que, sin embargo, nada tiene que ver con la "negación de sí" instaurada por el cristianismo y de la que hablamos en el capítulo anterior. Para Foucault, "la batalla a desarrollar, la victoria a alcanzar, la derrota que se arriesga sufrir, son procesos y acontecimientos que tienen lugar entre uno y uno mismo. Los adversarios que el individuo debe combatir no solo están en él o cuando mucho cerca de él. Son una parte de sí mismo" (*ibíd.*, 66). Wolfgang Detel ha criticado duramente esta interpretación agonística porque el problema al que apuntaba la ética griega no era tanto "vencer" las pasiones, sino ponerlas en armonía con las potencias de la razón (Detel, 1998: 94-95).

Foucault dice que han existido por lo menos dos formas de responder a esta pregunta. La *primera* fue establecida por la gran tradición de la filosofía desde Platón hasta Kant, en la que la cuestión era planteada del siguiente modo: ¿cómo y en qué condiciones el sujeto puede tener acceso a una verdad que es independiente de él? La *segunda* forma de entender las relaciones entre subjetividad y verdad fue planteada por la tradición "positivista" que caracterizó a las "ciencias humanas" entre los siglos XVIII y XX: ¿cómo y bajo qué condiciones es posible tener un conocimiento verdadero del sujeto? ¿Cómo hacer valer para el conocimiento de la subjetividad los criterios y procedimientos de la ciencia? O, dicho en otras palabras: ¿cómo puede haber una verdad científica sobre el sujeto? (Foucault, 2014c: 12). Sin embargo, en este curso de 1981 —y continuando de algún modo con sus investigaciones anteriores— Foucault propone una *tercera* forma de plantear la pregunta por las relaciones entre subjetividad y verdad: ¿qué efectos produce sobre la subjetividad el reconocimiento de unos discursos que dicen la verdad sobre ella? ¿Qué *experiencias* podemos hacer en el momento en que aceptamos ligarnos a un discurso sobre nosotros mismos que reconocemos como verdadero? ¿Cuáles son los efectos de este discurso de verdad para la experiencia que hacemos de nosotros mismos? (*ibíd.*, 13). Foucault dice que este ha sido uno de los ejes que vertebró sus investigaciones en el Collège de France desde hace ya varios años.[29]

Teniendo en cuenta lo anterior, y volviendo a la fábula del elefante, la pregunta que busca resolver Foucault en el curso de 1981 es la siguiente: ¿cuáles son los efectos sobre el sujeto de aquellos discursos filosóficos que "problematizan" la conducta sexual en la época que precedió a la gran difusión del cristianismo? Le interesa, por tanto, el estudio de las formas

---

[29] Es el problema del "tercer eje" al cual nos referimos ya en el capítulo uno de este segundo volumen. Aquí se aborda la pregunta sobre las formas y modalidades de la relación del sujeto consigo mismo. Es el análisis de los "juegos de verdad", a partir de los cuales el individuo se constituye y se reconoce a sí mismo como sujeto.

a través de las cuales los individuos se reconocen a sí mismos como sujetos de deseo en unos ciertos discursos sobre la sexualidad. Su tesis central es que hay un periodo de la historia de Occidente especialmente fecundo para realizar este estudio: el final de la antigüedad y el comienzo del cristianismo.[30] Y la fábula del elefante le ofrece la entrada perfecta para estudiar ese período. Ella nos habla del modo en que ciertos discursos sobre la sexualidad (léase: formas de problematización) efectuaron determinadas operaciones en los sujetos que reconocían esos discursos como verdaderos. ¿Qué tipo de experiencia de la subjetividad está vinculada al discurso que eleva la monogamia y la fidelidad del elefante como modelo normativo de conducta sexual? Pues este discurso, como veremos, se había posicionado como verdadero durante los siglos I-III d.C. de la mano de filósofos vinculados al estoicismo tardío y cuya influencia fue grande en los altos círculos políticos de Roma.[31] El elefante como símbolo de la buena sexualidad, como ejemplo a seguir para hacer del acto sexual un instrumento ético para obtener la felicidad; se reconoce aquí un cierto tipo de moral

---

[30] Aquí se ve con claridad en qué consiste el desplazamiento cronológico del que hablábamos antes. Si en *La voluntad de verdad* el período a estudiar era el transcurrido entre el siglo XVI y el XIX (es decir, entre el Concilio de Trento y el nacimiento del psicoanálisis), en el curso *Subjetividad y verdad* el análisis se mueve hacia un período histórico completamente diferente. ¿Por qué? Porque la *pregunta* que se le hace al material histórico es también completamente diferente. Ya no se trata de saber cómo fue producida una verdad sobre los sujetos a partir de los discursos de las ciencias humanas, sino de saber en qué consiste la experiencia de sí mismos que hicieron los sujetos a partir del reconocimiento de ciertos discursos de verdad sobre el comportamiento sexual. Es la pregunta acerca del "decir verdad" sobre sí mismo, que en el curso de 1980 se había dirigido hacia los siglos III-V d.C. para estudiar las prácticas cristianas de confesión y penitencia, pero que en el curso de 1981 se dirige hacia el estudio de las artes de vivir en el período helenístico (siglos I-III d.C.).

[31] Foucault muestra que la *filosofía* fue reconocida por las élites intelectuales de la antigüedad griega y romana como discurso verdadero sobre el mundo objetivo y subjetivo. De ahí que el material histórico escogido para su investigación provenga sobre todo de textos filosóficos. Sobre la influencia de los estoicos en la política romana, véase: Veyne, 2008.

que Foucault llama "triste", porque hacía del matrimonio y de la fidelidad sexual el paradigma de todas las relaciones humanas.[32] Pero, ¿cómo se llegó a esto? ¿Cómo fue que los filósofos *estoicos* concibieron un código de comportamiento sexual que anticipó en muchos sentidos la moral sexual cristiana?

Como veremos en el próximo apartado, la fábula del elefante parece realizarse en aquellos *textos estoicos* que proclamaban el matrimonio como una institución ética y una "fusión total" de propósitos y proyectos de vida.[33] Esto suena casi como a una "sacramentalización" del matrimonio, pero recordemos que aquí no existen todavía componentes religiosos, sino únicamente éticos. Los estoicos alaban la existencia conyugal porque, a través de ella, el sujeto puede ejercitarse en las "artes de sí". "El arte de la conyugalidad forma parte integral del cultivo de sí" (Foucault, 2012: 181).[34] Estar casado equivale a estar en comunión

---

[32] Al comienzo de la clase del 14 de enero de 1981, Foucault dice que la fábula del elefante ofrece cinco grandes principios de conducta moral para la humanidad: 1) fidelidad conyugal como marco general de las relaciones sexuales; 2) ocasionalidad y rareza del acto sexual (una vez cada cinco años, como el elefante); 3) la reproducción como objetivo único del acto sexual; 4) necesidad del secreto, la discreción y el pudor en las actividades sexuales; 5) obligación de purificarse después de realizado el coito (Foucault, 2014c: 27-29).

[33] Cabría preguntarse, sin embargo, si Foucault no está violando sus propias reglas de juego. Nos ha dicho previamente que el "paganismo" no es una sola cosa, no es unidad sino multiplicidad. Para desmentir esta operación historiográfica, su estrategia es buscar "puentes" entre el paganismo y el cristianismo, y la clave la encuentra en la fábula del elefante. Ella remite a un tipo de moral sexual que se atribuye equivocadamente al cristianismo, pero que ya había sido elaborada antes por el paganismo. Pero, ¿por qué buscar la evidencia de la existencia de esos puentes solamente en los textos *estoicos*? ¿Por qué no considerar, por ejemplo, los textos *epicúreos*? La respuesta parece obvia: sencillamente, porque en ellos *no aparecerá ningún elefante*. Foucault no podría descubrir en los epicúreos algún puente directo hacia la moral sexual del cristianismo, que es lo que *quiere* encontrar en el mundo antiguo. Ya veremos cómo en *La hermenéutica del sujeto* nuestro filósofo busca confirmar en los epicúreos las tesis que ha elaborado previamente sobre el terreno de los estoicos. Pareciera desconocer justo aquello que nos había dicho en el curso de 1981: que el "paganismo" es una multiplicidad.

[34] Más aún, Foucault dirá que para los estoicos el arte de la conyugalidad supone una "estética de la existencia", porque arrastra consigo el problema de la

con el cosmos, a vivir en armonía con la naturaleza. Casarse es un principio moral universal, válido para todo aquel que quiera llevar una vida racional. Después de todo, la naturaleza le dio al hombre un estatuto superior al de los animales, que le capacita para comportarse de acuerdo con la razón. Esto, como se ve, es muy diferente de lo que propondrá luego el cristianismo, pues aquí se trata de gobernarse a sí mismo para presentarse limpio ante los ojos de Dios y obtener la salvación. En el caso de los estoicos, en cambio, se trata de gobernarse a sí mismo para "ajustar" la propia vida al orden del universo. El sujeto no debe casarse por conveniencia (recordemos la máxima de san Pablo: quien no posee el don de continencia debe casarse, pues es mejor casarse que estarse quemando), o porque Dios lo manda, sino porque su obligación moral es vivir conforme a la naturaleza, atender a sus obligaciones sociales y comportarse siempre como un ser racional. Tampoco existía en los estoicos una "juridificación" de los actos sexuales en torno a qué cosa es prohibida o permitida en el seno del matrimonio. La fábula del elefante refleja entonces la moral sexual estoica que *luego* haría suya el cristianismo. No obstante, surge la pregunta: ¿qué ocurría *antes* de los estoicos? ¿Hasta qué momento en el tiempo podemos remitir genealógicamente la fábula del elefante? ¿Qué moral regía el comportamiento sexual de los sujetos antes de ella?

El dilema de la penetración

Nosotros los modernos —decía Foucault en *La voluntad de verdad*— hemos llegado a creer que la sexualidad es la expresión de nuestra individualidad, reflejo de unas características personales que nos definen como individuos. Tenemos una "identidad sexual" (masculina o femenina), y el modo de "expresar" esa identidad es lo que marca de forma más profunda

---

estilística de la vida: darle al matrimonio un sello peculiar con respecto a las formas de vida tradicionales.

nuestra personalidad, nuestra "forma de ser". Tanto es así que si conocemos a fondo nuestra sexualidad (como proponía Freud), nos conoceremos a nosotros mismos. La sexualidad, entonces, es la clave para expresar lo que "en verdad" somos. No obstante, si nos remitimos a los comportamientos sexuales de la Grecia clásica (siglo IV a.C.),[35] ninguna de estas atribuciones de la sexualidad existía. Aquello que para *nosotros* se presenta como algo "natural" era completamente desconocido en aquella época. En la Grecia clásica, el sexo no expresaba las "disposiciones internas" de una persona, no reflejaba los contenidos ocultos de su personalidad y tampoco era la manifestación de una "identidad" o de alguna "perversión". No existía entre los griegos ninguna conexión entre la sexualidad y la personalidad. Y *tampoco* existía entre ellos la fábula del elefante. No conocían la idea de que el matrimonio era el ámbito único de legitimidad de las relaciones sexuales; desconocían por entero la conyugalización de la sexualidad. Mientras que para los griegos *clásicos* el placer sexual del hombre era admitido fuera del matrimonio, así como también se admitían las relaciones sexuales entre dos hombres, los filósofos del estoicismo tardío negaban de plano esta posibilidad. Para ellos, las relaciones sexuales extramatrimoniales y pederastas no son tolerables si un individuo quiere convertirse en sujeto moral. ¿Por qué razón? Porque la conyugalidad entre un hombre y una mujer liga *naturalmente*, y no solo en un nivel económico, jurídico y social. Los esposos tienen entre sí un "deber conyugal", como dirá luego el cristianismo.

Al igual que *La voluntad de poder*, el curso *Subjetividad y verdad* quiere trazar una genealogía de nuestra moral sexual, y las pistas encontradas nos han conducido hasta la fábula del elefante. Pero, ¿qué hay más atrás de ella? Si los códigos de nuestra moral sexual no se remiten hasta más atrás del estoicismo tardío, ¿cómo nació entonces la fábula del elefante? El

---

[35] Esta es la operación que realiza Foucault en *El uso de los placeres*, presentado en 1984 como el volumen II de *Historia de la sexualidad*.

primer paso para resolver esta pregunta lo da Foucault en su clase del 21 de enero de 1981. Allí emprende un análisis bastante detallado de un documento titulado la *Clave de los sueños* de Artemidoro, texto escrito hacia el siglo II d.C., precisamente en ese período de intersección entre el paganismo y el cristianismo que tanto interesa a nuestro filósofo. Texto que, además, le ofrece valiosas claves para estudiar las relaciones entre la subjetividad y la verdad.[36] Se trata de un texto de *onirocrítica*, en el que el autor describe una serie de técnicas para la interpretación de los sueños. Foucault dice que de este personaje Artemidoro tenemos dos tipos de información. La primera, que fue un filósofo estoico, o por lo menos inspirado por el estoicismo. A pesar de que el documento tiene la forma de un "Manual" para el análisis de los sueños, utilizable en la práctica cotidiana, hay también allí una reflexión filosófica sobre la validez de los procedimientos interpretativos. ¿Y cuál es esa lectura filosófica? Que la onirocrítica no se reduce a ser una operación de desciframiento; no es una simple técnica empírica de interpretación, sino que es también un *arte de vivir*, una manera de definir qué debe hacer un sujeto con sus propios sueños, cómo relacionarse con ellos, cómo darles sentido y valor. El análisis de los sueños opera, entonces, como una "técnica de sí", como una práctica de vida. No se trata solo de ofrecer un manual de interpretación, sino que es un *manual de vida* utilizable por el sujeto a lo largo de su existencia. La segunda información es que Artemidoro fue una especie de "etnógrafo" que estuvo en contacto con adivinos en diferentes ciudades del Mediterráneo, que leyó todo lo que se había escrito sobre el tema antes de él,

---

[36] Foucault dice que la interpretación de los sueños ha sido un elemento importante para abordar la relación entre el sujeto y la verdad. Ya Schopenhauer y Nietzsche se preguntaban por el valor de la ilusión: ¿es verdadera la verdad de la verdad? ¿No remite ella a un "otro de la verdad", a una especie de ilusión, de sueño? Pero es Freud quien se plantea la pregunta específica por la verdad del sujeto a través de un análisis de sus sueños. A través del sueño, nos dice Freud, se podría descubrir el vínculo oculto entre el sujeto y la verdad (Foucault, 2014c: 50).

que conocía, en suma, de primera mano el arte de la interpretación.[37] No es solamente alguien que filosofa sobre los sueños, sino alguien que conoce a profundidad el oficio, que domina por completo la *techné* de la interpretación. Su público no es, por ello, el círculo de los eruditos, de los filósofos de escuela, sino que es un público compuesto de gente ordinaria (en su gran mayoría hombres) cuyas preocupaciones tienen que ver con la salud, la enfermedad, la familia, las riquezas, el oficio y el amor (Foucault, 2014c: 52).

¿En qué radica el interés de Foucault por este documento? Además de que en él hay cuatro capítulos consagrados al análisis de sueños con contenido sexual (los capítulos 77-80 del Libro Primero), hay dos razones *metodológicas* que explican la importancia de este texto para una genealogía de los placeres. La *primera* es que los análisis de Artemidoro se dirigen a un público ordinario y documentan las opiniones *tradicionales* en torno a la sexualidad, no mediadas por la problematización de los filósofos. Opiniones que se remontan a una época muy anterior al siglo II d.C., como lo deja ver el hecho de que Artemidoro cite documentos escritos por autores "antiguos" ya para su propia época, como Nicóstrato de Éfeso, Paniasis de Halicarnaso, Apolodoro de Telmeso, Febo de Antioquía, Dionisio de Heliópolis y Aristando de Telmeso (Foucault, 2012: 10). Siendo, además, la interpretación de los sueños una viejísima tradición popular en el mundo antiguo, el análisis de Artemidoro nos abre la puerta para ver qué había "antes" o "debajo" de la fábula del elefante construida por los estoicos, cuál era la moral sexual cotidiana en el mundo occidental de la antigüedad. La *segunda* razón metodológica es que Artemidoro no se interesa por determinar si los actos sexuales que analiza son prohibidos o permitidos, morales o inmorales. Para Foucault esto es importante, como lo enseña en la clase del 4 de febrero, porque una genealogía de la sexualidad debe "liberarse

---

[37] En la clase del 28 de enero Foucault dice que Artemidoro fue alguien que recorrió todos los "carrefours" del mundo mediterráneo (Foucault, 2014c: 79).

de la ilusión del código" (Foucault, 2014c: 101). En lugar de presuponer una codificación jurídica de los actos sexuales, el análisis debe partir de la *experiencia* de los placeres, de la *valorización* que reciben en un momento histórico determinado. No hay un código universal de la sexualidad válido para todas las civilizaciones, como quiere el psicoanálisis. Por eso, en lugar de colocar como punto de partida un sujeto universal, y desde ahí preguntarse cómo es que la *psyché* "internaliza" el código, habría que preguntarse, más bien, cómo es que se forman esos códigos a partir de experiencias concretas.[38] En el caso específico que estamos estudiando, la pregunta sería la siguiente: ¿cómo hemos llegado a creer que existe un código universal de la sexualidad? La respuesta pareciera remitirnos al modo en que la actividad sexual fue codificada jurídicamente por el cristianismo entre los siglos VIII-XII, dando lugar a la fábula del elefante que heredó san Francisco de Sales. Pero ya lo sabemos: Foucault nos remite a un momento anterior, el mundo greco-latino de los siglos I-III d.C., para mostrar que la fábula fue construida por los estoicos sin intervención alguna de la moral sexual cristiana. Hay que deshacer, por tanto, la ilusión jurídica. Nominalismo del análisis que Foucault quiere ver ejemplificado en el texto de Artemidoro.

Aunque el texto de Artemidoro no refleja un código moral de prohibiciones en torno a los actos sexuales, sí deja ver cuál era la "valoración espontánea" que la sociedad greco-romana tenía de los mismos. Es en este sentido que Foucault habla de la "experiencia de los *aphrodisia*".[39] Los latinos solían

---

[38] Ya vimos en el primer volumen cómo Foucault renuncia a colocar los universales como un "dato previo", y en lugar de eso muestra cómo se han construido esos universales a partir de técnicas concretas. Véase: Castro-Gómez, 2015b: 46-48; 91-92. A los problemas que este tipo de metodología supone para un análisis *político* de las prácticas, nos referiremos en el Epílogo de este libro.

[39] En la Introducción a *El uso de los placeres* Foucault dice que uno de sus propósitos es analizar el modo en que la sexualidad se constituye en una "experiencia"; es decir, el modo en que es reconocida como un dominio específico de actos sometidos a reglas implícitas o explícitas (Foucault, 2007a: 7).

traducir esta palabra griega como "placer venéreo", si bien el verbo *aphrodisiazein* puede ser vertido simplemente como "copular" o "entregarse a los placeres sexuales".[40] En la clase del 28 de enero Foucault dice que no quiere definir de antemano la noción de *aphrodisia*, pues ella es el problema mismo que debe ser analizado. Pero sí le interesa mucho distinguir esta experiencia greco-latina de los *aphrodisia* de otras dos experiencias históricas diferentes: la experiencia cristiana de la "carne" y la experiencia moderna de la "sexualidad" (Foucault 2014c: 78). Las tres son modalidades éticas de la relación de sí consigo. Pero, a diferencia de la experiencia cristiana, la valoración griega sobre los *aphrodisia* no buscaba determinar el origen del "deseo" que en ellas se ponía en juego; es decir, si ese deseo provenía de Dios o del demonio; y a diferencia de la experiencia moderna, tampoco buscaba determinar si un acto sexual era normal o patológico. Más aún: a diferencia de la experiencia moderna de la sexualidad, la valoración griega sobre los *aphrodisia* no distinguía a los individuos según fuera su sexo anatómico (masculino / femenino), ni tampoco de acuerdo con el objeto hacia el que se dirigía su deseo (heterosexuales, homosexuales). La línea divisoria entre los participantes en el acto sexual pasaba por otro lado: el papel (activo o pasivo) que ocupaban los actores en el mismo, con total independencia de su sexo anatómico (*ibíd.*, 81).

En efecto, en la clase del 28 de enero de 1981 Foucault dice que el texto de Artemidoro deja entrever (sin proponérselo) un tipo de "valoración espontánea" de los *aphrodisia*, que podría reducirse a dos principios. El *primero* es el "principio de isomorfismo", según el cual el acto sexual refleja la asimetría social entre los actores que participan en él. El sueño será favorable

---

[40] "Desde luego, los griegos disponían de toda una serie de palabras para designar distintos gestos o actos a los que llamamos "sexuales" [...]. Pero la categoría de conjunto bajo la cual estos gestos, actos y prácticas se subsumían es mucho más difícil de captar. Los griegos utilizaban con toda naturalidad un adjetivo sustantivado: *ta aphrodisia*, que los latinos traducían poco más o menos por *venerea*" (Foucault, 2007a: 35).

o desfavorable dependiendo de cuál sea el "estatuto" social de las personas que aparecen teniendo relaciones sexuales: si son casadas o solteras, jóvenes o viejas, libres o esclavas, ricas o pobres, esposos o amantes. ¿Por qué razón? Porque entre el actor sexual y el actor social no existía separación alguna.[41] La valoración del acto sexual en la antigüedad estaba sobredeterminada por el lugar que un individuo cualquiera ocupaba en las jerarquías sociales (Foucault, 2014c: 80). De manera que la interpretación deberá tener en cuenta quién es el "superior" y quién es el "inferior" en el sueño. El sueño será favorable cuando en la relación sexual el soñador aparece asumiendo un papel valorado socialmente como superior (isomorfía socio-sexual), y será desfavorable cuando asume un papel que no se corresponde con ese tipo de valoración (heteromorfía socio-sexual).[42]

> Esta dramaticidad social se despliega en un teatro con personajes que están socialmente marcados, entre parejas donde el valor social es absolutamente esencial para apreciar la significación pronóstica [del sueño] y el valor del acto mismo. Este teatro social está esencialmente hecho de jóvenes y viejos, de ricos y pobres, de hombres y de mujeres libres, de hombres y mujeres esclavos [...]. Las parejas sexuales son y siguen siendo hasta el final personajes sociales, y por consiguiente el juicio que se tiene de estos actos sexuales es indisociable de la marca social que llevan los individuos implicados en estos actos. (Foucault, 2014c: 81)[43]

---

[41] Foucault recuerda que los actos sexuales son designados a menudo por tres palabras griegas que evocan actos sociales: *homilía, sunousia* y *sumploké*. Tales palabras enfatizan el encuentro, la junta, la reunión de los cuerpos, en analogía con actos de orden social (Foucault, 2014c: 80).

[42] Dicho de otro modo, para Artemidoro el problema de la interpretación no radicaba en saber si el acto sexual es normal o perverso, si los actores son homosexuales o heterosexuales, sino en saber cuál es el estatuto social de los participantes. Lo que había que determinar no era la "calidad" del acto sexual en sí mismo, y tampoco cuál era la pareja permitida y la pareja prohibida, sino el lugar que ocupaban sus ejecutantes en una estructura social fundamentalmente *desigualitaria* (Foucault, 2014c: 82).

[43] La traducción es mía.

Foucault señala que las consecuencias del principio de isomorfía socio-sexual se dejan ver con claridad en el matrimonio. En el mundo greco-romano la mujer es socialmente inferior al hombre, de tal modo que en el acto sexual el hombre toma lo que es suyo, lo "posee", se coloca "encima", pone a la mujer a su entera disposición (Foucault, 2014c: 83). Y aun a pesar de que el matrimonio fuese valorado *luego* por los estoicos como el más elevado y más perfecto de todos los isomorfismos posibles (la fábula del elefante), ello no hizo mella alguna en la desvalorización tradicional de la mujer. Y tampoco en la permisividad que tenían las relaciones sexuales de los hombres fuera del matrimonio, comparada con la intolerancia absoluta de la relación sexual extramatrimonial por parte de las mujeres. Si un hombre casado tenía relaciones sexuales con una esclava de su propiedad, esto era visto como perfectamente legítimo, pues esa relación es *isomorfa* con respecto a la posición social que ocupan el amo y el esclavo. En cambio, si ese mismo hombre casado tuviera una relación sexual con la mujer de su vecino, esa relación sería ilegítima porque es *heteromorfa*. En este último caso se atenta contra los derechos del vecino, se le roban sus bienes, su autoridad, pues la mujer es "su" propiedad y únicamente él tiene derecho sobre ella. No ocurría lo mismo si fuera la mujer casada quien tuviera relaciones sexuales con un hombre soltero, e incluso con un esclavo, pues allí tendríamos un caso típico de "adulterio". En este caso sería ella la que estaría robando a su propio marido, quien posee derechos absolutos sobre su cuerpo. Para el caso de la mujer, ninguna relación sexual, excepto la que tuviera con su marido, podía ser isomorfa, pues ella ocupaba *siempre* una posición de inferioridad social respecto al hombre. Este tipo de valoración será heredada completamente por el cristianismo y por el tipo de sociedades engendradas por él. Foucault dice que en la *modernidad* el viejo principio de isomorfía se esconde bajo un manto *jurídico* de igualdad, y toma la forma de la ley que separa la pareja sexual permitida de la pareja sexual prohibida (*ibíd.*,

85). Es una igualdad mentirosa, que oculta los isomorfismos socio-sexuales vinculados al antiguo poder soberano.[44]

De otro lado, el *segundo* principio de valoración que tenía la sociedad greco-romana de los *aphrodisia* es el "principio de actividad", según el cual el acto sexual es ejecutado por una parte "activa" sobre otra "pasiva"; es decir, por un individuo que penetra sobre otro que es penetrado (Foucault, 2014c: 86). No existe aquí el juego sexual, la interacción creativa entre las partes, sino que uno *domina* siempre sobre el otro. Mientras que en el caso del primer principio se valora la relación (social) con el otro, en el caso del segundo principio no existe relación alguna con la pareja sexual. Aquí solo se tiene en cuenta el punto de vista del macho, del penetrador, de la parte activa. Indiferencia total frente al "objeto" de la penetración (la mujer, el esclavo, el muchacho), pues lo importante era solo el acto de penetrar, la función de ejercer dominio.[45] Solamente es *sujeto* de placer la parte que es naturalmente dominadora, mientras que la parte dominada no cuenta para nada.[46] Entonces, de acuerdo

---

[44] Foucault se equivoca completamente al insistir en que la igualdad proclamada desde la Revolución francesa es un asunto puramente "jurídico", que esconde los isomorfismos propios del antiguo régimen soberano. La *igualdad democrática* no puede reducirse a la igualdad entre iguales (como ocurría en la antigüedad), sino que, literalmente, significa que todo el mundo es igual a todo el mundo. Cosa muy distinta a la situación de "isomorfía" a la que se refiere Foucault, en la que la igualdad se entendió como una cuestión de derechos iguales para personas de igual condición social. Los iguales debían ser tratados con igualdad, pero eso no significaba que *todos* los hombres fueran iguales. A las fatales consecuencias de la lectura foucaultiana de la igualdad para las luchas políticas contemporáneas nos referiremos en el Epílogo de este libro.

[45] El hombre era definido en el mundo antiguo por su actividad y la mujer por su pasividad, y esto es así "por naturaleza", según decía Aristóteles. Pero esto no significa que entre los griegos existiese una sexualidad "masculina" y otra sexualidad "femenina", como se pensará luego en la modernidad. Foucault reconoce que el sistema ético del mundo antiguo griego viene ligado a lo que hoy día llamaríamos una "sociedad machista" en la que el sujeto activo es el hombre adulto y libre, mientras las mujeres, los muchachos y los esclavos son objetos pasivos (Foucault, 2007a: 45-46).

[46] En la clase del 28 de enero de 1981 Foucault dice que existía gran desconfianza

con el "principio de actividad", el sueño será favorable si el soñador ocupa una función activa en el acto sexual, y no solo dependiendo —conforme al "principio de isomorfismo"— de la calidad social del individuo que penetra o es penetrado. Todo dependerá de si el soñador actúa *conforme a natura* y penetra, o si actúa *contra natura* y es penetrado.[47] Pues, para Artemidoro, la actividad y la pasividad sexual son cuestiones que tienen que ver con la "naturaleza" del individuo:

> El acto sexual no está simplemente llevado a un campo social, sino que está llevado también a un dominio de naturalidad. Artemidoro no reparte los actos sexuales solo en función de lo que es conforme al *nomos*, sino en función de lo que es conforme o contrario a la naturaleza, en todo caso lo que está fuera de la naturaleza, porque *para physin* quiere decir: lo que está al lado de la naturaleza, al exterior de la naturaleza o, aun, lo que es exactamente contrario a ella. Cuando se intenta ver qué es lo esencial de esta naturalidad, encontramos, por supuesto, la actividad del macho, es decir, la penetración. La penetración sexual es la regla interna de la naturaleza que va a permitir separar los actos sexuales entre naturales o no naturales. (Foucault, 2014c: 86)[48]

La penetración no es, entonces, algo que ocurre entre dos parejas sexuales, sino que es *la* actividad que define por naturaleza al sujeto. Ser sujeto equivale intrínsecamente a penetrar. Aquí no importa si el acto sexual se realiza con alguien

---

en el mundo antiguo frente al placer experimentado por la parte pasiva de una relación sexual. El placer de la mujer, por ejemplo, era visto como algo salvaje, descontrolado y excesivo. La mujer tiene placer al ser penetrada por el macho, pero ese placer es casi como el que sienten los animales o, por lo menos, se ubica en un límite indefinido entre lo animal y lo humano.

[47] En la entrevista con Dreyfus y Rabinow Foucault decía que la ética del placer de los griegos está ligada a una "obsesión con la penetración", y comentaba que "todo esto es muy desagradable" (Dreyfus & Rabinow, 1991: 266). Es por eso que el mundo griego antiguo no es para Foucault una edad de oro que deba tomarse como modelo de acción para las luchas contemporáneas.

[48] La traducción es mía.

socialmente inferior o superior en la escala social, sino que solo importa el hecho de penetrar o ser penetrado. Si el soñador penetra, entonces el sueño será favorable, pero si es penetrado vendrán con seguridad tiempos dolorosos. Actividad, por tanto, unitaria, no relacional, que define por naturaleza al sujeto como ser activo (Foucault, 2014c: 87). En el cristianismo, esta actividad por parte del macho que penetra será valorada también como "natural". Pero, a diferencia de lo que ocurría con Artemidoro, los cristianos van a "juridizar" los actos sexuales y a declarar ilegítimos los actos *contra natura*, como por ejemplo la relación sexual entre dos hombres o entre dos mujeres. En la modernidad, con la emergencia de la *scientia sexualis*, los deseos serán tenidos como "naturales" cuando el cuerpo deseado tiene un sexo anatómico contrario al del sujeto deseante, y serán antinaturales cuando ese cuerpo tiene el mismo sexo. Lo que Foucault quiere decir es que, al igual que ocurrió con el primer principio, este segundo principio de actividad ha sido recubierto por el cristianismo y la modernidad con los ropajes de la ley y del discurso verdadero. Aún hoy se sigue pensando que se es hombre o mujer "por naturaleza", y que existe, por tanto, una sexualidad masculina y otra femenina, que vienen definidas por las características del sexo anatómico. El Estado moderno ha convertido esta diferencia sexual en ley, criminalizando todos aquellos comportamientos que la desafían. De nuevo tenemos la misma idea: para Foucault, la modernidad jurídica (el Estado de derecho) no es otra cosa que la prolongación del antiguo poder soberano.[49]

---

[49] Lo que Foucault no dice es que esta naturalización de la diferencia sexual ha sido combatida hoy día por el feminismo y los movimientos *queer* apelando, precisamente, al principio de *igualdad* que el filósofo mismo considera un rezago del poder soberano. Todos somos iguales *porque* nadie posee una identidad "fijada" por la naturaleza de una vez para siempre. El principio moderno de la igualdad política es una consecuencia de la desnaturalización de las identidades sociales, sexuales y políticas, tal como ha mostrado Claude Lefort (la disolución de los "marcadores de certeza"), y *por eso* no puede ser visto como una simple prolongación del poder soberano. Si nadie puede remitir su identidad a una legitimidad trascendental, esto significa que nadie

Ahora bien, el modo en que estos dos principios de "valoración espontánea" funcionan en el texto de Artemidoro es analizado por Foucault tomando en cuenta las tres categorías de actos sexuales sobre los que un individuo puede soñar: los actos sexuales conforme a la ley (*kata nomon*), los actos sexuales contrarios a la ley (*para nomos*) y los actos sexuales que van en contra de la naturaleza (*para physin*). Así, por ejemplo, en los actos sexuales "conforme a la ley", el intérprete deberá tener en cuenta si la pareja sexual del soñador es su esposa, en cuyo caso el sueño será favorable porque el acto podría significar el pronto nacimiento de un hijo legítimo; o si, por el contrario, es una prostituta o una amante, en cuyo caso el sueño será desfavorable porque anuncia un gasto innecesario de esperma, un desperdicio de energía que no conduce al engendramiento de hijos legítimos. También hay que tener en cuenta si la mujer con la que se sueña es rica, bien vestida y hermosa, lo cual es un signo favorable, porque significa que viene algo ventajoso para el soñador; o si es más bien una mujer vieja, pobre y fea, lo cual anuncia un acontecimiento desfavorable. En este tipo de actos "conforme a la ley" se incluyen los actos sexuales entre dos hombres; aquí nuevamente el problema no es la moralidad o inmoralidad del acto, sino el estatuto del hombre con el que se sueña. Si es un esclavo, entonces es buena señal porque significa que el soñador está sacando provecho de sus posesiones. Lo importante es la posición del soñador en el acto sexual con el esclavo. ¿Se trata de una posición activa o pasiva? Es decir, ¿el soñador está penetrando al esclavo o está siendo penetrado por él? En este segundo caso, el sueño es señal de que viene algún daño terrible, porque resulta deshonroso ponerse "debajo" de alguien que es inferior en la jerarquía social. Es mal augurio que en el sueño aparezcan invertidas las jerarquías sociales. Pero, ¿qué sucede si la pareja del soñador no es un esclavo sino un hombre libre? Depende. Si el soñador es "activo", entonces es

---

posee *de suyo* el derecho de mandar sobre nadie. Véase: Castro-Gómez, 2015b: 304-332.

buena señal porque indica posesión; pero si es pasivo es mala, pues un hombre libre no puede ser "poseído" por alguien. Esto sería un síntoma inequívoco de esclavitud.

En cuanto a la segunda categoría, los actos "contrarios a la ley", Artemidoro establece que el principal de ellos es el incesto. Cuando un individuo sueña que tiene relaciones sexuales con su hija o con su hijo, el sueño es casi siempre desfavorable, porque ello implica que hay un gasto inútil de esperma. No es posible tener descendencia legítima con los propios hijos. Además, puede significar que la hija será desechada por su marido y regresará a casa del padre, lo cual quiere decir que habrá que cubrir sus necesidades. De nuevo un gasto innecesario. Peor aún si en el sueño el padre se halla en situación de pasividad, ya que la posesión sexual del padre por el hijo anuncia indefectiblemente conflicto y hostilidad. Pero, ¿qué ocurre si en el sueño el individuo aparece copulando con su madre? De manera extraña, nos dice Foucault, y a contrapelo de lo que ocurre en las tragedias griegas, "el incesto con la madre es a menudo portador de presagios favorables" (Foucault, 2012: 30). ¿Por qué razón? Porque la madre es símbolo de la patria, de modo que quien sueñe teniendo relaciones con ella podrá esperar un pronto regreso a casa, si está exiliado, o un éxito inminente en la vida política. La madre es también símbolo de la fecundidad de la tierra, lo cual quiere decir que el soñador tendrá una rica cosecha o adquirirá posesiones que no esperaba.

Finalmente, Artemidoro habla de los actos *contra natura* y establece, como criterio general de interpretación, que son aquellos actos que transgreden la "posición natural" que la economía del *kosmos* define para el apareamiento en cada una de las especies. Esta posición, en el caso de los seres humanos, es lo que hoy día conocemos como la "posición del misionero". La compañera o el compañero sexual se encuentra tendido boca arriba con las piernas abiertas, mientras que la otra persona se tumba sobre ella y la penetra. Solo esta posición asegura que la parte activa entre en "plena posesión" de su pareja y la domine. Todas las demás posiciones, nos dice Artemidoro, "son invenciones de la desmesura, de la intemperancia y de los excesos naturales a los que nos lleva la embriaguez" (Foucault, 2012: 31). De modo que un criterio para la interpretación de los sueños sexuales es si el acto es ejecutado de forma ajena a lo establecido por la naturaleza, como por ejemplo la penetración desde atrás o el sexo oral.[50] Este último tendrá consecuencias desastrosas, sobre todo si el soñador es flautista, orador o ¡profesor de retórica! Con todo, lo peor es soñar copulando con un animal, con un cadáver, con uno mismo o, en el caso de que el individuo fuese una mujer, soñar copulando con otra mujer. A diferencia del sexo entre dos hombres, el sexo lésbico es un acto *contra natura* porque allí no hay penetración o, si la hay, se ejecuta de forma artificial y abusiva. Una mujer "usurpa" el papel del hombre, toma su lugar y posee abusivamente a la otra mujer. Soñar este tipo de cosas no augura nada bueno, pues significa que la mujer será abandonada por el marido o enviudará.

¿Qué consecuencias saca Foucault de la lectura de Artemidoro? En *primer lugar*, que en el mundo antiguo el valor de los actos sexuales estaba definido por la posición social de los participantes. No es el estado de ánimo, la dotación anatómica, la personalidad, el código, aquello que define el valor de la sexualidad, sino que son los rasgos sociales de las personas involucradas. La valoración espontánea de los *aphrodisia* en el mundo antiguo era bastante simple: un individuo de escala social superior no puede ser "pasivo", es decir, no puede ser penetrado por otro individuo ubicado en una escala social inferior. ¿Por qué razón? Porque la penetración coloca a los dos participantes del acto sexual en una relación de sumisión y dominación. Quien posee un estatuto superior tiene "derecho" a dominar a quien se halla en un estatuto inferior, el cual debe aceptar ser penetrado. Por eso el varón tiene derecho a penetrar

---

[50] Foucault señala que aunque es verdad que no existía un código jurídico de los actos sexuales en el mundo antiguo, también es cierto que existían algunas prohibiciones, si bien eran pocas y dispersas: el incesto, el adulterio y el sexo oral. La boca era tenida como un lugar prohibido para la penetración.

a las mujeres, los muchachos y los esclavos. El papel sexual y el papel social de un individuo deben estar en relación de correspondencia, lo cual significa que las relaciones sexuales son el escenario (el teatro) en donde el actor sexual debe desempeñar el mismo papel que desempeña como actor social. En *segundo lugar*, esta valoración espontánea de los *aphrodisia* no remite a una ley escrita, a un código jurídico que define cuáles son los actos prohibidos y cuáles los permitidos (como ocurriría poco después con el cristianismo y más tarde con la modernidad), sino que remite más bien al código consuetudinario de la costumbre. El comportamiento sexual en el mundo antiguo nada tenía que ver con la conformidad de los actos a una reglamentación positiva, sino con los modos sociales honrados por la opinión general como "aceptables". Modos sociales inscritos, pues, en el "sentido común". En *tercer lugar*, Foucault dice que el matrimonio no constituía un "problema" en la valoración tradicional del comportamiento sexual. No quiere decir que el matrimonio no fuera valorizado antes del siglo II d.C. (la época de Artemidoro), sino que no era tenido como el único lugar donde el acto sexual era realizado de forma *legítima*. Las relaciones extramatrimoniales (de los hombres) no eran mal vistas en el mundo antiguo. Un hombre podía ser "infiel" a su esposa con un inferior en la escala social (una prostituta, una concubina, una esclava, un muchacho), sin que eso fuera mal visto. Era un acto "isomórfico", según vimos antes. Lo único rechazado en este caso como "heteromórfico" era el adulterio, el tener relaciones sexuales con una mujer casada, aunque fuese de calidad social inferior.

Quedémonos un momento en este último punto, pues resulta clave para la argumentación que venimos presentando. En *El uso de los placeres*, Foucault muestra que en el mundo griego clásico el matrimonio suponía una conjunto de obligaciones mutuas entre el hombre y la mujer, pero entre ellas no estaba contemplada el amor (vínculo de sentimientos personales compartidos) y tampoco la fidelidad sexual del marido. El matrimonio no era una opción personal (pues era un contrato realizado entre dos familias)[51] y tampoco comportaba una situación estrictamente monógama. El matrimonio no era el único lugar legítimo para la práctica de los *aphrodisia*, pues no se pretendía que la esposa fuera la única mujer que podía satisfacer sexualmente al marido, sino la única que podía darle hijos legítimos:

> Por lo demás, el hombre, en tanto hombre casado, solo tiene prohibido contraer otro matrimonio; ninguna relación sexual se le prohíbe por el solo hecho del vínculo matrimonial que contrajo; puede tener una aventura, puede frecuentar a las prostitutas, puede ser el amante de un muchacho —sin contar los esclavos, hombres o mujeres, de que dispone en su casa—. El matrimonio del hombre no lo liga sexualmente. (Foucault, 2007a: 135)

La legitimidad del matrimonio se circunscribía, entonces, a la descendencia, no al placer. Foucault muestra que en los asuntos del placer sexual existía una clara diferencia entre la concubina, la cortesana y la esposa. La concubina (es decir la prostituta) era buscada por el hombre para adquirir placer, pero este era su límite. Ella no podía aspirar a convertirse en "algo más". La cortesana (*hetaira*), en cambio, no solamente le procuraba placer al hombre, sino que además le proporciona cuidado. Algunas habían recibido educación (limitada por lo general a miembros de la aristocracia) y poseían dotes en la música y la danza, a la vez que eran reconocidas por su belleza física. Pero también estas mujeres tenían un límite: no podían darle al hombre hijos legítimos, pues esta era prioridad exclusiva de la esposa. Esta última, por su parte, debía proporcionarle cuidado a su marido pero no se esperaba que le diera placer.

---

[51] El matrimonio era básicamente una transacción económica entre el esposo y la familia de la mujer. Es decir que la mujer, hasta ese momento propiedad del padre, pasaba ahora mediante el contrato matrimonial a ser propiedad del esposo. De lo que se trataba en este contrato era de establecer una alianza estratégica entre dos familias, de modo tal que ambas partes se vieran favorecidas.

Lo que sí se esperaba de ella es que le diera hijos legítimos, con el fin de asegurar la continuidad de la institución familiar (Foucault, 2007a: 138). El punto es que el contrato matrimonial imponía unas obligaciones *diferenciales* al hombre y a la mujer. En el caso de la mujer, se le exigía tener como pareja sexual única y exclusiva a su marido, al que debía respetar y darle descendencia. Si la mujer casada tenía una relación sexual extramatrimonial, eso era visto como adulterio y el marido tenía el derecho de repudiarla, lo cual significaba dar por terminado el contrato matrimonial. Por el contrario, al hombre no le estaba prohibido tener amantes mujeres o muchachos, tener relaciones sexuales con esclavos hombres o mujeres, y tampoco llegarse a prostitutas. Lo que no podía hacer el marido era "deshonrar" a su esposa, otorgándole a otra mujer los derechos que solo a ella le correspondían. Todo esto, según Foucault, se hallaba profundamente anclado en el "sentido común" de la antigüedad; formaba parte de la "valoración espontánea" de los *aphrodisia*.

¿Cuándo empezaron a cambiar las cosas? De acuerdo con nuestro filósofo, fueron sobre todo los filósofos *estoicos* de los siglos I-III d.C. quienes empezaron a *problematizar* esta valoración espontánea, vigente aún en la época de Artemidoro.[52] Poco a poco se van desdibujando los elementos básicos de la valoración greco-romana, en la medida en que se cuestiona el lugar tradicional que ocupaba el matrimonio, dando paso con ello a la moral del elefante. Las "técnicas de sí" desarrolladas por los estoicos constituyen, por tanto, una "ruptura epistemológica" con el sentido común en el que se anclaba la moral sexual tradicional.[53] Foucault muestra que el arte de la vida

---

[52] Foucault se remite a una serie de tratados estoicos sobre el matrimonio escritos por Musonio Rufo, Hierocles y Antípatro de Tarso.

[53] Recordemos lo dicho en el capítulo uno sobre la noción de "problematización". Ella implica una ruptura con lo que se ha naturalizado en el sentido común, y funciona, por tanto, como una "actitud crítica" frente al mismo. Aquí se escuchan todavía ecos de la epistemología de Gaston Bachelard, que Foucault había utilizado antes en sus escritos arqueológicos.

conyugal constituye una verdadera "novedad" en el mundo antiguo. No se trataba, sin embargo, de que el marido debiera ser "fiel" a la condición estatutaria de su mujer, evitando poner en peligro su lugar social con otra mujer, pues, como ya vimos, esto ya formaba parte del sentido común en el mundo grecorromano. La cuestión va mucho más allá, pues lo que empieza a valorarse es un nuevo tipo de relación afectiva y sexual entre los esposos. Asistimos, por tanto, a la *invención de la pareja*.[54] Si en la ética clásica el matrimonio no ligaba sexualmente al marido, ahora se convierte en el único lugar donde este puede hacer un uso legítimo de los placeres sexuales. Musonio Rufo condena toda relación sexual que no se desarrolle en el ámbito estricto del matrimonio, y esto incluye las relaciones ejecutadas *antes* del mismo, pues solo en el matrimonio es legítimo moralmente "paladear los placeres del sexo" (Foucault, 2012: 184). ¿Por qué razón? No porque el placer sexual como tal sea malvado (como dirá luego el cristianismo), sino porque ese placer debe estar en "armonía" con las obligaciones sociales del individuo: la progenie, la ciudad y la comunidad humana universal. No es moral "sustraer" los *aphrodisia* de la red de obligaciones morales en las que se inscribe el sujeto. Por eso, todo acto sexual que se ejecute fuera del matrimonio conllevará un desgarro en el tejido comunitario, una ruptura en la economía del mundo, pues la conyugalidad es para los estoicos una pieza básica de los lazos morales que la naturaleza ha fijado para nosotros (*ibíd.*, 189). Quien destruye la conyugalidad (con la infidelidad sexual en cualquiera de sus acepciones) atenta contra el "orden natural" de las cosas.

De otro lado, Musonio Rufo afirma que el placer sexual en el matrimonio no puede desligarse en ningún caso de la actividad procreadora, y critica la contracepción, ya que esta atenta contra "el orden universal creado por los dioses" (Foucault, 2012: 187). El objetivo del acto sexual con la esposa no es la

---

[54] Foucault hace referencia explícita a un artículo de Paul Veyne publicado en 1978: "La famille et l'amour sous le Haut-Empire romain".

obtención de placer, la lúdica del juego erótico, sino el engendramiento de la prole. En cuanto a la "rudeza" en las relaciones sexuales entre esposos, tanto Musonio, como Séneca y otros filósofos estoicos, aconsejan evitar tratar a la esposa como si fuera una "cualquiera". No se trata únicamente de reconocer la dignidad que le corresponde como señora (*domina*) de la casa (*oikos*) y madre legítima de los hijos. Se trata, sobre todo, de que esa dignidad se traduzca en la moralidad con que se ejecutan las relaciones sexuales mismas. Sería "rebajar" a la esposa, si el marido hace con ella cosas que normalmente se hacen con una prostituta o con una concubina. El marido debe observar la siguiente regla de prudencia: "encontrar una vía intermedia entre una austeridad excesiva y una conducta demasiado cercana a la de los depravados", pues "el marido debe recordar siempre que no puede tener relación con la misma mujer a la vez como esposa y como amante" (Foucault, 2012: 155-156). Por tanto, no hay que hacerle a la esposa cosas en la cama que después ella pueda "malinterpretar". No tocarla en lugares indebidos del cuerpo; no decirle palabras soeces al oído, porque eso sería irrespetarla, no darle el trato que se merece como esposa, "rebajarla" a la categoría de cortesana o prostituta. No hay que comportarse "demasiado ardientemente" con la esposa, ni intentar con ella lograr "placeres demasiado intensos": tales son los consejos de prudencia ofrecidos por los filósofos estoicos. Asistimos, por tanto, a una deserotización y deshedonización del acto sexual, que nos pone *ad portas* de la moral cristiana.[55] Sin embargo, ninguno de los filósofos estoicos fue tan lejos como para *prescribir* qué tipo de posiciones, qué tipo de caricias, qué tipo de besos están permitidos o prohibidos en la relación conyugal, como más tarde haría la pastoral cristiana. No obstante, hay aquí varios elementos que preparan el camino para el nacimiento de la experiencia cristiana de la "carne": eliminación del placer como finalidad del acto sexual

---

[55] En la clase del 25 de marzo de 1981 Foucault habla de una "desafroditización del acto sexual" (Foucault, 2014c: 160).

entre esposos, principio de fidelidad sexual, procreación como objetivo primario, deserotización del sexo, la vida en pareja como primera *koinonía* y "fundamento" del lazo social, etc. Esta valoración de los placeres, que nos resulta familiar, no puede achacársele a la religión cristiana, ni a la hipocresía de la moral burguesa, sino a la filosofía "pagana" del estoicismo tardío.

En la clase del 4 de febrero de 1981, Foucault dice que si la moral estoica constituye una novedad en el mundo antiguo, esto no se debe a que allí se produjo un "cambio de código".[56] Lo que se produjo en realidad fue una *problematización* de los dos principios de valoración de los *aphrodisia* que Artemidoro había utilizado para la interpretación de los sueños. En primer lugar, los estoicos problematizaron el principio de isomorfismo, pues le dieron al matrimonio un lugar de *superioridad* dentro del conjunto de relaciones sociales. Lo que vale en el mundo del matrimonio ya no está en "correspondencia" con lo que vale en el resto del mundo social (Foucault, 2014c: 104-105).[57] Dicho de otro modo, la valorización de los actos sexuales en el matrimonio ya no se deriva de las posiciones que ocupan los actores en el campo social, porque el matrimonio es una *excepción* y se define solo frente a sí mismo, con lo cual se rompe el principio de isomorfismo. Por otro lado, los estoicos también problematizaron el principio de actividad, pues afirman que *todo*

---

[56] Con ello quiere decir que no fueron los estoicos quienes introdujeron el "modelo jurídico" en el ámbito de la sexualidad. Este "logro" deberá atribuirse a los cristianos y luego a los modernos. Más aún, Foucault insiste al comienzo de la clase que no existe en los griegos el concepto de una sexualidad transhistórica, común a todas las culturas, que haya sido "reprimida" por las instituciones sociales ("sexualidad interdicción"), tal como quiere el psicoanálisis (Foucault, 2014c: 100). No hay un "código fundamental" desde el cual explicar las "transgresiones" sexuales. No obstante, Foucault dice que entre los siglos VIII y XII d.C. (la alta edad media) se produjo en Occidente una codificación intensa de la actividad sexual, que es única en la historia de las civilizaciones. Codificación de los actos, de los deseos, de las actitudes, de las identidades (*ibíd.*, 101). No obstante, como hemos visto, Foucault rechaza la "ilusión jurídica" para comprender la sexualidad.

[57] Foucault se refiere a esta transformación ética de los estoicos como una "desocialización de la sexualidad", una "ruptura del *continuum* socio-sexual".

deseo (*orexis*) debe ser visto con sospecha.⁵⁸ No se trata solo del deseo por la concubina o por la prostituta (ni hablar siquiera del deseo por los muchachos y los esclavos), sino también del deseo por la esposa. No es que haya un placer legítimo que es el del sujeto activo, como era claro en la valoración espontánea de los *aphrodisia*, sino que todo deseo es calificado como peligroso. ¿Por qué razón? Porque el deseo puede llevar al sabio hacia la *pasividad*. Quien desea sin medida está perdiendo control sobre sí mismo; está permitiendo que fuerzas irracionales dominen su razón. El sabio estoico debe liberarse de la pasividad, debe ser siempre un sujeto activo, capaz de gobernar sus pasiones, por lo cual el acto sexual debe ser desvinculado del placer. Nueva ética sexual para filósofos (que lo sería también para la gente común solo después, con el cristianismo) en la que el hedonismo es neutralizado a partir de las técnicas de sí. Aquí nos hallamos ya instalados en la moral del elefante.

Aunque la problematización estoica del matrimonio no supone todavía la elaboración de un código moral que clasifique los actos prohibidos y los permitidos, como hará luego la casuística cristiana, sí conlleva, sin embargo, la elaboración de una nueva ética sexual en la que el exceso y la pasividad son valorizados como actos "inmorales". El sujeto deberá ser capaz de controlar los excesos en el uso de los placeres, pues la naturaleza ha fijado unos límites racionales que no debe traspasar. Esto vale no solo para los placeres de la comida y la bebida, sino especialmente para las prácticas afrodisiacas, que deberán limitarse al ámbito estricto del matrimonio. Sobrevalorización

---

58   Epicteto decía que para evitar ser desdichado, el sabio debe *suprimir el deseo* por completo, ya que este se orienta hacia las cosas que no dependen de nosotros y sobre las cuales no podemos influir. Desear cosas que no dependen de nosotros equivale a vivir en servidumbre. "Suprime por lo tanto toda aversión que pudieras tener hacia las cosas que no dependen de ti y oriéntala únicamente hacia las cosas que no son contrarias a la naturaleza y que dependen de ti. En cuanto al deseo, al menos por el momento, suprímelo por completo. A este respecto, ten en cuenta que si deseas cualquier cosa que no depende de ti, antes o después te verás asediado por el infortunio". Epicteto. *Enquiridión*, 2.

del matrimonio que va de la mano con una desvalorización del placer, visto ahora como síntoma de pasividad. El sujeto no puede ser pasivo frente a sus propios placeres porque esto abre el camino para el dominio de la voluntad sobre la razón. Y el sabio debe caracterizarse, precisamente, por ser capaz de someter la voluntad al señorío de la razón, por lo que la involuntariedad del deseo sexual no es algo que convenga mucho a un filósofo. Para los estoicos, la función de la filosofía es ofrecer al sujeto un conocimiento racional de las pasiones, de modo que este pueda ejercer un dominio sobre ellas. Basta con *comprender* el funcionamiento de las pasiones para que la voluntad obedezca.[59] Desde luego que esto exige entrenamiento, dedicación, ejercicio, pero este es, precisamente, el duro camino de la vida filosófica. A fuerza de entrenamiento, el filósofo deberá entender que los placeres no son nada y que lo suyo es vivir conforme a los límites señalados por la naturaleza. La vida filosófica supone, por tanto, la *sustracción* del sujeto de los contextos sociales en los que vive. No necesariamente una sustracción *física*, pero sí una sustracción *moral* (Foucault, 2014c: 111). El objetivo de la vida filosófica es el logro de la sabiduría, y esta convertirá al sujeto en una especie de dios en medio de los mortales. El estoicismo se presenta entonces como un método filosófico de autotransformación.

Es en este contexto que aparece la problematización estoica del matrimonio a la que nos estamos refiriendo. Contexto marcado por la pregunta de si es o no conveniente que el filósofo se case. En la clase del 4 de febrero de 1981 Foucault aborda este asunto de las ventajas y los inconvenientes del matrimonio. En primer lugar, el matrimonio en sí mismo es visto por

---

[59] Esto se debe a que para los estoicos, siguiendo en esto la tradición socrática, toda acción humana se basa en el juicio y, por tanto, la sabiduría equivale al conocimiento y el vicio a la ignorancia. Epicteto lo formulaba de este modo: "Lo que perturba a los hombres no son las cosas, sino los juicios que hacen sobre las cosas. Así, por ejemplo, nada hay temible en la muerte y la prueba es que a Sócrates no se lo pareció. Solo el juicio que nos hacemos de la muerte —a saber, que es algo temible— resulta temible". Epicteto. *Enquiridión, 5.*

los estoicos como una institución buena y necesaria. No solo permite asegurarle al hombre la descendencia y gestionar su casa (*oikos*), sino que genera vínculos duraderos de afecto y amistad que le son útiles en momentos de enfermedad y en la vejez. Musonio Rufo decía que el lazo conyugal no obedece solamente a la necesidad natural de la procreación y el mantenimiento de la vida (supervivencia de la especie), que en realidad es algo común a todos los animales. Lo que justifica "por naturaleza" al matrimonio es la creación de una comunidad de afectos: "una camaradería en la que (el hombre y la mujer) se intercambian cuidados recíprocos, donde se rivaliza en atención y benevolencia del uno hacia el otro" (Foucault, 2012: 168). Es decir que existe una inclinación natural hacia el matrimonio basada no solo en la necesidad biológica de la supervivencia y la procreación, sino en la necesidad social de la conyugalidad y el compañerismo. Los humanos son "animales conyugales" por naturaleza, es decir que están hechos para casarse, para vivir en pareja. Nada puede ser más natural y más deseable que casarse. Es claro, entonces, que para los estoicos el matrimonio es una institución conveniente. Ahora bien, la pregunta es: ¿qué tan conveniente lo es para alguien que ha escogido llevar una "vida filosófica"? Se trata, nos dice Foucault, de una pregunta clásica. Una larga tradición —que remite a los pitagóricos— sostiene que si uno quiere abrazar la vida filosófica deberá permanecer soltero. ¿Por qué? Porque el matrimonio no es compatible con el principio de autonomía que debe caracterizar a los filósofos. En *ninguna* circunstancia deben casarse debido a la gran cantidad de preocupaciones cotidianas que arrastra el matrimonio y que le "desvían" de su objetivo principal: el logro de la sabiduría. Esta opinión es compartida por casi todas las escuelas filosóficas de la antigüedad. El sabio deberá liberarse de los apegos, pasiones y temores, para lo cual deberá cultivar la virtud de la *autarquía*. No podrá ejercer su vocación (su "llamado") si está encadenado a los deberes privados, al mantenimiento de una mujer y de los hijos. Por eso la "vida teórica" del filósofo se opone tanto a la "vida política" como a la "vida doméstica":

> El problema del matrimonio para los filósofos está vinculado a algo muy importante que es el problema de la verdad. Si desde esta perspectiva general el filósofo se encuentra en una posición crítica en relación con la ética del matrimonio, es en tanto que es sujeto de verdad. El filósofo es sujeto de verdad en dos sentidos. De un lado, tiene que conocer la verdad, pues su actividad es la *theôria*. En esta medida, todo lo que puede desconcentrarlo de la pureza de esta *theôria*, de la eternidad del objeto que contempla y de las condiciones que le permiten justamente percibir con claridad este objeto eterno, todo lo que por consiguiente corre el riesgo de distraerlo y perturbarlo en esta relación privilegiada, fundamental, con la verdad, todo eso debe ser excluido. Desde este punto de vista, en tanto que sujeto de verdad, el filósofo no puede casarse. Pero, de otro lado, en cuanto él es sujeto de verdad (es decir que enseña la verdad, que es maestro de verdad) con su palabra, por ejemplo, con su vida, con la conformidad entre su palabra y su vida, el matrimonio es para él tan implicado y necesario como para cualquier otra persona. Problema del decir-verdad y problema del estar-casado, problema del que tiene un estatuto para manifestar la verdad, problema del estatuto del matrimonio y de la soltería en relación con el estatuto de manifestación de la verdad. (Foucault, 2014c: 111)[60]

Aparece aquí, de nuevo, el problema del "decir-verdad" abordado en el curso anterior en relación con el cristianismo, pero esta vez dirigido a la relación entre la filosofía y el matrimonio. Las escuelas clásicas de filosofía enseñaban que en tanto sujeto de verdad, el filósofo debería permanecer soltero. No obstante, algunos estoicos se desviarán un poco de esta tradición. Epicteto comparte la opinión de que el filósofo no debería casarse, pero distingue entre actos primordiales y actos circunstanciales. Mientras que los actos circunstanciales dependen de la prudencia (*phrónesis*) del sujeto, los actos primordiales son aquellos que deberían hacerse siempre, más allá de la circunstancia

---

[60] La traducción es mía.

en que el sujeto se encuentre. ¿Cuáles son estos actos primordiales? Epicteto dice que son tres: honrar a los dioses, honrar a los padres y honrar la ciudad. El matrimonio no es un acto primordial, de modo que el filósofo debería permanecer soltero, a menos que haya una circunstancia favorable. Es el caso del cínico Crates, que era hostil al matrimonio hasta que conoció a una mujer dispuesta a compartir con él la vida filosófica. Hiparquia no era como las demás mujeres griegas: era también filósofa y no demandaba de Crates el mantenimiento de una casa (*oikos*) y tampoco una descendencia. No era un obstáculo para que él pudiera vivir como filósofo y por eso decidió casarse con ella. De modo que aunque Epicteto juzga negativamente el matrimonio para los filósofos, reconoce que en algunas circunstancias podría resultar favorable.[61] Por su parte, Musonio Rufo dice que el matrimonio es el modo de vida que más conviene al filósofo.[62] El lazo conyugal es un "deber universal", por lo que el filósofo no puede vivir *contra natura* (soltero) y tampoco dar mal ejemplo a los demás, comportándose de forma irracional (Foucault, 2012: 173-174). Existe, pues, un vínculo estrecho entre el amor a la sabiduría y el matrimonio, puesto que nadie puede "cuidar de sí" sin ser capaz de cuidar también a los más cercanos; y el matrimonio es precisamente eso: una comunidad de vida, una relación de mutua ayuda y solidaridad. El mensaje de Musonio es claro: a menos que haya circunstancias *muy* desfavorables, todo filósofo debería casarse. De modo que ante la pregunta de si el matrimonio resulta conveniente o no para un filósofo, Epicteto y Musonio (discípulo

---

[61] Incluso recomienda a sus discípulos no juzgar demasiado pronto a aquellos que "se entregan a los asuntos del amor" y mantenerse puros "en la medida de lo posible" en relación con "los placeres amorosos". Epicteto. *Enquiridión*, 33.

[62] Al parecer Musonio Rufo (que vivió entre el 30 y el 100 d.C.) no escribió nada y lo que ha llegado hasta nosotros son los fragmentos de una obra redactada por sus discípulos bajo el nombre *Reliquiae et apophthegmatae* traducidos al alemán en el siglo XIX. Son estos fragmentos los que utiliza Foucault. En castellano disponemos de una traducción bajo el título *Disertaciones*, presentada por la editorial Gredos de Madrid.

y maestro) tienen opiniones un tanto diferentes. El discípulo, inspirado en la vida de los cínicos, dice que el filósofo debe ser un militante de la sabiduría, una especie de mensajero de los dioses que no tiene ciudad, ni patria, ni mujer, y que solo en casos especiales resulta conveniente que se case. El maestro, por el contrario, dice que el filósofo debería procurar casarse y que solo circunstancias *muy* especiales pueden llevarle a permanecer soltero. Esto último, sin embargo, será un obstáculo para que el filósofo logre constituirse como sujeto moral. Con lo cual llegamos de nuevo a la fábula del elefante: por fuera del matrimonio el acto sexual es inmoral.

En la clase del 25 de marzo de 1981 Foucault defiende una tesis algo extraña, que de hecho solo podremos encontrar en este curso. Afirma que cuando los estoicos imponen al hombre casado el deber de la fidelidad sexual en el matrimonio, producen en él una "cesura de la virilidad" (Foucault, 2014c: 265). Esto significa que como el varón ya no tiene la posibilidad de imponer sexualmente su superioridad estatutaria sobre los subalternos (esclavos, jóvenes, amantes, prostitutas), tal como ocurría en la época clásica, se produce una disociación entre la "virilidad estatutaria" y la "virilidad activa". Se ha producido una desexualización de la virilidad ligada a la posición social, de tal modo que el hombre casado, el marido, se halla atrapado en medio de dos fuerzas opuestas: de un lado, puede ser activo sexualmente con su esposa; pero del otro, debe evitar ser activo en otros espacios sociales, debe controlarse para evitar la "tentación" de las relaciones sexuales extramatrimoniales a las que tiene "derecho" por su posición estatutaria. El resultado es un *desgarramiento de la masculinidad*, un dislocamiento de los *aphrodisia*, un control perpetuo del deseo que anuncia ya el "combate de la castidad" al que nos referiremos más adelante.

Amores pederásticos

Hemos visto que la valoración espontánea de los *aphrodisia* en el mundo antiguo no se planteaba demasiadas preguntas en torno al matrimonio. Una persona de rango social alto debe casarse porque esto asegura su buen nombre, su descendencia, la prosperidad de su casa (*oikos*), etc. Excepto para el caso especial de los filósofos, nadie se preguntaba si el matrimonio era una institución conveniente o inconveniente. Uno tenía que casarse y asunto terminado. Era una cuestión de estatuto, tanto para el hombre como para la mujer. Fue apenas hacia los siglos I-III d.C. cuando los filósofos vinculados al estoicismo tardío empezaron a problematizar el matrimonio. Fueron ellos quienes hicieron del matrimonio una institución especial, hasta el punto de aislarla de las demás instituciones sociales. Con ello no solo se distancian de la valoración espontánea de los *aphrodisia* vigente en el mundo griego clásico, sino que promueven, anticipándose con ello al cristianismo, una nueva moral sexual en la que el placer debe ser sometido a un "recto uso" en el seno del matrimonio. Pero aquí aparece un problema que comienza a intrigar mucho a Foucault. En la clase del 4 de marzo de 1981 dice que la problematización estoica del matrimonio conlleva una transformación sustantiva de las "artes de sí" con respecto a las que encontrábamos en la Grecia clásica.[63] Mientras que en estas el foco de reflexión ética no era el matrimonio sino la pederastia, en el caso de las artes estoicas ocurre lo contrario: el matrimonio se convierte en objeto de "inquietud", mientras que la pederastia desaparece por completo del campo de problematización ética.[64] ¿Por qué razón? Porque, como ya vimos,

---

[63] En concreto, Foucault habla de "tres transformaciones" de la ética sexual ocurridas entre el mundo griego clásico y el mundo helenístico. La primera tiene que ver con la problematización de la pederastia, del placer sexual en una relación entre hombres. La segunda es relativa al estatuto que recibe el matrimonio. Por último, la tercera transformación se refiere al significado moral de las relaciones sexuales en el interior del matrimonio (Foucault, 2014c: 177).

[64] Debemos entender que cuando Foucault habla de "pederastia" en el mundo antiguo no se refiere a lo que luego la *scientia sexualis* moderna describió como una "perversión". No está hablando, por tanto, de una enfermedad en el sentido médico. En el caso de la pederastia, la *scientia sexualis* habla de una desviación que consiste en que la excitación sexual se despierta al hacer

toda relación sexual extramatrimonial (con otras mujeres, con los esclavos, con los muchachos) es calificada por los estoicos como "inmoral". Pasamos entonces del amor pederástico al amor conyugal. La pregunta es: ¿cómo llegó a ocurrir esto? ¿Qué cambios se dieron en las artes de sí para que la pederastia dejara de ser un foco de inquietud ética?[65] Recordemos que a Foucault le interesa metodológicamente indagar por el cambio de las "formas de problematización", es decir, por el modo en que los discursos éticos sobre los *aphrodisia* cambiaron entre la época clásica y la época imperial.[66]

Recordemos que para los griegos el deseo sexual no estaba codificado —como para nosotros— según la anatomía ("sexo masculino" y "sexo femenino"), es decir que no existía una distinción entre lo que llamamos "heterosexualidad" y "homosexualidad".[67] No existían dos "tipos" de sexualidad,

---

contacto visual con el cuerpo de un niño, perversión a la que se denomina "pedofilia" y es vista como un "trastorno mental" que consiste en que el enfermo se interesa por menores de edad por ser más débiles que él, a fin de compensar un sentimiento de inferioridad. El pedófilo no "ama" en realidad al niño, sino la posibilidad de ejercer poder sobre él. Por eso, cuando el niño crece, el supuesto "amor" del pedófilo desaparece. Desde luego, nada de esto tiene que ver con las relaciones sexuales entre un hombre y un adolescente, tal como eran valoradas en la Grecia antigua. Tal inclinación no se relacionaba con algún problema psicológico o con alguna anormalidad fisiológica. No existía, como en la *scientia sexualis*, un "perfil" de la personalidad del pederasta. Conclusión: la pederastia antigua no es un caso de pedofilia. No es que la pedofilia exista desde hace mucho tiempo pero que solo recientemente (con el nacimiento de la psiquiatría) hayamos "entendido" sus causas. Lo que Foucault diría es que la pedofilia, al igual que todas las demás "desviaciones" sexuales, es una creación del dispositivo de sexualidad y no una enfermedad antigua.

[65] En las siguientes páginas me referiré a los argumentos presentados por Foucault en *El uso de los placeres*, mucho más elaborados que los que presenta en las clases de 1981 en el marco de su curso *Subjetividad y verdad*. Ocasionalmente, sin embargo, haré referencia de nuevo a este curso.

[66] Ya vimos en el capítulo uno que para Foucault esta indagación por los cambios de las formas de problematización es una tarea fundamentalmente *arqueológica*.

[67] En una entrevista concedida en la Universidad de Lovaina en 1981 dice Foucault: "En la cultura griega, que conocía los *aphrodisia*, era simplemente impensable que alguien fuera esencialmente homosexual en su identidad. Había personas

dos "modos" del deseo sexual completamente diferentes: el deseo hacia los hombres y el deseo hacia las mujeres. Tal cosa no existía en la Grecia clásica y tampoco en el mundo helenístico.[68] Foucault se ocupa de esto en el comienzo del capítulo IV de *El uso de los placeres*, donde dice que "los griegos no oponían como dos selecciones exclusivas, el amor del propio sexo y aquel del otro" (Foucault, 2007a: 172), por lo que lanza inmediatamente la pregunta: ¿bisexualidad en los griegos? Si se quiere decir con ello que un griego podía simultáneamente amar a un muchacho y a una muchacha, "puede decirse efectivamente que eran bisexuales" (*ibíd.*, 173). No se trataba, pues, de una "doble estructura" del deseo, sino de la posibilidad de alternar, sin ningún problema, el amor hacia los hombres y el amor hacia las mujeres. De ahí que el amor de un hombre hacia otro no fuera considerado como una "desviación" con respecto a alguna inclinación "natural" de los cuerpos (definida por el sexo anatómico). Lo que sí era considerado un problema, como ya vimos, era el hecho de que un hombre socialmente prominente quisiera asumir el rol pasivo, es decir, ser penetrado en lugar de penetrar.[69] Esto le cubriría de vergüenza porque se le vería como un "afeminado". El deshonor no radicaba entonces en que un hombre amara a otro, sino en que asumiera un rol "pasivo"

---

que practicaban los *aphrodisia* razonablemente según las costumbres, y otras que practicaban bien los *aphrodisia*, pero el pensamiento de identificar a alguien por su sexualidad no habría podido venirles a la mente. Esto no ocurre sino a partir del momento en que el dispositivo de sexualidad ha entrado en escena, es decir, cuando un conjunto de prácticas, instituciones y conocimientos ha hecho de la sexualidad un dominio coherente y una dimensión absolutamente fundamental del individuo. Es en ese momento preciso, sí, cuando la pregunta "¿qué ser sexual es usted?" se tornó inevitable" (Foucault, 2015b: 197).

68   Esta tesis la toma Foucault del libro de Kenneth Dover, *Greek Homosexuality*, publicado en 1978, tal como lo reconoce en una entrevista de 1982 (Foucault, 2015c: 205).

69   Por lo general, el contacto entre dos amantes masculinos se limitaba a darse mutuamente caricias en el pene, besos y masajes eróticos. En cuanto al sexo anal, sabemos que era tenido públicamente como un acto vergonzoso, si bien era una práctica bastante difundida en la Grecia antigua. Véase: Halperin, 1990.

en esa relación, pues ello equivaldría a aceptar una posición de inferioridad que resultaba humillante para un hombre libre.[70]

Foucault insiste en que era "natural" para un adulto varón admirar y enamorarse del cuerpo bello de un jovencito, pues no existía ninguna diferencia entre la belleza masculina y la femenina. Uno no se enamoraba de un "hombre" o de una "mujer", sino de la *belleza*.[71] Por tanto, era perfectamente aceptado y normal que un hombre se sintiese atraído por la belleza de un joven, tanto o más que por la belleza de una mujer. Según él, los griegos

---

[70] Wolfgang Detel ha señalado que el silencio de los textos griegos sobre las relaciones homoeróticas entre dos hombres libres es entendible desde este punto de vista. Y es que en la Grecia clásica jugaba mucho la contraposición entre el *hoplites* y el *kineidos* (Detel, 1998: 159). El hoplita es el hombre libre que se alistaba en el ejército y estaba dispuesto a luchar y morir por defender la ciudad. Al hoplita se le exigía una estricta disciplina: debía ser capaz de soportar el hambre, la sed, el sueño, la abstinencia sexual y la muerte. Esta sería la prueba de su *enkrateia*, de su capacidad de dominio propio (*Selbstbeherrschung*). La virtud del hoplita era su capacidad de dominar y de evitar ser dominado. Por el contrario, el *kineidos* (hombre "blanducho") era visto como un ser indisciplinado, cobarde, temeroso, incapaz de ejercer dominio propio, que permite que otros le toquen, incluso que lo penetren analmente, en cuyo caso se convertía en un *malakos*. David Halperin anota que este comportamiento "afeminado" de los hombres era tan rechazado como la "masculinización" de las mujeres. Halperin habla de la existencia en Grecia de mujeres que practicaban sexo tanto con hombres como con mujeres, asumiendo en ambas relaciones el rol "activo". Eran, por tanto, la contraparte del *malakos*. Ambos, sin embargo, asumían un rol contrario al que les señalaba la sociedad: la mujer adoptaba un rol activo y el hombre un rol pasivo. El problema, entonces, no era por tanto la "homosexualidad", sino la adopción de un modo de copulación que contradecía la posición social de una persona, que lo invertía. Eran "invertidos" desde un punto de vista *social*, no desde el punto de vista médico ni psicológico (Halperin, 1990, 88ss).

[71] Recordar el argumento de los "dos Eros" defendido por Pausanias en el discurso recogido por Platón. El primer Eros caracteriza a quienes aman más el cuerpo que el alma y, por tanto, son capaces de amar a quien no es virtuoso. El segundo Eros, por el contrario, no se enamora del cuerpo sino del alma, y es incapaz de relacionarse con alguien que carece de virtud. Pausanias es cuidadoso en remarcar que este segundo Eros caracteriza el amor entre los hombres. Platón. *El banquete*, 181 a-c.

[...] pensaban que el mismo deseo se dirigía a todo lo que era deseable —muchacho o muchacha— bajo la reserva de que el apetito era más noble cuando se dirigía a aquello que era más bello y más honorable, pero también pensaban que este deseo debía dar lugar a una conducta particular cuando tenía lugar en una relación entre dos individuos del sexo masculino. Los griegos no imaginaban tampoco que un hombre tuviera necesidad de "otra" naturaleza para amar a un hombre, pero sí estimaban que los placeres que se obtenían de tal relación requerían de una forma moral distinta de la que se requería cuando se trataba de amar a una mujer. (Foucault, 2007a: 177)

¿En qué consistía esa "forma moral distinta" que se esperaba de la relación pederástica, a diferencia de la relación entre un hombre y una mujer? En la Grecia clásica la pederastia era una relación erótica entre un joven y un hombre adulto que no pertenecía a su familia. Ambos debían ser *hombres libres*, pues se trataba de una práctica que formaba parte de la educación moral de los jóvenes en el seno de familias aristocráticas. No estamos hablando, por tanto, de una práctica popular. Con todo, no se trataba de una práctica aceptada "sin más" por la aristocracia,[72] sino que estaba sujeta a "normas" que definían todo un conjunto de conductas apropiadas o inapropiadas entre los amantes, pero que no deben ser interpretadas como

---

[72] De hecho, Foucault insiste en que la relación erótica entre dos hombres era difícil de aceptar moralmente por los filósofos griegos. La dificultad radicaba en que no era fácil aceptar que un muchacho libre, llamado a ejercer responsabilidades familiares y políticas, pudiera haber sido "pasivo" en su relación con un hombre. Es por esta razón que la pederastia fue "problematizada" por los griegos, mientras que el matrimonio no. Recordemos que se trataba de una sociedad monosexual masculina. No se habla mucho de la sexualidad femenina y tampoco de relaciones eróticas entre mujeres, pero sí de relaciones eróticas entre hombres. Foucault dice que "Había ciertamente relaciones entre mujeres muy densas, pero que conocemos mal, porque no hay prácticamente ningún texto teórico, reflexivo, escrito por mujeres, sobre el amor y la sexualidad [...]. En cambio disponemos de toda clase de testimonios que nos remiten a una sociedad monosexual masculina" (Foucault, 2007c: 207).

"prohibiciones".[73] Foucault habla de "prácticas de cortejo" que definían el papel del *erastes* (amante) y el *eromenos* (amado). A pesar de las diferencias que había en las diferentes ciudades griegas en relación con el tipo de intimidad que podía llevar la pareja, en casi todas se contemplaba que el *erastes* pudiera funcionar como una especie de tutor legal del *eromenos*, desde luego, con el consentimiento de su padre. Además el *erastes* debía ser una persona rica y de abolengo, lo cual abriría posibilidades sociales y políticas al *eromenos* y a su familia. Como se ve, tanto el matrimonio como la pederastia eran instituciones creadas para obtener beneficios políticos y económicos entre familias prominentes. Pero a diferencia de la institución matrimonial, en donde la mujer no podía elegir a su pareja sino que la unión era concertada de antemano entre el padre y el esposo (sin mediación del noviazgo), en la institución pederástica el joven era cortejado por muchos pretendientes y podía elegir libremente a su amante, pues de lo que se trataba era de que aprendiera a relacionarse con un *igual*.[74]

Foucault dice que la pederastia fue un "foco de problematización" por parte de moralistas y filósofos en la antigua Grecia, y esto debido a muchos factores. El primero y más importante era la diferencia de edad. El amado era un muchacho que estaba en un período de "transición" (alrededor de los veinte años), cuando salía de la infancia y entraba en la adolescencia. Ya llevaba en su cuerpo los primeros signos de esa transición, las primeras "muestras de barba". ¿Qué se suponía que debía aprender un joven a través de esta peculiar situación? El valor de la amistad. La cuestión planteada por Jenofonte y Platón es que la juventud es pasajera, la belleza del cuerpo decae y lo que

---

[73] Recordemos que en el discurso recogido por Platón, Pausanias habla de una "legislación sobre el amor" que era diferente en varias ciudades griegas, refiriéndose a las normas sobre la pederastia vigentes en Atenas, Élice, Beocia, Lacedemonia y Jonia. Véase: Platón. *El banquete*, 182b.

[74] Se refleja aquí una vieja tradición machista que no consideraba a la mujer como un "igual" para el hombre. Foucault reconoce que esta moral sexual es una moral "hecha para y por los hombres" (Foucault, 2007a: 46).

resiste el paso del tiempo es la *philia* (Foucault, 2007a: 185). El hombre adulto, ya experimentado, debía enseñar la virtud de la amistad al hombre joven. Debía "iniciarlo" no solo en el arte del amor, sino por encima de todo en el arte de la amistad.[75] En este caso, *eros* y *philia* van necesariamente juntos. Foucault dice que se trataba de un "juego" y nunca de un acoso, de un modo de violencia. El amante debía respetar la voluntad del amado. Debía tratar de seducirlo, de "cazarlo" y "convencerlo", pero nunca por medio de la presión o la intimidación. El amado, por su parte, no debía ceder tan rápidamente a las propuestas del amante, pues el objetivo del juego erótico era precisamente que aprendiera el arte del dominio propio, que instaurara una relación de dominio sobre sí mismo. Debía conocer sus pasiones, como el primer paso para dominarlas.[76] Recordemos que por lo general el amado estaba destinado a ocupar un lugar de preeminencia en la asamblea democrática. Debía ejercer el "gobierno de los otros", pero para ello necesitaba primero

---

[75] Aquí Foucault se ciñe estrictamente al discurso de Pausanias en *El banquete*: "Es preciso, por tanto, que estos dos principios, el relativo a la pederastia y el relativo al amor a la sabiduría y a cualquier otra forma de virtud, coincidan en uno solo, si se pretende que resulte hermoso el que el amado conceda sus favores al amante. Pues cuando se juntan amante y amado, cada uno con su principio, el uno sirviendo en cualquier servicio que sea justo hacer al amado que le ha complacido, el otro colaborando, igualmente, en todo lo que sea justo colaborar con quien le hace sabio y bueno, puesto que el uno puede contribuir en cuanto a inteligencia y virtud en general y el otro necesita hacer adquisiciones en cuanto a educación y saber en general, al coincidir justamente entonces estos dos principios en los mismos, solo en este caso, y en ningún otro, acontece que es hermoso que el amado conceda sus favores al amante". Platón. *El banquete*, 184d-e.

[76] Otra vez la referencia es al discurso de Pausanias: "El que está enamorado de un carácter que es bueno, permanece firme a lo largo de toda su vida, al estar íntimamente unido a algo estable. Precisamente a estos quiere nuestra costumbre someter a prueba bien y convenientemente, para así complacer a unos y evitar a los otros. Esta es, pues, la razón por la que ordena a los amantes perseguir y a los amados huir, organizando una competición y poniéndolos a prueba para determinar de cuál de los dos es el amante y de cuál el amado. Así, justo por esta causa se considera vergonzoso, en primer lugar, dejarse conquistar rápidamente, con el fin de que transcurra el tiempo, que parece poner a prueba la mayoría de las cosas". Platón. *El banquete*, 184a.

aprender el gobierno de sí mismo. Es en este contexto que se sitúa la relación entre Sócrates y Alcibíades, de la que nos ocuparemos en el capítulo siguiente.

En segundo lugar, y en relación directa con el "gobierno de sí", estaba el problema del "uso de los placeres". El joven debía aprender a usar los placeres conforme lo demandaba su estatuto social. Debía comportarse como lo que era, un hombre libre, lo cual conllevaba moderar su conducta para evitar la deshonra. Para mostrar este punto Foucault acude a la *Económica* de Jenofonte y al *Eroticos* del pseudo Demóstenes. Sobre todo a partir de este último texto subraya que el muchacho debe aprender a mantener compostura frente a todo lo que le está ocurriendo en esa edad: el mundo lo observa, lo cela, lo acecha, admira su belleza y está sujeto a las malas lenguas. No debe envanecerse sino actuar conforme se espera de él, conforme a su "casta", manteniendo siempre el honor. Y en lo que tiene que ver con el *eros*, debe aprender el valor de la templanza (*sophrosyné*). Esto significa, aprender a no aceptar todo lo que le propone el amante y discernir qué tipo de placeres convienen a su honor. Hay cosas placenteras que, sin embargo, son inconvenientes. Aquí entra a jugar la cuestión ya estudiada de penetrar o ser penetrado. Lo peor que le podría ocurrir a un joven de buena familia es "afeminarse", aceptar voluntariamente ser dominado, ser penetrado, ya que un hombre libre debía ocupar siempre una posición de superioridad en todos los rangos. No podía comportarse como un "esclavo" ni rebajarse a ser como una mujer, asumiendo un papel pasivo. Es él quien debe gobernar a los esclavos y a las mujeres, pero, sobre todo, debe gobernarse a sí mismo.[77] En este sentido, Foucault habla de la "antinomia

---

[77] Foucault acude a un texto de Esquines para mostrar el caso de un joven llamado Timarco, que durante su juventud "se mostró a los demás en la posición inferior y humillante de un objeto de placer para los otros" (Foucault, 2007a: 202). El muchacho buscó sacar provecho de ello y lucrarse, con lo que el papel pedagógico de la pederastia fracasó. Timarco se "prostituyó" y por eso —dice Esquines— no puede ser considerado como apto para desempeñar un papel de autoridad en la *polis*. No anota Foucault, sin embargo, que *Contra Timarco*

del muchacho". Por un lado, el joven se reconoce como objeto de placer por parte de un adulto que, por su parte, verá como un triunfo el hecho de que el joven ceda a sus pretensiones, ya que habrá poseído un objeto bello, lo cual le ennoblece. Pero, por otro lado, el joven no puede aceptar ser objeto de placer para alguien más, pues esto lo envilecería. Antinomia que generaba una serie de "dilemas morales" que son, precisamente, los que dieron origen a la problematización de la pederastia por parte de la filosofía griega (Foucault, 2007a: 203).

Ya vemos entonces en qué consiste esa "forma moral distinta" que Foucault reconoce en la pederastia y que la diferenciaba del amor entre un hombre y una mujer. Es verdad que la mujer, el esclavo y el muchacho eran tres figuras consideradas por la "valoración espontánea" del mundo antiguo como seres "pasivos". No obstante, el muchacho gozaba de un estatuto especial con respecto a la mujer y el esclavo. No era "pasivo" en el *mismo sentido* que ellos lo eran. ¿Por qué? Porque mientras que la mujer y el esclavo continuaban pasivos para siempre, el muchacho se volvería activo una vez cumpliese los veinte años y alcanzara la juventud. Es por esto que la pederastia fue "problematizada" en la Grecia clásica, fue objeto de unas "artes de sí" que buscaban dar cuenta del "dilema moral" al que se enfrentaba el muchacho. No obstante, todo esto cambió en el período helenístico. Allí se produjo una "desproblematización" de la pederastia, un creciente desinterés por ella, en la medida en que cambiaron las instituciones pedagógicas y aparecieron nuevas leyes que protegían a los hijos de buenas familias. Pero el principal factor que contribuyó a esta desproblematización es el modo en que el matrimonio fue valorizado en el mundo romano como único lazo legítimo de amor entre dos personas. En la medida en que el amor conyugal iba ganando más terreno como foco de problematización por parte de los estoicos en

---

fue probablemente escrito como una especie de vendetta política, tal como hoy día se reconoce entre los expertos.

los siglos I-II d.C., se fue desvaneciendo el interés moral por la pederastia.

En la clase del 4 de marzo de 1981, Foucault hace referencia al *Erôtikos* de Plutarco, texto escrito durante la época imperial (110-115 d.C.), que resulta clave para entender por qué razón la pederastia fue perdiendo vigencia en las artes de sí elaboradas por el estoicismo tardío. Y aunque Plutarco mismo no era estoico, comparte con los estoicos su valorización de las relaciones conyugales, siendo este uno de los propósitos centrales del texto: mostrar en qué consiste la superioridad del amor conyugal sobre la pederastia.[78] El argumento central de Plutarco es que en realidad no hay heterogeneidad entre el amor por las mujeres y el amor por los muchachos —como lo afirmaba todavía el discurso de Pausanias en *El banquete*—, porque solo existe una única "cadena del amor". No obstante, únicamente el amor entre esposos es capaz de realizar en su perfección esta cadena, mientras que el amor por los muchachos es tenido por "desgraciado" (*akaristos*). Expulsión, por tanto, de la pederastia de la "cadena del amor" y exaltación del matrimonio como lugar único en donde puede darse la conjunción perfecta entre Eros y Afrodita.[79] Foucault recurre a estos argumentos de Plutarco

---

[78] De hecho, Plutarco cita explícitamente a autores estoicos como Antípatro de Tarso, quien defendía la tesis de que el matrimonio era una "fusión integral de los líquidos" entre los dos cónyuges, pero también menciona a Musonio Rufo, su contemporáneo, que hablaba del matrimonio como una "comunidad de afectos" (*koinonia*).

[79] Tres años más tarde, en *La inquietud de sí*, Foucault diría que en el texto de Plutarco se produce un "cambio importante en la erótica antigua" porque se pasa de una concepción "dualista" a una concepción "unitaria" de la erótica. Esto significa que en la Grecia clásica, y particularmente en la filosofía de Platón, se hacía una distinción entre el verdadero amor (anclado en las afinidades "espirituales" entre dos personas) y el falso amor (mediado por lo físico, por los *aphrodisia*). La ausencia del placer físico era, pues, una condición necesaria para alcanzar el amor verdadero. Por el contrario, en el texto de Plutarco se pasa de esta erótica dualista a una erótica monista, en la que el amor verdadero combina Eros y Afrodita: el placer físico y la comunión de las almas. El texto de Plutarco mostraría, entonces, que no existe amor sin sexo, como pretendían los defensores del platonismo pederasta, pero tampoco

para mostrar cómo, en el interior mismo del paganismo (que no era un bloque monolítico), la moral sexual se transformó entre el período clásico y el período imperial.

El diálogo de Plutarco asume la forma de una contraposición entre dos tesis que se comparan: se sopesan dos alternativas (el amor por los muchachos y el amor conyugal) y se muestra la superioridad moral de una sobre la otra, en el mejor estilo de los diálogos platónicos. Para la exposición de su clase, Foucault asume la estructura tripartita del texto, articulado en torno a tres grandes discursos, el primero de los cuales defiende el matrimonio de Bacón e Ismenodora (Foucault, 2014c: 179). Se trata de una historia un tanto cómica. Bacón era un joven bello y cortejado por muchos hombres que, sin embargo, decidió casarse con una viuda rica y mucho mayor que él (de unos treinta años) llamada Ismenodora. Esta es presentada en el diálogo como una mujer virtuosa, con experiencia, rodeada del respeto general (*ibíd.*, 182). Ya conocía al muchacho desde hacía tiempo, pues su familia se lo había encomendado para que lo guiara hacia un buen matrimonio, pero terminó enamorándose de él. Ella lo "cazó", lo sedujo, "se lo quitó" a sus pretendientes hombres, nos dice Foucault, pero con intenciones "muy honestas", pues su objetivo era el matrimonio (*ibíd.*, 183).[80] Ismenodora desafía la moral tradicional (el "isomorfismo" del que hablábamos antes) que confinaba a la mujer a tener un rol "pasivo" en las relaciones con los hombres y se lanza sin vergüenza a la persecución del muchacho.[81] Ella juega ahora el papel activo, el papel del

---

sexo sin amor, como pretendían quienes reducían el sexo a la procreación. Ni Afrodita sin Eros, ni Eros sin Afrodita (Foucault, 2012: 224-225).

[80] En *La inquietud de sí* Foucault se refiere a Ismenodora como "la viuda ardiente" (Foucault, 2012: 214).

[81] "Se ha lanzado sin ningún tipo de vergüenza en persecución del muchacho que se le había confiado para ayudarlo a hacer un matrimonio favorable. Pero cuando escucha cómo lo elogian, cuando ve con sus propios ojos su belleza y sus cualidades y comprueba que era perseguido por tantos valiosos amantes, lo ama a su vez. Más aún: lo persigue; lo acecha cuando regresa del gimnasio, al no poder acompañarlo, y con la complicidad de algunos amigos, lo rapta" (Foucault, 2012: 214).

macho, la que trae a su casa la fortuna y la reputación, la que asume el papel de iniciadora y pedagoga (*ibíd.*, 184). Situación algo escandalosa, porque se trata de una *mujer pederasta* que compite con hombres pederastas por el amor de un muchacho y termina venciendo.[82] Ismenodora cambia el esquema del isomorfismo que regulaba en la sociedad griega el papel de los *aphrodisia*. Plutarco se pregunta entonces qué hacer en este caso. ¿Habrá que salvar a ese pobre muchacho de las garras de la viuda desvergonzada? ¿O habrá más bien que reconocer que el matrimonio con ella es lo que más le conviene? ¿Cuál es la mejor vía para Bacón? ¿Casarse con una mujer o permitir ser cazado por los hombres?[83]

Foucault se concentra primero en los argumentos de aquellos personajes del diálogo[84] que defienden la superioridad del amor por los muchachos sobre el amor por las mujeres (posición misógina). El principal de estos argumentos es que existe una *heterogeneidad radical* entre estos dos amores. El amor por las mujeres ha sido dispuesto por la naturaleza para asegurar la conservación de la especie, mientras que el amor por los muchachos nada tiene que ver con la procreación y es por ello "contranaturaleza" (Foucault, 204c: 186). Pero en *esto* radica precisamente su superioridad. ¿Por qué razón? Porque si lo que une al hombre y la mujer no es otra cosa que una simple atracción natural, pues esto mismo hacen las moscas cuando se sienten atraídas por la leche o las abejas cuando buscan la miel. A ninguno de estos apetitos puede dársele el nombre de amor

---

[82] El objetivo de Foucault es mostrar que en Plutarco existe una única "cadena del amor" que integra los valores del amor pederasta. Por eso Ismenodora está exactamente en el lugar del Erasto.

[83] Foucault resalta que a lo largo del diálogo, Bacón no habla sino que es "hablado" por otros, pues se halla en una posición de pasividad. Está justo en la edad (18-20 años) en que debe pasar a convertirse en un sujeto activo (Foucault, 2014c: 181).

[84] Estos dos personajes, Protógenes y Pisias, parecen ser los frustrados pretendientes de Bacón. Operan en el texto de Plutarco como figuras narrativas que ejemplifican la derrota de la pederastia.

(*erôs*). La afección hacia las mujeres se basa en una necesidad fisiológica y en esto radica su imperfección, si se le compara con el amor por los hombres. Este apunta mucho más alto, pues no se basa en un impulso natural para la conservación de la especie, sino en el deseo de entablar una amistad (*philia*).[85] El amor no busca atarse a alguien por inclinación natural ("como un perro a su hembra"), sino entablar una relación de amistad verdadera indisociable de la virtud. Se trata, como vemos, de un argumento bastante tradicional, en una línea claramente platónica: la diferencia irreductible entre el amor corporal que caracteriza al amor por las mujeres, y el "amor puro" que caracteriza al amor por los hombres. Y si allí donde está Afrodita no está Eros, si los dos se excluyen mutuamente, tan solo cabe una conclusión: allí donde hay sexo no puede haber amor. Los *aphrodisia* son incompatibles con la amistad y la virtud.

Frente a este argumento, los defensores del amor conyugal (posición de Plutarco) oponen la tesis de que esta disociación entre Eros y Afrodita por parte de los pederastas no es más que un argumento hipócrita. Bajo el pretexto de tener con el muchacho una "relación pedagógica", vertebrada por la amistad y no por el sexo, los pederastas buscan ocultar sus inconfesables deseos. Tan solo buscan excusas filosóficas para satisfacer sus apetitos egoístas. No es posible, afirma Plutarco, separar a Eros de Afrodita, pues tal cosa sería como una borrachera sin vino, no tendría gracia, sería un acto "desgraciado" (*akaristos*), como lo es en realidad el "amor" de los pederastas. Con todo, la perfecta conjugación entre Eros y Afrodita solo puede llevarse a cabo en el seno del matrimonio. De un lado, solamente la relación conyugal entre marido y mujer asegura la amistad (*philia*), pues supone la unidad de las almas que se complementan una a la otra. Pero, además de eso, esta comunidad basada en el amor

---

[85] El verdadero amor (*erôs*) es algo que va "contra la naturaleza" (*para phusin*), lo cual no significa que sea inmoral y monstruoso pero sí algo "peligroso", nos recuerda Foucault, citando la posición de Protógenes en el diálogo de Plutarco (2014c: 187).

necesita e incluye, como su condición de posibilidad, los *aphrodisia*. El placer sexual entre los esposos es la "gracia" (*karis*) de la relación, el cemento que une a las dos almas y excluye cualquier engaño (infidelidad). No hay amistad sin sexualidad, como dicen hipócritamente los pederastas.

Pero a este argumento del placer sexual como prenda de amor y amistad entre los esposos, Plutarco añade uno nuevo: el matrimonio conlleva una simetría entre las dos partes. Mientras que la erótica griega de la pederastia enfatizaba la disimetría entre el *erasto* y el *eromeno* (uno era mayor y el otro era menor, uno era cazador y el otro cazado, etc.), Plutarco enfatiza que la relación de los amantes en el matrimonio es siempre de "doble vía". En *La inquietud de sí* Foucault habla del "esquema del doble amor" porque cada uno de los esposos debía ser un "sujeto activo" en el acto de amar (Foucault, 2012: 229). Esto no quiere decir que Plutarco valorice el hecho de que la esposa asuma también un rol activo en el acto sexual y el hombre un rol pasivo, cosa inaceptable para el mundo romano. El punto aquí es la contraposición entre el amor conyugal y la pederastia. Mientras que en esta siempre habrá una disimetría irresoluble, siempre estará marcada por el "dilema de la pasividad", en el amor conyugal este dilema desaparece. Ninguno de los dos cónyuges es superior o inferior al otro. Ambos están en el mismo plano. Por tanto —y esta es la conclusión de Plutarco—, el amor conyugal es moralmente superior al amor por los muchachos. No hay un amor bajo y vulgar (orientado hacia los *aphrodisia*) y otro superior y verdadero (orientado hacia la *philia*), sino que hay una única "cadena del amor" que se realiza perfectamente en el matrimonio (Foucault, 2014c: 186). Refutación, por tanto, de la tesis de los "dos amores", que confirma, según Foucault, la desvalorización de la pederastia durante los dos primeros siglos de nuestra era. Las "artes de sí" desarrolladas en esta época por los estoicos problematizaron el matrimonio, pero desproblematizaron la pederastia, abriendo con ello la puerta al triunfo (posterior) de la moral sexual cristiana.

Examinemos brevemente los argumentos de otro texto estudiado por Foucault, el diálogo *Los amores*, del Pseudo-Luciano de Samosata.[86] Aquí se observa la misma estructura del texto de Plutarco: es un "diálogo" en el que se presentan dos posiciones enfrentadas en torno al problema de si el amor por las mujeres es o no superior al amor entre hombres. En este caso, uno de los dos discursos será declarado vencedor por un juez imparcial. El debate se da entre Caricles, defensor del amor hacia las mujeres, y Calicátridas, partidario del amor por los hombres. Cada uno toma alternativamente la palabra y sostiene la causa del amor que prefiere y considera superior. Un típico "torneo filosófico" que, según Foucault, no es tan solo un ejercicio retórico e intelectual, sino que "es la confrontación de dos modos de vida, de dos maneras de estilizar el propio placer, y de los discursos filosóficos que acompañan esa elección" (Foucault, 2012: 238). Nos concentraremos solo en el discurso de Caricles para ejemplificar el argumento que viene presentando Foucault en su curso de 1981: hacia los siglos I-II d.C. se produce una desvalorización de los amores pederásticos, al mismo tiempo que se exalta la conyugalidad como único lugar legítimo y verdadero de los *aphrodisia* (el modelo del elefante). La verdadera conyugalidad, la más perfecta de todas, será la que une a un hombre con una mujer y no a un hombre con otro hombre.

En el discurso de Caricles reaparecen los temas estoicos ya estudiados antes; como, por ejemplo, que la naturaleza ha dado a cada sexo una función específica y complementaria con el fin de asegurar el orden cósmico: "ni los leones, ni los toros, ni los carneros, ni los jabalíes, ni los lobos, ni los pájaros, ni los peces

---

[86] Foucault no desarrolla este argumento en su curso *Subjetividad y verdad*. Apenas se refiere muy de pasada al texto de Luciano (Foucault, 2014c: 187-188). En *La inquietud de sí* se acoge a la opinión mayoritaria de los especialistas, en el sentido de que este texto fue escrito en el siglo IV d.C., mucho después de la muerte de Luciano. A propósito, este Luciano de Samosata es el mismo que escribe sobre la espectacular inmolación del cínico Peregrino en los juegos olímpicos del año 167, episodio al que nos referiremos en el próximo capítulo.

buscan a su propio sexo, dado que, para ellos, los decretos de la naturaleza son inmutables" (Foucault, 2012: 235). El hombre, en cambio, a diferencia de los animales, puede desconocer el orden natural y bestializarse, colocándose incluso por debajo de los animales más salvajes. Para Caricles, el amor entre hombres perturba el ordenamiento del mundo, es como una "falla" que atenta contra el encadenamiento de la necesidad universal; es un elemento discordante que rompe la armonía del Cosmos y desencadena un estado de *stultitia*, de enceguecimiento moral. Los amores masculinos, en suma, transgreden el ordenamiento del mundo, mientras que el amor por las mujeres lo conservan. De otro lado, Caricles dice que al ser conforme con el orden natural, el amor por las mujeres es el único que puede hacer feliz a un hombre, ya que la naturaleza le ha dado a la mujer unos encantos físicos que se mantienen con la edad: el cuerpo esbelto, los cabellos ondulados, su piel siempre lisa y "sin vello", que la hacen un objeto de deseo aun después de la juventud. Por el contrario, la naturaleza ha establecido que la belleza del cuerpo masculino sea breve y se limite a los años mozos. Tan pronto pasa la juventud, el cuerpo masculino se hace "feo": le salen músculos, pelos, se pierde el cabello. Por tanto, solo el cuerpo de la mujer puede dar a un hombre el placer que necesita. Allende de esto, Caricles presenta otro argumento a favor del amor por las mujeres: solo con ellas puede existir un "intercambio recíproco", es decir, únicamente el amor entre un hombre y una mujer representa un intercambio igual de goce: cada uno da y recibe placer. "Los dos copartícipes se separan después de haberse dado uno al otro la misma cantidad de placer" (*ibíd.*, 240). En cambio, con los hombres el asunto es diferente: el amante de un muchacho obtiene su placer y se va sin dar placer. ¿Por qué? Ya lo hemos visto, porque el *erastos* no puede aceptar ser pasivo en la relación, de modo que siempre quedará insatisfecho. Quien asume el rol "pasivo" no siente placer, sino que es objeto de placer para otro. El punto es que entre hombres no puede existir un intercambio recíproco de placer, como sí ocurre entre las mujeres y los hombres.

Concluyamos esta sección haciendo referencia al capítulo III de *La inquietud de sí*, en el que Foucault habla de una serie de cambios significativos en las condiciones del ejercicio del poder durante los siglos I y II d.C. Su tesis es que con la crisis de la ciudad-Estado y la emergencia del Imperio romano se generan cambios significativos en el seno de la *aristocracia* (Foucault, 2012: 96).[87] Se produce una modificación de las relaciones entre estatus, cargos, poderes y deberes, de tal manera que un individuo de "buena familia" ya no puede confiar únicamente en su linaje y fortuna para ocupar un lugar preeminente en el mundo de la política. Todo esto desemboca, según Foucault, en un cambio de actitud frente a lo que uno es. Si ya no eran el rango y la jerarquía del linaje los que definían a una persona, ¿qué era entonces? Es a partir de esta duda que surgió la demanda por las "artes de sí" elaboradas por los filósofos de aquella época. Tales técnicas de gobierno mostraban que el significado de la vida personal no debía depender de las "posiciones de sujeto" definidas por la sociedad, sino de la forma bella y buena que uno mismo le pudiera dar a su vida. Se trataba, pues, "de

---

[87] En los cursos de 1981 y 1982 Foucault centra su análisis en la aristocracia romana; lo cual nos lleva a un asunto importante. Nuestro filósofo piensa que casi todos los cambios en los modos de subjetivación que se han producido en la historia de Occidente se han hecho "desde arriba". Ya en *La voluntad de saber* se había centrado en los cambios operados en el "cuerpo burgués", diciéndonos que "las técnicas más rigurosas se formaron y, sobre todo, se aplicaron en primer lugar y con más intensidad en las clases económicamente privilegiadas y políticamente dirigentes" (Foucault, 2009a: 146). En los cursos de 1981 y 1982 se concentra en las "artes de sí" desarrolladas por los estoicos, dirigidas primariamente hacia un público educado, rico y prominente, como lo reconoce en la clase del 1 de abril de 1981. Ya vimos en el capítulo anterior cómo el monacato cristiano hereda las pretensiones elitistas de la filosofía en los siglos III-V d.C., por lo que Foucault se interesará en la pequeña élite de los monjes ascéticos y no en la vida cotidiana de los cristianos de la calle. Todo esto arroja un manto de duda respecto a los alcances políticos que pudiera tener la "estética de la existencia" como forma de lucha contra las técnicas estatales (razón de Estado) y económicas (liberalismo y neoliberalismo) de subjetivación. Los análisis de Foucault parecieran implicar que también esta "resistencia" vendrá primero de una pequeña élite de poetas malditos (Baudelaire), literatos excéntricos (Bataille) y filósofos anarquistas.

elaborar una ética que permitiere constituirse a uno mismo como sujeto moral en relación con esas actividades sociales, cívicas y políticas, en las diferentes formas que pudieran adoptar" (*ibíd.*, 109). Lo que Foucault intentará mostrar es que esas técnicas de subjetivación, que emergen en el seno de las aristocracias romanas, poco a poco se irán "extendiendo" hasta llegar, con el cristianismo, a convertirse en procedimientos relativamente asequibles a amplias capas de la población.[88]

En este contexto político tiene lugar la problematización estoica del matrimonio. La clase del 11 de marzo de 1981 muestra cómo mientras en la Grecia clásica el matrimonio era la transacción privada entre el padre de la mujer y su futuro marido, durante la época imperial desborda el ámbito privado del *oikos* y se convierte, poco a poco, en una institución pública. Esto quiere decir que el matrimonio romano ya no se limita al "gobierno de la casa", sino que va más allá: se trata de una cuestión cada vez más política (no solamente económica), lo cual supone un cambio respecto a lo que ocurría en la época clásica. Que el matrimonio sea más "público" significa que el comportamiento privado de los esposos empieza a ser visto como un asunto que afecta la moral y las costumbres, por lo que tiene implicaciones jurídicas que van más allá de la legitimidad de la herencia, de los hijos y de los bienes. Significa que la conyugalidad empieza a figurar como un valor que debe ser protegido por la ley. Es decir que la *liaison* entre dos personas que deciden casarse, el hecho de formar un lazo permanente, una unión de afectos (y no solo una alianza estratégica), comienza a tener un valor alto en el Imperio romano. Así lo demuestra, según Foucault, la *lex de adulteriis* que condena el adulterio (de la mujer casada

---

[88] Lo mismo había dicho en *La voluntad de saber*, cuando mostraba que aunque el "dispositivo de sexualidad" emerge en el seno de las capas más privilegiadas, poco a poco "se difundió por el cuerpo social entero, pero no adquirió en todas partes las mismas formas ni utilizó los mismos instrumentos" (Foucault, 2009a: 148). Principio de "aristocratismo metodológico" que, como dijimos, genera cierta sospecha sobre los alcances *políticos* de la genealogía foucaultiana, tal como veremos en el Epílogo.

que tiene relaciones fuera del matrimonio, pero también del hombre que se llega a la mujer de otro, afrentando su honor), y también las leyes del Egipto romano que le impedían al padre de familia disolver el matrimonio de los hijos en contra de su voluntad (Foucault, 2014c: 208).[89] Foucault cita documentos que muestran que las obligaciones del marido con respecto a su mujer se hacen mucho más estrictas a nivel jurídico de lo que eran en la Grecia clásica. Algunas leyes especificaban la prohibición de tener un amante, o de poseer una casa para mantener una concubina, lo cual nos muestra la importancia que adquiere el matrimonio como práctica social que desborda el *oikos*. El carácter público del matrimonio supondrá, entonces, la valorización del lazo afectivo (y no solo del económico) entre los esposos. Valorización que, según Foucault, supondrá también una mejora sustancial de la condición de la mujer en el Imperio romano, que se hace relativamente independiente del manejo razonable de la casa y de la autoridad estatutaria del esposo.[90] La relación entre los esposos es valorada desde el punto de vista del "amor" que puede existir entre ellos, cosa que no ocurría en la Grecia clásica. El matrimonio deja de limitarse al objetivo de perpetuar la casta y los privilegios

---

[89] Foucault se remite al trabajo del historiador francés Claude Vatin, *Recherches sur le marriage et la condition de la femme mariée à l'époque hellénistique*.

[90] Desde luego, la perspectiva desde la cual se enfoca el análisis de Foucault es la de la relación del hombre con su esposa y no viceversa. Las obligaciones de ella para con su marido no parecen haber cambiado mucho, incluso pudieron haberse hecho más rigurosas. Además de la obediencia incondicional al marido, de su responsabilidad de llevar la casa y cuidar a los hijos, se mantenía la prohibición de toda relación sexual con otro hombre, incluso la prohibición de salir de la casa, día y noche, sin el permiso del marido. No se ocupa Foucault de examinar documentos que nos hablen de la perspectiva de las mujeres (lo cual ha provocado la justa crítica de varias feministas), sino solo de los que muestran la perspectiva de los hombres, como por ejemplo las cartas de Plinio, en las que se ve la perspectiva de un hombre profundamente enamorado de su esposa (Foucault, 2014c: 217). Así las cosas, la afirmación según la cual en el mundo helenístico la mujer ganó independencia en relación con la época clásica, que Foucault toma *at face value* del historiador Claude Vatin, no deja de caer en la retórica.

y se empieza a valorar el "estado matrimonial" en sí mismo.[91] Estamos, pues, frente al preludio de la moral sexual cristiana.

La experiencia de la carne

En su curso de 1981, *Subjetividad y verdad*, Foucault mostró que la fábula del elefante, invocada por San Francisco de Sales en el siglo XVII, no remite a la moral sexual cristiana —como se piensa comúnmente— sino que fue inventada en los siglos I-II d.C. por los estoicos, justo antes de la época en que el cristianismo experimentara su primera oleada de expansión en el Imperio romano. No es correcto entonces plantear una ruptura radical entre paganismo y cristianismo, bajo el supuesto de que con este último se habría inaugurado una moral sexual rigurosa —inexistente antes— que hacía énfasis en la conyugalidad y en la fidelidad sexual. Fueron en realidad filósofos paganos quienes generaron esta problematización del matrimonio, sin recibir influencia alguna del cristianismo. Por el contrario, fue el cristianismo el que tomó *ya hecha* esta moral sexual del paganismo, hasta el punto de que algunos Padres de la Iglesia en los siglos III-V d.C. veían en figuras como Epicteto y Séneca una especie de cristianos *avant la lettre*.[92] La pregunta, entonces, es: ¿qué aporta el cristianismo a esta "historia de la sexualidad" que Foucault procura recrear en su curso de 1981?

---

[91] En palabras de Foucault: "Por el matrimonio no hay que entender únicamente la institución útil a la familia, la ciudad, ni la actividad doméstica que se desarrolla en el marco y según las reglas de una buena casa, sino ciertamente el "estado" de matrimonio como forma de vida, existencia compartida, lazo personal y posición respectiva de los que participan en la relación" (Foucault, 2012: 89).

[92] En la clase del 18 de marzo de 1981 Foucault se refiere brevemente a la recepción cristiana de la doctrina estoica sobre el matrimonio, tomando como referencia a Clemente de Alejandría y a San Agustín, anunciando a sus estudiantes que ofrecería un examen más profundo del tema en clases posteriores. El curso finalizó sin que Foucault pudiera cumplir su ofrecimiento.

A responder esta cuestión dedicaremos la última sección del presente capítulo.[93]

Recordemos primero que en el curso del año anterior, *Del gobierno de los vivos*, Foucault había mostrado que el cristianismo introdujo algo nuevo en la historia de la ética, que el mundo greco-romano desconocía por entero: la relación entre el sujeto y la verdad puede ser reversible. Esto significa que una vez que el sujeto "está" en la verdad, puede quedar despojado de ella y recaer. ¿Por qué razón? Porque la fragilidad y el error están anclados en la naturaleza misma del hombre debido al pecado original. El gran aporte del cristianismo a la historia de las relaciones entre el sujeto y la verdad es que la flaqueza humana no es un obstáculo para la salvación, sino que es su condición misma de posibilidad. Somos salvos precisamente *porque* somos imperfectos. De ahí que el cristiano deba entablar una relación consigo mismo en la que se enfatizan el error, la debilidad, la desconfianza y el miedo. Miedo y desconfianza frente a sí mismo, frente a la maldad que está alojada en lo profundo de su propio corazón. Así las cosas, el cristianismo ató al individuo a la obligación de averiguar, en el fondo de sí mismo, esa verdad oculta, y manifestarla ante la propia mirada y la de otros mediante una serie de procedimientos aletúrgicos, como el bautismo, la penitencia y la dirección de conciencia. La tesis de Foucault en el curso de 1980 es, entonces, que la singularidad

---

[93] Foucault plantea la cuestión de la siguiente manera: "Constatamos, en el curso de este período, una evolución hacia la constricción de la célula familiar, la verdadera monogamia, la fidelidad entre gente casada y un empobrecimiento de los actos sexuales. La campaña filosófica a favor del modelo del elefante fue, a la par, un efecto y un auxilio de esta transformación. Si estas hipótesis están fundamentadas, debemos admitir que el cristianismo no inventó este código de comportamiento sexual. Lo aceptó, reforzó y le dio un vigor y un alcance muy superiores a los que tenía con anterioridad. Pero la pretendida moral cristiana no es sino un fragmento de la ética pagana introducida en el cristianismo. ¿Cabe decir que el cristianismo no cambió el estado de las cosas? Los primeros cristianos fueron los instigadores de numerosos cambios, si no en el código sexual, al menos en las relaciones que cada cual mantiene con respecto a su actividad sexual. El cristianismo propuso un nuevo modo de aprehensión de sí como ser sexual" (Foucault, 1999h: 230).

del cristianismo frente al mundo greco-romano radica en dos aspectos: 1) el sujeto es siempre *sujeto de una falta* que le constituye como tal, lo cual lo sitúa en riesgo permanente de recaer en el pecado; 2) así constituido, el sujeto está en la obligación de interpretarse todo el tiempo a sí mismo, de elaborar una "hermenéutica de sí" que le permita diferenciar en su alma aquello que viene de Dios de aquello que viene de Satanás.

Pues bien, si el cristianismo tiene algo de sí que "aportar" a la historia de la sexualidad, ese aporte tendrá que estar vinculado al problema del pecado original, o bien al problema de la hermenéutica del sujeto. Para examinar la relación de la sexualidad cristiana con el pecado original, Foucault se centra en el análisis de algunos textos de San Agustín, en la conferencia de 1981, *Sexualidad y soledad*. Allí, nuestro filósofo se ocupa del modo en que San Agustín "problematiza" el acto sexual, para mostrar que en sus escritos, *La ciudad de Dios* y *Contra Julianum*, se opera una nueva relación entre subjetividad y sexualidad. En la descripción del acto sexual, San Agustín recurre a viejos motivos de la reflexión griega y romana: el acto sexual es una especie de espasmo en el que todo el cuerpo se ve agitado por horribles sobresaltos y "el hombre pierde todo control de sí mismo" (Foucault, 1999h: 231). El orgasmo es descrito como una especie de epilepsia en la que el sujeto pierde por completo el control de su alma y de su cuerpo.[94] Es como

---

[94] Este punto fue abordado en la clase del 28 de febrero de 1981, en la que Foucault dice que para la medicina hipocrática griega el acto sexual es comparable con la epilepsia. El cuerpo es sometido a una especie de "ebullición" en la que es llevado casi al borde de la muerte (sudor, cara roja, debilitamiento). No en vano los médicos griegos decían que practicar el coito con frecuencia expone el cuerpo a diversas enfermedades. En *El uso de los placeres*, Foucault muestra que esta violencia del acto sexual era ya reconocida por Platón en el *Filebo*: el coito "contrae todo el cuerpo, lo crispa a veces hasta el sobresalto y, haciéndolo pasar por todos los colores, todas las gesticulaciones, todos los jadeos posibles, produce una sobreexaltación general con gritos extraviados" (Foucault, 2007a: 118). Además, el acto sexual era visto por la medicina griega como una especie de "gasto" para el cuerpo. Un gasto de fuerza, un des-gaste peligroso. Se creía que en el momento de la eyaculación, el cuerpo perdía una sustancia preciosa encargada de producir la vida. Tal proceso era

una patología que se caracteriza por la *pérdida de la voluntad*. La tesis de San Agustín es que antes de la caída, en el paraíso terrenal, el acto sexual tenía características completamente diferentes. Mientras Adán y Eva estaban gozando del paraíso, vivían en plena concordancia con Dios. No sentían enfermedad, ni hambre, ni vergüenza de su sexualidad, porque tenían pleno control sobre sus actos.[95] Es decir que eran capaces de controlar perfectamente todos los movimientos de su cuerpo. Aunque Adán y Eva hayan tenido relaciones sexuales en el paraíso (cosa implícitamente reconocida por San Agustín), el punto es que el acto sexual no tenía esas características "epilépticas" que adquirió después de la caída. Su comportamiento sexual estaba perfectamente sometido a la voluntad y no se enseñoreaba de ellos. La erección era un acto completamente voluntario, así como la excitación y la polución.

Entonces, ¿qué fue lo que ocurrió? Ya lo sabemos: el pecado original. Adán "intentó sustraerse a la voluntad de Dios y adquirir voluntad autónoma"; es decir que esa soberanía de la voluntad, de la que gozaba en el paraíso, terminó por envanecerle. Adán se envaneció con el poder que tenía de usar libremente la voluntad, y quiso poner esa voluntad por encima del mandato de Dios. Así, el hombre perdió aquello que tenía en el paraíso: el control pleno de la voluntad:

> Antes de la caída, el cuerpo de Adán y cada una de sus partes obedecían perfectamente al alma y la voluntad. Si Adán quería procrear en el paraíso, podía hacerlo de la manera y con el dominio

---

tenido como la sustracción de una fuerza vital que explicaba la debilidad del cuerpo después de la eyaculación (*ibíd.*, 123).

[95] "Con razón nos avergonzamos de este apetito y con razón también los miembros que, por decirlo así, lo alientan o refrenan no del todo a nuestro albedrío, se llaman vergonzosos, lo cual no fueron antes de que pecara el hombre. Porque, como dice la Escritura, "estaban desnudos y no se avergonzaban". No porque dejasen ver su propia desnudez, sino porque esta no era aún vergonzosa; porque la carne ni movía el deseo contra la razón, ni en manera alguna con su desobediencia daba en rostro al hombre acusándole de la suya". San Agustín. *La ciudad de Dios*, XIV, 17.

que le eran propios cuando, por ejemplo, sembraba semillas en la tierra. No conocía la excitación involuntaria. Cada parte de su cuerpo era como los dedos, de los que se puede controlar cada movimiento. Su sexo era como una mano que sembraba tranquilamente las semillas. Pero, ¿qué pasó en el momento de la caída? Adán se alzó contra Dios cometiendo el primer pecado [...]. En castigo por esta rebelión, y como consecuencia de este deseo de una voluntad independiente de la de Dios, Adán perdió el dominio de sí mismo. Quería adquirir una voluntad autónoma y perdió el soporte ontológico de esta voluntad. A esto se mezclaron movimientos involuntarios, y el doblegamiento de la voluntad de Adán tuvo un efecto desastroso. Su cuerpo, y más particularmente algunas de sus partes, dejaron de obedecer a sus órdenes, se rebelaron contra él, y las partes sexuales fueron las primeras en erigirse en signo de desobediencia. El célebre gesto de Adán cubriendo su sexo con una hoja de higuera se explica, según San Agustín, no por el simple hecho de que Adán tuviera vergüenza de su presencia, sino por el de que sus partes se excitaban sin su consentimiento. El sexo en erección es la imagen del hombre rebelado contra Dios. (Foucault, 1999h: 232)

La erección involuntaria, la excitación incontrolada, en suma, la *rebelión de la carne*, fue el castigo que Dios le dio al hombre por su desobediencia. Ojo por ojo y diente por diente: el hombre quiso doblegar la voluntad de Dios con la suya propia, y ahora recibe el mismo pago. La sexualidad se rebela contra el hombre, sustrayéndose a su voluntad. Tenemos aquí la explicación dada por San Agustín al pecado original, que supuso la corrupción de la naturaleza humana. Una especie de "mutación ontológica" que acarrea consecuencias desastrosas para el hombre, rebajándolo al nivel de las bestias.[96]

---

[96] Escribe San Agustín: "Si alguno dudase por qué la naturaleza humana no se muda con los otros pecados como se mudó con el pecado de aquellos dos primeros hombres, quedando sujeta a la corrupción que vemos y sentimos, y por ella a la muerte, turbándose y padeciendo tanto número de afectos tan poderosos y entre sí tan contrarios, si alguno dudase, repito, y viere en esto

De ser un semidiós, pasó a ser un "animal racional", un sujeto de naturaleza viciada y corrupta. Es en este punto donde San Agustín introduce la noción de *libido*. La *libido* es el principio del movimiento autónomo del deseo sexual, sustraído por completo a la razón, que hace del hombre un ser abyecto, esclavo de su sexualidad, incapaz de poner freno a la involuntariedad de su propio cuerpo.[97] Es por causa de la *libido* que tenemos erecciones involuntarias, que nos excitamos sin control y que copulamos de manera enferma. Es por ella que el deseo sexual es más poderoso que nuestra capacidad racional de controlarlo y que no somos capaces —sin ayuda de la gracia— de resistirnos a las "tentaciones de la carne". Como bien dice Foucault, "el análisis de San Agustín introduce una verdadera libidinización del sexo" (Foucault, 1999h: 233).

Este es un momento bien importante en la historia de la sexualidad, pues con la noción agustiniana de *libido* asistimos al nacimiento de la *experiencia cristiana de la carne*. Ya lo mencionamos antes: Foucault distingue claramente la experiencia cristiana de la carne de la experiencia greco-romana de los *aphrodisia*. ¿En qué radica esta diferencia? En que, a diferencia de los estoicos, el deseo sexual será visto por los teólogos cristianos como algo esencialmente malvado, como expresión de nuestra naturaleza corrupta. Aquí encontramos

---

dificultad, no por eso debe pensar que fue ligera y pequeña aquella culpa porque se hizo en cosa de comida, que no era mala ni dañosa, sino en cuanto era prohibida [...]. Así que este precepto y mandamiento de no comer de un solo género de comida donde había tanta abundancia de otras cosas, mandamiento tan fácil y ligero de guardar, tan breve y compendioso para tenerle en la memoria, principalmente cuando aún el apetito no contradecía a la voluntad, con tanta mayor injusticia se violó y quebrantó, con cuanta mayor facilidad y observancia se pudo guardar". San Agustín. *La ciudad de Dios*, XIV, 13.

[97] "Aunque los apetitos de muchas cosas llámense en latín *libídines*, cuando se escribe solo *libido*, sin decir a qué pasión se refiere, casi siempre se entiende el apetito carnal; apetito que no solo se apodera del cuerpo en lo exterior, sino también en lo interior, y conmueve de tal modo a todo el hombre, juntando y mezclando el efecto del ánimo con el deseo de la carne, que resulta el mayor de los deleites del cuerpo; de suerte que cuando se llega a su fin, se embota la agudeza y vigilia del entendimiento". San Agustín. *La ciudad de Dios*, XIV, 16.

el vínculo del problema del pecado original con el problema de la hermenéutica del sujeto. El objetivo de las artes cristianas de sí —estudiadas en el capítulo anterior— va más allá de un simple "dominio de las pasiones", como era el caso de las artes de sí estoicas. Ahora de lo que se trata es de un ejercicio de "sospecha permanente", una analítica del deseo que busca determinar, casi que detectivescamente, cuáles deseos o movimientos del cuerpo, voluntarios o involuntarios, son una manifestación velada de la *libido*. El diablo manifiesta su poder allí donde somos más débiles y vulnerables: a través de la involuntariedad de los deseos sexuales; aprovecha la *libido* para hacernos instrumentos de su voluntad. Es la lucha del sujeto contra sí mismo, contra lo "involuntario" de sí, lo cual exige un examen detallado de los pensamientos y los deseos e inclinaciones de la voluntad.[98] Además de esto, Foucault anota que aunque el análisis de San Agustín está dominado aún por el tema y la forma de la sexualidad masculina, el problema que inaugura ya no es el de la penetración sino el de la erección. No se problematiza la cuestión de si el hombre es activo o pasivo, sino el de los movimientos involuntarios del cuerpo, ya que estos son el símbolo de la impotencia del hombre frente a la *libido*. Mientras que para los griegos (y también para los romanos) la erección era símbolo de actividad y superioridad, ya que era el preludio de la penetración, para San Agustín es en cambio un signo de pasividad, de impotencia y falta de libertad (Foucault, 1999h: 233).

---

[98] Foucault resume la posición de San Agustín del siguiente modo: "Nuestra lucha espiritual debe consistir en dirigir sin cesar nuestra vista hacia lo bajo o hacia lo inferior, a fin de descifrar, entre los movimientos del alma, los que provienen de la libido. Al principio la tarea parece muy aleatoria, ya que verdaderamente la libido y la voluntad no se pueden disociar nunca una de otra. Y más aún, esta tarea requiere no solamente el dominio, sino también un diagnóstico de verdad y de ilusión. Exige una constante hermenéutica de sí. La ética sexual, así considerada, implica obligaciones de verdad muy estrictas. No solamente se trata de aprender reglas de un comportamiento sexual conforme a la moral, sino también de examinarse sin cesar para interrogar el ser libidinal en sí" (Foucault, 1999h: 233).

Desde luego viene aquí la pregunta: ¿qué pasa con los cristianos casados? Más aún: ¿debe un cristiano casarse? Recordemos que San Agustín no era un monje ni escribe para monjes. Era el obispo de Hipona y su tarea era "conducir el rebaño" de creyentes que vivían en aquella ciudad. Foucault no se ocupa directamente de este tema, pero San Agustín escribió algunos tratados sobre el matrimonio, en donde afirma que el combate contra uno mismo, contra la *concupiscencia* que hay en uno, es también asunto de los cristianos casados y no solamente de los monjes.[99] Por ello, retomando la reflexión sobre el "modelo del elefante", diríamos que para San Agustín, la única justificación que tiene el acto sexual, aun dentro del matrimonio, es la procreación. Todo lo que vaya más allá de eso, equivale a permitir el señorío de la "concupiscencia". Mientras que San Pablo decía que quien no tiene el don de continencia debía casarse, San Agustín advierte que quien decide casarse tendrá que luchar contra la voluptuosidad de la carne, contra la servidumbre de los placeres involuntarios. Esta es una "carga" que el cristiano casado tendrá que arrastrar toda su vida. La carga de la *libido* que se estimula con la cercanía de los cuerpos.

Establecido ya que la "invención de la *libido*" fue una importante novedad introducida por el cristianismo en la moral sexual del mundo antiguo, consideremos ahora un segundo texto: *El combate de la castidad*, artículo publicado por Foucault en mayo de 1982.[100] Aquí la figura central no es San Agustín sino su contemporáneo exacto, Juan Casiano, personaje al que ya nos referimos en el capítulo anterior. Lo mencionamos en el contexto de la fundación de los primeros monasterios cristianos, a la que contribuyó decisivamente a través de sus libros

---

[99] Véase por ejemplo su libro *El matrimonio y la concupiscencia*, donde muestra que, más que las relaciones sexuales como tales, era la "concupiscentia carnis" lo que en realidad le preocupaba.

[100] Los materiales para este artículo fueron tomados, según dice el mismo Foucault, "del tercer volumen de la *Historia de la sexualidad*" (Foucault, 1999g: 261). Se refiere al libro inédito *Las confesiones de la carne*, que de ser publicado alguna vez, correspondería al volumen IV de la serie.

Instituciones cenobíticas y *Colaciones*, verdaderos textos-guía para el régimen de vida de las comunidades monásticas. A diferencia, pues, de San Agustín, Casiano no escribe para la comunidad de los cristianos en general, sino para una minoría que decide adoptar los rigores de la vida monacal.[101] Tampoco había sido un hombre de "mundo", como San Agustín, pues antes de convertirse vivió muchos años como eremita en el desierto de Egipto. A partir de esta experiencia, Casiano pensará el monasterio como un espacio adecuado para llevar adelante el "combate de la castidad", lo cual conllevará la puesta en práctica de una serie de ejercicios ascéticos, que van desde el ayuno, el trabajo físico, el control sobre el tiempo y las mortificaciones de la carne, hasta ejercicios más sofisticados, como la interpretación de los sueños, la confesión y la dirección de conciencia. El objetivo de todos estos ejercicios era organizar la batalla contra el principal enemigo del monje: la concupiscencia de la carne. Este colosal enemigo era visto como el responsable de todos los demás vicios que acechaban al monje. Foucault dice que de los "ocho vicios principales" identificados por Casiano, la fornicación tiene "cierto privilegio ontológico", ya que de ella se desprenden todos los demás: gula, avaricia, cólera, pereza, acidia (ansiedad en el corazón), vanagloria y soberbia (Foucault, 1999g: 262-263).[102] Ahora bien, en la elaboración de su estrategia de combate, Casiano decide alinear estos ocho vicios por parejas, colocando al frente la fornicación junto con la gula. ¿Por qué? Porque ambos vicios tienen que ver directamente con los placeres del cuerpo. Los placeres de la

---

[101] Es cierto que San Agustín escribió un par de textos para monjes, incluso redactó alguna regla monástica. Pero el punto es que con San Agustín y Casiano tenemos dos modelos (nacidos ambos en el siglo IV d.C.) que aunque no se identifican del todo, sí se entrecruzan: la vida sexual para los laicos y la vida sexual para los monjes.

[102] En realidad, el "espíritu de fornicación" del que habla Casiano no se refiere solo al sexo "en acto" del monje (relaciones sexuales con una mujer o un hombre), sino sobre todo al sexo "en potencia"; es decir que se trata de un pecado del pensamiento que remite genéticamente al cuerpo y se manifiesta en el cuerpo (la erección y la polución). Hablamos, por tanto, de la *lujuria*.

mesa y los placeres de la cama suelen ir juntos, como hermanos gemelos, ya que ambos tienen su origen en la concupiscencia. Por tanto, la mortificación del cuerpo —tan legendaria en los monasterios católicos— tenía como objetivo no tanto la muerte del cuerpo, sino la muerte de los deseos "inmundos" que se anclan en el cuerpo. A esta "pareja infernal" fornicación-gula debían dirigirse, por tanto, los ejercicios ascéticos del monje, ya que combatiendo la gula (a través del ayuno) se disminuiría la *libido*, que —como decía San Agustín— opera como el "primer motor" que pone en movimiento a todos los demás vicios de la cadena.

¿Cómo mantenerse virgen? ¿Cómo vencer la concupiscencia anclada en el cuerpo? ¿Qué hacer con esa *libido* instalada en el cuerpo como castigo por el pecado original? Según Casiano, el monje debe subir, paso a paso, seis peldaños que le conducirán a la victoria. Seis peldaños que marcan el "progreso" en la batalla *contra sí mismo*. El objetivo de esta escalada no es otro que la paulatina desaparición de las manifestaciones corporales de la lujuria. Una vez que estas desaparezcan, el director de conciencia tendrá una señal inconfundible de que el monje ha ganado la batalla. ¿Y cuáles son esas dos manifestaciones físicas? La erección y la polución. Los seis pasos son sucesivos avances en el logro de la santidad del monje, que tendrá como sello la no erección y la no polución. Así, por ejemplo, la primera "señal de progreso" (primer peldaño) es cuando el monje se levanta sin verse "destrozado por un ataque de carne" (Foucault, 1999g: 267). En la segunda etapa, cuando aparecen "pensamientos voluptuosos", el monje logrará no "demorarse mucho en ellos" y conseguirá someterlos a su voluntad. Ya para el tercer peldaño el monje debe estar en condiciones de salir del monasterio y "cruzar la mirada con una mujer sin ninguna codicia" (*ibíd.*). Durante la etapa cuatro, el monje "no siente ya, durante la vigilia, ni siquiera el más inocente movimiento de la carne", lo cual —según Foucault— no significa que ha logrado tener control absoluto sobre sus erecciones, sino que puede "soportarlas" sin que ellas "afecten el alma" (*ibíd.*, 268).

Este control (momento de la no-erección) se logrará apenas cuando se sube al peldaño cinco, en el que "el espíritu no se deja rozar por el más sutil consentimiento hacia el acto voluptuoso", tanto así que si el monje lee o escucha algo relacionado con la procreación, "no sale más afectado por su recuerdo que si soñara con la fabricación de ladrillos" (*ibíd.*). Finalmente, en la etapa seis se llega a la ausencia total de sueños eróticos y a la eliminación completa de las pulsiones involuntarias (momento de la no-polución). Momento en que "la seducción del fantasma femenino no produce ilusión alguna durante el sueño" (*ibíd.*). La no-polución se revela, entonces, como una señal de victoria en el "combate de la castidad", pero esto no debe ser visto como un logro personal del monje, sino como un "don de Dios", una señal de la gracia divina. Foucault resume del siguiente modo los objetivos de esta "tecnología del yo" exigida por Casiano a sus monjes:

> Los seis grados a través de los que, como se ha visto, progresa la castidad, representan seis etapas en ese proceso que debe desatar la implicación de la voluntad. Deshacer la implicación en los movimientos del cuerpo es el primer grado. Después, deshacer la implicación imaginativa (no demorarse mucho en lo que se tiene en el espíritu). Luego, deshacer la implicación sensible (no experimentar los movimientos del cuerpo). Más tarde, deshacer la implicación representativa (no pensar ya en los objetos como objetos de posible deseo). Y, finalmente, deshacer la implicación onírica (lo que puede haber de deseo en las imágenes, no obstante involuntarias, del sueño). A esta implicación, cuya forma más visible es el acto voluntario o la voluntad explícita de cometer un acto, Casiano le da el nombre de concupiscencia. Contra ella se dirige el combate espiritual [...]. La polución no es simplemente el objeto de una prohibición más intensa que las demás, o más difícil de observar. Es un "analizador" de la concupiscencia, en la medida en que permite determinar, a lo largo de todo cuanto la hace posible, qué hay, en las imágenes, en las percepciones, en los recuerdos del alma, de voluntario y de involuntario. Todo

el trabajo del monje sobre sí consiste en no dejar nunca que se comprometa su voluntad en ese movimiento que va del cuerpo al alma y del alma al cuerpo, al que esta voluntad se puede haber asido, para favorecerlo o para detenerlo, a través del movimiento del pensamiento. (Foucault, 1999g: 269, 270, 271)

Casiano enfoca sus "tecnologías del yo" en el arte de controlar la involuntariedad de los movimientos corporales. Ya san Agustín lo había dicho: la *libido* es la rebelión del cuerpo, la insubordinación de la carne. Por eso el monje debe estar en permanente vigilancia sobre sus deseos, sus pensamientos, sus erecciones y poluciones. Como se vio ya en el capítulo anterior, Foucault muestra que con la emergencia del cristianismo, el sujeto se ve en la obligación de buscar y decir la verdad de sí mismo como condición indispensable de la salvación. Asistimos a un proceso de subjetivación en donde el "yo" se define frente a un "otro" que se oculta dentro de sí mismo y al que se culpa por lo que uno es. La verdad del sujeto tomará entonces la forma de una ética de la *renuncia de sí* como medio para la revelación de sí. Se trata de una relación de sí consigo fundada en la autoobservación de una interioridad en la que habita oculto el pecado. El sujeto se ve a sí mismo como sospechoso, se mira con recelo, con desconfianza, porque sabe que en el fondo de su alma se desliza permanentemente un deseo del que ha de avergonzarse; un deseo que le causa culpa y que debe desterrar con todas sus fuerzas. El monje no combate contra los códigos morales hegemónicos para hacer de su vida un ejemplo de virtud (como en el caso de los estoicos), sino que combate contra sí mismo. Él es su propio enemigo. Su vida es un continuo drama en el que cada día debe darse a la tarea de lanzar dardos contra sí mismo para extirpar los malos pensamientos y deseos. Hermenéutica de sí que opera como una analítica de los pensamientos buenos y los malos, de los deseos puros y los inmundos, para descifrar cuáles vienen de Dios y cuáles del demonio. Vigilancia permanente sobre sí mismo que coloca al monje en dependencia del director de conciencia, del pastor al que obedecerá de forma incondicional. Lucha continua por la esclavitud voluntaria, en nombre (curiosamente) de la salvación.

Nos queda todavía un asunto pendiente: ¿qué ocurre en el cristianismo con el amor a los muchachos? Ya vimos que en las artes de sí estoicas, la pederastia fue desproblematizada y todo el foco de inquietud se dirigió hacia el matrimonio. Pues bien, el cristianismo retomará esta desproblematización estoica de la pederastia y convertirá el amor por los muchachos en un vicio con nombre propio: la sodomía.[103] En *El combate de la castidad*, al analizar las regulaciones monásticas de Casiano, Foucault muestra que los pecados de la carne eran básicamente tres: el adulterio, la fornicación y la "corrupción de niños". Trilogía que se encontraba ya en la *Didaché* del Pseudo-Bernabé hacia el siglo II, donde se afirmaba también que el cristiano debía abstenerse de comer liebre para evitar la seducción de niños y de comer comadreja para evitar las "relaciones bucales" (Foucault, 1999g: 265-266). También menciona Foucault a Basilio de Cesarea, quien en una obra del siglo IV dirigida a los jóvenes cristianos[104] escribía lo siguiente: "Evita todo comercio, toda relación con los jóvenes cofrades de tu edad. Huye de ellos como del fuego. Numerosos, por desgracia, son los que por su intermedio el enemigo ha incendiado y entregado a las llamas eternas" (*ibíd.*). Lo cual da testimonio de que las relaciones sexuales entre hombres eran comunes en la época y no eran desconocidas en el seno de la comunidad cristiana. Con todo, nuestro filósofo no nos dice mucho más a este respecto.

Habrá que moverse hacia una entrevista del mismo año (1982), en la que se solicita a Foucault su opinión sobre el libro de John Boswell, *Christianity, Social Tolerance and Homosexuality*, para tener mayor información sobre el tema. Allí dice que

---

[103] Esto, sin embargo, no ocurrirá sino en el siglo XII, cuando la palabra "sodomía" comienza a ser empleada por la Iglesia para referirse a las actividades sexuales entre hombres.

[104] Foucault dice que la obra se titula *Exhortación a la renuncia del mundo*. No he podido confirmar a qué obra de Basilio se refiere.

aunque Boswell data la condena cristiana de la homosexualidad en el siglo XII, esta se vislumbra ya desde mucho tiempo atrás, en algunos textos penitenciales de los siglos VIII y IX, pero incluso mucho más atrás, en los textos de Basilio de Cesarea. Y ante la pregunta de si puede hablarse de una "subcultura gay" en el monacato cristiano, Foucault dice que a medida que el rigorismo del primer monaquismo se fue apaciguando, durante la Edad Media sí puede hablarse de una pederastia monacal, dado que la relación afectiva entre monjes ancianos y novicios jóvenes era muy intensa y daba pie para eso (Foucault, 2015c: 211-212). Eso es todo lo que Foucault tiene que decirnos sobre el problema de la pederastia en el mundo cristiano. Habrá que esperar a la publicación de *Las confesiones de la carne* para saber si nuestro filósofo dedicó un análisis específico a esta temática. No obstante, en el curso de 1982, *Hermenéutica del sujeto*, retomará el tema de la pederastia a propósito de la relación entre Sócrates y Alcibíades. Al estudio de este curso dirigiremos nuestra atención en el capítulo siguiente.

CAPÍTULO IV
ARTES FILOSÓFICAS DE VIVIR

Las tres transformaciones

En su curso de 1981, *Subjetividad y verdad*, Foucault problematizó la tradicional cesura entre cristianismo y paganismo, mostrando que la armazón fundamental de la moral sexual cristiana (ejemplificada en la fábula del elefante) echa sus raíces en las "artes de sí" desarrolladas por los estoicos en los siglos I-III d.C. Con ello amplió la genealogía de las relaciones entre el sujeto y la verdad iniciada en el curso de 1980, *Del gobierno de los vivos*, desplazando su interés hacia la antigüedad grecolatina y retomando de este modo el fallido proyecto de historia de la sexualidad. No obstante, en la medida en que profundizaba sus estudios sobre el período helenístico, Foucault empezó a interesarse cada vez más por las "artes de la existencia" en las escuelas filosóficas de aquella época, hasta el punto de pensar en la publicación de un libro enteramente dedicado a esta temática.[1] En la entrevista con Dreyfus & Rabinow (1983) dice

---

[1] El plan de este libro se encuentra en un manuscrito conservado en la Biblioteca Nacional de Francia. Véase la "Cronología" de Daniel Defert en el volumen I de *Dits et Écrits*, p. 99-100.

que tenía la idea de escribir "un libro separado de la serie del sexo", cuyo título sería *La inquietud de sí*, en el que se ocuparía del modo en que las "tecnologías del yo" habían emergido en el seno de la ética pagana (Dreyfus & Rabinow, 1991: 263).[2] En esa misma entrevista dice que el segundo libro de la "serie del sexo" llevaría por título *El uso de los placeres*, y que luego vendría un tercero titulado *Las confesiones de la carne*. Pero poco tiempo después, ante la inminencia de su muerte, nuestro filósofo tuvo que modificar el plan de publicaciones. Lo que antes preveía como el segundo volumen de la historia de la sexualidad terminó siendo dividido en dos tomos: el primero dedicado a los griegos, titulado *El uso de los placeres*; y el segundo dedicado a los romanos, bajo el título *La inquietud de sí*, nombre originalmente destinado al libro nunca escrito sobre la ética pagana.[3] *Las confesiones de la carne*, por su parte, quedó inédito porque Foucault no alcanzó a revisar el manuscrito antes de su muerte. Así las cosas, lo que encontramos en el curso de 1982 es el "archivo" de ese libro sobre la ética pagana que Foucault nunca escribió.

El curso *La hermenéutica del sujeto* de 1982 retomará entonces el tema de las "artes de la existencia", introducido en el curso anterior, pero desligándolo casi por entero del problema de la sexualidad y ampliando su consideración a otras escuelas filosóficas diferentes de la estoica. La búsqueda anterior de una "economía de los placeres" se transforma de pronto en el proyecto de una "ética de sí". Al mismo tiempo, el curso recoge algunos de los temas puestos sobre la mesa en el curso de 1980, *Del gobierno de los vivos*, en especial el problema de los actos a través de los cuales un sujeto reconoce la verdad de sí mismo.

---

[2] "Leyendo a Séneca, Plutarco y toda esa gente, descubrí que había un gran número de problemas sobre el yo, la ética del yo, la tecnología del yo, y tuve la idea de escribir un libro compuesto por un conjunto de estudios separados, apuntes sobre tales o cuales aspectos de la tecnología del yo antigua, pagana" (Dreyfus & Rabinow, 1991: 263).

[3] El capítulo dos de *La inquietud de sí* lleva por título "El cultivo de sí" y está compuesto de materiales destinados al fallido libro independiente.

En aquel curso, recordémoslo, Foucault se había interesado por mostrar cómo durante los siglos III-V d.C. se introdujo en las comunidades monásticas la obligación de descifrarse a sí mismo, de conocer exhaustivamente los orígenes de todo aquello que ocurre en el interior del sujeto. A este ejercicio interpretativo, centrado en las obligaciones de verdad del sujeto respecto de sí mismo, Foucault lo llamó "hermenéutica del sujeto" para diferenciarlo de la "hermenéutica del texto", en el que el énfasis se pone en las obligaciones del sujeto con respecto a la verdad del dogma.[4] Pero Foucault era consciente de que la hermenéutica del sujeto inventada por el cristianismo, aunque destinada a jugar un papel definitivo en la historia de Occidente, echa sus raíces en formas precedentes. Antes de ella existían otras "formas de veridicción" en el mundo griego y romano, en las que el objetivo no era colocar al sujeto en perpetua obediencia y negación de sí mismo, sino hacerlo libre, independiente de coacciones exteriores.[5] Técnicas de veridicción que no apuntaban a la sujeción, sino a la emancipación del sujeto. El curso *La hermenéutica del sujeto* de 1982 propondrá, entonces, una genealogía de aquellas técnicas precristianas de subjetivación en la verdad, empresa que vendría a complementar los esbozos de una historia de las "artes de la existencia" presentados en el curso anterior. Como se puede ver, los tres cursos obedecen a un programa todavía bastante general e impreciso, que explora las relaciones históricas entre el sujeto y la verdad, pero

---

[4] "En esta obligación de buscar la verdad de uno mismo, descifrarla como condición de salvación y manifestarla a otra persona, me parece que tenemos un tipo de obligación de verdad muy diferente de esa que vincula a un individuo con un dogma, un texto o una enseñanza. Y me parece que uno de los grandes problemas históricos del cristianismo ha sido justamente saber cuál es el tipo de vínculo que puede establecerse entre una y otra de esas obligaciones, cómo puede vincularse la obligación de creer con la obligación de descubrir la verdad en uno mismo. ¿Cómo ligar la verdad de la fe a la verdad de sí mismo? ¿Cómo articular la hermenéutica del texto y la hermenéutica de la conciencia? Me parece que ese problema atravesó todo el cristianismo" (Foucault, 2014a: 108).

[5] Ya estudiamos en el capítulo dos la comparación que hace Foucault entre las técnicas de dirección greco-romanas y cristianas.

que irá tomando coloraturas y acentos diferentes a medida que avanzan las investigaciones.

Para focalizar el problema, en el curso de 1982 Foucault propone tomar como eje una noción que no ha recibido suficiente atención por parte de la historia de la filosofía: la noción griega de *epimeleia heatou*, que los escritores latinos tradujeron como *cura sui*, y que vertida al castellano sería algo así como la "cura de sí mismo" o, como lo prefiere Foucault, el *cuidado de sí*.[6] "*Epimeleia heatou* es la inquietud de sí mismo, el hecho de ocuparse de sí mismo, preocuparse por sí mismo" (Foucault, 2006d: 17). No se trataba de una invención del pensamiento filosófico, sino de un precepto de vida muy valorado en la antigua Grecia. De hecho, la palabra *epimeleia* no hacía referencia a una actividad del intelecto, sino a una ocupación regulada (*techné*) que podía referirse a diferentes acciones. Por ejemplo, *epimeleia* podía utilizarse para aludir al trabajo del amo que dirige la ejecución de las labores agrícolas en sus tierras, o para la actividad del político que vela por su pueblo y "gobierna" adecuadamente la ciudad. A Foucault le interesa particularmente el sentido en que algunos filósofos y moralistas griegos utilizaban la palabra para designar el modo en que un *individuo* debía ocuparse de sí mismo, dirigir metódicamente sus propios asuntos, atender a la creación de un estilo de vida personal. Ocuparse de sí mismo era en realidad un privilegio, una marca de superioridad social, en contraste con todos aquellos que debían ocuparse de otros (las mujeres, los esclavos) o que tenían que trabajar para poder vivir. Se trataba, pues, de una cuestión reservada para aquellos que gozaban de un estatuto

---

[6] Vale la pena considerar el comentario de Edward McGushin al respecto: "Debe notarse que la traducción de *souci* como "cuidado" es quizás engañosa. *Souci* no es solo cuidado en el sentido de una preocupación afectiva por uno mismo, una suerte de sentimiento amoroso. *Souci* es también ansiedad. Cuidar de sí mismo en este sentido es estar inquieto al respecto: en otras palabras, el "sí mismo" que es objeto de *souci* es fuente de ansiedad, una agitación" (McGushin, 2007: 32). Dicho de otro modo, la noción "cuidado de sí" conlleva una especie de cuita, desvelo, ansiedad y desazón respecto de uno mismo.

social vinculado a las riquezas y al "ocio". "La ventaja que dan la riqueza, el estatus, el nacimiento, se traduce en la posibilidad de ocuparse de sí mismo", reconoce Foucault en el "Resumen del curso" (*ibíd.*, 468).[7]

Ahora bien, ¿para qué investigar esta noción? ¿En qué radica su importancia? La tesis de Foucault es que el principio de que hay que "ocuparse de uno mismo" puede rastrearse históricamente a lo largo de toda la antigüedad greco-romana y cristiana y resulta clave para entender los cambios históricos que sufrieron las relaciones entre el sujeto y la verdad. En la clase del 6 de enero de 1982, con la que comienza el curso, Foucault propone una cronología que nos resultará útil para comprender el modo en que nuestro filósofo imagina esa larga historia. Dice allí que organizará el curso sobre la base de "tres momentos" que representan las tres transformaciones históricas de la noción de "cuidado de sí":

> Trataré de aislar tres momentos que me parecen interesantes: el momento socrático-platónico [es decir], la aparición de la *epimeleia heatou* en la reflexión filosófica; en segundo lugar, el período de la edad de oro de la cultura de sí, el cultivo de sí mismo, la inquietud de sí mismo, que podemos situar en los dos primeros

---

[7] Ya comentamos algo sobre la elección que hace Foucault de una serie de prácticas elitistas para llevar a cabo su empresa genealógica. Le parece que las más importantes transformaciones de la subjetividad en el mundo antiguo (pero también en la modernidad) se dieron primero en el seno de las clases más privilegiadas. Recordemos además su visceral oposición a todos los análisis de corte "sociologista", en especial aquellos adelantados por el marxismo, que convierten la pertenencia a una clase social o el lugar que ocupan los agentes en las relaciones sociales de producción, en criterios inamovibles para adelantar cualquier análisis de las relaciones de poder. Semejante positivización de "lo social" estuvo siempre muy lejos de las preocupaciones teóricas de Foucault, quien heredó de Nietzsche la tesis de que las relaciones de fuerza no se *reducen* jamás a las positividades de clase, género, raza, etc. Ninguna de estas positividades opera como necesidad apriorística, ninguna de ellas puede verse como determinante "en última instancia" del funcionamiento del poder. Para reflexiones adicionales sobre este problema, véase: Castro-Gómez, 2015b: 223-250.

siglos de nuestra era; y después, el paso a los siglos IV y V, paso, en términos generales, de la ascesis filosófica pagana al ascetismo cristiano. (Foucault, 2006d: 45)

Ya veremos cómo este plan no se cumplió y el curso abarcó tan solo los momentos uno y dos, a pesar de que hacia el final Foucault hizo todo lo posible por llegar hasta el momento tres. Pero es claro que el plan original era estudiar las tres transformaciones del cuidado de sí, pues le parece que esta noción ofrece la clave para realizar una genealogía de la subjetividad en el mundo antiguo, desde Sócrates hasta San Agustín, abarcando un período de casi mil años. Resulta claro que una genealogía de semejante alcance era una empresa imposible de realizar en un solo curso. Foucault es consciente de que lo que ofrece a sus estudiantes son apenas esbozos, fragmentos, incursiones, y que su proyecto de una historia de las relaciones entre el sujeto y la verdad todavía no tiene contornos muy precisos. De hecho, tal como veremos a lo largo de este libro, se trata de un proyecto inacabado que apenas pudo tomar forma en los dos últimos tomos de *Historia de la sexualidad*. Libros que, a propósito, echarán mano de la noción de "cuidado de sí", que comenzó a ser explorada por Foucault precisamente en el curso *La hermenéutica del sujeto*.

Quisiera comenzar este capítulo ofreciendo una visión general de la genealogía que emprende Foucault del cuidado de sí, atendiendo a la cronología señalada. Lo primero sería recordar algo que ya mencionamos en el capítulo sobre el cristianismo: no fueron los griegos quienes inventaron las técnicas que le permitían a un sujeto transformarse a sí mismo para tener acceso a la verdad. Esto ya venía desde antes y había emergido en culturas antiguas como China, India y Egipto. En la clase del 13 de enero de 1982 Foucault dice que la *epimeleia heatou* "tiene de hecho sus raíces en muy viejas prácticas, maneras de obrar, tipos y modalidades de experiencia que constituyeron su basamiento histórico". Prácticas, agrega, que no solo se manifestaron en la Grecia arcaica, "sino en toda una serie de civilizaciones, si no en todas" (Foucault, 2006d: 58, 59). Entre estas técnicas antiguas Foucault menciona cinco en particular: 1) los ritos de purificación, esto es, las abluciones y baños que "lavan" a una persona de sus faltas y la hacen digna de presentarse ante los dioses. Podían ser ritos de iniciación, de consagración, de acción de gracias, de conmemoración, pero lo importante es que, en todos estos casos, la persona era "purificada" mediante ciertos rituales que no eran dejados al azar sino que seguían unas reglas. Rituales, por tanto, que suponían una técnica, un modo específico de llevarlos a cabo. 2) Técnicas de concentración del alma, que buscaban evitar que "el aliento se disperse". Al parecer Foucault se refiere a técnicas de respiración que buscaban que la persona se concentrara en sí misma, evitando que el alma se viera perturbada por influencias exteriores. 3) Técnicas de la retirada o *anacoresis*, muy difundidas entre los cultos mistéricos, que buscaban apartar a un individuo del mundo, inmunizarlo, cortar su contacto con el mundo exterior. Hablamos aquí de una separación que es no solo física (vida en soledad absoluta, como la de un ermitaño), sino, por encima de todo, una separación total del individuo frente a sus hábitos anteriores (actividades, relaciones personales, responsabilidades sociales). 4) Técnicas de resistencia, practicadas sobre todo por los anacoretas, que permiten a una persona soportar dolorosas pruebas físicas o espirituales. Estas técnicas podían ser el ayuno, el autocastigo, el celibato y la pobreza voluntaria. 5) Por último, Foucault menciona técnicas utilizadas por los pitagóricos, como por ejemplo la preparación para el sueño mediante la escucha de música, la degustación de esencias florales, el examen de conciencia, etc., a las que hicimos referencia en el capítulo dos (*ibíd.*, 60-61). ¿Qué es lo que tienen en común todas estas técnicas arcaicas? Que se hallaban más o menos desligadas del intelectualismo, es decir, que no venían relacionadas (con excepción quizás de los pitagóricos) con una teoría filosófica o con una doctrina religiosa.

Pues bien, lo que empieza a ocurrir precisamente en la Atenas del siglo V a.C. es que todas estas técnicas "fueron sometidas a una muy profunda reorganización" (Foucault, 2006d: 64). Esto significa que no fueron las técnicas en sí mismas lo que inventó la Grecia clásica, sino los *objetivos* a los que había que dirigir esas técnicas y la *forma* misma que adquirió la problematización de esos objetivos. Vale decir, las técnicas de autotransformación quedaron ligadas a un cierto modo de razonar, de discutir, de preguntar, inventado por los griegos, que se llamó *filosofía*. Ahora bien, y esto es muy importante, por "filosofía" Foucault no entiende una actividad puramente teórica, orientada a producir conocimientos abstractos, sino un conjunto de técnicas reflexivas que buscan la transformación vital del *individuo*. Aquí resulta clave la influencia que tuvo sobre él su colega Pierre Hadot, quien era también profesor en el Collège de France.[8] Foucault estaba familiarizado con el artículo "Ejercicios espirituales", publicado por Hadot en 1976, en el que propone una lectura en contravía de lo que la mayoría de los especialistas entendía por "filosofía antigua". En efecto, mientras que casi todos los profesores de filosofía se ocupaban de estudiar los "sistemas filosóficos" de Platón, Aristóteles o Plotino, enfatizando en su arquitectónica conceptual, Hadot decía que lo central de estas filosofías era su vinculación con un conjunto de prácticas que él denomina "ejercicios espirituales":

> La filosofía consistía en un método de progresión espiritual que exigía una completa conversión, una transformación radical de la forma de ser. La filosofía constituía, pues, una forma de vida, y su tarea y práctica iba encaminada a alcanzar la sabiduría, aunque ya lo era en su objetivo, sabiduría en sí misma. Pues la sabiduría no proporciona solo conocimiento; ella hace "ser" de otra manera [...]. La filosofía en sí misma, es decir la forma de vida filosófica, no consiste tanto en una teoría dividida en partes, como en una

---

[8] También conocía Foucault la obra ya clásica de Paul Rabbow, *Seelenführung. Methodik der Exerzitien in der Antike*, en la que se muestra cómo la esencia de la filosofía antigua era la práctica de la ascesis y la orientación hacia la interioridad (*Innenwendung*).

actividad dirigida a *vivir* la lógica, la física y la ética. No se *teoriza* entonces sobre lógica, es decir, sobre hablar y pensar correctamente, sino que se piensa y se habla bien; no se *teoriza* sobre el mundo físico, sino que se contempla el cosmos; ni tampoco se *teoriza* sobre la acción moral, sino que se actúa de manera recta y justa. El discurso filosófico no es filosofía. (Hadot, 2006: 236, 238)[9]

¿Qué es entonces la filosofía? Siguiendo muy de cerca a Pierre Hadot, Foucault dirá que filosofar consiste en resolver algunos problemas que nos plantea la vida, pero no de manera teórica sino práctica, es decir, contribuyendo a transformar no solo el pensamiento, sino la vida misma del sujeto que filosofa. Este era, precisamente, el objetivo de los "ejercicios espirituales" que desarrollaron las diferentes escuelas filosóficas de la antigüedad. Su objetivo principal no era construir un sistema de conocimientos, sino cambiar los *hábitos* del sujeto.[10] El filósofo es entonces un ejercitante, y la filosofía un ejercicio de *conversión* que implicaba la ruptura con formas previas de vivir y la transformación de la vida moral del sujeto.[11] Esto cambia por entero el "relato fundacional" que suelen narrar los filósofos profesionales, en el sentido de que en Grecia —y solo en Grecia— se produjo una "ruptura epistemológica" de significación universal: el paso del mito al logos. Pues si,

---

[9] El resaltado es mío.

[10] En la primera clase del curso (6 de enero de 1981) afirma: "Llamemos "filosofía" a eso, creo, que podemos llamar "espiritualidad": la búsqueda, la práctica, la experiencia por las cuales el sujeto efectúa en sí mismo las transformaciones necesarias para tener acceso a la verdad. Se denominará "espiritualidad", entonces, el conjunto de esas búsquedas, prácticas y experiencias que pueden ser las purificaciones, las ascesis, las renuncias, las conversiones de la mirada, las modificaciones de la existencia, etcétera, que constituyen, no para el conocimiento sino para el sujeto, para el ser mismo del sujeto, el precio a pagar para tener acceso a la verdad" (Foucault, 2006d: 33).

[11] Hadot aclara que estos ejercicios no son algo que se *añade* a la teoría filosófica, sino que esta es ya, desde el comienzo, un ejercicio que orienta la acción. Tanto por su forma de exposición como por su finalidad, la filosofía antigua debe verse como un ejercicio espiritual (Hadot, 2009: 138-139).

conforme a lo dicho por Hadot, la filosofía no es "teoría pura" sino, fundamentalmente, un conjunto de ejercicios orientados hacia el logro de la sabiduría, entonces allí no se produjo una ruptura semejante, sino tan solo una "reorganización" de varias técnicas que habían sido ya "inventadas" por otras civilizaciones. Reorganización y no ruptura.[12] No discontinuidad absoluta, sino "problematización" respecto a los objetivos que debían tener esas técnicas preexistentes.[13]

Asistimos, entonces, a la *primera transformación* de las técnicas de sí: la creación de una problematización filosófica operada en la Atenas del siglo V a.C. por la figura inmensa de Sócrates. Es aquí —nos dice Foucault— donde comienza propiamente la historia de la filosofía como un "arte de vivir", como *Lebenskunstphilosophie*.[14] Bien conocida es la afirmación

---

[12] Con respecto a este debate entre la continuidad o la ruptura que opera la filosofía griega con respecto a prácticas religiosas, en la segunda hora de la clase del 13 de enero Foucault menciona el libro del filósofo francés Henri Jolie (editor del diccionario de filósofos en el que se publicó la entrada de "Maurice Florence"), libro también citado en el volumen II de *Historia de la sexualidad*. En la clase del 17 de mayo comenta el escepticismo de Pierre Hadot frente a la tesis de Jolie, según la cual los griegos habrían conocido todas estas prácticas de autotransformación a través de las "culturas chamánicas", y serían estos ejercicios los que luego encontraríamos transpuestos y transfigurados en las prácticas filosóficas de los griegos. Frente a la pregunta sobre la continuidad o discontinuidad entre las prácticas chamánicas y las filosóficas, Foucault se limita a decir que "Hadot adhería a esta discontinuidad. Dodds y Vernant, al contrario, sostenían la continuidad. En fin, lo dejo porque no es del todo mi problema" (Foucault, 2006d: 396).

[13] En este sentido, no tiene razón Deleuze cuando dice que Foucault era consciente de que los griegos inventaron una fuerza capaz de plegarse sobre sí misma y no solamente sobre otras fuerzas. Esta fuerza, irreductible tanto al poder como al saber, es la subjetividad; razón por la cual Foucault, necesitado de dar a su analítica del poder una "tercera dimensión", habría acudido a la filosofía griega para lograrlo. Véase: Deleuze, 2015: 39-82. Esta explicación de Deleuze no corresponde en realidad con los intereses teóricos de Foucault.

[14] Foucault pareciera plantear aquí una "rehabilitación" de la figura de Sócrates frente a las duras críticas de Nietzsche. Pues para este (y parafraseando al propio Foucault), en Sócrates ya se habría producido el desligamiento del "conócete a ti mismo" con respecto del "cuídate a ti mismo", ya que hace depender la estetización de la vida de la dialéctica, mientras que en la tragedia griega no era la dialéctica sino la danza, y en especial la música, el elemento

según la cual Sócrates habría hecho del principio "conócete a ti mismo" el puntal básico de la filosofía. No obstante, Foucault aclara que este principio del *gnothi seauton*, grabado en el oráculo de Delfos, nada tenía que ver con una actividad intelectual, sino que era, sobre todo, un principio de carácter práctico. Siguiendo las investigaciones de Röscher (investigador alemán de comienzos del siglo XX), el *gnothi seauton* hacía referencia al tipo de preguntas que una persona debía tener en cuenta en el momento de consultar el oráculo: "examina bien en ti mismo las preguntas que vas a hacer, las que quieres hacer, y puesto que debes reducir al máximo la cantidad de tus preguntas y no plantear demasiadas, presta atención en ti mismo a lo que necesitas saber" (Foucault, 2006d: 19). Así las cosas, el principio *gnothi seauton* ("conócete a ti mismo") no era independiente del principio *epimeleia heautou* ("cuida de ti mismo"), sino que era una "aplicación concreta" de este.[15] Cuando Sócrates pide a sus interlocutores que se conozcan a sí mismos, en realidad les está invitando a ocuparse de sí mismos; a ejercitarse de tal modo que su vida pudiera transfigurarse. No tenemos aquí un simple profesor de filosofía que enseña a sus discípulos una serie de conocimientos teóricos y sistemáticos (una "doctrina"), sino un *maestro de sabiduría* que hace del "ocuparse de sí mismo" el principio básico del filosofar. La célebre comparación entre Sócrates y el tábano apunta precisamente hacia esto: el "cuidado de sí" es el aguijón que debe clavarse en la carne de los hombres, instalándose como

---

clave para la transfiguración. A contrapelo, pues, de la valoración de Foucault, Nietzsche diría que con Sócrates se inicia la *desestetización de la existencia*. En realidad, como se comentó ya en el capítulo uno, no es correcto derivar inmediatamente el concepto foucaultiano "estética de la existencia" de la estética (temprana o tardía) de Nietzsche.

[15] "El *gnothi seauton* ("conócete a ti mismo") aparece de una forma bastante clara, y también en este caso, en una serie de textos significativos, en el marco más general de la *epimeleia heatou* (inquietud de sí mismo), como una de las formas, una de las consecuencias, una suerte de aplicación concreta, precisa y particular de la regla general: debes ocuparte de ti mismo, no tienes que olvidarte de ti mismo, es preciso que te cuides" (Foucault, 2006d: 20).

un principio de desasosiego permanente a lo largo de sus vidas (Foucault, 2006d: 24).[16]

Pero la noción de *epimeleia heatou* no solo fue fundamental entre los filósofos de la Grecia clásica, sino que se convirtió después en el principio de toda conducta racional durante la época del imperio. Foucault se refiere al "prolongado verano del pensamiento helenístico y romano" que abarca los siglos I a III de nuestra era (*ibíd*: 26). Durante este período se opera la *segunda transformación* del cuidado de sí, llevada a cabo sobre todo por el estoicismo tardío. ¿En qué radica esta transformación? En que la ocupación de sí mismo ya no se limitaba a una cierta condición de edad o de estatuto político, como en el caso de la Grecia clásica, sino que era un ejercicio permanente que debía extenderse durante toda la vida[17] y que, además, abarcaba a sectores mucho más amplios de la sociedad. Las técnicas de sí ya no tenían como objetivo capacitar a un sujeto para gobernar a los demás, como en el caso de la relación entre Sócrates y Alcibíades (de la cual hablaremos luego), sino capacitar al sujeto para "disfrutarse a sí mismo". Uno no se ocupa de sí para poder ser un buen gobernante, sino para tener la mejor relación posible consigo. Se vive "para sí", con total independencia de cualquier preocupación mundana. Al final del período (hacia el siglo III d.C.), la figura del filósofo se hace cada vez más "social", en el sentido de que ya no es visto como un personaje excéntrico (que viste con andrajos, come frugalmente y vive alejado de todos), sino que se transforma en un consejero para los detalles prácticos de la vida: la comida, la salud, la riqueza, el amor, los

---

[16] De hecho, Sócrates no tiene ninguna "doctrina" qué enseñar. Este punto lo resalta Hadot de forma precisa: "Como es sabido, en el *Teeteto* Sócrates explica que su oficio es el mismo que el de su madre. Ella era partera, asistiendo a los nacimientos corporales. Y él es partero de espíritus: los asiste en el momento de su nacimiento. Por su parte, Sócrates no engendra nada puesto que no sabe nada, ayudando en todo caso a los demás a engendrarse a sí mismos" (Hadot, 2006: 88).

[17] Si bien es cierto que tanto Sócrates como Platón afirmaban que la filosofía debía ser una ocupación para toda la vida, como queda claro en diálogos como *Gorgias* y *La República*.

negocios y la política. Esto valía sobre todo para el caso de los estoicos, pues ellos no se agrupaban en escuelas apartadas del mundo social, sino que fundaron —dice Foucault— una especie de "Escuelas Normales" como las de Plutarco y Epicteto, en las que se enseñaba *públicamente* la práctica de sí. Y, sobre todo, promovían la creación de una comunidad de afectos, de redes de amistad que duraban toda la vida. Con todo, Foucault mostrará su especial admiración por filósofos excéntricos y solitarios, como los cínicos, cuyo régimen de vida exigía que el sujeto se liberara del ejercicio activo de la política y de todo tipo de responsabilidad pública, ocupaciones tenidas como un obstáculo para el cultivo individual de la virtud.[18]

Sin embargo, esta situación empezaría a cambiar en el tercer momento histórico señalado por Foucault, el momento "ascético-monástico", que empieza a perfilarse durante los siglos IV y V de nuestra era. Se trata de un momento clave en la historia de la relación de sí consigo, puesto que el auge religioso e intelectual del cristianismo introduciría cambios sustanciales en las artes de la existencia. Estamos, pues, ante la *tercera transformación* histórica del cuidado de sí. ¿A qué se debe esta nueva transformación y cuáles fueron sus características? Ya hemos hablado de esto en el capítulo dos, cuando nos referimos al curso *Del gobierno de los vivos*. Decíamos allí que cuando se fundan los primeros monasterios cristianos, la dirección de conciencia cambia por completo los objetivos que esta práctica tenía en el seno de las escuelas filosóficas greco-romanas. Si aquí la dirección buscaba la autonomía del dirigido, allá buscaría el sometimiento de su voluntad y el logro de un estado permanente

---

[18] Hadot escribe: "Después de Platón, las escuelas estoica, epicúrea y neoplatónica tratarán no tanto de convertir la *ciudad* como a los *individuos*. La filosofía deviene entonces, en esencia, un acto de conversión [...]. Implica así una ruptura absoluta con la forma habitual de vida: cambio de vestimenta y a menudo de régimen alimenticio, a veces acompañado de la renuncia a la participación en asuntos políticos, constituyendo una total transformación de la vida moral mediante la práctica asidua de numerosos ejercicios espirituales" (Hadot, 2006: 180). El caso ejemplar es el de los cínicos, al cual dedicará Foucault su último curso, *El coraje de la verdad*.

de obediencia. Además de esto, las técnicas de sí pasan a ser un conjunto de ejercicios que el monje debe realizar para descifrar, en el fondo de su alma, los deseos ocultos que pueden apartarle de la comunión con Dios. De ser un *arte de la existencia*, en donde el objetivo era que el sujeto pudiera disfrutarse a sí mismo, el cuidado de sí se convierte en un *arte del desasosiego*, que sitúa al sujeto en un estado de duda permanente frente a sí mismo. Obligado a descifrar la verdad oculta de sí, el sujeto ya no se ejercita para hacer de su vida una obra de arte, sino para convertirla en un campo de batalla donde se libra la lucha entre el bien y el mal. La relación de sí consigo funciona ahora bajo el criterio de la autoobservación permanente de una interioridad en la que habita oculto el pecado. El sujeto se ve a sí mismo con desconfianza, porque sabe que en el fondo de su alma se desliza permanentemente un deseo que le causa culpa y del que debe deshacerse. La *epimeleia heatou* se transforma, por tanto, en una eterna hermenéutica de sí, en la que el sujeto busca discriminar entre los pensamientos buenos y los malos, para descifrar cuáles vienen de Dios y cuáles del demonio.

Hasta aquí un resumen de las tesis presentadas en el curso *Del gobierno de los vivos* en 1980. Pero, dos años más tarde, en *La hermenéutica del sujeto*, Foucault añade importantes observaciones en torno al lugar del cristianismo en la historia del cuidado de sí. En la lección del 6 de enero de 1982 afirma que si en la época de Sócrates el "conócete a ti mismo" (*gnothi seauton*) y el "cuida de ti mismo" (*epimeleia heatou*) eran principios coincidentes, con el tiempo se empieza a generar un *divorcio* paulatino entre ellos. La función del conocimiento empezará lentamente a prevalecer sobre la función del cuidado. Esta "bifurcación" entre los dos principios se manifestará primero en el interior de la propia filosofía platónica, y de ahí pasará como herencia al cristianismo, por la influencia que tendrán sobre la Iglesia movimientos como el neoplatonismo y el gnosticismo. Justo el debate alrededor del gnosticismo durante los primeros siglos de la Iglesia puede verse como fruto de la tensión entre los dos principios. Unos cristianos decían que el conocimiento de Dios es algo independiente de la práctica y se consigue mediante la contemplación de lo divino en el alma. Otros, como Tertuliano, decían que los actos de conocimiento son insuficientes para la salvación, porque gracias al pecado original el demonio está todo el tiempo al acecho, buscando engañar al creyente. Es deber del sujeto tratar de escudriñar, en su propia alma, la presencia de pensamientos ocultos que puedan alejarle de la verdad divina. Para ello se hace necesario aplicar una serie de ejercicios sobre sí mismo, a fin de evitar en lo posible la influencia maligna del "gran acusador".

Foucault dice que no fue la influencia de Platón la que comenzó a generar el divorcio cristiano entre el conocimiento de sí y el cuidado de sí (puesto que el gnosticismo fue finalmente derrotado), sino, sorprendentemente, la influencia de Aristóteles.[19] En la clase del 6 de enero nuestro filósofo repite una y otra vez a sus estudiantes la tesis de Pierre Hadot: durante toda la antigüedad greco-romana, la filosofía y la espiritualidad funcionaron juntas, con una sola "excepción fundamental": Aristóteles. Aquel que *luego* fue llamado "el" filósofo de la antigüedad, en realidad fue el único que le dio poca importancia a la práctica de los ejercicios espirituales y entendió la filosofía como un acto puramente cognitivo, ejercitado por la razón.[20] No obstante, añade Foucault, "como todo el mundo sabe, Aristóteles no es la cumbre de la antigüedad, es su

---

[19] La influencia de Aristóteles fue limitada en la antigüedad, pues se le veía como un discípulo de Platón y se le leía bajo la influencia del platonismo. Esto cambiaría por completo en la Europa cristiana a partir del siglo XII, gracias a las traducciones de las obras de Aristóteles realizadas por eruditos árabes.

[20] En la clase del 3 de febrero de 1982 Foucault vuelve brevemente a este tema y afirma: "Me parece que es un tema fundamental [...] de toda la filosofía antigua, con la enigmática excepción de Aristóteles, que de todas maneras constituye una excepción cuando se estudia la filosofía antigua, un rasgo general, un principio fundamental, que el sujeto en tanto tal, tal como se da a sí mismo, no es capaz de verdad. Y no es capaz de verdad salvo si se opera, si efectúa en sí mismo una cantidad de operaciones, una cantidad de transformaciones y modificaciones que lo harán capaz de verdad" (Foucault, 2006d: 189).

excepción" (Foucault, 2006d: 35).[21] ¿Qué significa esto? Significa, básicamente, que *nuestra* mirada de la filosofía antigua ha sido influenciada por la recepción que tuvo Aristóteles en la filosofía cristiana, sobre todo en la medieval. Esta "mirada intelectualista" ha deformado de tal modo nuestro entendimiento de la filosofía antigua, que el tema de los ejercicios espirituales, tan central a esa filosofía, prácticamente ha desaparecido del radar de los estudiosos hoy en día. Foucault dice que el "divorcio" entre la filosofía y los ejercicios espirituales no se produjo con el advenimiento de la modernidad, sino mucho antes:

> Hacía mucho tiempo que había empezado a plantearse la disociación y se había colocado cierta cuña entre estos dos elementos. Y la cuña hay que buscarla... ¿por el lado de la ciencia? En absoluto. Hay que buscarla por el lado de la teología. La teología (esa teología que, justamente, puede fundarse en Aristóteles y que, con Santo Tomás, la escolástica, etcétera, va a ocupar el lugar que todos conocemos en la reflexión occidental) [...] fundaba al mismo tiempo el principio de un sujeto cognoscente en general, sujeto cognoscente que encontraba en Dios, a la vez su modelo y su punto de cumplimiento absoluto. [Esto hizo] que en particular el pensamiento filosófico se deshiciera, liberara, separara de las condiciones de espiritualidad que lo habían acompañado hasta entonces, y cuya formulación más general era el principio de la *epimeleia heatou*. Creo que hay que comprender con claridad el gran conflicto que atravesó el cristianismo, desde fines del siglo V (San Agustín, sin duda) hasta el siglo XVII. Durante esos doce siglos, el conflicto no se dio entre la espiritualidad y la ciencia, sino entre la espiritualidad y la teología. (Foucault, 2006d: 40)

---

[21] Este comentario irónico pareciera dirigirse contra todos aquellos que ven en Aristóteles la cumbre de la ética en la antigüedad. Será precisamente sobre esta suposición que filósofos alemanes como Wolfgang Detel y Otried Höffe criticarán la lectura esteticista que hace Foucault de la ética antigua. Véase: Detel, 1998; Höffe, 1979.

Tenemos entonces nuevos elementos para comprender en qué consistió la "tercera transformación" de las prácticas de sí. Durante los primeros siglos, el cristianismo monacal se presentó a sí mismo como encarnación de la "vida filosófica", como una *philosophia* en el sentido exacto de la palabra (amor a la sabiduría). Había tomado de las escuelas greco-romanas los "ejercicios espirituales" que le permitirían al monje descubrir la verdad oculta dentro de sí mismo y colocarse en el camino de la salvación. A pesar de que la semilla del platonismo había sido sembrada en el seno de la Iglesia por el gnosticismo, durante aquellos primeros siglos no se había consumado todavía el "divorcio" entre el principio del conocimiento y el principio del cuidado.[22] ¿Cuándo ocurrió finalmente esto? Según Foucault, la tendencia hacia el divorcio entre los dos principios se hizo ya clara "desde fines del siglo V", con el peso que comienza a adquirir la *teología* por influencia de San Agustín, pero no se "consumó" sino hacia el siglo XIII, cuando los escritos de Aristóteles inspiraron el movimiento escolástico y propiciaron el florecimiento de la filosofía cristiana (encarnado en la figura de Santo Tomás). Lo que ocurre aquí es que el término *philosophia* deja de referirse a una *forma de vivir* (la vida monacal de los primeros siglos) y pasa a designar una *forma de conocer*, que tiene su lugar propio en la *universidad*. Con ello, la filosofía deviene una actividad de carácter teórico y abstracto, desligada por entero de los ejercicios espirituales que la habían alimentado en los siglos anteriores. No solo eso, sino que la filosofía

---

[22] En la entrevista con Dreyfus y Rabinow Foucault dice, sin embargo, que la "desaparición" de las tecnologías del yo se explica gracias al modo en que estas quedaron integradas a la estructura del monacato cristiano: "Pienso que la cultura del yo desapareció o quedó sepultada. Podría encontrar muchos elementos que simplemente han sido integrados, desplazados, reutilizados por el cristianismo. Desde el momento en que la cultura del yo fue tomada por el cristianismo, fue, en cierto sentido, puesta al servicio de un poder pastoral para conseguir que la *epimeleia he autou* se volviese esencialmente *epimeleia ton allon* —el cuidado de los otros— que era el trabajo del pastor" (Dreyfus & Rabinow, 2001: 284). Sobre esta supuesta "desaparición" de la estética de la existencia nos referiremos con amplitud en el capítulo siguiente.

universitaria de la edad media se convierte en un conocimiento subordinado a la teología, encargado de proporcionarle a esta los materiales lógicos, físicos o metafísicos que necesita.

Ya vemos cómo la historia de las relaciones entre el sujeto y la verdad, emprendida en los cursos de 1980 y 1981, se va transformando de a poco en una historia del cuidado de sí que se confunde por entero con la *historia misma de la filosofía*. Es a través de esta historia que Foucault busca responder a las preguntas que nacen con Kant en el siglo XVIII: ¿Qué es el presente? ¿Quienes somos hoy? ¿Cómo hemos llegado a ser lo que somos? El curso *La hermenéutica del sujeto* funciona entonces como una gran ontología del presente que toma la forma de una *historia crítica de la filosofía*.[23] A lo largo de todo el curso, Foucault explorará los "modos de problematización" introducidos en la historia de Occidente por filósofos como Sócrates, Platón, Epicuro, Séneca, Marco Aurelio, Plutarco, Epicteto, Musonio Rufo, San Agustín y Santo Tomas, buscando con ello dar cuenta de la pregunta por nuestro modo de ser como *sujetos modernos*.[24] Es por eso que en la clase del 6 de enero de 1981 Foucault no se da por satisfecho con haber esbozado las "tres transformaciones" del cuidado de sí, sino que quiere ir más allá de ellas. Quiere llegar incluso hacia una *cuarta* transformación que nos llevará directo al corazón de la modernidad. Y, desde luego, la figura de la historia de la filosofía que resultará central para este propósito es Descartes. Pues será Descartes quien *formule* (no quien inaugure) por primera vez

---

[23] Recordemos lo dicho en el capítulo uno, en el sentido de que la empresa foucaultiana puede ser vista como una "historia crítica del pensamiento" que toma como eje los "modos de problematización". Parece claro que para el "último Foucault", esta historia de los modos de problematización pasa necesariamente por la filosofía.

[24] "Me parece que la apuesta, el desafío que debe poner de relieve cualquier historia del pensamiento es, precisamente, captar el momento en que un fenómeno cultural, de una amplitud determinada, puede constituir, en efecto, en la historia del pensamiento, un momento decisivo en el cual se compromete incluso nuestro modo de ser de sujetos modernos" (Foucault, 2006d: 26).

el tipo de relación entre el sujeto y la verdad que dará origen a la ciencia moderna:

> Pues bien, ahora, si damos un salto de varios siglos, podemos decir que entramos en la edad moderna (quiero decir que la historia de la verdad entró en su período moderno) el día en que se admitió que lo que da acceso a la verdad, las condiciones según las cuales el sujeto puede tener acceso a ella, es el conocimiento y solo el conocimiento. Me parece que ese es el punto en que asume su lugar y su sentido el "momento cartesiano", sin querer decir en absoluto que se trata de Descartes, que él fue precisamente su inventor y el primero en hacer esto. Creo que la edad moderna de la historia de la verdad comienza a partir del momento en que lo que permite tener acceso a lo verdadero es el conocimiento mismo, solo el conocimiento. Vale decir, a partir del momento en que, sin que se le pida ninguna otra cosa, sin que por eso su ser de sujeto se haya modificado o alterado, el filósofo es capaz de reconocer, en sí mismo y por sus meros actos de conocimiento, la verdad, y puede tener acceso a ella. Lo cual no quiere decir, claro está, que la verdad se obtenga sin condiciones […]. Por una parte, están las condiciones internas al acto de conocimiento y de las reglas que debe respetar para tener acceso a la verdad: condiciones formales, condiciones objetivas, reglas formales del método, estructura del objeto a conocer. Pero, de todas maneras, las condiciones de acceso del sujeto a la verdad se definen desde el interior del conocimiento […]. Desde el momento en que el ser del sujeto no es puesto en cuestión por la necesidad de tener acceso a la verdad, creo que entramos en otra era de la historia de las relaciones entre la subjetividad y la verdad" (Foucault, 2006d: 36-37).

Este importante pasaje abre paso a un cuarto momento de la "historia de las relaciones entre la subjetividad y la verdad" que, sin embargo, Foucault no podrá desarrollar en su curso de 1981. Lo que define este cuarto momento es que el sujeto puede tener acceso a la verdad sin tener que transformarse a sí mismo, sin tener que acudir a los ejercicios espirituales. Esto debido a que la verdad es "expulsada" de la vida del sujeto empírico y convertida en una cuestión de *método*, tal como lo formulase Descartes. Para alcanzar la certeza del conocimiento, el filósofo debe seguir escrupulosamente un conjunto de "reglas para dirigir el entendimiento" que, sin embargo, nada tienen que ver con su vida personal, con su modo concreto de existencia. Son reglas puramente *formales*, que atañen a las condiciones del saber, pero no a las condiciones del vivir. Ya no importa que la vida personal de un sujeto pueda estar marcada por la estupidez, por la *stultitia*, por la necedad, pues nada de ello le impedirá ser en todo caso un buen filósofo. El aspecto básico de la transfiguración del sujeto, su conversión, su iluminación a través de la verdad, todo eso desapareció para siempre de la filosofía, ahora convertida en un ejercicio teórico y vacío.

Al final de la clase del 24 de febrero de 1982, Foucault dice que el "saber de conocimiento" recubrió por entero al "saber de espiritualidad" en filósofos como Descartes, Pascal, Spinoza, Leibniz y Malebranche.[25] Es cierto que todos ellos independizaron la actividad filosófica de la teología y la llevaron fuera de los muros de la universidad, pero ello no impidió que la *askesis* antigua se convirtiera en la *mathesis* moderna. Las consecuencias de este cambio son conocidas: la filosofía queda ahora sometida al señorío de la ciencia y esta prepara el camino para el nacimiento de la razón de Estado. Con ello, la genealogía de Foucault termina con el mismo *diagnóstico trágico* que había sido ya esbozado en los cursos de 1978 y 1979:

---

[25] Opinión que contradice el propio Pierre Hadot cuando escribe: "No es casualidad que Descartes diera el título de *Meditaciones* a uno de sus libros. Se trata efectivamente de unas meditaciones (*meditatio* en el sentido de ejercicio) en la estela de la filosofía cristiana de San Agustín, recomendando el autor su práctica durante algún tiempo. La Ética de Spinoza, con su apariencia sistemática y geométrica, se corresponde desde luego bastante bien con lo que podía ser el discurso filosófico sistemático del estoicismo. Cabe decir que esta ética, impregnada de filosofía antigua, enseña a transformar de manera radical y concreta el ser del hombre, con el fin de acceder a la beatitud" (Hadot, 2006: 244).

la modernidad trae consigo la sujeción del sujeto por parte de las tecnologías políticas del Estado y la reducción de la verdad a la veridicción operada por los discursos de las ciencias humanas. Lo que se pierde con la modernidad es la estética de la existencia, el arte de configurar la propia vida como una obra de arte. Es precisamente la genealogía de esta "pérdida" lo que quiere documentar el curso *La hermenéutica del sujeto*. No es que Foucault quiera recuperar nostálgicamente aquello que se fue para siempre, sino ofrecer pistas para la elaboración de una ética contemporánea que fortalezca la emergencia de nuevas prácticas de sí. Pistas que, sin embargo, y como veremos al final del libro, podrían conducirnos en una dirección equivocada.

El momento socrático-platónico

Hemos ofrecido un panorama general del curso *La hermenéutica del sujeto*, tratando de reconstruir el proyecto genealógico que allí se despliega. Es tiempo de comenzar el análisis de los dos únicos momentos de la historia del cuidado de sí que logra enfocar el curso, empezando por el "momento socratico-platónico". Aquí, Foucault llevará su genealogía de las técnicas del cuidado de sí hasta el siglo V a.C. en Atenas, tomando como fuente el diálogo *Alcibíades I* de Platón. ¿Cómo explicar estas elecciones? ¿Por qué Atenas? ¿Por qué Alcibíades, el *enfant terrible* de la política ateniense?

Ya hemos dicho que con los griegos se produce una "reorganización" de viejas técnicas de sí que ahora quedan vinculadas al "modo de problematización" propio de la filosofía.[26] Sin embargo, es necesario ampliar un poco esta explicación, recurriendo al tipo de organización de la *polis* griega y al modo en que Sócrates la problematiza. Deleuze nos recuerda que lo que

---

[26] "Me parece que Platón, el momento platónico, y particularmente el texto de *Alcibíades*, da testimonio de uno de esos momentos en que se produjo la reorganización progresiva de toda esta vieja tecnología del yo que, por ende, es muy anterior a Platón y Sócrates" (Foucault, 2006d: 64).

define la *polis* griega era la relación agonística entre hombres libres.[27] Se trata de una relación de *rivalidad*, no de guerra, en la que la virtud (*areté*) era producto del enfrentamiento (*agon*) por obtener los honores públicos. No se buscaba solo ser bueno en lo que uno hace, sino ser el "mejor" de todos, pues la recompensa obtenida sería la fama, la admiración pública y la preeminencia política. Este era el viejo ideal de la ética aristocrática, al que aspiraban personajes como Alcibíades. No obstante, este ideal homérico será "problematizado" por Sócrates al decir que el "mejor" de todos no es el que sobresale en medio de la competición agonística con los demás, sino el que es capaz de *gobernarse a sí mismo*. ¿Cómo juzgar entre rivalidades? ¿Cómo saber quién era el más apto para gobernar? La decisión no recaía sobre aquel que tuviera más riquezas, más títulos nobiliarios o más logros militares, ni tampoco sobre quien demostrara ser el más "apto" para realizar una tarea específica, sino sobre quien pudiera mostrar que era capaz de gobernar sus propios asuntos (su casa, sus negocios, su vida personal). Aquí encontramos el trasfondo socio-político de las reflexiones de Foucault en torno al diálogo *Alcibíades I*, texto elegido para entender el nacimiento del cuidado de sí en la Grecia clásica.

En la clase del 13 de enero de 1982, Foucault dice que en *Alcibíades I* "tenemos, en verdad, la primera teoría, e incluso

---

[27] Véase: Deleuze, 2015: 93-103. En su texto *¿Qué es la filosofía?*, escrito junto con Félix Guattari, Deleuze afirma que la ciudad-Estado griega supone una "desterritorialización" respecto de la forma-imperio, en tanto que los artesanos, los mercaderes y los filósofos adquieren una movilidad y una libertad que no les era posible en los imperios. La ciudad-Estado genera un "plano de inmanencia" que se opone a la soberanía imperial. Es aquí, y solo aquí, donde puede surgir un tipo de relación entre iguales basada en la rivalidad (Deleuze & Guattari, 2005: 86-89). En este mismo sentido, Deleuze se referirá también al "diagrama griego", entendido como un tipo específico de relaciones de fuerzas que se caracteriza por el *agonismo*. Es el establecimiento de un vínculo de rivalidad (y no de guerra) entre hombres libres. "Por supuesto que los griegos hacen la guerra, pero no es en la guerra que se piensan; se piensan perpetuamente en rivalidad, en todos los sentidos y en los sentidos más concretos del término: rivalidad política en torno a una magistratura, rivalidad judicial, rivalidad amorosa".

podemos decir, entre todos los diálogos de Platón, la única teoría global de la inquietud de sí. Podemos considerarle como la primera gran emergencia teórica de la *epimeleia heautou*" (Foucault, 2006d: 58). Sin embargo, aquí surge un problema que podría afectar la interpretación que nos ofrece Foucault: conforme a los expertos, el diálogo *Alcibíades I* no es de Platón, sino que se trata de una elaboración muy posterior, quizás de la escuela neoplatónica durante el período helenístico. La posición de Foucault no es clara al respecto. En la segunda hora de la clase del 13 de enero dice que "estamos más o menos seguros" de que el diálogo proviene de Platón y agrega que "no hay un solo erudito que plantee realmente, seriamente, la cuestión de su autenticidad" (*ibíd.*, 80; 82). Sin embargo, ocho meses después, en el seminario que ofrece en la Universidad de Vermont, afirma que "la fecha de su redacción es incierta y puede que sea un diálogo platónico falso", pero agrega que lo importante es el gran aprecio del que gozó este diálogo en la antigüedad. Era considerado como una especie de breviario de iniciación a la doctrina de Platón y "era el primero en leerse y el primero en estudiarse" (Foucault 1991b: 55). Al final de la clase del 6 de enero de 1982 alude incluso al libro de Raymond Weil, *La arqueología de Platón* (1959), en donde se afirma que el diálogo fue compuesto poco después de la muerte de Platón, y que incluye elementos tanto de su filosofía de juventud como de la vejez. De todos modos —agrega— "no es de mi incumbencia, como no es mi objetivo discutir todo esto" (Foucault, 2006d: 84). En realidad, Foucault no se interesa demasiado por esta polémica entre los especialistas, ya que su punto es que en *Alcibíades I* encontramos una "teoría de la cultura de sí", con independencia de quien la formuló. Con todo, la constatación de que el diálogo no proviene del siglo V a.C sino de la época helenística sí que debería ser de su incumbencia, puesto que ello afectaría mucho su genealogía.[28] ¿Por qué razón? Debido

---

[28] En realidad, Foucault no era un especialista en filosofía antigua. Sus interpretaciones se remiten, como hemos visto, a las tesis adelantadas por su

no solo a que el transfondo socio-político ya no podría remitirse a la ciudad-Estado griega, cuestión clave para la interpretación que hace Foucault, sino a que algunos contenidos específicos del diálogo podrían pertenecer a lecturas posteriores, claramente neoplatónicas.

Pero dejemos esto de lado y pasemos al análisis concreto del diálogo, que tiene como protagonistas a Sócrates y Alcibíades. Acudiré al orden que el propio Foucault presenta de su lectura del diálogo en el seminario de Vermont, donde dice que su lectura se centrará en tres aspectos: 1) la relación entre el cuidado de sí y la vida política; 2) la relación entre el cuidado de sí y la educación defectuosa; y 3) la relación entre el cuidado de sí y el conocimiento de sí (Foucault, 1991b: 66). Primer tema de interés, entonces, la relación entre *epimeleia* y política. Alcibíades es un joven perteneciente a una de las más prestigiosas familias de Atenas, que está a punto de comenzar su vida pública, a la que ha sido destinado por tradición familiar.[29] Piensa que ya está listo para cumplir un papel importante en la política, y que es capaz (por su linaje, por su riqueza y por su belleza) de "gobernar a los otros". Está convencido de que sus privilegios y riquezas le harán apto para derrotar a todos los demás competidores en el enfrentamiento por saber quién

---

colega Pierre Hadot (que no gozan de aceptación unánime por parte de los especialistas), y su competencia en la lectura de textos griegos y latinos era limitada. En su última entrevista ("El retorno de la moral") reconoce: "No soy un helenista, no soy un latinista; tengo del latín cierto conocimiento, también del griego, pero peor. Los he vuelto a estudiar en estos últimos años a fin de plantear ciertas cuestiones que pueden, por una parte, ser reconocidas por los helenistas y los latinistas y, por otra, tomar su aspecto de problemas verdaderamente filosóficos" (Foucault, 1999a: 389).

[29] Sócrates le dice a Alcibíades: "Perteneces a una familia muy emprendedora [*neanikotatou genous*] de tu ciudad, que también es la más grande de Grecia, y por tu padre dispones de ilustres parientes y amigos en gran número, que estarían dispuestos a ayudarte si en algo los necesitaras. Por parte de tu madre tienes también otros tantos que no son menos influyentes. De todas las ventajas que he enumerado, piensa que te proporciona la mayor el poder de Pericles, el hijo de Jantipo, a quien tu padre os dejó como tutor tuyo y de tu hermano". Platón. *Alcibíades I,* 104a-b.

es el "mejor" de todos para gobernar la ciudad. En este punto aparece Sócrates, quien utiliza su habitual método de interrogación para mostrar que Alcibíades ignora por completo el arte de la política, y que sus aspiraciones se hallan movidas por la *ambición* que le da su posición social y por la *vanidad* que le da su belleza física. Alcibíades no sabe en realidad nada de lo que cree saber, puesto que gobernar a otros no es algo que se transmite junto con la riqueza y los privilegios de nacimiento, sino es algo que se *aprende*. Alcibíades aprendió quizás el arte de tocar la cítara, o el arte de la lucha, pero jamás aprendió el arte de gobernar a los demás.[30] ¿Cómo podrá entonces aconsejar a los atenienses sobre algo que él mismo ignora?

Ahora bien, la pregunta es: ¿cómo se puede aprender la *techné* de gobernar a los hombres? La respuesta a esta pregunta nos lleva directo al corazón de la argumentación foucaultiana: no es posible aprender a gobernar a los demás si antes no se ha aprendido el arte de gobernarse a sí mismo. No obstante, nadie puede saber lo que significa gobernar a otros, si primero no ha experimentado el ser *gobernado* por otros, con lo cual entramos al segundo énfasis de Foucault, que es la relación entre el cuidado de sí y la educación defectuosa. Para poder gobernar, Alcibíades debe primero aprender a ser gobernado. Debe entender que necesita un maestro que le enseñe a cuidarse a sí mismo. Si no aprende el arte de cuidarse a sí mismo (mediante la enseñanza de un maestro), entonces nunca aprenderá a gobernar a otros. Pues la inquietud de sí, nos dice Foucault en la clase del 13 de enero, es algo que pasa por la relación con el maestro:

> Uno no puede preocuparse por sí mismo sin pasar por el maestro, no hay inquietud de sí sin la presencia de un maestro. Pero lo que define la posición de este es que se preocupa por la inquietud que aquel a quien guía puede sentir con respecto a sí mismo. A diferencia del médico o del padre de familia, el objeto de sus

---

[30] Sócrates dice que si no se dispone de *techné*, la acción será errática y la persona andará como ciega, expuesta a los errores y a la vergüenza pública. Véase: Platón. *Alcibíades I,* 117d; 118c.

desvelos no es el cuerpo ni los bienes. A diferencia del profesor, no se preocupa por enseñar aptitudes o capacidades a aquel a quien guía, no procura enseñarle a hablar, no trata de enseñarle a imponerse sobre los demás, etcétera. El maestro es quien se preocupa por la inquietud que el sujeto tiene con respecto a sí mismo. Al amar de manera desinteresada al joven, se erige, por lo tanto, en el principio y el modelo de la inquietud que este debe tener por sí mismo en cuanto sujeto. (Foucault, 2006d: 72-73)

Desplazamiento, pues, del problema de la relación agonística entre hombres libres, al problema de la relación entre maestro y discípulo. Alcibíades había tenido muchos "profesores" (de cítara, de lucha, de gramática), pero no había tenido "maestros". No basta el ideal clásico de la *paideia*, sino que es necesario ir más allá. En este sentido su educación había sido defectuosa, porque esos profesores se han acercado a él por conveniencia (debido a su posición social ventajosa), por adulación (debido a su brillante futuro político) o por interés erótico (debido a su gran belleza física). En el seminario de Vermont, Foucault recuerda que cuando era joven (antes de los 20 años), Alcibíades era un muchacho "deseable" y con muchos "admiradores", pero cuando su barba empezó a crecer sus pretendientes se alejaron de él (Foucault, 1991b: 56-57). Esto significa que cuando Sócrates aparece en la vida de Alcibíades, ya este no podía ser objeto de cortejo amoroso (pues había entrado en la edad adulta), sino que debía convertirse en sujeto político. Y es justo en este momento cuando Sócrates le declara su amor,[31] que no era, sin embargo, de carácter "físico", sino "filosófico". Aunque estaba enamorado de Alcibíades, Sócrates no se preocupaba por su belleza, sus riquezas o su influencia política, sino que quería enseñarle desinteresadamente el arte de la *epimeleia heatou*. Se preocupaba por la inquietud de sí que, ahora como adulto,

---

[31] "Sócrates: Aunque no es cómodo para un enamorado presentarse ante un hombre que no se deja vencer por ningún amor, sin embargo debo tener valor para expresar mi pensamiento". Platón. *Alcibíades I*, 104e.

debía manifestar su discípulo. Entre los dos sellan entonces un pacto: "Alcibíades se someterá a su amante, Sócrates, no en un sentido físico sino espiritual" (*ibíd*.). Para aprender a gobernar a otros, Alcibíades debe aprender primero a ser gobernado por otro, y esto significa que debe aceptar, sin enojarse, que el maestro le diga la verdad. Nótese que aquí se trata de un pacto entre iguales y no de una obligación, por parte del dirigido, de someter enteramente su voluntad al director, como empezó a ocurrir con el surgimiento del cristianismo. Alcibíades no niega su propia voluntad para hacer la voluntad del maestro, sino que acepta voluntariamente ser dirigido por alguien que puede enseñarle cómo gobernarse a sí mismo. Sócrates no le pide *obediencia*, sino buena voluntad.

El propósito del modo en que Sócrates interpela a Alcibíades era sembrar en él una *inquietud* que le hiciera ser consciente de su ignorancia y de la necesidad de "curarse", de cuidar de sí mismo para *salir* de ella. Aquí la función de Sócrates no sería la de servir como correa de transmisión de una doctrina específica, de una *techné* concreta (esto es lo que hacían los sofistas), sino de ayudar a que fuera Alcibíades mismo quien tomara su "yo" como objeto de intervención estética.[32] Por eso, el tercer punto que interesa a Foucault es la pregunta por ese "sí mismo" (*heauton*) que Alcibíades tenía que conocer y aprender a gobernar. En la clase del 13 de enero dice que ese "yo" nada tiene que ver con la acción sobre un dominio de objetos que pueden ser intervenidos mediante el aprendizaje de una *techné*. Conocerse a sí mismo no significa conocer lo que uno es capaz de *hacer* (tocar la cítara, construir navíos, labrar el campo, dirigir la asamblea). Se trata, más bien, de conocer el "sujeto" de todas esas habilidades y competencias, y ese sujeto no es otro que el alma (*psyché*):

---

[32] Cabe preguntar si en realidad era *eso* lo que pretendía Sócrates, o más bien que Alcibíades aprendiera a distinguir lo justo de lo injusto, como queda claro en diversos pasajes del texto. Véase: Platón. *Alcibíades I*, 112 a-b, 113d-114b, 116d-e.

De modo que así llegamos al alma. Pero como podrán ver, esta alma […] no tiene nada que ver con, por ejemplo, el alma prisionera del cuerpo y a la que hay que liberar, como en el *Fedón*; no tiene nada que ver con el alma yunta alada que habría que encauzar en la buena dirección, como en el *Fedro*; tampoco es el alma que posee una arquitectura acorde con una jerarquía de instancias y que tenemos que armonizar, como en la *República*. Es el alma únicamente en cuanto es sujeto de la acción, el alma en cuanto se vale del cuerpo, de los órganos del cuerpo, de sus instrumentos, etcétera. Y la expresión verbal francesa de *se servir de* ["valerse de"] que utilizo aquí es, en realidad, la traducción de un verbo muy importante en griego, con muchas significaciones. Es el verbo *khresthai*, con el sustantivo *khresis*. (Foucault, 2006d: 70)

Con esta noción de *khresis*, Foucault quiere significar que el "alma" de la que habla Sócrates no es una *sustancia* (encarcelada en el cuerpo y que es necesario liberar), sino que es un *sujeto*. Esto quiere decir que el alma se hace "sujeto" de las acciones que ejecuta, en la medida en que a través de ellas se manifiesta una verdad. El alma es "sujeto" cuando se vincula a la "verdad" de lo que hace. En el centro de la pregunta "conócete a ti mismo" se halla, por tanto, la relación entre el sujeto y la verdad. Uno se hace *sujeto* en la medida en que sus acciones corresponden a un "*ethos* filosófico", a un "modo de vida" que expresa la *verdad* de esas acciones. La verdad no se predica de la esencia inmortal del alma, sino del tipo de vida (*bios*) que lleva el sujeto. No basta, entonces, con definirse solo por lo que uno *hace* (soy carpintero, navegante, arquitecto, etc.), sino por la *relación* que uno entabla con aquello que hace. Ocuparse de sí mismo, ocuparse del alma, significa ocuparse del tipo de relación que uno establece con las cosas que hace.[33] Si Alcibíades

---

[33] La verdad es la concordancia entre las cosas que uno dice ser y las cosas que uno *hace*. Foucault analiza la pragmática de la verdad a partir de la *teoría de los actos del habla*: "Sócrates habla a Alcibíades: ¿qué quiere decir esto?, dice Sócrates; esto es, ¿cuál es el sujeto supuesto cuando se evoca esa actividad de habla que es la que emprende Sócrates con respecto a Alcibíades? Se trata,

es amonestado por Sócrates para cuidar de sí mismo, esto no significa que deba ocuparse del cuerpo (como se ocuparía por ejemplo un médico), sino de la relación que aquel establece con sus actividades corporales (la forma de alimentarse, de cuidar su salud, de hacer uso de los placeres). No es, entonces, el cuerpo como "instrumento" lo que importa (el alma que "comanda" al cuerpo, tal como aparece en otros diálogos platónicos), sino el cuerpo como expresión de una existencia "bella", que se define a través de acciones concretas. No es hacer "bello" el cuerpo a través de intervenciones estéticas que pueden generar admiración, sino hacer bella la vida (*bios*).[34]

Ahora bien, Foucault es consciente de que esta lectura del diálogo *Alcibíades I* corre el peligro de ser relativizada por los expertos que argumentan en contra de la autenticidad y cronología del diálogo. Por eso, en la clase del 3 de febrero de 1982 se pregunta: ¿por qué centrarse en un diálogo "menor", que entre los comentaristas no suele tener tanta importancia en la obra general de Platón? La razón que ofrece a sus estudiantes resulta inesperada: porque en este diálogo es posible rastrear el inicio de una "bifurcación" entre el principio del "conócete a ti mismo" y el principio del "cuídate a ti mismo". Ya hablamos de esto en la sección anterior. Foucault está convencido de que el acontecimiento que marcó para siempre la historia de las relaciones entre el sujeto y la verdad en Occidente fue el divorcio entre el *gnothi seauton* y la *epimeleia heauton*. Divorcio que se consolida con el triunfo del cristianismo como religión oficial del Imperio romano, pero que ya se venía

---

por consiguiente, de trasladar a una acción hablada el hilo de una distinción que permitirá aislar, distinguir el sujeto de la acción y el conjunto de los elementos (las palabras, los ruidos, etcétera) que constituyen esa misma acción y permiten efectuarla. En suma, se trata, si así lo quieren, de poner de manifiesto al sujeto en su irreductibilidad" (Foucault, 2006d: 69). El "sujeto" se define, entonces, por los "actos" performativos que realiza cuando habla, y no por algo que preexiste a la realización de esos actos. Sobre este tema volveremos en el capítulo cinco cuando hablemos de la *parrhesía*.

[34] Véase lo dicho más abajo, en la nota 56, con respecto al concepto de *techné* en los griegos.

perfilando desde mucho antes en el corazón mismo de la filosofía platónica. La tesis de Foucault es que el platonismo propicia una *bifurcación* entre los actos de conocimiento y los "ejercicios espirituales" que permiten al sujeto traducir ese conocimiento en un *ethos* filosófico:

> "Creo entonces que tenemos aquí un punto que es muy importante, en el fondo, para toda la historia de esta tradición del *gnothi seauton*, y por consiguiente del *Alcibíades*, a través de la tradición platónica pero probablemente también en el pensamiento antiguo. Es esto: en el *Alcibíades*, que postula como se sabe el principio del "conócete a ti mismo", vemos el germen de la gran diferenciación que debe haber entre el elemento de lo político (es decir el "conócete a ti mismo" en tanto es la introducción a una serie de principios, de reglas que deben permitir al individuo ser el ciudadano que debe ser o el gobernante que corresponde) y, por otro lado, el "conócete a ti mismo" que apela a cierta cantidad de operaciones por medio de las cuales el sujeto debe purificarse y convertirse en su naturaleza propia, capaz de entrar en contacto con el elemento divino y reconocerlo en él. El *Alcibíades*, por lo tanto, está en el principio de esta bifurcación". (Foucault, 2006d: 173)

Lo que dice Foucault es que en el diálogo *Alcibíades I* se escenifica una "gran paradoja": de un lado, allí se muestra que el sujeto solo puede relacionarse con la verdad a partir de una serie de actos que no son de conocimiento, sino que suponen intervenciones estéticas sobre su propia vida (ejercicios espirituales); pero, de otro lado, el diálogo abre también la posibilidad de que el acceso a la verdad pueda obtenerse únicamente a través del autoconocimiento, sin necesidad de realizar ningún "ejercicio". Ya vimos cómo para Foucault, el divorcio entre los actos de conocimiento y los ejercicios espirituales conlleva también la distinción entre dos esferas de acción: la ética y la jurídica. En el *primer* caso, la condición previa, fundamental, para que Alcibíades pudiera ser sujeto político sería la transfiguración de su propia vida. Ya lo sabemos: uno no puede gobernar a los demás si no aprende primero a gobernarse a sí mismo. En el *segundo* caso, por el contrario, Alcibíades podría ser sujeto político sin tener que intervenir estéticamente sobre sí mismo, únicamente aprendiendo las reglas y estrategias que un ciudadano libre debe conocer para participar en el juego abierto de la democracia. Acción ética y acción jurídica: *ambas* posibilidades se hallan presentes en el diálogo *Alcibíades I*. El más apto para gobernar es el que sabe conducir su propia vida, o el más apto para gobernar es el que sabe moverse adecuadamente en el juego estratégico del poder. Se trata, por tanto, de una "paradoja" que no es lógica (proposición en apariencia verdadera, pero que en realidad es falsa) sino *histórica*: por un lado, el platonismo fue el germen principal de la *epimeleia* como relación de sí consigo, tal como fue encarnada por Sócrates y luego por escuelas helenísticas como las de los estoicos, los epicúreos y los cínicos; pero, por otro lado, el platonismo fue también el fermento de diversos movimientos (los gnósticos, los neoplatónicos, el monasticismo cristiano) que concebían el acceso a la verdad como una pura relación de autoconocimiento "sin condición de espiritualidad" (Foucault, 2006d: 87).

Ahora bien, ¿cómo argumenta esto Foucault desde el diálogo mismo? Su tesis es que el entrelazamiento entre el *gnothi seauton* y la *epimeleia heautou* se rompe en la segunda parte del diálogo, cuando Sócrates recurre a la metáfora del espejo. El argumento de Sócrates es el siguiente: conocerse a sí mismo, conocer el alma, es algo similar a lo que ocurre cuando un ojo se ve reflejado en el ojo de otra persona. La pupila de otra persona funciona como un espejo en el que el ojo puede contemplarse a sí mismo. Del mismo modo, dice Sócrates a Alcibíades, el alma podrá contemplarse mejor a sí misma si se ve reflejada en otra alma. ¿En cuál alma? ¿En la de otra persona? No, dice Sócrates, en el "alma divina" de la cual el alma propia es tan solo un reflejo. El alma debe mirar, entonces, su parte divina, pues solo de este modo podrá conocerse a sí misma.[35]

---

[35] "Entonces, mi querido Alcibíades, si el alma está dispuesta a conocerse a sí

El autoconocimiento se consigue mediante la contemplación de Dios en la propia alma.[36]

Foucault señala que esta metáfora del ojo que se mira a sí mismo en otro ojo apela al tema de una "identidad de la naturaleza": el alma podrá captarse a sí misma cuando reconozca su identidad con la divinidad (Foucault, 2006d: 79). Gracias a este acto de autoconocimiento, el alma se "iluminará" y estará dotada de la sabiduría necesaria para actuar como corresponde; en este caso, para gobernar la ciudad con justicia. Esta es la lección que necesitaba aprender Alcibíades: gobernar a otros no es algo que dependa de la *techné* de la política (que se aprende a través de la rivalidad con otros en el escenario de la democracia), sino de la sabiduría divina, cuya adquisición es un acto de conocimiento que no demanda el aprendizaje de ninguna *techné*. Foucault resalta que al final del diálogo, Alcibíades hace una promesa a Sócrates. Ha entendido perfectamente su enseñanza y le promete que a partir de ese momento empezará a... ¿cuidar de sí mismo? ¿Aplicará sobre sí unas técnicas orientadas a convertir su vida en una obra de arte? No es eso lo que dice. Lo que dice es: "voy a empezar a preocuparme por la justicia", es decir, por conocer qué es la *esencia de la justicia,* la idea misma de la justicia sembrada en el alma, para así poder actuar justamente. En otras palabras,

---

misma, tiene que mirar a un alma, y sobre todo a la parte del alma en la que reside su propia facultad, la sabiduría, o a cualquier otro objeto que se le parezca [...]. Sin duda porque, así como los espejos son más claros, más puros y más luminosos que el espejo de nuestros ojos, así también la divinidad es más pura y más luminosa que la parte mejor de nuestra alma [...]. Por consiguiente, mirando a la divinidad empleamos un espejo mucho mejor de las cosas humanas para ver la facultad del alma, y de este modo nos vemos y nos conocemos a nosotros mismos". Platón. *Alcibíades I,* 133b-c.

[36] Aquí se torna importante la discusión en torno a la autenticidad del diálogo, tal como señalábamos antes. El argumento de Foucault es que ya en la Grecia clásica, en el seno mismo de la filosofía de Platón, se abre una fisura por la que emergerá luego la separación entre el "conócete a ti mismo" y el "cuida de ti mismo". Sin embargo, si el diálogo (como parece ser) fue compuesto en la época helenística, este argumento tendría que modificarse, cosa que Foucault no hace.

Alcibíades está determinado a ocuparse de la justicia, pero sin ocuparse de sí mismo. ¿Y cuál fue el resultado? Pues la historia lo cuenta con elocuencia. Alcibíades no fue capaz de sustraerse de los juegos del poder político sino que fue atrapado por ellos, hasta el punto de traicionar a Atenas aliándose con sus enemigos. ¿Cómo preocuparse objetivamente de la justicia sin combatir el propio orgullo, la propia ambición, la injusticia que uno mismo reproduce con sus actos cotidianos? Lo que Foucault parece decir es que la lucha contra la injusticia solo podrá ser efectiva cuando el sujeto entable una relación distinta con esos mismos poderes que combate; es decir, cuando logre desmarcarse de la propia injusticia que le constituye como sujeto. Ya lo dijimos antes: Foucault entiende que la lucha política no es un asunto que compete a la acción *jurídica*, sino a la acción ética. No basta con tratar de cambiar las cosas en la arena "molar" de la política, involucrándose, por ejemplo, en el juego institucional de la democracia, sino que es necesario descender hacia lo "molecular". Las luchas contra los poderes que nos subyugan deberá pasar por la relación de sí consigo, por el combate contra las técnicas de normalización y disciplinamiento que nos han constituido como sujetos. Aquí radica la importancia del "cuidado de sí".

Cerremos esta sección con un par de comentarios en torno a la valoración histórica que hace Foucault del platonismo. Ya vemos cómo detecta una "ambigüedad" en el diálogo *Alcibíades I* que le parece sintomática del destino que adoptarán las relaciones entre el sujeto y la verdad. El platonismo abre dos grandes tradiciones de espiritualidad que se enfrentarán a lo largo de toda la historia de Occidente. De un lado, la tradición que hace énfasis en los actos de autoconocimiento (y que sería la que terminaría definiendo el platonismo mismo);[37] de

---

[37] En la segunda hora de la clase del 13 de enero de 1982 Foucault traza su visión histórica de la filosofía platónica, tomando siempre como referencia el problema específico del cuidado de sí: "En efecto, me parece que lo que va a caracterizar la inquietud de sí en la tradición platónica y neoplatónica es, por un lado, el hecho de encontrar su forma y su realización en el autoconocimiento

otro, la tradición que hace énfasis en la práctica ascética de los ejercicios espirituales. La lucha entre estas dos tradiciones se hizo patente durante los primeros siglos de la Iglesia cristiana, cuando el debate en torno al gnosticismo polarizó las opiniones en torno al significado de los actos de salvación. Después de una larga lucha, logró imponerse en el cristianismo una espiritualidad antiplatónica, liberada de la gnosis, que hacía énfasis en la práctica de ejercicios ascéticos como los llevados a cabo en las instituciones monásticas. Estos ejercicios —como vimos ya en los dos capítulos anteriores— no fueron tomados por el cristianismo de la filosofía platónica, sino sobre todo de las escuelas estoica, epicúrea y cínica, que se desplegaron durante el período helenístico.[38] No fue, entonces, la espiritualidad de origen platónico la que consiguió imponer su hegemonía en el Occidente cristiano, de tal modo que la emergencia de la modernidad (con su énfasis en las matemáticas y el conocimiento científico-técnico) no puede remitirse a la influencia del platonismo sino, más bien, como se vio en la sección anterior, a la

---

como forma, si no única, sí al menos absolutamente soberana de la inquietud de sí. En segundo lugar, la corriente platónica y neoplatónica tendrá también como característica el hecho de que ese autoconocimiento dará acceso a la verdad, y a la verdad en general. En tercer y último lugar, será característico de la forma platónica y neoplatónica de la inquietud de sí el hecho de que el acceso a la verdad permita, al mismo tiempo, conocer lo que puede haber de divino en uno mismo. Conocerse, conocer lo divino, reconocer lo divino en uno mismo: creo que esto es fundamental en la forma platónica y neoplatónica de la inquietud de sí. No encontraremos esos elementos en las otras formas de la inquietud de sí epicúrea, estoica y ni siquiera pitagórica" (Foucault, 2006d: 86-87).

[38] En la clase del 17 de marzo de 1982 afirma Foucault que los ejercicios que se impusieron en el cristianismo (y que luego reaparecieron en la Reforma protestante) eran ejercicios "no platónicos", en la medida en que se desengancharon del autoconocimiento como elemento clave para la salvación. "En la medida en que la espiritualidad cristiana, es decir, la que vemos desarrollarse en Oriente a partir del siglo IV, era fundamentalmente antignóstica, representaba un esfuerzo por desprenderse de la gnosis, es muy lógico que las instituciones monásticas recurrieran a ese equipamiento ascético, a esa ascética a la que me refería hace un momento, que era de origen y naturaleza estoica y cínica y que se deslindaba del neoplatonismo" (Foucault, 2006d: 399).

influencia del aristotelismo a través de la escolástica medieval. Diagnóstico que contradice explícitamente lo dicho por el propio Foucault hacia comienzos de la década de 1970, cuando coincidía con Deleuze en que la tarea política fundamental del presente es la "inversión del platonismo".[39] La tesis según la cual el platonismo llegó hasta la modernidad y permeó su despliegue técnico utilizando como *via regia* el largo puente del cristianismo (tesis defendida, entre otros, por Heidegger), se revela entonces como equivocada a la luz de las nuevas investigaciones de Foucault.

No obstante, lo que sí se impuso históricamente fue la disociación entre lo catárquico y lo político, que se insinuaba ya desde el siglo IV a.C. en la filosofía de Platón. Pues si en Platón el "cuidado de sí" conlleva todavía el cuidado de la ciudad, el gobierno de los otros, como quedó claro en el caso de Alcibíades, en la filosofía de los siglos I y II d.C. las cosas ocurrirán de otro modo. El "yo" por el cual uno debe preocuparse ya nada tendrá que ver con la política, sino únicamente con la salvación personal. El cuidado de sí encontrará su consumación y cumplimiento en la autorrealización del yo, sin atender concomitantemente a la salvación política de los otros.[40]

---

[39] Recordemos que en su *Theatrum Philosophicum*, escrito en 1970 como reseña a los dos recientes libros de Deleuze, *Diferencia y repetición* y *Lógica del sentido*, Foucault decía que ambos textos buscan "invertir el platonismo", pero que la tarea no se limita simplemente a "dar la vuelta a la tortilla" y reivindicar el mundo de la caverna como superior al mundo de la luz, o reivindicar los derechos de la apariencia por encima de los de la esencia. "Invertir el platonismo" es una operación mucho más sutil. Consiste, dice Foucault, en "desplazarse insidiosamente por él" y "bajar un peldaño", llegando hasta eso que no es pensable ni deseable por el platonismo: el encuentro con el acontecimiento, con la diferencia. En lugar de pensar la diferencia como diferencia "de" algo (como planteaba Platón), habría que pensarla como acontecimiento puro. "Invertir el platonismo" significa entonces "bajar hasta este cabello, este mugre debajo de la uña, que no merecen en lo más mínimo el honor de una idea" (Foucault, 1995: 11).

[40] En la segunda hora de la clase del 3 de febrero, dedicada a responder preguntas del auditorio, Foucault dirá que la salvación de otros era una "recompensa complementaria" de la salvación de sí. Durante los siglos I y II d.C. uno se ocupa de sí mismo y para sí mismo con total independencia de la salvación de

Despolitización, por tanto, del cuidado de sí, que ahora empezará a centrarse en lo que los neoplatónicos llamaron "lo catárquico" (Foucault, 2006d: 177). Esta será la característica de las técnicas de vida (*techné tou biou*) que desarrollarán epicúreos, cínicos y estoicos durante la época helenística, a la que dirigiremos ahora nuestra atención.

LA EDAD DE ORO DEL CUIDADO DE SÍ

En la clase del 20 de enero de 1982 Foucault propone a sus estudiantes tomar un punto de referencia cronológico diferente. Si hasta el momento se ha ocupado del siglo V a.C, la edad clásica de la filosofía griega, mostrando cómo fue problematizado allí el cuidado de sí por parte de la filosofía socrático-platónica, ahora quiere avanzar unos cuantos siglos y ubicarse en los siglos I y II d.C. Propone, entonces, desplazar su genealogía hacia "el período que va desde la instalación de la dinastía augusta o julio claudia hasta el final de los Antoninos", esto es, entre el año 14 d.C. y el 192 d.C., aproximadamente (Foucault, 2006d: 89). Si se quisieran tomar indicadores filosóficos, Foucault centrará sus análisis en el "período del estoicismo romano, expandido con Musonio Rufo, vale decir el período del renacimiento de la cultura clásica del helenismo, justo antes de la difusión del cristianismo y de la aparición de los primeros grandes pensadores cristianos: Tertuliano y Clemente de Alejandría" (*ibíd.*, 89-90). ¿Cuáles son las razones para este desplazamiento cronológico? El propio Foucault lo dice con claridad: "Quiero tomar este período porque me parece una verdadera edad de oro en la historia de la inquietud de sí, entendida esta a la vez como noción y como práctica e institución" (*ibíd.*, 90).

Al referirse al período helenístico como la "edad de oro" del cuidado de sí, Foucault lo establece como el período "clave" de su investigación, aquel que marca un "antes" y un "después"

---

los otros. Si a partir de eso los otros se benefician, esto "se derivará en calidad de efecto" (Foucault, 2006d: 192).

en la historia de las relaciones entre el sujeto y la verdad. El cuidado de sí brilló en esa época con luz propia frente a lo que ocurrió antes con el *modelo socrático-platónico* del siglo V a.C, pero también frente a lo que vendría después con el *modelo ascético-monástico* que se impondría desde el siglo III d.C. Singularización, por tanto, del *modelo helenístico*, que será visto por Foucault como el momento histórico en que el cuidado de sí adquirió su máximo esplendor. *Antes* de ese momento, el cuidado de sí estaba ligado a la política, no había adquirido independencia con respecto al "cuidado de los otros" que el sujeto debía ejercer en el escenario de la democracia; *después* de ese momento, por el contrario, el cuidado de sí perdió independencia y se ligó al problema de la "hermenéutica del sujeto" en el seno de los monasterios cristianos. Es, pues, en *medio* de esos dos momentos históricos que se despliega una problematización del cuidado de sí en tanto actividad deseable por sí misma, que será rastreada por Foucault a través del estudio de textos epicúreos, cínicos y estoicos.

¿Qué es en concreto lo que Foucault tanto aprecia del cuidado de sí durante el período helenístico? La respuesta es simple y a la vez problemática: solo en aquel período se desarrolla verdaderamente una *estética de la existencia*. Esto se hace claro si tenemos en cuenta los estudios que había realizado Foucault dos años antes en su curso *Del gobierno de los vivos*. Allí había mostrado que las técnicas de sí desplegadas en el seno de los monasterios cristianos de los siglos III-V estaban orientadas hacia el desciframiento del alma pecadora. Sobre el sujeto se impone la obligación de buscar la verdad dentro de sí mismo, de interpretar los signos de la presencia del mal en su interior, de averiguar un secreto oculto que debía luego comunicar a los demás. Este modelo cristiano de la exégesis se impuso después de una larga lucha frente al modelo platónico de la reminiscencia, defendido por los gnósticos. Aquí, el sujeto también debía indagar dentro de sí, pero no para descifrar las señales de un mal que se oculta, sino para contemplar la esencia de una divinidad que se revela. Pues bien, lo peculiar del cuidado de sí durante la época helenística es que el "yo" que es preciso "cuidar" nada tiene que ver con el modelo platónico de la reminiscencia, pero tampoco con el modelo cristiano de la exégesis. No hay, por así decirlo, una "interioridad psíquica" que deba ser contemplada o interpretada. Frente al "yo" interior de platónicos y cristianos que es necesario descifrar o contemplar, los estoicos oponen un "yo" inmanente que se manifiesta en acciones libres. Un "yo" que puede ser convertido en una obra de arte.

Visibilizar genealógicamente aquel momento histórico en que el cuidado de sí devino *estética de la existencia*: tal es el propósito de los análisis que emprende Foucault a partir de la clase del 20 de enero de 1982.[41] Para ello, como se dijo, acudirá al estudio de textos filosóficos de aquel período, en los que privilegiará los escritos de la escuela *estoica* (Séneca, Epicteto, Marco Aurelio).[42] Pero su propósito no es comentar autores o doctrinas específicas, sino localizar en esos textos (estoicos o no) algunos elementos que considera claves para entender la singularidad del "modelo helenístico". Tal singularidad radica en que el cuidado de sí es problematizado en clave de "estética de la existencia", aproximación que no es vista con buenos ojos por parte de los especialistas en filosofía antigua, pues corre el

---

[41] Visibilización que a Foucault le parece importante, dado que el modelo helenístico fue "recubierto" históricamente tanto por el modelo platónico como por el cristiano: "Estos dos grandes modelos —el platónico y el cristiano, o, si prefieren, el modelo de la reminiscencia y el modelo de la exégesis— tuvieron desde luego un inmenso prestigio histórico que recubrió el otro modelo cuya naturaleza querría ponerles de manifiesto. Y la razón del prestigio de esos dos grandes modelos creo que se hallaría con facilidad en el hecho de que son precisamente (el modelo exegético y el modelo de la reminiscencia) los que se enfrentaron entre sí a lo largo de los primeros siglos de la historia del cristianismo [...]. Creo que estos dos grandes modelos —platónico y cristiano, o, si ustedes quieren, modelos de la reminiscencia del ser del sujeto por sí mismo y de la exégesis del sujeto por sí mismo— dominaron el cristianismo y fueron a la vez transmitidos por este, a continuación, a toda la historia de la cultura occidental" (Foucault, 2006d: 251).

[42] Este privilegio de los textos estoicos se manifestaba ya desde el curso anterior, *Subjetividad y verdad*, en el que —recordemos— la problematización estoica del matrimonio es vista como un preludio de la moral sexual cristiana.

peligro de ver en esos textos (y en esa época) una problemática inexistente. El propio Pierre Hadot, en quien Foucault apoya muchas de sus ideas, considera que no es posible encontrar una "estética de la existencia" en el período helenístico.[43] Ni siquiera existen "tecnologías del yo" en el mundo antiguo, pues el cultivo del "yo" no era prioridad de los filósofos y moralistas griegos.[44] Al proyectar sobre el mundo antiguo una serie de categorías *modernas* (estilo de vida, técnicas del yo, estética de la existencia), las investigaciones de Foucault no pueden generar otra cosa que confusión.[45]

Recordemos, sin embargo, que Foucault no está queriendo realizar una exégesis rigurosa de los textos antiguos, sino buscar en ellos algunas claves que expliquen el desarrollo de la subjetividad en Occidente. Ya lo vimos en el capítulo anterior: el interés en los textos estoicos radica en el modo en que allí se elaboró un modelo de sexualidad (la fábula del elefante) en el que se privilegian la monogamia y la reproducción. Este modelo, que llega a nosotros a través del cristianismo, explica por qué razón las prácticas sexuales "divergentes" han sido

---

[43] "El término "estética" despierta en efecto para nosotros, hombres modernos, resonancias muy diferentes a las que tenía la palabra "belleza" (*kalon, kallos*) en la Antigüedad. Y es que la modernidad tiende a considerar lo bello como una realidad al margen del bien y del mal, mientras que, por el contrario, para los griegos esta palabra aplicada al individuo implica normalmente un valor moral [...]. En realidad, lo que los filósofos antiguos buscaban no era la belleza (*kalon*) sino el bien (*agaton*)" (Hadot, 2006: 253). Agreguemos a esto que la noción de lo "bello" asociada al problema del "arte" (*techné*) era algo desconocido para los griegos de la época clásica. Cuestión que podría parecer puramente académica o exegética, pero que en realidad afecta el diagnóstico que hace Foucault de la modernidad, como tendremos oportunidad de mostrar.

[44] "Me parece que el análisis de Foucault sobre eso que, por mi parte, he denominado "ejercicios espirituales" y que él prefiere llamar "técnicas del yo" está en exceso centrado en el yo [...]. Me parece que nos encontramos aquí ante un error de interpretación" (Hadot, 2006: 266; 269).

[45] En la entrevista con Dreyfus y Rabinow, Foucault hace una declaración que no deja de sonar escandalosa a los especialistas en filosofía antigua: "La ética griega está centrada en el problema de la elección personal, de una estética de la existencia" (Dreyfus & Rabinow, 2001: 268).

vistas con sospecha en la historia de Occidente. Igual ocurre en el curso de 1982, pero utilizando una estrategia diferente. Aquí no se busca en los estoicos el preludio de una moral sexual cristiana que no tolera desviaciones sino, todo lo contrario, la instauración de una "cultura de sí" que privilegia la individualidad. En el estoicismo tardío, pero también en otras escuelas filosóficas, Foucault quiere ver la emergencia de una "cultura de sí" en la que se coloca muy en alto el valor de *la autenticidad*. Según nuestro filósofo, el objetivo de las "artes de sí" que se desarrollan en esta época es producir un tipo de individuo que pueda distinguirse, gracias a su "estilo de vida", del modo en que viven todas las demás personas.[46] Vemos entonces que la estrategia es diferente a la empleada en el curso anterior. Aquí se busca el modo en que las escuelas filosóficas del período helenístico favorecieron la construcción de un "yo" único e irrepetible, modelo que *desapareció* paulatinamente de Occidente a partir del cristianismo. No es un "preludio" de la moral sexual cristiana lo que se busca en los textos antiguos, sino un modelo de subjetividad que el cristianismo desvirtuó y la modernidad subalternizó. Todo esto para afirmar que, ante las objeciones de los helenistas y latinistas, podría decirse que Foucault no intenta comprender los textos antiguos en su contexto específico, sino comprenderlos *a la luz del presente*. La genealogía no es una historia de las ideas filosóficas, sino una visión *retrospectiva* que intenta ver en tiempos pasados el germen de aquello que hemos llegado a ser en el presente. Otra cosa distinta es saber si esa "ontología del presente" conlleva un diagnóstico adecuado de las luchas de nuestro tiempo, vale decir, si el objetivo *político* de esas luchas es abrir campo a la autenticidad, la creatividad y el estilo de vida individual. De este tema nos ocuparemos propiamente al final del libro.

---

[46] Foucault dice que el "cultivo de sí" nada tiene que ver con el "culto californiano del yo", refiriéndose al intento de descubrir una suerte de "identidad profunda" a través de la meditación, el yoga y las terapias psicoanalíticas (Dreyfus & Rabinow, 2001: 279).

Volvamos, pues, al curso de 1982, y veamos cómo desarrolla Foucault su argumento a favor de la "cultura de sí" en el período helenístico. Aquí juega un papel clave la noción estoica de *estulticia*. ¿Quién es el "estulto"? Foucault se apoya sobre todo en textos de Séneca para definir a aquel individuo "necio" o "insensato" (como suele traducirse la palabra latina *stultus*) que no es capaz de cuidar de sí mismo.[47] En la clase del 27 de enero dice que "el *stultus* es ante todo quien está expuesto a todos los vientos, abierto al mundo externo, es decir, quien deja entrar a su mente todas las representaciones que ese mundo externo puede ofrecerle" (Foucault, 2006d: 135). Se trata, pues, de una persona que vive conforme a los roles sociales que se consideran normales y se acoge a lo que Deleuze llamaría "modelos mayoritarios". El *stultus* es quien *carece de singularidad* y se comporta lo mismo que la masa. Es el "menor de edad" del que hablaba Kant, aquel que vive en dependencia completa de autoridades exteriores (el libro, el pastor, el médico), según mostramos en el capítulo uno. Como carece de criterio propio, el estulto cambiará su comportamiento cuando el código social cambie y se modifiquen las exigencias que pesan sobre él. ¿Por qué? Porque es incapaz de trazar una línea de fuga frente a los códigos de comportamiento que ha aprendido de su familia, de sus tradiciones culturales, de la sociedad en la que vive. Por eso está "expuesto a todos los vientos". Es incapaz de una "actitud crítica" frente al mundo exterior y acepta sin chistar una cierta forma de "ser gobernado". Es sumiso frente a ella y solo se opondrá a lo que se le dice que hay que oponerse. La estulticia es entonces una *condición de servidumbre*. El estulto es incapaz de hacer uso de la libertad, ya que "está determinado por lo que procede del exterior y no por lo que viene del interior" (*ibíd.*, 137). En una palabra, el estulto es el hombre-masa, aquel que no tiene un estilo de vida auténtico, porque su

---

[47] Foucault se remite sobre todo al inicio del texto *Sobre la tranquilidad del espíritu*, donde Sereno le describe a Séneca su condición de *stultitia*, y a la carta 52 a Lucilio.

"yo" está gobernado por fuerzas exteriores. Es *por eso* —nos dice Foucault— que el principal objetivo de las "técnicas de sí" desarrolladas en el período helenístico es encontrar una salida de la condición de estulticia. Y esta "salida" (*Ausgang*) requiere el concurso de un maestro. Como el estulto no es capaz de gobernarse a sí mismo, "es preciso que alguien le tienda la mano y lo saque" (*ibíd.*, 134). La estulticia es una enfermedad que no puede ser curada por el propio enfermo, porque es una enfermedad de la voluntad. Por tanto, el estulto necesita de alguien que lo "salve" de ese estado mórbido y patológico.

La función de un filósofo será, por tanto, ayudar a que otros salgan de la estulticia. Salvarlos de sí mismos, de su propia estupidez. El estulto necesita ser salvado de su condición de estulticia por alguien que viene de afuera y le tiende la mano. En la clase del 3 de febrero de 1982, Foucault recuerda que el término "salvación" no tenía connotaciones religiosas en ninguna de las escuelas del período helenístico. Nada tenía que ver con la idea de una vida después de la muerte, o con la purificación de una culpa. No era, por tanto, una noción religiosa sino *filosófica* (Foucault, 2006d: 181). En el caso específico de los estoicos, "salvar" a otros significaba enseñarles a cultivar una actitud de *indiferencia* frente a las cosas que no dependen de su voluntad, y de *compromiso* frente a aquellas que sí dependen de su voluntad.[48] La voluntad del estulto se encuentra "movida" desde situaciones externas que lo llevan de un lado para otro, que lo perturban constantemente, que le generan temor, incertidumbre y sufrimiento. El sujeto podrá "salvarse" de esta situación en la medida en que aprenda a *discriminar* qué cosas dependen y qué cosas no dependen de

---

[48] Aquí la referencia clásica es Epicteto: "Entre todas las cosas que existen, hay algunas que dependen de nosotros y otras que no dependen de nosotros. Así, dependen de nosotros el juicio de valor, el impulso a la acción, el deseo, la aversión, en una palabra, todo lo que constituye nuestros asuntos. Pero no dependen de nosotros el cuerpo, nuestras posesiones, las opiniones que los demás tienen de nosotros, los cargos, en una palabra, todo lo que no son nuestros asuntos". Epicteto. *Enquiridión* I, 1.

su voluntad. Creer que *todo* depende de su voluntad sería la *hybris*, la desmesura, situación que en todo caso le producirá turbación. Lo contrario, creer que *nada* depende de su voluntad, sería entregarse a la servidumbre, a la aceptación pasiva de un destino. La salvación que proponen los estoicos radica en cultivar una actitud intermedia. Frente a las cosas que no dependen de la propia voluntad, hay que cultivar la indiferencia; frente a las que sí dependen de aquella, se requieren acción decidida y compromiso. Tal como lo dice Foucault, al final de la primera hora de la clase del 3 de febrero: "la salvación tiene su recompensa en cierta relación del sujeto consigo, cuando se vuelve inaccesible a las perturbaciones exteriores" (*ibíd*., 184).[49]

No es muy claro hacia dónde apunta Foucault con todo esto. ¿Quiere decirnos acaso que la ética estoica puede servir como *inspiración* para el logro de una "estética de la existencia" válida hoy en día? ¿Que podemos crear un tipo de "existencia auténtica" mediante el cultivo de la *indiferencia* frente a las influencias exteriores? Ya vimos que su recurso a los griegos no conlleva ninguna recuperación de formas de vida ya perdidas para siempre.[50] Por ello sorprende la relación que establece entre la ética estoica y la estética de la existencia, pues aquella postula un tipo sujeto heroico, racionalista, dueño de su propia voluntad, capaz de dominar sus pasiones, inclusive sus deseos, hasta el punto de inmunizarse por entero frente a las contingencias de la vida.[51] ¿No va esto en contravía de la noción *relacional* del poder que el propio Foucault desarrolló

---

[49] Pareciera, sin embargo, que el objetivo de la salvación estoica no es producir un "yo", como dice Foucault, sino *neutralizar el yo*, volverlo inmune a las influencias externas mediante el cultivo de la *euthymía*, la tranquilidad de ánimo. Véase: Séneca. *Sobre la tranquilidad del espíritu* 2: 2-4.

[50] Esto diferencia su propuesta de la de Michel Onfray, quien sí ha querido apropiarse de un cierto número de prácticas desarrolladas por la filosofía antigua (en especial en sus corrientes materialistas y hedonistas), como estrategia de resistencia política y académica en el mundo de hoy.

[51] Para una crítica a la "actualidad" de la ética estoica, véanse: Horn, 2007; Heidbrink, 2007.

(siguiendo a Nietzsche) en la década de 1970? Pues conforme a esta noción, ningún sujeto puede escapar del antagonismo y colocarse en una situación semejante a la imaginada por los estoicos. Es precisamente el carácter relacional del poder lo que impide que nuestra voluntad sea soberana, pues siempre tendremos que actuar en medio de un campo antagónico de fuerzas. Siempre habrá una fuerza o un conjunto de fuerzas que tratarán de impedir que nuestra voluntad se despliegue sin fricciones en la dirección que queremos. Y si no somos "señores en nuestra propia casa", como en su momento lo mostró Nietzsche, ¿a qué postular entonces la ética estoica como una forma de "estética de la existencia"?

Lo cierto es que Foucault insiste en rescatar de los estoicos nociones como "salvación" y "conversión", purgándolas de sus connotaciones religiosas, seguramente para mostrar que fue con el cristianismo que tales nociones perdieron su temple filosófico. En el caso de la "conversión" (del latín *conversio* que significa giro, cambio de dirección), se trata de un concepto distinto al de "salvación". Decíamos que el estulto no puede, por sí mismo, salir de su estado miserable, sino que necesita de un médico que le ayude a recuperar la salud, que le ayude a salvarse. Pues bien, la conversión es una situación en la que la persona ya no necesita del maestro, del guía, del filósofo que le tiende la mano. La conversión (*metanoia*) supone que el sujeto ha "girado" sobre sí mismo, ha logrado cambiar de dirección y transfigurar su propia vida, de tal modo que esa persona está en situación de abandonar al maestro. No se trata, sin embargo, del arrepentimiento cristiano, que en todo caso busca dejar al sujeto en condición perpetua de obediencia. Se trata, más bien, de que el sujeto desplace la atención hacia sí mismo, en lugar de dispersarla en asuntos exteriores. Pero aquí no hay exégesis ni desciframiento de la interioridad. La conversión no es un simple acto hermenéutico, ni de "iluminación" cognitiva, sino que es una labor constante de sí consigo que exige ardua disciplina. Tiene que ver con la adopción de un *modo de vida militante*, pero que no se dirige hacia afuera, hacia la transformación del mundo, sino que se dirige hacia el sujeto mismo, hacia la transformación de su modo de vida, tal como lo deja claro Foucault en la clase del 10 de febrero:

> Algún día habrá que hacer la historia de la subjetividad revolucionaria. Y lo interesante al respecto, me parece, es que, en el fondo, es una hipótesis: no tengo la impresión de que durante lo que se llamó la revolución inglesa ni en lo que se llamó la "Revolución" en Francia en 1789 haya habido jamás algo fuera del orden de la conversión. Me parece que recién a partir del siglo XIX —repitamos que habría que verificar todo esto con detenimiento— hacia 1830-1849, sin duda, y justamente en referencia a ese acontecimiento fundador, histórico-mítico que fue para el siglo XIX la Revolución francesa, con respecto a esta se comenzaron a definir esquemas de experiencia individual y subjetiva que serían: la "conversión a la revolución". Y me parece que, a lo largo de todo el siglo XIX, no se puede comprender qué fue el individuo revolucionario y qué fue para él la experiencia de la revolución si no se tiene en cuenta la noción, el esquema fundamental de la conversión a la revolución. (Foucault, 2006d: 206)

Este pasaje, que recoge un comentario casual de Foucault a sus estudiantes, nos ofrece una importante clave de lectura. La conversión del sujeto es una actitud "política" que, sin embargo, no se orienta inicialmente hacia el cambio de situaciones objetivas. Se trata, más bien, de desarrollar una *actitud revolucionaria*, propiciando el "giro" del sujeto sobre sí mismo, haciendo que este tome el control de su propia vida, en lugar de someterse a influencias exteriores. No es el *mundo* el que tiene que girar sobre sí mismo (revolución política), sino que esta obligación recae sobre el *sujeto* (revolución ética).[52] Por eso, para Foucault

---

[52] Esta explicación es diametralmente opuesta a la que ofrece Peter Sloterdijk en su libro *Has de cambiar tu vida*. Aquí se aplica también la noción griega de conversión (*metanoia*) al sujeto revolucionario, pero en un sentido diferente: "Únicamente quien tome totalmente en serio la idea de mejora del mundo avanza hacia la concepción de que la mejora del mundo no basta. La

la política no consiste en intervenir objetivamente sobre el mundo (las estructuras sociales, las instituciones políticas) para hacerlo "girar", sino en cambiar las *condiciones subjetivas* para que el sujeto pueda girar sobre sí mismo.[53] Quien quiere cambiar el mundo sin cambiarse primero a sí mismo, no hará otra cosa que reproducir el *mismo* tipo de gubernamentalidad que verbalmente combate. No tendremos aquí a un revolucionario, sino a un jacobino que se comporta igual que todos los demás "políticos". Fue justo esto lo que ocurrió con la Revolución francesa, según vimos en el capítulo uno. Por eso el interés de Foucault no se dirige hacia las *revoluciones políticas*, sino hacia las *revoluciones éticas* que pueden tener connotaciones políticas.[54] La *metanoia* no se dirige hacia afuera, sino hacia adentro. A Foucault no le interesa, entonces, la revolución social como tal, sino la "subjetividad revolucionaria", pues esta última es condición *sine que non* de la primera. De ahí también la importancia de la noción estoica de "ascesis", purgada de todo componente cristiano y platónico, que conlleva el paciente trabajo del sujeto consigo mismo.

¿Cómo formar una subjetividad revolucionaria? A través de la práctica de la "ascesis". No habrá revolución sin ejercicios ascéticos. Pero la palabra *askesis* en el mundo griego nada tenía que ver con la renuncia o con el sacrificio, sino con la "gimnasia".

---

identificación con el principio de la *metanoia* dirigida hacia afuera hace surgir el conocimiento de que el mundo establecido, esto es, el "orden social" dado, seguirá siendo incorregible mientras no sean suprimidos los errores basales de su construcción. De ahí que el mundo de lo "existente" no tenga que ser mejorado progresivamente, sino aniquilado mediante la revolución" (Sloterdijk, 2012: 490).

[53] Cuando Foucault habla aquí de "subjetividad revolucionaria" no está pensando en Marx o en Lenin, sino en personajes que difícilmente podemos asociar con una revolución social o política, como Stirner, Montaigne, Kierkegaard y Baudelaire.

[54] Esto explica su apoyo incondicional a la revolución iraní, así como a movimientos sociales como "Solidaridad" en Polonia, pero también explica su condena a acciones directas como las de la RAF en Alemania, que le valió el congelamiento de su amistad con Deleuze.

Cuando el filósofo estoico Musonio Rufo (en su libro *Peri askeseos*) habla de la "ascética", utiliza el verbo *gymnazesthai*, que significa "ejercitarse". Su idea era que el logro de la virtud es una cuestión de ejercicio, de práctica constante, semejante a la del atleta que se prepara para competir en los juegos olímpicos. La "ascética" se refiere, entonces, a un conjunto de ejercicios, y el asceta es el practicante, el sujeto que ejecuta estos ejercicios. Lo que resalta Foucault, nuevamente, es que el cuidado de sí es un asunto de práctica, una "cuestión técnica" y no, simplemente, un asunto de iluminación y autoconocimiento. De ahí que en la clase del 24 de febrero de 1982 establezca una distinción entre la "ascesis" y la "mathesis" (Foucault, 2006d: 301-304). Es evidente aquí la alusión a *Las palabras y las cosas*, en donde la "Mathesis" hacía referencia al modo de ser del discurso verdadero en la episteme clásica. Verdadero es un discurso cuando se organiza matemáticamente, con independencia absoluta de la vida del sujeto que enuncia ese discurso. Tal como lo había planteado Foucault en su alusión al "momento cartesiano" (primera lección del curso), un sujeto puede tener acceso a la verdad sin necesidad de transfigurar su propia vida, sin necesidad de ascesis. La verdad queda reducida a una cuestión de método, a ser un problema de orden puramente cognitivo. Por el contrario, para los estoicos la virtud no solo se adquiere a través del conocimiento, sino del entrenamiento. No se trataba, pues, de "conocerse a sí mismo" a fin de alcanzar la iluminación divina (modelo platónico); y tampoco de "renunciar a sí mismo" a fin de someter la propia voluntad a la voluntad de otro (modelo cristiano). De lo que se trataba, más bien, era de producirse a sí mismo como sujeto "capaz de verdad". Esto significa, hacer del sujeto un ser capaz de vivir de manera autónoma, de vivir conforme a su propia ley. El punto, pues, de la noción de ascesis es la relación entre el sujeto y la verdad. La verdad no es un estatuto objetivo de cosas a la cual se accede mediante actos de conocimiento o mediante sacrificios. La verdad es algo que se *vive*, no algo que se *sabe*. No es un acto cognitivo, sino una práctica de transfiguración. Para los estoicos, los epicúreos y los cínicos, jamás existió la separación entre *ascesis* y *mathesis*. ¿Qué existía entonces? *Técnicas*, modos concretos de hacer, ejercicios prácticos que combinaban teoría y praxis a fin de construir un "yo" autónomo, tal como veremos a continuación.

Tecnologías del yo

Hemos dicho antes que Foucault no se interesa por una caracterización *diferencial* de las escuelas filosóficas durante el período helenístico, lo cual le ha generado una serie de críticas por parte de los especialistas. Se le reprocha el haber ignorado la especificidad de las doctrinas (epicúreas, estoicas, cínicas), favoreciendo una "visión globalizada" que se asienta, sobre todo, en la lectura de textos *estoicos*. Se le critica la idea de un "dispositivo ético", propio de la "época helenística", aplicable por igual a todas las escuelas filosóficas. Frente a tales objeciones, habría que recordar la especificidad de la investigación foucauldiana.[55] Lo que busca su genealogía no es hacer una historia de las ideas filosóficas, sino una *historia de las prácticas de subjetivación*, lo cual es algo enteramente diferente. Esto le lleva a emprender un análisis que no se centra en comentar autores o doctrinas específicas, sino en identificar *técnicas* pertenecientes a distintas escuelas, que considera claves para conceptualizar esa "edad de oro" del cuidado de sí que cree reconocer en los siglos I-II d.C.

Ahora bien, es cierto que las "técnicas" o "modos de hacer" que Foucault menciona en su curso de 1982 provienen, sobre todo, de los estoicos. También de ellos proviene el uso que hace del concepto *techné*. En Aristóteles, recordemos, la *techné* es un conocimiento inferior a la ciencia (*episteme*) debido a su orientación práctica e interesada.[56] Para los estoicos,

---

[55] Véanse las reflexiones del capítulo uno en torno al proyecto de una "historia crítica del pensamiento".

[56] En la *Ética nicomaquea* (VI, 4, 1140a 5-20), Aristóteles afirma que el arte (*techné*) no es una simple praxis, sino un hacer conforme a reglas, un hábito

en cambio, esta separación no existe. De ahí la analogía que establecían entre la medicina y la filosofía, pues esta última no era vista como un mero ejercicio racional (*logos*), sino también como una práctica (*ascesis*). La *techné* comprende dos polos complementarios: el *logos* y la *ascesis*. A diferencia de Platón y Aristóteles, los estoicos le dan a la filosofía el estatuto de *techné*, análogo al de disciplinas como la gimnasia o la medicina.[57] La filosofía es el arte de la vida misma (*techné tou biou*), como lo muestran Séneca, Epicteto y Marco Aurelio. En la carta 95 a Lucilio, Séneca dice que la filosofía comprende dos elementos que no pueden existir el uno sin el otro: los principios o formulaciones teóricas, y las normas prácticas que deben ser ejecutadas en la propia vida del filósofo. No bastan únicamente los principios para obtener la virtud.[58] Cuando Foucault habla de "tecnologías del yo", no está pensando en Aristóteles sino en los estoicos. Aquí no existe separación entre vida activa y vida contemplativa, entre *askesis* y *logos*, entre decreto y precepto. Habrá *techné* cuando el conocimiento se hace cuerpo (*habitus*), cuando saber es actuar (conforme al principio *Wissen ist Handeln*).

Las escuelas filosóficas del período helenístico generaron un "modo de problematización" de las "artes de sí" que no existía

---

productivo (*poiesis*). Se trata de hacer nacer lo que no es; de "crear" algo que no existe a partir de un hábito, de una disposición duradera. La *techné* es un "hacer" conforme a un conjunto de reglas por medio de las cuales se produce algo. La *techné* es concreta, depende siempre del contexto, es variable. Por eso se opone a la *episteme*. Hay que decir, además, que cuando Aristóteles habla en este lugar de "arte" (*techné*), *no se refiere al problema de lo bello*, sino exclusivamente al problema de la producción y sus relaciones con la acción moral.

[57] Lo cual no significa que la filosofía tenga el *mismo* estatuto de la gimnasia o la medicina, puesto que estas se ocupan de cosas que sirven para la vida, mientras que la filosofía se ocupa de la vida en su totalidad.

[58] "Aparte de que no existe ningún arte especulativo desprovisto de principios, que los griegos llaman *dogmata* y nosotros podemos denominar *decreta*, y que los encontrarás tanto en la geometría como en la astronomía. La filosofía, por su parte, es especulativa y práctica: contempla y actúa a la vez". Séneca. *Cartas a Lucilio* XV, 95-10.

antes. No se limitaron a adoptar preceptos ya desarrollados por la filosofía griega clásica, sino que se preguntaron por las condiciones y los objetivos de las técnicas de sí, con independencia de quién es el sujeto que las aplica, cuál es su origen, su edad, su condición social, etc.[59] Estas técnicas ya no se aplican para ser más justos, para vivir racionalmente, para gobernar a otros como corresponde, sino para construir un "yo" animado por criterios estéticos. Las "artes de sí" del período clásico se transforman en las "tecnologías del yo" del período helenístico.[60] La creación de un "sí mismo" es, por tanto, el objetivo único de estas técnicas:

> Hacer de la vida el objeto de una *tekhne*, hacer de ella, por consiguiente, una obra —obra que sea (como debe serlo todo lo que produce una buena *tekhne*, una *tekhne* racional) bella y buena—, implica necesariamente la libertad y la elección de quien utiliza su *tekhne*. Si una *tekhne* tuviera que ser un corpus de reglas a las cuales fuera preciso someterse de cabo a rabo, de minuto en minuto, instante en instante, y no existiera, justamente, esa libertad del sujeto que pone en juego su *tekhne* en función de su objetivo, del deseo, de su voluntad de hacer una obra bella, no habría perfección de la vida. (Foucault, 2006d: 402)

---

[59] Cabe preguntar si acaso la *estructura social desigualitaria* vigente en las sociedades helenístico-romanas no operaba como una *condición* para el ejercicio del "cuidado de sí" del que habla Foucault. Basta examinar los consejos de Séneca a sus discípulos Lucilio y Sereno, o los preceptos de Epicteto en el *Enquiridión* para darse cuenta de ello. El cuidado de sí era una actividad reservada para hombres libres, varones, alfabetos, de buena posición social. Era un "lujo" permitido por el *otium*. Las excepciones (como la del propio Epicteto, que había sido esclavo, o la presencia de algunas mujeres en el jardín de Epicuro) confirman la regla.

[60] Ya vimos que cuando en la *Ética nicomaquea* Aristóteles habla de "arte" (*techné*), no se refiere al problema de lo bello, sino exclusivamente al problema de la producción y sus relaciones con la acción moral. El "arte" (*techné*) es el oficio de producir o fabricar algo, prescindiendo de toda consideración estética. La pregunta es: ¿cambia todo esto con los estoicos? No, de acuerdo con la opinión de los expertos. Pierre Hadot dice que no es correcto hablar de una *techné* orientada a la producción de una "vida bella" en la filosofía griega clásica, pero tampoco en los estoicos.

El objetivo de las tecnologías del yo es convertir la propia vida en algo bello y virtuoso. Pero para lograr esta meta el sujeto tiene que actuar con libertad, es decir que debe poder decidir qué, cómo y cuándo aplicar sobre sí mismo las técnicas sugeridas por el maestro. No se trataba, como en el cristianismo, de *obedecer* un conjunto de normas prácticas impuestas por el monasterio y mucho menos de someter la propia voluntad a la voluntad del maestro. El cuidado de sí requería, precisamente, que el sujeto se relacionara con esas normas de forma independiente, teniendo en cuenta su situación particular, la disposición específica de su cuerpo, el momento adecuado (*kairos*), etc. Sin esta libertad de acción, el objetivo de las tecnologías del yo jamás podría obtenerse. Nadie logrará hacer de su vida una obra de arte si debe someterse al cumplimiento de normas prácticas *que no ha elegido*. ¡Nadie puede ser obligado a ser libre! No se trata, pues, de someterse irreflexivamente a un corpus de reglas dictado por alguna autoridad, sino de "poner en juego" esa *techné* en función de sus objetivos. En la clase del 17 de febrero, Foucault dice que esta *actitud libertaria* fue lo que caracterizó a personajes y movimientos modernos como Stirner, Montaigne, Kierkegaard, Nietzsche, Baudelaire, el dandismo y el anarquismo. Todos ellos fueron conscientes de que "no hay otro punto, primero y último, de resistencia al poder político que en la relación de sí consigo" (Foucault, 2006d: 246). De ahí la tarea urgente, a la vez política y ética, de constituir hoy día una estética de la existencia, cuya fuente de inspiración pueden ser todos esos personajes modernos, pero también movimientos filosóficos de la antigüedad como los que florecieron en la época helenística. Pues fueron esos filósofos (estoicos, cínicos, epicúreos) quienes, por primera vez en la historia, mostraron que la libertad humana no depende del linaje, de los privilegios, de la ley moral o de la política, sino del modo en que un sujeto vive *para sí mismo*.

Analicemos algunas de las técnicas del yo desarrolladas por estas escuelas filosóficas, comenzando por las que podríamos llamar "técnicas de sustracción". Foucault dice que estas técnicas eran "arcaicas", pues habían sido desarrolladas desde mucho tiempo antes por diferentes culturas. Se trata básicamente de apartarse, retirarse, sustraerse del mundo y sus preocupaciones, lo cual puede ocurrir de dos formas: o bien uno se aleja físicamente *del* mundo (como los anacoretas, que vivían solos en el desierto), o bien uno está físicamente *en* el mundo pero vive como si no estuviera (ausencia *in situ*). En ambos casos, se trata de "cortar" la influencia que las cosas del mundo pudieran tener sobre el sujeto, a fin de no agitarse por lo que pasa alrededor (Foucault, 2006d: 60). Lo cual, como en el caso de los estoicos, no demandaba necesariamente la vida en soledad. Por el contrario, los estoicos promovían la creación de redes de amistad, de tal manera que el individuo pudiera rodearse de personas con intereses semejantes y protegerse de este modo contra las influencias nocivas del mundo. Es lo que Foucault llama la construcción de un *paraskeué*, el montaje de un "mecanismo de seguridad" (*ibíd.*, 104):

> En la sociedad romana, la amistad era una jerarquía de individuos ligados entre sí por un conjunto de servicios y obligaciones; una totalidad en la cual ningún individuo tenía, con respecto a los otros, exactamente la misma posición. En general, la amistad se centraba en torno a un personaje, del cual algunos estaban más cerca y otros más lejos. Para pasar de un grado de proximidad a otro, había toda una serie de condiciones, a la vez implícitas y explícitas, e incluso rituales, gestos y fases que indicaban a alguien si había avanzado en la amistad de otro. En definitiva, si así lo quieren, había de tal modo una red social, parcialmente institucionalizada, que fue [...] uno de los soportes de la práctica de sí. (Foucault, 2006d: 121)

Se trataba, por tanto, de una estructura *patriarcal y jerárquica* (como la sociedad romana misma), en la que la comunicación no se daba de uno a uno, sino que funcionaba como una "red social". Entre los estoicos, este tipo de redes sociales era muy importante.[61] A pesar de no apartarse físicamente del mundo para vivir en comunidad, los miembros de la escuela se conocían, se daban apoyo mutuo, se consolaban en los momentos difíciles a través de cartas (como lo muestran las famosas "consolaciones" de Séneca). De otro lado, también los *epicúreos* cultivaron la amistad como tecnología del yo, pero de una forma muy diferente a los estoicos. La amistad epicúrea era personalizada, informal, afectiva, *erótica*.[62] A diferencia de los estoicos, los epicúreos sí se retiraban físicamente del mundo. Vivían en comunidades pequeñas, estructuradas alrededor de la figura de un maestro (el modelo del "Jardín" de Epicuro), en las que podían participar mujeres, ancianos y esclavos. Aunque menos jerárquica que la amistad estoica, la amistad epicúrea conllevaba, sin embargo, la creación de una comunidad cerrada en sí misma, sustraída a la influencia de las opiniones, palabras y deseos vigentes en el mundo exterior. Vida comunitaria que operaba como "mecanismo de seguridad" contra los peligros que el mundo representa para la salud espiritual. El Jardín, entonces, como una comunidad de amigos (*comunitas*) que protege al individuo contra los peligros de la *societas*. Su objetivo no era formar líderes políticos (como la Academia de Platón) y tampoco científicos destacados (como el Liceo de Aristóteles), sino sujetos que pudieran vivir felices, agrupados en pequeñas comunidades *prepolíticas*. En la clase del 3 de febrero de 1982 Foucault se refiere a ello citando el *Gnomologio vaticano* de Epicuro: la amistad no es algo que se cultiva como medio para obtener algo (un favor, un beneficio, una utilidad), sino que

---

[61] En la clase del 3 de febrero Foucault recuerda la concepción estoica del hombre como ser comunitario, acudiendo a textos clásicos como los de Cicerón (*Tratado de los deberes*), pero también a Epicteto. La consecuencia de esto es que, para los estoicos, ocuparse de sí mismo conllevaba forzosamente ocuparse de los otros, asunto que abordaremos enseguida.

[62] Sobre la amistad estoica, Foucault comenta al margen: "Nada que ver —bueno, en todo caso algo muy diferente— con lo que podía haber de amor, de *eros* entre Sócrates y sus discípulos, o lo que podía haber también de *eros* en la amistad epicúrea" (Foucault, 2006d: 155).

tiene valor por sí misma. Pues gracias a la amistad, el individuo puede lograr la *ataraxia*, la ausencia de perturbaciones. Para los epicúreos, entonces, "la amistad no es más que una de las formas que se da a la inquietud de sí" (Foucault, 2006d: 194).

Nótese aquí el abandono, tanto por parte de los epicúreos como de los estoicos, de la ética clásica del enfrentamiento (*agon*) que predominaba en la *polis* griega. Ya vimos cómo para Alcibíades, la competencia en el empeño por ser el mejor era todavía una cuestión muy importante. La *areté* del hombre libre se medía por el aplauso y la admiración pública. Y aunque Sócrates problematizó esta ética de origen homérico, jamás se le ocurrió que el ideal del sabio era "retirarse" del espacio público y sus ocupaciones para construir una "red de amistad" en la que pudiera vivir *inmunizado*. No obstante, las cosas cambian (para bien, según Foucault) durante el período helenístico. El sabio estoico estimaba que la política no es un bien en sí mismo, pero en todo caso buscaba cumplir sus deberes públicos responsablemente, sin pretender alcanzar gloria con ello.[63] El sabio epicúreo, por el contrario, estimaba que la felicidad demandaba "sustraerse" por completo de la vida pública, de las preocupaciones que acarreaban los cargos políticos, a fin de alcanzar la imperturbabilidad (*ataraxia*). "Retirarse" del mundo conlleva, por tanto, un arduo trabajo sobre el ámbito de los deseos, pues son estos los que esclavizan al hombre, sometiéndolo a infelicidad permanente. Sobre todo el deseo de cambiar las cosas por medio de la política, de obtener estimación por parte de los demás a cambio del servicio público, eran *deseos innobles* que debían ser combatidos a través de la filosofía.

---

[63] Séneca es el ejemplo paradigmático para Foucault. Fue consejero del emperador Nerón y ejerció importantes cargos públicos. Además de ello fue uno de los hombres más ricos de su época. Con todo, estimaba que lo importante no era la política ni las riquezas, sino la actitud del sabio ante ellas. El filósofo debe alcanzar la independencia espiritual, la liberación *in mente*, lo cual significa que a pesar de ocupar cargos públicos y recibir reconocimientos, debe vivir "sustraído" de todas estas cosas. Con todo, Paul Veyne ha mostrado que algunos textos de Séneca pueden ser vistos como intervenciones calculadas de tipo político (Veyne, 2008).

Todo esto nos conduce a interrogar el modo en que estas "técnicas de sustracción", tan estimadas por Foucault, valoran la participación en política. ¿Debe el sabio involucrarse en asuntos políticos? ¿Es la política una ocupación que entorpece o que favorece el cuidado de sí? Este tipo de preguntas era impensable en el "momento socrático-platónico", pues allí era claro que la felicidad individual no era algo que se pudiera alcanzar con independencia del "buen vivir" colectivo. La reflexión de filósofos como Platón y Aristóteles se orientaba primariamente hacia el logro de la convivencia política, hacia la necesidad del bien común, y tan solo de forma *derivada* hacia el logro de la felicidad individual. Según Foucault, las cosas se "invierten" durante el período helenístico. Los filósofos de esta época comienzan a problematizar aquello que en el período clásico se tenía por natural e incuestionable. Aquí el cuidado de sí tiene prioridad absoluta sobre el cuidado de los otros, y en especial sobre la preocupación por el gobierno de la ciudad. No es el "bien común" lo que debe ocupar al filósofo, sino la felicidad individual. No es el gobierno de la *res publica* lo importante, sino el gobierno de sí mismo. Si por "añadidura" se obtiene de este modo el beneficio de otros, pues tanto mejor. Pero se trata, nos dice Foucault, de un "beneficio añadido", que no correspondía en absoluto a los objetivos de las tecnologías del yo. Las diferentes escuelas de esta época (sobre todo los epicúreos y los cínicos, y en menor medida los estoicos) vieron con sospecha la participación del sabio en política.[64] Diógenes Laercio informa que para Epicuro, "el sabio no hará política",[65] pues el "retiro del mundo" supone un alejamiento de las ocupaciones públicas. Siendo el objetivo de las técnicas de sí el logro de la autosuficiencia, la *autarquía* del sujeto, los compromisos que

---

[64] La doctrina estoica estaba dirigida a hombres capaces de recibir responsabilidades públicas, y eran muchos los estoicos que ocupaban altos cargos en el gobierno del imperio. No obstante, los estoicos decían que estos cargos solo debían aceptarse si el sabio lograba mantener su equilibrio interior, la "tranquilidad del alma". De otro modo, la acción política debía rechazarse.

[65] Véase: Diógenes Laercio. *Vidas de los filósofos ilustres*, X, 10.

acompañan el ejercicio de la política eran vistos como un peligro para el logro de este objetivo. Al contrario, pues, de Platón y Aristóteles, filósofos como Epicuro y Diógenes piden a sus discípulos que renuncien a cualquier cargo político, que se *olviden* de la política, pues se trata de una actividad sometida a factores impredecibles, a vaivenes que amenazan la autosuficiencia del sujeto. El rechazo a cualquier programa de reforma política del mundo es, pues, uno de los efectos de las "tecnologías del yo" en el período helenístico. En lugar de reformas sociales a gran escala (que a nada conducen sino a la infelicidad), repliegue en pequeños círculos de amigos donde podían realizarse verdaderas transformaciones a nivel de las costumbres (*ethos*). A pesar del evidente *retroceso* teórico y político frente a lo planteado por Platón y Aristóteles, Foucault considera que las "técnicas de sustracción" representaban un paso importante en la consolidación histórica de las tecnologías del yo.[66]

Ahora bien, Foucault aclara que las tecnologías del yo no procuraban desligar completamente al sujeto del conocimiento del mundo exterior. No se trataba de elegir entre conocerse a sí mismo y conocer la naturaleza, como si se tratase de una disyuntiva. Entre los epicúreos y los estoicos, la *physiologia* no estaba desligada de la *psychologia*. Uno podía conocerse a sí mismo *a través* del conocimiento de la naturaleza. Sin embargo, el modo de hacerlo variaba entre las dos escuelas. En la clase del 10 de febrero de 1982 Foucault se refiere a la *physiologia* de los epicúreos, mostrando que se trataba de un saber pertinente y necesario para la práctica de sí. Desde luego que el estudio de la naturaleza había sido central para la filosofía griega clásica, en especial para Aristóteles. Pero a diferencia de este, los epicúreos no veían el conocimiento científico como un fin en sí mismo, sino como un medio para el logro de la virtud. Si sabemos cuáles son las causas de los fenómenos, entonces no nos

---

[66] Diría que el período helenístico (con una que otra excepción, como es el caso de Cicerón) no es ninguna "edad de oro", sino una "edad oscura" en términos de reflexión política.

dejaremos atemorizar por las representaciones provenientes de la religión, o por las vanas opiniones del vulgo. El conocimiento científico nos provee de un criterio de juicio que permite al sabio discernir entre la multiplicidad de opiniones, evitando ser esclavo de ellas. Se trata, por tanto, de una "tecnología de sí" cuyo fin es combatir el temor que sienten los hombres ante causas que desconocen.

Pero Foucault no se interesa tanto por este punto, sino por el modo en que la *physiologia* de los epicúreos se opone directamente a la *paideia*, a la pedagogía clásica de los griegos. Ya vimos cómo la educación otorgada a personajes como Alcibíades se orientaba a dotar al individuo de una serie de "competencias" que le permitieran desempeñarse con éxito en la vida pública, en tanto que hombre libre. Los valores propagados por la pedagogía clásica estaban basados en la competición, en el enfrentamiento agonístico para ganar el primer premio en los certámenes atléticos, en la preeminencia política a través del cultivo de la retórica. Para los epicúreos, en cambio, saberes como la pedagogía resultaban ser "inútiles para la vida". Foucault recoge una célebre frase de Epicuro para mostrar que la *physiologia* epicúrea se opone directamente a la *paideia* clásica: "El estudio de la nauraleza no forma fanfarrones, ni artistas de verbo, ni gente que hace alarde de la cultura que la muchedumbre juzga envidiable, sino hombres altivos e independientes que se enorgullecen de sus propios bienes, no de los debidos a las circunstancias" (Foucault, 2006d: 234).[67] Esto quiere decir que la educación en ciencias de la naturaleza era vista por los epicúreos como opuesta por entero a los intereses sociales y a la competencia. No es que la ciencia sea "desinteresada", como proponía Aristóteles, pero su interés no es, ciertamente,

---

[67] Se trata de la sentencia 45 del *Gnomologio vaticano*, traducida de este modo por Carlos García Gual: "El estudio de la naturaleza no forma jactanciosos artífices de la charlatanería ni ostentadores de la cultura por la que pugna la mayoría, sino espíritus independientes, capaces, orgullosos de sus propios bienes y no de los que surgen de las circunstancias" (García Gual, Lledó, Hadot, 2014: 123).

contribuir a una mejora del mundo. No se trata de extirpar las causas molares de la infelicidad a través de la ciencia (como empezó a ocurrir en la modernidad), sino de extirpar las causas moleculares de la infelicidad del alma. La ciencia opera, entonces, como un instrumento de liberación personal. Su objetivo es hacer del individuo un ser "autárquico", capaz de depender solo de sí mismo, desapegado de la sociedad y sus intereses. Al igual que las redes de amistad, la enseñanza de la ciencia opera en los epicúreos como una *paraskeue*, como un "mecanismo de seguridad" frente a las solicitaciones del mundo exterior. Al contrario, pues, de la *paideia* griega, que buscaba dotar al sujeto de los saberes que le capacitan para ocupar un lugar en la vida social, la pedagogía epicúrea no provee al alma de un equipamiento *para* la sociedad sino en *contra* de la sociedad. De lo que se trata es de *protegerse* de la sociedad (*ibíd.*, 236). El objetivo de la ciencia no es servir a los intereses comunes de la *polis* (enfermos y decadentes, según Epicuro), sino servir únicamente a la salvación del sujeto.

¿Qué ocurría con los estoicos? ¿También la ciencia era vista por ellos como una tecnología de desapego social? En parte sí. Foucault discute ampliamente este punto en la segunda hora de la clase del 17 de febrero, al proponer a sus estudiantes una lectura de las *Cuestiones naturales* de Séneca. Ya en la primera hora se había referido a Séneca para destacar el modo en que el filósofo cordobés criticaba la vanidad de aquellos que tienen llenos los anaqueles de su biblioteca pero no cuidan de sí mismos, así como para mostrar el carácter "inútil" de las artes liberales (Foucault, 2006d: 255). En este sentido, Séneca se muestra de acuerdo con la opinión de su amigo Demetrio el cínico, según la cual, si uno ignora la causa de las mareas, el movimiento de los astros, las leyes de la perspectiva, las costumbres reproductoras de los mamíferos, etc., en realidad no se estará perdiendo de gran cosa, pues lo verdaderamente importante es el conocimiento de sí mismo. Pareciera entonces que Séneca no se aleja demasiado de la opinión de los epicúreos frente a la ciencia. Sin embargo, la *physiología* de los estoicos es completamente distinta de la de los epicúreos. Si para estos el mundo está compuesto de átomos que se mueven al azar, que chocan unos con otros sin remitirse a un orden previamente establecido, para los estoicos el universo es un *cosmos* ordenado, y además divino, en el que todas las cosas suceden "fatalmente".[68] Lo que de la ciencia les interesa a los estoicos no es, entonces, su utilidad para la vida social o su enseñanza como parte de la formación del joven aristócrata, sino el conocimiento que transmite de las *cosas divinas*. Esto significa que saber lo que son *en sí mismos* los fenómenos naturales es algo inútil, pues no ayuda mucho para el logro de la sabiduría. Pero saber, en cambio, que todos esos fenómenos remiten a una concatenación causal de todas las cosas gobernada por la razón divina sí es algo que tiene influencia sobre la disposición del alma. Pues, para los estoicos, nada de lo que sucede en el mundo es azaroso, sino que todo tiene una causa y una función específica en la economía del universo. Cada ser ocupa exactamente el lugar que debe ocupar en esta disposición universal, de modo que el cuidado de sí no depende de elegir qué papel representamos en el mundo (nadie elige si es pobre o rico, si es sabio o ignorante, si es hombre o mujer, etc.), sino el *modo* (bueno o malo) en que representamos ese papel.

Los estoicos pensaban que el cuidado de sí pasaba necesariamente por reconocer el lugar que ocupa cada uno en la economía universal, buscando vivir "en armonía con la naturaleza". La *stultitia* radica, precisamente, en creer que uno ocupa un lugar diferente al que realmente ocupa en el mundo. Por eso es importante saber quién soy, cuál es mi función, cuál es mi lugar. "Conocerse a sí mismo" significa, por tanto, conocer el mundo natural para poder vivir en armonía con su racionalidad inmanente. "Ajustar" mi vida a la racionalidad del mundo significa,

---

[68] Al respecto escribe Paul Veyne: "La naturaleza hace bien las cosas: está organizada y quiere nuestra felicidad, pues es inteligente; no es nada más que la actividad providencial de dios. Este es el principio estoico" (Veyne, 2008: 84).

en una palabra, *aceptar el destino*. Las personas sufren cuando no conocen y no aceptan lo que son; cuando son conducidas por varias opiniones que las llevan a querer ser algo distinto de lo que en realidad son. Personas que son "enfermas" justo porque no viven en armonía con el cosmos. Y el conocimiento de la naturaleza, la *physiologia*, puede ayudar a sanar esas enfermedades. Eso es, precisamente, lo que Foucault destaca de las *Cuestiones naturales* de Séneca:

> No es la posibilidad, para el individuo que la ha merecido, de elegir entre diferentes tipos de vida que se le proponen. Se trata, al contrario, de decirle que no hay elección y que, gracias a esta vista desde lo alto sobre el mundo, es necesario que comprenda que todos los esplendores que puede encontrar en el cielo, en los astros, en los meteoros, y la belleza de la tierra, las llanuras, el mar, las montañas, todo eso está indisociablemente ligado a los mil azotes del cuerpo y del alma, a las guerras, los bandolerismos, la muerte, los padecimientos. Se le muestra el mundo no para que pueda escoger, así como las almas de Platón podían elegir su destino. Se le muestra el mundo para que comprenda, precisamente, que no hay nada qué elegir" (Foucault, 2006d: 277).

Si el conocimiento científico opera en los estoicos como una "tecnología del yo", es porque permite que el sujeto entienda cuál es el lugar, el punto exacto que ocupa en la economía universal, y acepte la "fatalidad" que lo ha colocado en ese lugar. Pero aceptar esta fatalidad significa también aceptar la *necesidad* del sufrimiento, de la injusticia, de la guerra, de todas las inequidades sociales. El sabio debe entender que todas estas cosas tienen una razón de ser, una función en la economía trágica del mundo. Ante esto deben evitarse dos errores: uno es tratar de "huir", escapar, abstraerse del mundo, como proponían ciertos filósofos influenciados por el platonismo. A este respecto, Foucault insiste en desmarcar el "movimiento estoico" del "movimiento platónico". No se trata de huir de este mundo, de escapar del mundo de las apariencias para descubrir la esencia inmortal del alma. Se trata, más bien, de comprender la racionalidad del mundo, su necesidad absoluta, de "captar este mundo en su globalidad" (Foucault, 2006d: 274). Esto con el objetivo de evitar un segundo error: querer cambiar el mundo, querer hacer de él algo diferente de lo que es. Este sería el pecado de la *hybris*: querer alterar el orden de la providencia divina, como lo hizo luego el hombre moderno. Para los estoicos, en cambio, la sabiduría no consiste en querer eliminar el mal y el sufrimiento del mundo, sino en aceptarlos tal como son. Hay que "dejar las cosas como están". No se trata, por tanto, de "elegir un destino" (como quien elige una fruta en el mercado), sino de aceptar el propio destino, más aún, de *desearlo* como tal.[69] En esta vida no podemos elegir el papel que debemos representar; la única elección que tenemos, a lo sumo, es negarnos a representarlo mediante el abandono voluntario de la vida (*ibíd.*, 277). Pero si se elige la vida en lugar del suicidio, entonces habrá que aceptarla con todo lo que ella trae: la luz y la sombra, la felicidad y la miseria, la belleza y la desgracia. La *libertad* consiste en reconocer que las cosas no hubieran podido ser de otra manera a como actualmente son. Nada tiene que ver con afirmar la posibilidad de que las cosas puedan ser de otro modo. Por el contrario, la libertad consiste

---

[69] Aquí Foucault coincide con Deleuze, quien en su libro, *Lógica del sentido*, decía que lo que hace grandes a los estoicos es "querer el acontecimiento". El sabio estoico sabe que no está en control de una gran cantidad de circunstancias exteriores, que se halla a merced de ellas, y sin embargo las acepta. No acude a la búsqueda de otras opciones, no maldice su suerte ni su destino, sino que lo ama (*amor fati*). Pero amar el destino no significa resignarse, dejarse llevar por las circunstancias, sino aprender a vivir en la tragedia. El sabio estoico habita en la fragilidad de la existencia, pero no para sucumbir en el naufragio, sino para remar en medio de la tormenta. La sabiduría consiste en aceptar el destino y convertirlo en nuestro aliado. De otro lado, "querer el acontecimiento" significa atrapar la vida en el instante, en el presente. Y también significa aprender a vivir con la muerte, hacerla nuestra compañera permanente. La muerte pierde su poder sobre nosotros cuando se la integra en el acontecimiento de la vida, cuando se la comprende como algo fortuito, azaroso e inevitable. Entender que morimos cada día, que la muerte no es algo que "vendrá algún día", sino que habita el presente (Deleuze, 2005: 176-181).

en darse cuenta que aquello que hacemos proviene de la necesidad interna de nuestra naturaleza y no de una necesidad padecida o impuesta desde el exterior. Somos libres en la medida en que logramos que la necesidad del universo no devenga en nosotros una necesidad padecida, sino una necesidad propia.

Los estoicos remiten, pues, la libertad del sujeto a una *ontología de la plenitud*, en la que las cosas son desde siempre lo que son y no hay alteración posible del orden universal. No es libre quien altera el orden de las cosas, quien produce un cortocircuito en la economía del ser, sino quien ajusta su vida a la plenitud de un universo donde *no hay acontecimientos*. Pero viene la pregunta: ¿cómo reconciliar esto con la idea de una "estética de la existencia"? Si las cosas son lo que son, hacer de la propia vida una obra de arte equivaldría entonces a realizar un trabajo de *mimesis*: el sujeto ajusta su vida a un orden preexistente. Así las cosas, ¿no resultaría inútil buscar las claves de una estética de la existencia precisamente en los *estoicos*? Ya vimos cómo, según Pierre Hadot, la estética de la existencia que Foucault busca *no existe* en la filosofía antigua. ¿Y por qué no existe? Porque ella supone una *ontología de la incompletud*, que era desconocida en el mundo antiguo y que surgió apenas con el pensamiento cristiano (la doctrina del pecado original) y se consolidó después con la modernidad.[70] Foucault está buscando en el mundo antiguo las claves de un fenómeno propiamente *moderno*. Quiere recuperar la clave de las continuidades perdidas entre Séneca y Nietzsche, entre Marco Aurelio y Baudelaire, entre Epicteto y Schopenhauer. Tales continuidades no son ideológicas, culturales o epistemológicas, sino *técnicas*: remiten a un determinado *phylum técnico* que, como un hilo de Ariadna, atraviesa toda la historia de Occidente; y pueden ser reactivadas hoy día según nuevos objetivos éticos y políticos. Tal es su discutible apuesta filosófica e investigativa.

---

[70] El propio Paul Veyne, amigo de Foucault, dice que el arte de vivir de los estoicos remite directamente a una metafísica (Veyne, 2008: 83).

Algunas de esas prácticas que florecieron en la antigüedad y reaparecieron en el mundo moderno son las *técnicas de meditación*. Estas técnicas, nos dice Foucault en la clase del 24 de marzo de 1982, han persistido en Occidente durante más de mil años, desde los estoicos hasta Husserl, pasando por San Agustín y Descartes. Sin embargo, la palabra *meditatio* no se refería originalmente a un ejercicio eidético en el que el sujeto permanece pasivo y contempla lo que ocurre en su mente, sino que implicaba una gimnasia, un entrenamiento a través del cual el sujeto debía convencerse a sí mismo de poder superar las peores pruebas.[71] Para los estoicos, la meditación era un ejercicio de autoconvencimiento. Es Pierre Hadot, a quien Foucault se remite una y otra vez, quien define estos ejercicios con gran precisión. Se trataba de aislar un objeto cualquiera que viene a la mente y separarlo de los juicios de valor que los hombres proyectan sobre él, con el fin de restituirlo a su lugar natural. Por ejemplo, una espantosa tormenta. Los hombres temen a las tormentas, a los desastres que ellas pueden causar a su vida, a su patrimonio, a su familia. Pero si aislamos la representación de la tormenta de los juicios de valor que proyectamos sobre ella, ¿qué queda? Queda la tormenta en su "facticidad", como un hecho físico, objetivo, sobre el cual no tenemos control alguno. La tormenta es despojada de su significación humana para ser restituida al mundo físico, al que pertenece, es decir, a un mundo que no depende en modo alguno de nuestra voluntad y, por tanto, no puede atemorizar al sabio. Ya lo sabemos: el

---

[71] Foucault aclara que "la palabra latina *meditatio* (o el verbo *meditari*) traduce el sustantivo griego *melete*, el verbo griego *meletan*. Y esa *melete*, ese *meletan*, no tienen en absoluto la misma significación que lo que nosotros llamamos, por lo menos en nuestros días, es decir, en los siglos XIX y XX, una "meditación". La *melete* es el ejercicio. El *meletan* está muy cerca del *gymnazein*, que significa "ejercitarse", "entrenarse en"; sin embargo, con una connotación, un centro de gravedad, por decirlo así, del campo significativo un poco diferente, en la medida en que *gymnazein* designa en general más una especie de prueba "en la realidad", una manera de enfrentarse con la cosa misma, como confrontarnos con un adversario para saber si somos capaces de resistirnos a él o ser más fuertes" (Foucault, 2006d: 338).

objetivo es que el sujeto aprenda a establecer una diferencia entre las cosas que dependen de él y las cosas frente a las cuales debe permanecer indiferente. Reducción eidética que busca la "eliminación del antropocentrismo", a fin de quedarnos con la "cosa-en-sí", despojada del envoltorio de los juicios humanos, que son aquellos que generan temor. En este caso, la tormenta queda reducida a la categoría de cosas que nos deben resultar indiferentes, que no dependen de nosotros porque escapan por entero a nuestra voluntad (Hadot, 2006: 125).

Marco Aurelio, a quien Hadot se refiere explícitamente, recomienda distinguir entre las representaciones primeras y las representaciones segundas. Las representaciones primeras son aquellas que se limitan a la facticidad misma de la cosa representada, cualquiera que ella sea (una tormenta, la muerte de alguien conocido, un objeto cualquiera). Las representaciones segundas son aquellas que *añadimos* a las primeras y que provienen de la *significación* que esas representaciones tienen para el ser humano. Entonces, el consejo de Marco Aurelio es el siguiente: "mantente siempre fiel a las representaciones primeras sin añadir nada que hayas extraído de tu propio fondo; así nada malo te sucederá".[72] ¿Y por qué "nada malo sucederá"? Porque la vida, la muerte, la riqueza, la pobreza, el placer, el dolor y el sufrimiento no dependen en absoluto de nosotros. Como vimos antes, para los estoicos todas esas cosas deben verse desde el punto de vista del encadenamiento causal que gobierna el mundo. Nada podemos hacer para cambiarlas. Por lo tanto, en lugar de preocuparnos por esas cosas, de inquietarnos por causa de los juicios de valor que proyectamos sobre ellas, debemos aprender a aceptarlas e incluso a amarlas. Esa es la "grandeza del alma" de la que habla Marco Aurelio. En lugar de medir esas cosas con una escala humana, debemos verlas desde el punto de vista de su lugar en el cosmos, de su función en la economía del universo.

---

[72] Marco Aurelio. *Meditaciones*, VIII, 49.

En la clase del 24 de febrero de 1982, Foucault designa este tipo de ejercicio recomendado por Marco Aurelio como una "meditación eidética y onomástica", y se interesa por diferenciar sus *objetivos* de las "meditaciones" llevadas a cabo por cristianos y modernos. Para referirse al caso cristiano, Foucault recurre a los textos de Casiano (analizados ya en el curso de 1980) para mostrar que en el cristianismo no se trataba de estudiar el contenido objetivo de las representaciones, sino su "realidad psíquica". Es decir que la meditación cristiana se enfocaba solo en lo que Marco Aurelio denominó "representaciones segundas" y su objetivo era determinar si tales representaciones provenían de Dios o del Demonio. "La cuestión que se plantea es la del origen: ¿la idea que tengo en mente me viene de Dios, con lo cual es necesariamente pura? ¿Procede de Satán, y por ende es necesariamente impura? (Foucault, 2006d: 290). El objetivo del ejercicio meditativo no era, por tanto, probar las fuerzas del sujeto, afirmarlo para que fuera capaz de superar las adversidades del destino, sino hacer que el sujeto renuncie a sí mismo, a sus propias representaciones pecaminosas. Con el cristianismo, la meditación devino una "hermenéutica del sujeto", un movimiento de renuncia de sí que era impensable para los estoicos. Para el caso de la meditación moderna, Foucault recurre al ejemplo de las meditaciones cartesianas, para mostrar que aquí se trata de un ejercicio puramente analítico:

> El método intelectual va a consistir en darse una definición voluntaria y sistemática de la ley de sucesión de las representaciones, y en no aceptarlas en la mente salvo con la condición de que tengan entre sí un lazo suficientemente fuerte, apremiante y necesario, para verse lógica e indudablemente obligado a pasar, sin vacilaciones, de la primera a la segunda. El progreso cartesiano es del orden del método intelectual. Este análisis, esta atención prestada al flujo de la representación es típicamente del orden del ejercicio espiritual. El paso de este al método intelectual es, por supuesto, muy claro en Descartes. Y creo que no se puede comprender la meticulosidad con la cual él define su método intelectual si no se

tiene bien presente que aquello a lo que apunta de manera negativa, aquello de lo cual quiere deslindarse y separarse, es precisamente de esos métodos de ejercicio espiritual que se practicaban con regularidad en el cristianismo y que derivaban de los ejercicios espirituales de la Antigüedad, y en particular del estoicismo. (Foucault, 2006d: 284)

La meditación cartesiana rompe entonces definitivamente con los objetivos que tenía la meditación estoica y la meditación cristiana. Si en estas el propósito del ejercicio era la transformación del sujeto, para Descartes la meditación cumple un propósito enteramente diferente. Aquí el pensamiento vuelve sobre sí mismo para poner a prueba lo que se está pensando, pero ya no con el objetivo de operar una transformación ética en el sujeto, haciéndolo capaz de verdad. Aquí el pensamiento vuelve sobre sí mismo para establecer los límites de lo que puede ser legítimamente conocido y determinar la certeza que servirá de criterio a toda verdad posible. Como se ve, la transfiguración del sujeto, su conversión, la "tecnología del yo" desaparece por entero de la meditación cartesiana. Ya lo decía Foucault en la primera clase del curso: el "momento cartesiano" elimina el trabajo ético del sujeto sobre sí mismo, de tal manera que uno puede llegar a ser un gran filósofo sin necesidad de realizar ejercicios espirituales. Por el contrario, estos aparecen ahora como un "obstáculo epistemológico" que el filósofo debe eliminar para conseguir la certeza. En Descartes, el examen del flujo de representaciones queda completamente desligado del objetivo que tenía en Marco Aurelio: medir las fuerzas del sujeto, poner a prueba su capacidad de resistencia.

Al igual que Pierre Hadot, Foucault piensa que a partir del "momento cartesiano" la filosofía se desligó por entero del cuidado de sí, de los ejercicios espirituales, para convertirse en una "disciplina" que funciona en el interior de instituciones burocráticas como la universidad. "Actualmente" —dice Hadot— "hay profesores de filosofía pero no filósofos". La filosofía dejó de ser "amor a la sabiduría" y pasó a ocuparse de asuntos puramente intelectuales, abstractos, que poco y nada tienen que ver con la vida de aquél que filosofa. Divorcio entre filosofía y ejercicios espirituales que convierte al profesor en un "erudito", mas no en un "sabio" (Hadot, 2006a: 275-276). A contrapelo de esto, los pensadores antiguos tenían claro que uno no puede ser filósofo sin ejercitarse, sin probarse a sí mismo. No hay filosofía sin *askesis*. Pero esto no significaba necesariamente someterse a un régimen de renuncias, de mortificaciones, de sacrificios, tan comunes en escuelas como el cinismo (luego retomadas por el monacato cristiano). Los epicúreos, por ejemplo, predicaban la reducción de las necesidades, el aprender a vivir con lo mínimo, como requisito indispensable para el ejercicio de la filosofía. No obstante, el objetivo no era negar los placeres del cuerpo, sino liberarse de toda preocupación y deseo inútil, a fin de poder dedicarse a los actos esenciales de la vida, al placer de sentir y existir. Cosa bien difícil para el filósofo profesional de hoy día, sometido a las exigencias impersonales de la estructura universitaria y académica.[73]

La *askesis* filosófica de la antigüedad helenística no suponía, por tanto, la negación del cuerpo y sus placeres, como ya lo vimos en el capítulo tres. Sin embargo, los estoicos consideraban que era necesario preparar al cuerpo para aguantar

---

[73] Hadot parece favorecer la figura del filósofo independiente, tipo Nietzsche, Schopenhauer y Thoreau. Sobre este último dice: "Para satisfacer sus necesidades, Thoreau ha calculado que solo debe trabajar seis semanas al año: "Ganarse la vida no supone ningún castigo, sino un pasatiempo, siempre y cuando vivamos de manera sencilla y sabia". Thoreau se va a vivir al bosque no solo, como resulta evidente, con el fin de conservar su calor vital del modo más económico posible, sino en busca de una vida sin odio, dedicada exclusivamente a las cosas esenciales de la existencia" (Hadot, 2006: 276). Como vimos en el volumen anterior, Foucault añoraba esta vida de filósofo independiente. Hacia el final de su vida se hallaba muy descontento con su plaza de profesor en el Collège de France y quería emigrar a California, pues le parecía que allí podría llevar una vida mucho más libre y flexible. Quizás podría dictar un par de clases en Berkeley, sin que ello supusiera un sometimiento a las estructuras burocráticas de la universidad, tal como ocurría en Francia. Su concepción de la filosofía se acercaba cada vez más a la de las escuelas antiguas, tal como se verá en el capítulo siguiente, cuando nos ocupemos de los cínicos.

cualquier tipo de penalidad física, con el fin de hacer al sujeto independiente de los sometimientos exteriores. El filósofo debe entrenar el cuerpo mediante ejercicios que le hagan capaz de la autarquía, del señorío sobre sí mismo.[74] La virtud debe pasar por el cuerpo. Para ilustrar este punto, Foucault recurre al tratado *Peri askeseos* de Musonio Rufo, para quien el objetivo de los ejercicios corporales es aprender "la resistencia a los acontecimientos externos, la capacidad de soportarlos sin sufrir, sin derrumbarse, sin dejarse arrastrar por ellos; resistencia a los acontecimientos externos, a las desventuras, a todos los rigores del mundo" (Foucault, 2006d: 405). Es decir, los ejercicios corporales tienen el objetivo de fortalecer la *andreia*, el valor del filósofo (no solo del guardián, como en Platón), a fin de soportar todo lo que procede del mundo externo, sin importar qué. El filósofo debe ser *valiente*, y para ello tendrá que acostumbrarse a soportar hambre y sed, excesos de calor y frío, dormir en el suelo y sin abrigo, vestirse de forma simple, pues lo que está en juego es el "cuidado de sí". Nótese que los ejercicios físicos de Musonio Rufo nada tienen que ver (como en Platón) con el atletismo, la lucha, las carreras, etc. Foucault señala que para Musonio estos ejercicios "desaparecen por completo" y en cambio aparecen unas técnicas que sirven para acostumbrarse a soportar penalidades físicas (*ibíd.*, 406). De lo que se trata no es de construir un cuerpo atlético, preparado para el combate físico, sino un cuerpo resistente a la necesidad, mediante ejercicios programados en relación con el alimento, el abrigo, el sexo, el dolor y la templanza. El filósofo debe "ponerse a prueba a sí mismo".

En el seminario de Vermont, Foucault menciona el diálogo *De genio Socratis* de Plutarco y la Carta 18 de Séneca a Lucilio, para ilustrar el modo en que los estoicos recomendaban

---

[74] Foucault recuerda cómo Platón mismo decía que los guardianes de la ciudad debían ejercitar el dominio propio a través de actividades físicas, como el atletismo, la gimnasia, la lucha, las carreras, etc. A través de estos ejercicios se esperaba que los guardianes dejaran de temer la adversidad exterior y pudieran enfrentar con valentía (*andreia*) a todos sus enemigos (Foucault, 2006d: 406).

ciertas "prácticas de prueba". Plutarco dice que uno se prueba a sí mismo colocándose frente a una mesa de manjares exquisitos y luego llama a sus esclavos para ordenarles que se lleven todo.[75] Séneca, por su parte, dice que justo en la época de los Saturnales, cuando todo el mundo come y bebe desenfrenadamente, Lucilio debía renunciar a estos placeres "para convencerse de que la pobreza no es un infierno y que se es capaz de soportarla" (Foucault, 1991b: 77). En la clase del 17 de marzo de 1982 agrega que el propósito de estas técnicas de prueba es "medir el punto de progreso en el que nos encontramos" para saber "si uno es capaz de hacer tal o cual cosa y hasta el final" (Foucault, 2006d: 409). Es decir que no se trata de una simple abstinencia, de una privación voluntaria, sino de medirnos a nosotros mismos para saber "de qué estamos hechos". El combate agonístico ya no es con otros, como en la Grecia clásica, sino con uno mismo; es una prueba que puede tener éxito o fracasar, que se puede ganar o perder. Hay aquí un elemento de autoconocimiento cuyo objetivo no es la "exégesis de sí" cristiana, sino la constatación, por parte del sujeto, de sus progresos en el logro de la independencia frente al mundo exterior. Para los estoicos se trata, en últimas, de prepararse para la vida: "es preciso que la vida entera se convierta en una prueba" (*ibíd.*, 410). Nuestro filósofo recalca que estas técnicas de prueba echan sus raíces en el propio Sócrates, de quien se dice que solo comía lo justo para apaciguar el hambre y bebía lo justo para calmar la sed, pero no porque quisiera regular su vida por medio de prohibiciones y sacrificios, como luego harían los monjes cristianos, sino porque de este modo creaba un "estilo de vida" independiente y autónomo.

---

[75] En la clase del 13 de enero de 1982 se refiere a este mismo texto de Plutarco de la siguiente manera: "A la mañana se empieza por hacer toda una serie de ejercicios prolongados, exigentes, cansadores, que abren el apetito. Y una vez terminados, se sirven en mesas suntuosas unas comidas extraordinariamente ricas, con los alimentos más tentadores. Uno se pone frente a ellos, los observa y medita. Luego convoca a los esclavos, a quienes cede estos alimentos, para contentarse, por su parte, con una comida notablemente frugal, la de los esclavos mismos" (Foucault, 2006d: 62).

En la misma clase del 17 de marzo Foucault resalta una técnica de prueba muy usual entre los estoicos: establecer pactos con uno mismo durante un determinado período de tiempo. Epicteto, por ejemplo, decía que el mejor modo para luchar contra la ira era prometerse uno mismo no encolerizarse durante treinta días y luego ofrecer un sacrificio a los dioses (Foucault, 2006d: 410); esto para ver si el sujeto progresaba en el control de la cólera. Pero lo mismo ocurría en el caso del deseo sexual. Para ello había que enfrentarse conscientemente a una difícil prueba; por ejemplo, toparse con una bella y solitaria chica en medio de la calle:[76]

> Cuando tropezamos en la calle con una hermosa muchacha, no basta, dice Epicteto, con abstenerse de ella, no seguirla, no tratar de enviciarla o de aprovechar sus servicios. Eso no es suficiente. No basta con esa abstención, abstención que estaría acompañada de un pensamiento que se dice a sí mismo: ¡ay, Dios mío!, renuncio a esta chica, pero después de todo me encantaría acostarme con ella. O: ¡qué feliz debe ser el marido de esta joven! En el momento en que tropezamos en la realidad con esta muchacha de la que nos abstenemos, debemos tratar de no imaginarnos, no dibujar en el pensamiento (*zographein*) que estamos cerca de ella y gozamos de su encanto y su consentimiento. Aunque consienta, aunque muestre su consentimiento, aunque se acerque a nosotros, hay que lograr dejar de sentir absolutamente, no pensar ya en nada y tener la mente completamente vacía y neutral. (Foucault, 2006d: 412)

La diferencia con la tentación cristiana es clara, pues allí se trata de conservar la castidad a través de la huida; en cambio, lo que recomienda Epicteto no es huir sino enfrentar la prueba con *valor*. Recordemos: la medida no es aquí la palabra de Dios, la autoridad de la Iglesia o el mandato del pastor, sino

---

[76] Este ejemplo se parece mucho al que ofrece Casiano para el caso de los monjes cristianos, tal como lo vimos en el capítulo anterior, al estudiar el "combate de la castidad".

que la medida es uno mismo. La idea central es que uno debe ir más allá de sí mismo, *sobrepasarse a sí mismo* y distinguirse de los demás.[77] El objetivo de la prueba es, precisamente, medir hasta qué punto el sujeto ha avanzado en su propósito de lograr la autarquía y abandonar la *stultitia*. Para ello tendrá que aprender a dominar sus deseos y su imaginación. Vencer las sensaciones, las pasiones y los apegos ("hay que dejar de sentir absolutamente"), aunque estos tengan relación con la propia familia. En el libro III de sus *Disertaciones*, Epicteto recomienda a sus discípulos levantar en brazos a un hijo pequeño y, mirándolo fijamente a los ojos, repetir varias veces a media voz: "mañana morirás". El propósito de este ejercicio es vencer los apegos, vencer el peligro que generan las emociones humanas, el peligro de la *diakhysis* (Foucault, 2006d: 412).[78] No dejarnos vencer por los apegos hacia la familia, ser libres frente a ellos, pues en últimas la muerte va a disolver todos esos lazos, que entonces se mostrarán frágiles y transitorios. Gimnasia de la voluntad que le permitirá al sabio ejercer control absoluto sobre sus deseos y pasiones.

Es curioso que Foucault dedique tanto tiempo a ponderar el rigorismo y el dramatismo de estos ejercicios estoicos, que eran rechazados en su propia época por los epicúreos.[79]

---

[77] Es a esto a lo que Foucault se refiere con la noción de "tecnologías del yo". Se trata de crear un "yo" que se distinga de todos los demás, que pueda modificarse constantemente, ir más allá de sí mismo todo el tiempo. Peter Sloterdijk interpreta en este sentido el concepto de Übermensch en Nietzsche como el intento de ir "por encima" (Über) del hombre cotidiano. El "superhombre" es aquel que se diferencia tanto de los demás, que estos no tienen más alternativa que mirarlo hacia arriba, como el volantinero que camina sobre la cuerda por encima de los espectadores. "El "über" ("por encima", "sobre", "súper") implicaría aquí esa dimensión de la mirada dirigida hacia arriba. El *Mensch* del Über es el artista, que atrae las miradas hacia donde él actúa. Para él, existir significaría *estar allá arriba*" (Sloterdijk, 2012: 155).

[78] Se refiere al peligro que conllevan los desahogos del alma, la emocionalidad sin control, aunque se trate de sentimientos aparentemente naturales y legítimos.

[79] Algunos de sus ejercicios eran incluso crueles. Por ejemplo, los estoicos solían meditar, mientras comían, que aquello que estaban comiendo provenía de la muerte de otros seres vivos, que en esa comida habían crecido gusanos. O se

Recordemos que para estos el principio supremo de la vida es la búsqueda del placer; de modo que nada más lejos de ellos que esos ejercicios excesivos de los estoicos, que buscaban que el sujeto fuera capaz de resistir todas las adversidades sin pestañear. Los epicúreos prefieren, en cambio, rehuir cualquier situación que pueda provocar sufrimiento y dolor. Nada de poses heroicas, aunque estas puedan servir al "cuidado de sí".[80] Los duros ejercicios estoicos son vistos por los epicúreos como peligrosos, pues interrumpen la armonía placentera del organismo, el bienestar del cuerpo y del alma, que es justo lo que el sabio debería siempre mantener. El propio Foucault hace referencia al modo en que los epicúreos "se oponían salvajemente a este ejercicio de premeditación de los males, diciendo que ya había suficientes dificultades en el presente, para tener que preocuparse, además, por unos males que, después de todo, acaso no se produjeran" (Foucault, 2006d: 446).[81] No se trata, para los epicúreos, de ser insensible, de permanecer como una roca frente a las adversidades, sino de permanecer sereno ante ellas, sin que esa serenidad impida sentir pesar y afligirse en circunstancias penosas. No buscan el sometimiento de las emociones para lograr la autarquía (consecuencia de su

---

esforzaban por imaginar a personas admiradas en situaciones "vergonzosas", como cagando, vomitando, follando y orinando. Todo ello para eliminar el apego a la comida y a la gloria.

[80] Vale la pena recordar el aforismo 306 de *La ciencia jovial* de Nietzsche, donde establece la diferencia entre los epicúreos y los estoicos: "El epicúreo trata de escoger la situación adecuada a las personas e, incluso, los acontecimientos que se adaptan a su constitución intelectual extremadamente excitable, al mismo tiempo que renuncia al resto —es decir, a la mayor parte—, puesto que ello sería para él una dieta demasiado fuerte y pesada. El estoico, por el contrario, se ejercita en tragar piedras y gusanos, trozos de vidrio y escorpiones, y en hacerlo sin disgusto alguno; su estómago debe terminar siendo finalmente indiferente a todo lo que el azar de la existencia arroja sobre él" (Nietzsche, 2009: 753-754).

[81] Se refiere a la técnica desarrollada por los estoicos que consiste en imaginarse vivamente "todos los males posibles", los peores que puedan acontecer. Ejercitarse en la desdicha como si esta fuera no solo inevitable sino, además, como si ya estuviera presente. De esto se ocupa ampliamente Foucault en su clase del 24 de marzo de 1982.

concepción racionalista del universo). Para los epicúreos se trata, más bien, de gozar la vida, sin sufrir ni agitarse demasiado. El sabio no es el que niega el valor de las emociones, sino el que realiza un correcto cálculo de los placeres, guiado por la prudencia (*phronesis*).

Sin embargo, Foucault insiste en que los ejercicios estoicos son un claro ejemplo de lo que él llama "estética de la existencia". Para ello recurre al modelo de las cartas de Séneca, donde cree ver una especie de dispositivo en el que el sujeto se produce a sí mismo a través de la escritura. Foucault no se refiere al estilo de escritura empleado por Séneca, a la belleza en el uso del latín, sino a las cartas como mecanismo a través del cual Séneca se inventa estéticamente a sí mismo. La escritura, entonces, como acto estético en el que el sujeto es cronista de su propia vida, creador de su propia existencia. Recordar lo dicho antes por Deleuze con respecto al "amor al acontecimiento" de los estoicos. Desde este punto de vista, las cartas pueden ser vistas como un dispositivo estético a través del cual se asume la tragedia de la existencia (por ejemplo soportar la enfermedad, como en la carta 78 de Séneca a Lucilio) y se asume la vida desde el acontecimiento. Este es el tema que aborda Foucault en un pequeño artículo titulado "La escritura de sí", publicado en febrero de 1983, donde se afirma que "estas páginas forman parte de una serie de estudios sobre las "artes de sí mismo", es decir, sobre la estética de la existencia y el gobierno de sí y de los otros en la cultura grecorromana, en los dos primeros siglos del imperio" (Foucault, 1999i: 289).[82]

El texto comienza recordando un tipo de escritura que en la antigüedad era conocida como los *hypomnémata*, nombre derivado de los cuadernos en los que un estudiante de filosofía anotaba las memorias de lo dicho por el maestro. Eran, pues, una especie de apuntes de clase, pero también un recuento propio

---

[82] Presumiblemente, este texto debió formar parte de los apuntes que Foucault tenía destinados para su libro sobre las "artes de sí" que finalmente nunca publicó.

de las lecturas realizadas. No se trataba de un "diario íntimo", ni de un relato de las batallas espirituales, como luego se hizo popular en la literatura cristiana.[83] Más bien era un material a través del cual un estudiante podía entablar una relación autónoma consigo mismo. El material acerca del que escribe es "uno mismo", de tal modo que uno es objeto de intervención (no de descripción) por medio de la escritura. Lo cual significa que "el escritor constituye su propia identidad a través de esta recolección de cosas dichas" (Foucault, 1999i: 296). Nótese de nuevo la diferencia con el platonismo: el "yo" no es algo que preexiste a su constitución por medio de la técnica escrituraria. Ahora bien, Foucault anota que uno de los objetivos de esta técnica es combatir la *stultitia*. Pues cuando el estudiante lee demasiado, cuando pasa de un libro a otro, sin tomar notas que le ayuden a asimilar lo leído, corre el peligro de disiparse, de verse sometido a la agitación de las diversas opiniones, a la inestabilidad de la atención (*ibíd.*, 294). Los *hypomnémata* se oponen a esta dispersión, ayudando a concentrar al estudiante en lo básico, en lo necesario para su propio proceso espiritual. De nada le sirve leer ávidamente, buscando tratar de comprenderlo todo, queriendo conocer todas y cada una de las obras de un autor. Recordemos lo dicho antes: en la filosofía helenística no se trata de volverse experto y mucho menos exégeta, sino de adoptar un modo de vivir. Por eso, en su cuaderno de notas el estudiante debía seleccionar aquellas cosas, leídas en los libros o escuchadas de *viva vox* por el maestro, que más se ajusten a lo que necesita en cada etapa precisa de su aprendizaje filosófico.

La segunda modalidad de las técnicas de escritura mencionadas por Foucault en su artículo de 1983, la que más nos

---

[83] "No constituyen un "relato de sí mismo", no tienen como objetivo hacer surgir a la luz del día los *arcana conscientiae* cuya confesión —oral o escrita— tiene valor purificador. El movimiento que pretenden efectuar es inverso a este: se trata, no de perseguir lo indecible, no de revelar lo oculto, no de decir lo no dicho, sino, por el contrario, de captar lo ya dicho; reunir lo que se ha podido oír o leer, y con un fin que es, nada menos, que la constitución de sí" (Foucault, 1999i: 293).

interesa, es la correspondencia. Las epístolas estoicas (por ejemplo las de Séneca, Plinio o Marco Aurelio), a diferencia de los *hypomnémata*, procuraban establecer una relación de sí con otros, y no solo una relación de sí consigo. Desde luego que ambas cosas se combinaban. Por ejemplo, cuando Séneca escribe a Lucilio, el escritor no solo entabla una relación con el destinatario de la carta (dándole noticias, pidiéndole información), sino también consigo mismo. Al consolar a Lucilio con exhortaciones y reflexiones, Séneca se consuela a sí mismo. En el acto de escribir, el sujeto se entrena a sí mismo *abriéndose al otro* (Foucault, 1999i: 298-299). La correspondencia es, por tanto, una técnica de apertura, una "salida de sí" para exponerse a la mirada del otro. Es una técnica de objetivación del alma, que no constituye, sin embargo, un antecedente genealógico de la confesión cristiana. Pues "exponerse a sí mismo" no significa confesar las faltas, sino ofrecer al otro detalles sobre la salud corporal, los malestares y trastornos, las medicinas tomadas, al igual que sobre los tormentos y penalidades. Detalles que se pueden ver, como dijimos, en la famosa carta 78 de Séneca a Lucilio. Pero también significa relatar en detalle la jornada cotidiana: narrar lo que se hizo en cada momento, lo que se pensó, hora por hora, sin tener nada qué ocultar. Como se ve, no se trata solo de enviarle al otro mensajes de orden impersonal, sino de "desnudarse" frente a él de forma descarnada; de entregarse al escrutinio de la mirada del otro, mostrándole abiertamente los hechos más banales, los progresos y caídas espirituales, los ejercicios que se han practicado. El relato epistolar no es un antecedente de la confesión cristiana; pero sí es un ejemplo del modo como el examen de conciencia se formula como un relato escrito sobre sí mismo, a fin de darle a la propia vida una forma bella (*ibíd.*, 303).[84]

---

[84] Pierre Hadot ha señalado que la peculiaridad de esta forma de escritura es por lo general malentendida por los modernos. En su ensayo "La física como ejercicio espiritual" (1972) muestra cómo algunos estudiosos modernos, al enfrentarse a las *Meditaciones* de Marco Aurelio, hablan de un hombre deprimido, desengañado, pesimista, que tal vez padecía de úlcera gástrica,

Ya vimos en el capítulo uno que no es claro hasta qué punto Foucault toma de Nietzsche la noción de "estética de la existencia". Pero lo cierto es que pone el énfasis en la acción de "des-subjetivarse", frente al modo en que hemos sido gobernados, y en la opción de darnos a nosotros mismos una "forma" distinta, creativa, que ya no pueda encajar en los valores morales practicados por la "multitud". Se trata, por tanto, de la creación de un estilo de vida distintivo, propio, idiosincrático, similar al de los dandys del siglo XIX, tan admirados por Foucault. En la entrevista con Dreyfus y Rabinow decía:

> Lo que me sorprende es que en nuestra sociedad el arte se haya convertido en algo que solo se relaciona con los objetos y no con los individuos o con la vida. Ese arte es algo especializado, o es producido por expertos que son artistas. Pero, ¿podría alguien convertir su vida en una obra de arte? ¿Por qué puede la lámpara de una casa ser un objeto artístico, pero nuestra propia vida no? (Dreyfus & Rabinow, 2001: 269).

Nuestro filósofo busca en los griegos, en especial en los estoicos, ese modo "artístico" de conducirse, de problematizar con la propia vida los códigos morales vigentes en la sociedad. Y en la misma entrevista afirma: "La ética griega está centrada en el problema de la elección personal, de una estética de la existencia. La idea del *bios* como un material para una obra de arte es algo que me fascina" (*ibíd.*, 268). Quizás haya sido esta fascinación la que podría explicar el modo curioso en que Foucault interpreta la ética griega y helenístico-romana. Veremos enseguida si esta misma fascinación esteticista que sentía por los estoicos se refleja también en su lectura de los cínicos.

---

quizá aburrido por el ambiente de guerra en el cual escribió su obra. Tales comentarios, explica Pierre Hadot, ignoran el "género literario" al que pertenecen las obras de Marco Aurelio. Las *Meditaciones* de Marco Aurelio, dice Pierre Hadot, forman parte de un ejercicio de escritura muy común entre los estoicos, y no es la expresión de una psicología transtornada (Hadot, 2006: 115-116).

CAPÍTULO V
ESTÉTICA DE LA EXISTENCIA

La *parrhesía* como noción araña

Hacia el final de la clase del 10 de marzo de 1982, en el marco de su curso *La hermenéutica del sujeto* (1982), Foucault introduce una noción que, sin sospecharlo en ese momento, logrará colocarse en el centro de su investigación hasta el final de su vida.[1] Se trata de la noción de *parrhesía*, que de algún modo complementa la ya explorada noción de *epimeleia*. Foucault se propone mostrar que el "cuidado de sí" no puede prescindir de la figura del "otro", trátese del maestro, el discípulo, el director de conciencia, el consejero, el amigo, el que habla públicamente en la asamblea, etc. No es posible alcanzar una relación "estética" con uno mismo, sin un "otro" que me hable con verdad, o bien, sin un "otro" a quien yo hable con verdad.

---

[1] Reconstruyendo el análisis de la *parrhesía* desde un punto de vista cronológico, Foucault estudiará cuatro momentos claves: 1) el "momento político", al que dedicará buena parte del curso de 1983; 2) el "momento ético-filosófico", que abarca el curso de 1983 y parte del curso de 1984; 3) el "momento cínico", en el curso de 1984; y 4) el "momento helenístico", que es en realidad el primero que aborda, hacia el final del curso de 1982, *La hermenéutica del sujeto*, todavía en el marco de sus estudios sobre el "cuidado de sí" en los estoicos.

Son, por tanto, las relaciones entre el sujeto y la verdad las que están en el centro de la noción de *parrhesía*. Para construir un arte de vida propio, el sujeto debe ser capaz de decir a otros la verdad y de escuchar la verdad sobre sí mismo. Es, entonces, la obligación a la "franqueza", como medio para la manifestación del discurso verdadero, lo que se halla en juego con esta noción. Para comprender su importancia en el corpus del "último Foucault", quisiera primero reconstruir el lugar que ocupa la *parrhesía* en el curso de 1982, para luego analizar el modo en que se utiliza en los cursos de 1983 (*El gobierno de sí y de los otros*) y 1984 (*El coraje de la verdad*).[2]

En la segunda hora de la clase de 1982, Foucault dice que la palabra griega *parrhesía* tiene que ver con la virtud de "decirlo todo" con franqueza y apertura de corazón.[3] Los latinos la tradujeron como *libertas*, haciendo referencia a la obligación de decir abiertamente y sin tapujos lo que uno considera que es necesario, útil y verdadero. Se trata, por tanto, de una cualidad que se le pide a todo sujeto hablante y en particular a todo discurso filosófico. Uno debe sentirse libre para decir lo que tiene que decir (Foucault, 2006d: 349). Definidos de este modo los términos, en la clase del 20 de marzo Foucault se concentra en la relación parresiástica entre maestro y discípulo tomando como base algunos textos de Séneca. Pero aclara primero que "la *parrhesía* tiene dos componentes básicos: el

---

[2] El curso de 1984, *El coraje de la verdad*, es en realidad la continuación del curso de 1983. Por esta razón los editores lo han subtitulado *El gobierno de sí y de los otros II*. En este capítulo los dos cursos serán abordados como una sola obra.

[3] En el curso dictado en la Universidad de Berkeley en 1983 (traducido al castellano como *Discurso y verdad en la antigua Grecia*), Foucault amplía esta definición: "¿Cuál es el significado general de la palabra *"parresía"*? Etimológicamente, *"parresiazesthai"* significa "decir todo" —de "pan" (todo) y "rema" (lo que se dice)—. Aquel que usa la *parresía*, el *parresiastés*, es alguien que dice todo cuanto tiene en mente, no oculta nada, sino que abre su corazón y su alma por completo a otras personas a través de su discurso [...]. La palabra *"parresía"* hace referencia, por tanto, a una forma de relación entre el hablante y lo que dice, pues en la *parresía*, el hablante hace manifiestamente claro y obvio que lo que dice es su propia opinión" (Foucault, 2004: 36-37).

ethos y la *techné*" (*ibíd.*, 354). ¿Qué significa esto? Que en el discurso del maestro deben coexistir una actitud moral y un procedimiento técnico, sin los cuales (en la ausencia de uno o de ambos componentes) resulta imposible que ese discurso sea tenido por "verdadero". El *ethos* hace referencia a la soberanía que tiene el maestro sobre sí mismo ("cuidado de sí"), mientras que la *techné* hace referencia a los procedimientos ("tecnologías del yo") que utiliza para transmitir su doctrina a los discípulos.[4] Nótese entonces: la "verdad" no se predica aquí de los *contenidos* de las doctrinas del maestro, sino de la relación que entabla con su doctrina. El discurso del maestro es verdadero cuando, al comunicarlo, abre su corazón al discípulo sin engañarlo ni ocultarle nada. Su doctrina es *él mismo* y no un conjunto de verdades independientes de la vida de quien la formula. La *parrhesía* hace referencia, entonces, al modo en que un maestro hace manifiestamente claro y obvio que lo que dice es, en realidad, lo que piensa y lo que vive. Recurriendo a una noción introducida por Foucault en el curso de 1980 (y estudiada ya en el capítulo dos de este libro), diríamos que la *parrhesía* es un *procedimiento aletúrgico*, pues a través de ella se revela la verdad del sujeto.

Entendida de esta forma, Foucault agrega que la *parrhesía* del maestro tiene dos grandes enemigos, dos adversarios formidables: un "adversario moral" y un "adversario técnico". El adversario moral es la *adulación* y el adversario técnico es la *retórica,* pero ambos están estrechamente vinculados, "porque el fondo moral de la retórica es siempre la adulación, y el instrumento privilegiado de la adulación es, desde luego, la técnica y las artimañas de la retórica" (Foucault, 2006d: 355). ¿Qué es la adulación? Para responder a esta pregunta Foucault recurre a un tratado del filósofo epicúreo Filodemo de Gadara;[5] al libro *De adulatore et amico* de Plutarco; y a varias cartas de Séneca,

---

[4] Ya examinamos algunos de estos procedimientos específicos en la última sección del capítulo anterior.

[5] Al parecer se trata de un libro que llevaba ese nombre (*Peri kolakeias*) y que

en donde se reflexiona sobre el vicio de la adulación. Normalmente el adulador utiliza un lenguaje zalamero que le permite conseguir lo que quiere del adulado, a saber, colocarlo bajo su dependencia, haciéndole creer que "está dotado de más cualidades, fuerza y poder de los que tiene" (*ibíd.*, 358). La adulación se da normalmente en la relación que el discípulo entabla con el maestro, pero también puede ocurrir lo contrario. El gran peligro de la adulación es que impide que el adulado (maestro o discípulo) se ocupe de sí mismo como corresponde, y le deja ciego frente a sus propios errores. Esto es lo peor que puede hacer un maestro, ya que su obligación principal es "cuidar del otro", llevándole con sabiduría hacia el conocimiento de sí mismo, tal como lo hacía Sócrates. Al indicarle al discípulo lo que está haciendo mal, aun a riesgo de fastidiarle, el maestro cuida también de sí mismo, porque prefiere ser alguien que dice siempre la verdad antes que transmitir un discurso mentiroso. De otro lado, el discípulo debe aceptar el juego parresiástico y tener el valor para aceptar la palabra veraz del maestro, por lo que Foucault habla de una "técnica y una ética de la escucha", a las que se había referido ya en la clase del 3 de marzo.[6]

---

formaba parte de una obra mayor titulada *De los vicios y las virtudes opuestas*, escrita hacia el año 50 a.C.

[6] Allí disertaba Foucault sobre la enseñaza de Epicteto, en el sentido de que así como hay una técnica para hablar, también hay una técnica para escuchar. La escucha conlleva una pedagogía del silencio. Hacer silencio era una regla ancestral en muchas comunidades mistéricas, pero también en escuelas como la de los pitagóricos, donde se imponía a los novicios guardar un silencio de cinco años. Plutarco también enseñaba a sus discípulos a "callar tanto como sea posible". Cuando el discípulo escucha la lección, debe "rodear la escucha con una corona de silencio", en lugar de reconvertir en discurso todo lo que acaba de escuchar. ¿Por qué? Porque el silencio permite retener lo dicho, conservarlo, incorporarlo. Más aún, Plutarco exigía que sus discípulos adoptaran una postura física de inmovilidad cuando estaban en clase, pues las agitaciones corporales, el movimiento, genera distracción y es señal de estulticia. El único movimiento permitido al discípulo era asentir con la cabeza o levantar el índice (Foucault, 2006d: 326-330). En el seminario de Vermont, Foucault dice que este "arte de la escucha" practicado por los estoicos, mostraba la "desaparición del diálogo" como centro de la relación maestro-discípulo, tal como se había ejemplificado en Sócrates (Foucault, 1991b: 68).

De otro lado, el "adversario técnico" de la *parrhesía* es la retórica, que en la Grecia clásica era definida como el "arte de persuadir", según lo mostró Aristóteles. La retórica es una técnica que consiste básicamente en valerse del lenguaje para convencer a alguien de algo, con total independencia de si ese "algo" tiene que ver o no con el "cuidado" del sujeto. Es decir que en la retórica "la cuestión de la verdad del discurso emitido no se plantea" (Foucault, 2006d: 363).[7] Se trata de una técnica (un procedimiento sujeto a reglas concretas y que se puede enseñar) que puede persuadir al oyente tanto de algo que es verdad, como de algo que no lo es. Nada que ver entonces con la *parrhesía*, que no es algo que se enseña sino que se "muestra". El maestro no puede enseñarla utilizando métodos y procedimientos racionales, sino que debe *mostrarla* con su propia vida. Eso no significa que la *parrhesía* no sea una *techné*, pues ya se dijo que ella tiene un componente técnico. No hay *parrhesía* sin "tecnologías del yo". Lo que dice Foucault es que el maestro no enseña un método específico para ser parresiasta, que deba seguirse estrictamente, sino unas "reglas de prudencia" que el discípulo debe aprender por sí mismo: cuándo y en qué circunstancias se debe hablar francamente, a quiénes y cómo se debe dirigir el discurso verdadero (*ibíd.*, 366). Tal como lo afirmaba Quintiliano (en su Tratado *Institution oratoire*), no todo momento es propicio para la *parrhesía*. No obstante, la escogencia de ese *kairós*, de ese momento adecuado, nada tiene

---

[7] Aquí Foucault olvida contextualizar el problema de la retórica. Siendo Atenas una democracia directa, todos los ciudadanos tenían derecho a intervenir en la asamblea y a defender sus ideas ante ella o ante el tribunal. Para ello se hacía indispensable hacer un uso correcto de la palabra en público, saber argumentar, pues ello aumentaba las posibilidades que tenía un ciudadano de ser escuchado y de persuadir a los demás. Saber debatir era una virtud central en la democracia, por lo que la retórica venía directamente ligada con la política. Ahora bien, es esto precisamente lo que tanto molesta a un purista como Platón, pues considera que el objetivo de la política es el logro de la virtud y la verdad. De ahí sus críticas a la retórica, que no es una ciencia (como la filosofía) porque no se basa en principios razonados y porque no busca el bien ni la verdad. La retórica, para aquel, no es otra cosa que el arte del halago y no posee mayor seriedad que el arte de la cocina.

que ver con un cálculo de intereses. A diferencia, pues, del sofista, el maestro no busca jamás la obtención de algún beneficio personal (la paga por la enseñanza), sino tan solo procura que el oyente sea soberano de sí mismo, que no dependa de nadie, ni siquiera del maestro mismo. La *parrhesía* exige la entrega generosa, sin esperar nada a cambio, sin vender la verdad para recibir adulación. "La generosidad para con el otro está en el centro mismo de la obligación moral de la *parrhesía*" (*ibíd.*, 368).

Como vemos, en el curso de 1982, *La hermenéutica del sujeto*, Foucault introduce la noción de *parrhesía* como un complemento necesario del "cuidado de sí". Quien cuida de sí está en la obligación moral de hablar verazmente con los otros, pues a través de ese discurso se "muestra" la verdad sobre sí mismo. No hay, por tanto, estética de la existencia sin *parrhesía*, ni *parrhesía* sin estética de la existencia. Este tema permanecerá *intacto* en los dos cursos siguientes, aunque la noción incorpore nuevos acentos. En el curso de 1983, *El gobierno de sí y de los otros*, la *parrhesía* será definida como un concepto esencialmente *político*, y este será el énfasis que muchos de los estudiosos de Foucault prefieren resaltar. François Ewald dice, por ejemplo, que con el descubrimiento de la *parrhesía* Foucault "encontró la paz consigo mismo" porque pudo empatar las reflexiones sobre los griegos con sus preocupaciones éticas y políticas.[8] Del mismo modo, Fréderic Gros afirma que la noción de *parrhesía* le permitió retomar la pregunta por la función política del intelectual, tema que le había ocupado mucho durante la década del setenta.[9] ¿Cómo entender estas afirmaciones si se las lee desde la perspectiva abierta en *La hermenéutica del sujeto*?

---

[8] Véase: François Ewald. "Foucault's Neoliberalism: European and American Perspectives", en: http://foucaultnews.com/2016/01/29/foucault-813-francois-ewald-on-foucault-neoliberalism-2016 (consultado el 29 de enero de 2016).

[9] "Foucault se pone más cerca de sí mismo, en cuanto se interroga sobre el estatuto de su propia palabra, sobre su papel como intelectual público, sobre los retos de su función. ¿Qué hace definitivamente de Foucault, y para Foucault mismo, algo más que un profesor y algo menos que un militante, algo más que un erudito y algo menos que un ideólogo?" (Gros, 2010: 131).

Quisiera considerar un breve comentario de Foucault en la clase del 1 de febrero de 1984, del curso *El coraje de la verdad*, cuando dice que el análisis de la *parrhesía* funciona como "una suerte de prehistoria" de prácticas analizadas por él anteriormente, como la relación entre el penitente y su confesor, el enfermo y el psiquiatra, el paciente y el psicoanalista" (Foucault, 2010: 26). Importante anotación esta, porque nos muestra el lugar que ocupa la práctica parresiástica en esa larga *historia de la gubernamentalidad* que Foucault pretende trazar. Recordemos que el hilo conductor de esta historia son las técnicas de gobierno que le permiten al sujeto entablar una relación "veraz" consigo mismo y con otros. Desde esta perspectiva, la *parrhesía* del mundo griego y helenístico se ubica en la "prehistoria" de las técnicas cristianas y modernas de conducción de la conducta. En este sentido, de lo que se trataría es de mostrar cómo el juego parresiástico se fue transformando de a pocos en la historia de Occidente, desde la cultura griega clásica hasta la modernidad. Un movimiento de "larga duración" similar al que ya vimos en *La hermenéutica del sujeto*, donde el propósito era examinar el paulatino divorcio entre el "conócete a ti mismo" y el "cuida de ti mismo" en un arco que se dibuja desde Sócrates hasta Descartes. En el caso de los cursos de 1983 y 1984, se trataría de mostrar que el "decir veraz" practicado por los griegos ha *desaparecido* prácticamente en el mundo moderno y ha sido reemplazado por los discursos "objetivantes" de las ciencias humanas.[10] Si hay todavía "huellas" de la *parrhesía*

---

[10] Podríamos interpretar los tres últimos cursos de Foucault como los esbozos de un ejercicio genealógico que muestra los diferentes momentos de un "divorcio" (en el curso de 1982) y de una "desaparición" (en los cursos de 1983 y 1984) que se da entre los griegos y la modernidad, casi en analogía directa con Heidegger y Derrida. Pues, en últimas, el propósito de Foucault en estos tres cursos es trazar una *historia de la estética de la existencia* que ha sido "durante mucho tiempo dominada por la historia de la metafísica" (Foucault, 2010: 174). Dicho de otro modo, la historia de la metafísica ha suprimido, ha hecho "olvidar" esa otra historia, la historia de las artes de la existencia. En la clase del 14 de mayo de 1984 afirma incluso lo siguiente: "Me gustaría sugerir simplemente que si es cierto que la cuestión del Ser fue lo que la filosofía

antigua en el mundo moderno, estas deberán ser buscadas en algunos discursos revolucionarios, en ciertas modalidades del discurso filosófico y en la epistemología crítica de las ciencias:

> Con respecto a la modalidad parresiástica, creo que, como tal, ha desaparecido y ya no se la encuentra sino injertada y apoyada en otras modalidades. El discurso revolucionario, cuando adopta la forma de una crítica de la sociedad existente, cumple el papel de discurso parresiástico. El discurso filosófico, como análisis, reflexión sobre la finitud humana, y crítica de todo lo que puede, sea en el orden del saber o en el de la moral, desbordar los límites de esa finitud, representa en algún aspecto el papel de la *parrhesía*. En lo concerniente al discurso científico, cuando se despliega —y no puede hacerlo, en su desarrollo mismo— como crítica de los prejuicios, de los saberes existentes, de las instituciones dominantes, de las maneras de hacer actuales, tiene en verdad ese papel parresiástico. (Foucault, 2010: 46)

La indagación sobre la *parrhesía* no es, entonces, otra cosa que el preludio genealógico de tres modalidades propiamente "modernas" del decir veraz que, sin embargo, han *perdido* ya su dimensión ética y estética.[11] Y aunque no se trata de

---

occidental olvidó, y que ese olvido hizo posible la metafísica, quizá también la cuestión de la vida filosófica no dejó de ser, no diría olvidada, pero sí descuidada [...]. Este descuido de la vida filosófica hizo posible que la relación con la verdad ya no pueda hoy validarse y manifestarse más que en la forma del saber científico (*ibíd.*, 248). El paralelo de la *historia de la gubernamentalidad* con el proyecto de la *historia del Ser* en Heidegger no deja de ser inquietante.

[11] Así lo deja ver también en el seminario de 1983 en Berkeley, donde compara la *parrhesía* griega con la concepción cartesiana de la evidencia, para mostrar cómo esta se ha convertido en un puro ejercicio mental. Mientras que para los griegos el "decir veraz" no era puesto "en duda", pues estaba garantizado por la posesión de ciertas cualidades morales del maestro, para los modernos la cuestión es diferente. La posesión de la verdad es garantizada ahora por el "método" y no por las cualidades morales de quien enuncia la verdad. El acceso a la verdad se ha vuelto ya un asunto de *mathesis* y no de *ethos*. Por tanto, concluye Foucault, "parece que la *parrhesía* no puede, en su sentido griego, darse ya en nuestro moderno marco epistemológico" (Foucault, 2004: 40).

"recuperar" la *parrhesía* griega y romana (perdidas para siempre), la opinión de Foucault es que el papel parresiático que aún cumplen los discursos revolucionarios, científicos y filosóficos de la modernidad no es *suficiente* para que la *parrhesía* tenga una verdadera función *política*. Ni el revolucionario, ni el político, ni el filósofo podrán articular un "discurso crítico" si no atienden al problema del *ethos* (la vida *buena* y al mismo tiempo *bella*). Pues, por más que hayan sobrevivido algunas funciones de la *parrhesía* en estos discursos modernos, su dimensión política solo podrá ser potenciada si el cuidado de sí y la estética de la existencia se introducen en ellas como componentes indispensables. Esto ya se planteaba en la clase del 17 de febrero de *La hermenéutica del sujeto*, cuando Foucault recordaba que el "retorno a sí" fue, a partir del siglo XVI, un tema recurrente en la cultura moderna, y que habría que releer a autores como Montaigne, Kierkegaard y Nietzsche en la perspectiva de una estética de la existencia. Pues, como decía en aquella clase —y esta es una anotación clave—, "no hay otro punto, primero y último, de resistencia al poder político que la relación de sí consigo" (Foucault, 2006d: 246). Por tanto, solo en la medida en que esa verdad que se enuncia en el discurso revolucionario, científico y filosófico "afecte" (ética y estéticamente) al sujeto, podemos hablar de una *parrhesía* política. Es preciso que la verdad enunciada transforme la vida del sujeto enunciante para poder hablar de la *parrhesía* como discurso político. Retomando desde esta perspectiva, tenemos entonces que el "valor político" del discurso de un intelectual no depende tanto de sus contenidos, sino de su *ethos*, de su modo de vida, de la relación que entabla vitalmente con esa verdad que enuncia. De otro modo lo que tendremos será la *asimilación* del discurso del intelectual a las mismas estructuras disciplinarias y normalizadoras que han producido la subjetividad moderna, como ha ocurrido sin duda con el discurso marxista, con las ciencias humanas y con el psicoanálisis.

Esta relación del parresiasta con el discurso político se hace clara en la clase del 12 de enero de 1983, del curso *El gobierno de sí y de los otros*, cuando Foucault interpreta el lugar de la *parrhesía* en el contexto general de su propia obra. Allí recuerda que su trabajo se había concentrado en el análisis de tres ejes o "focos de experiencia": el eje de la formación de los saberes, el eje de la normatividad de los comportamientos y el eje de la constitución de los modos de ser del sujeto.[12] Hasta el momento se había dedicado "a estudiar uno tras otro cada uno de esos ejes", pero ahora quisiera ver cómo se puede establecer su correlación (Foucault, 2009b: 58). Aquí la noción de *parrhesía* emerge como una red que articula las tres dimensiones de su trabajo. Por eso Foucault dice que es una "noción araña", pues se sitúa "en la encrucijada de la obligación de decir la verdad, los procedimientos y técnicas de la gubernamentalidad y la constitución de la relación consigo" (*ibíd.*, 61).

¿Cómo opera la noción de *parrhesía* en medio de los tres ejes? Veamos primero el vínculo entre el eje de la relación del sujeto consigo mismo (eje 3) y el eje de la formación de los saberes (eje 1). Aquí nos estamos preguntando por la relación entre el sujeto y la verdad. ¿Cuál es el "hilo" que teje la noción de *parrhesía*? Recordemos que este primer eje de la formación de los saberes indaga por las condiciones que hacen que un enunciado pueda ser reconocido como "verdadero" en un momento histórico determinado. En *Las palabras y las cosas*, por ejemplo, se trata de la pregunta por las "formas reguladas de veridicción" que operaban en discursos tales como la Historia Natural, la Gramática General o la Economía Política en el siglo XVIII. Pero, ¿cómo articular este eje de análisis con el de las técnicas que le permiten al sujeto entablar una relación estética consigo mismo? Aquí la noción de *parrhesía* revela su importancia, pues ella supone una modificación de lo que Foucault llama "formas de veridicción". Ya no se ve la "verdad" desde la perspectiva de las reglas que determinan su formación, sino desde la perspectiva del sujeto que enuncia un discurso. El parresiasta es aquel que se relaciona de un modo vital con

---

[12] Ya nos referimos a este problema de los tres ejes en el capítulo uno.

el discurso que pronuncia, de tal modo que ese discurso no es "verdadero" porque obedece a un conjunto de reglas formales, sino porque se halla avalado por su modo de vida. En otras palabras, el discurso que enuncia el parresiasta es verdadero por ser él quien es, y no porque se ajuste al "orden del discurso". Más aún, el parresiasta es aquel sujeto capaz de modificar los "juegos de verdad" que imperan en un determinado momento, aun a costa de su propia seguridad, de su propia vida.

Si vemos ahora la relación entre el eje 2 (las matrices de comportamiento) y el eje 3 (las prácticas de sí), encontraremos una situación análoga. Aquí la pregunta es por la relación entre las normas sociales que rigen el comportamiento y la subjetividad que se forma con base en la adopción de esas normas. El parresiasta no es aquel que se conduce con base en las normas de comportamiento social enseñadas en la escuela, el taller, la familia o la iglesia, sino aquel que las *desafía abiertamente*. Esto queda claro al comienzo de la segunda hora de la clase del 12 de enero de 1983, cuando Foucault dice que una cosa es el "acto parresiástico" y otra muy distinta es el "acto performativo".[13] Este último es un acto codificado socialmente; como, por ejemplo, cuando el rector de una universidad se levanta y dice "queda abierta la sesión" y, en efecto, todas las personas se comportan de acuerdo con ese enunciado, puesto que quien lo pronuncia tiene la autoridad para hacerlo, lo hace en un contexto institucional específico, en función de un código

---

[13] Foucault estaba familiarizado con el análisis del lenguaje ordinario llevado a cabo por filósofos analíticos como Wittgenstein, Austin y Searle. En particular, se interesaba por la teoría de los *Speech Acts* desarrollada por Searle, a la que ya se había referido en *Arqueología del saber*. Recordemos que Searle estudia los actos de habla ordinarios y las condiciones que les hace aceptables para un interlocutor; lo cual implica tener en cuenta las reglas pragmáticas, de orden contextual, que hacen posible la verdad de un enunciado. Foucault tiene en cuenta todo esto cuando estudia el problema de la *parrhesía*, puesto que aquí se resalta precisamente el problema del "hablar franco", la *dimensión discursiva* del "cuidado de sí". La *parrhesía* es, entonces, analizada por Foucault como un "acto del habla" en el sentido de Searle. Véase: Vásquez García, 2011: 33-76. Para un estudio completo de la relación entre Foucault y Searle, véase: Prado 2006.

conocido por todos, etcétera. El enunciado "queda abierta la sesión" no es ni verdadero ni falso, sino que produce un efecto performativo específico, a saber, que la sesión se abra. El enunciado efectúa la cosa misma enunciada. Por el contrario, dice Foucault, el acto parresiástico tiene características muy diferentes. Mientras que en el acto performativo no hay lugar alguno para el acontecimiento (todo el mundo sabe lo que significa "queda abierta la sesión" y se comporta de acuerdo con ello), el acto parresiástico "abre un riesgo", pues rompe con el código y genera una fractura en la norma. Es un acto descodificador y desestructurante:

> Lo que va a definir el enunciado de la *parrhesía*, lo que va a hacer precisamente el enunciado de su verdad bajo la forma de la *parrhesía*, entre las otras formas de enunciados y las otras formulaciones de la verdad, es que en la *parrhesía* se abre un riesgo. En el progreso de una demostración que se hace en condiciones neutras no hay *parrhesía* aunque haya enunciado de la verdad, porque quien [la] enuncia de tal modo no corre ningún riesgo. El enunciado de la verdad no abre riesgo alguno si solo lo consideramos como un elemento en un proceder demostrativo. Pero a partir del momento en que el enunciado de la verdad [...] constituye un acontecimiento irruptivo, que expone al sujeto que habla a un riesgo no definido o mal definido, puede decirse que hay *parrhesía*. En cierto sentido, entonces, se trata de lo contrario del performativo, en el que la enunciación de algo provoca y suscita, en función misma del código general y el campo institucional donde el enunciado performativo se pronuncia, un acontecimiento determinado. Aquí, en cambio, se trata de un decir veraz irruptivo, un decir veraz que genera una fractura y abre el riesgo: posibilidad, campo de peligros o, en todo caso, eventualidad no determinada. (Foucault, 2009b: 79)

A diferencia, pues, de lo que ocurre con el enunciado performativo, donde quien habla no corre ningún riesgo porque lo que dice se ampara en un estatuto institucional (el rector no se expone a sí mismo cuando dice "se abre la sesión" y el cura tampoco al decir "yo te bautizo"), el parresiasta sí corre un riesgo porque lo que dice no está amparado en el estatuto, sino que habla con total libertad. En esa medida, dice Foucault, "en el corazón mismo de la *parrhesía* no encontramos el estatus social, institucional del sujeto, sino su coraje" (Foucault, 2009b: 82). El parresiasta es quien tiene el "coraje" (*Mut*, como decía Kant) de comportarse de acuerdo con lo que él considera que es verdadero, con total independencia de las consecuencias adversas que pueda tener para él ese comportamiento. La *parrhesía* se expresa, entonces, mediante el "acto valeroso" que supone quebrantar la norma establecida, pero no por simple voluntad de provocación, sino porque quien así actúa tiene la profunda convicción de que ese comportamiento es bueno, bello y verdadero. El parresiasta es el que se obliga a hablar y a comportarse de un cierto modo, no porque una norma social así lo establezca, sino porque se siente ligado a la verdad de lo que dice.[14]

En el seminario de 1983 dictado en Berkeley,[15] Foucault decía que el riesgo, el peligro que conlleva la *parrhesía* proviene del hecho de que el parresiasta "es siempre menos poderoso que aquel con quien habla". Es decir que la *parrhesía* viene "de abajo" y está dirigida "hacia arriba" (Foucault, 2004: 44).[16] No

---

[14] Nótese que el *actum veritatis* no se da en el momento en que el sujeto dice sus faltas, confiesa sus pecados, abre su alma y pone de manifiesto verbalmente una hermenéutica de sí mismo, como ocurre con el cristianismo. Tal como vimos en el capítulo dos de este libro, el cristianismo es definido por Foucault como un "régimen de verdad" en el sentido que establece las condiciones y las obligaciones para que un individuo pueda efectuar un "acto de verdad". Esto *nada* tiene que ver con el acto parresiástico.

[15] Tan solo de pasada, vale decir que estas conferencias fueron transcritas sin autorización de Foucault por el estudiante John Pearson, y luego publicadas bajo el título *Discurso y verdad en la antigua Grecia*.

[16] Esto altera uno de los postulados sobre el poder defendidos por Foucault en los años setenta: el poder no tiene localización específica, no va de arriba hacia abajo, porque es una red que atraviesa la sociedad entera. Desde esta perspectiva, las luchas contra el poder no vienen de abajo hacia arriba, como

hay *parrhesía* cuando un juez pronuncia una sentencia contra el acusado, cuando un maestro corrige a un estudiante o cuando un padre reprende a sus hijos, pues tanto el juez como el maestro y el padre hablan en nombre de la autoridad que les permite decir lo que dicen. Para que haya *parrhesía*, quien habla debe encontrarse en una posición de inferioridad con respecto a su interlocutor, como por ejemplo cuando un filósofo critica a un tirano (el caso de Platón que veremos luego), cuando un ciudadano critica al gobierno o cuando un pupilo critica a su profesor. En este sentido, la *parrhesía* cumple una "función crítica" que puede incluso "herir o enfurecer al interlocutor" (*ibíd.*). En todos estos casos, a pesar de quebrantar la norma que le exige silencio y obediencia, el parresiasta se comporta de tal modo que pueda evitar la falsedad consigo mismo. "En lugar de descansar en la seguridad de una vida en la que la verdad permanece silenciada", el parresiasta arriesga su propia vida "cuando revela una verdad que amenaza a la mayoría" (*ibíd.*, 45).

Queda claro, entonces, en qué sentido la *parrhesía* funciona como una "noción araña", que recupera el sentido del *acto político* en el último Foucault. Una política ligada básicamente a la relación que entabla el sujeto con la verdad y con la norma. Para Foucault, la política no tiene que ver con el ordenamiento institucional de la sociedad, con el conjunto de normas que garantizan la convivencia social, sino con el desafío de esas normas por parte del sujeto. La política como gesto de negatividad pura, de transgresión de las normas establecidas, que renuncia de entrada a la construcción de alguna "positividad". El parresiasta es un sujeto político precisamente en el momento en que rompe con las normas que regulan el decir y el hacer, para abrir la posibilidad de un juego diferente que, sin embargo, él mismo no propone. Un juego que ya no depende de la correspondencia entre el discurso enunciado y el "orden del discurso", o entre la acción realizada y la norma social establecida.

---

parece decirse en el curso de 1983 en Berkeley, y como veremos luego con el ejemplo de Creusa.

Solo bajo esta condición de discontinuidad radical entre el discurso y la norma podrá emerger una subjetividad política.

La democracia como lugar de la no-verdad

Queda claro, entonces, que la noción de *parrhesía*, separada de esas dos figuras que se relacionan también con el discurso (la adulación y la retórica), adquiere una dimensión "política". Esto se torna claro en el análisis que hace Foucault de la *parrhesía* en la Grecia clásica, donde mostrará que el concepto es fundamentalmente político en su procedencia. Su tesis es que el "decir veraz" empieza a ser problematizado en la Atenas de Eurípides y Pericles. A partir del siglo V a.C, el parresiasta ya no es un profeta que articula y profiere un discurso proveniente de los dioses. Aunque el discurso profético sea, de cierta forma, un "decir veraz", lo es de una forma muy diferente al de la *parrhesía*, pues el profeta habla mediante símbolos, mediante enigmas y misterios. "No dice la verdad en su lisa y llana transparencia" (Foucault, 2010: 34). Tampoco el parresiasta es un sabio, en el sentido que esta palabra adquirió en la antigüedad. A diferencia del profeta, el sabio sí habla en nombre propio, pero no necesita comunicar su discurso. Nada lo obliga a hablar, a enseñar, sino que por lo general permanece en silencio. El sabio se retira a las montañas y, como Zaratustra, "desprecia a los hombres" (*ibíd.*, 37). Por el contrario, a partir del siglo V a.C, el parresiasta es un ser eminentemente *público*, en el sentido de que interpela constantemente a los otros; no puede permanecer en silencio, sino que interviene guiado por la prudencia; y tampoco desprecia a los hombres, porque su objetivo es ayudarles a lograr la virtud ciudadana. En suma, a partir de este momento, el "decir veraz" dejó de ser un asunto de orden profético y esotérico, para convertirse en un asunto político. En otras palabras, la *parrhesía* aparece inicialmente ligada a una práctica del gobierno de la conducta de otros en la escena política (la democracia ateniense), y solo con la crisis de la democracia experimentó un giro hacia las "prácticas de sí" estudiadas con amplitud en el curso *La hermenéutica del sujeto*. Solo cuando la democracia fue "problematizada", la *parrhesía* adquirió, por fin, esa dimensión "estética" que tanto interesa a nuestro filósofo. Del gobierno de los otros se pasará al gobierno de sí mismo. Tal es el arco completo del análisis que nos ofrece Foucault en su curso *El gobierno de sí y de los otros*.

Comencemos con la clase del 2 de febrero de 1982, segunda hora, en la cual Foucault se refiere al lugar de la *parrhesía* en la democracia ateniense en tiempos de Pericles. Allí acude al libro *Historia de la guerra del Peloponeso*, en donde Tucídides ilustra las relaciones entre *parrhesía* y democracia, e invita a sus estudiantes a imaginar una especie de rectángulo constituido del siguiente modo:

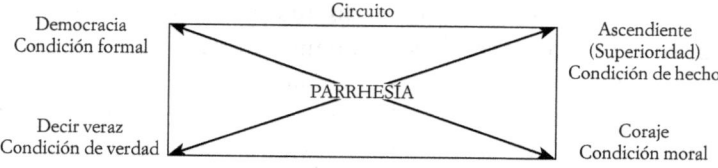

Para Tucídides, la *parrhesía* exige la mutua correspondencia de estos cuatro elementos. No habrá *parrhesía* sin la democracia como condición formal del discurso libre, pero tampoco sin el reconocimiento del "juego del ascendiente o la superioridad" (Foucault, 2009b: 183).[17] Esto significa que el juego democrático solo puede establecerse entre hombres libres, lo cual excluye inmediatamente a las mujeres y los esclavos. Pero

---

[17] José Luis Moreno Pestaña levanta la pregunta de si el recurso a los discursos de Tucídides es la fuente más adecuada para investigar el funcionamiento de la democracia griega. ¿Centrarse en la figura de Pericles constituye el mejor ángulo para estudiar la práctica democrática de los griegos? La respuesta parece ser negativa. Los discursos de Demóstenes, e incluso las reflexiones de Aristóteles y Protágoras sobre la democracia como reparto igualitario de las virtudes políticas, que Foucault no utiliza, parecieran ser fuentes más adecuadas. El problema de la *elección de las fuentes* constituye, por tanto, uno de los reparos más frecuentes que recibe Foucault por parte de los especialistas en filosofía antigua (Moreno Pestaña, 2014: 101-103).

también implica que los hombres libres deben competir para demostrar quién es "el mejor". Juego agonístico para establecer una superioridad entre ellos como requisito para el ejercicio eficaz de la palabra. Los demás estarán dispuestos a escuchar el discurso de aquel que ha probado ser el mejor de todos. Sin embargo, agrega Foucault, no es *suficiente* con tener la democracia como condición formal y el ascendiente como condición de hecho para que haya *parrhesía*. Es preciso, además, que el ascendiente se ejerza con referencia a un discurso de verdad (y no, por ejemplo, con referencia a la retórica), y que no solo quien toma la palabra tenga el coraje de hablar con verdad, sino que los que escuchan tengan el coraje de soportar ese discurso de verdad. No se trata solo de dirigirse a la asamblea (*ekklesia*), sino de hacerlo de tal modo que surja una verdad que amenace a la mayoría y que rompa con la tranquilidad de las normas. La *parrhesía* necesita, entonces, una condición formal (la democracia), una condición de hecho (la ascendencia), una condición de verdad (el decir veraz) y una condición moral (el coraje de recibir esa verdad).

Pues bien, lo que hace Tucídides en el texto aludido (una serie de discursos que pone en labios de Pericles) es, precisamente, reflexionar sobre el buen ajuste de estos cuatro elementos de la *parrhesía*. En el "Discurso de la guerra", por ejemplo, se narra el ultimátum que le ha dado Esparta a Atenas, y el modo en que la asamblea discutió el asunto. Todos los miembros dieron su opinión, tomaron la palabra e hicieron uso legal de ella, pero aun así sus opiniones estaban divididas: unos creían que la guerra era inevitable, otros que había que hacer concesiones a Esparta. ¿Qué hacer? ¿Simplemente votar y dejar que la mayoría decidiera? No. En la democracia ateniense, la verdad no dependía de lo que pensara "la mayoría". Era necesario escuchar a los hombres más respetados, a los que podían ejercer ascendiente sobre los demás. Y es aquí cuando entra Pericles en escena. No se trata de un tirano que manda sobre los demás y al que se le obedece sin chistar. Pericles era, legalmente, un ciudadano más, con los mismos derechos que cualquier otro hombre libre. Pero era, sobre todo, un hombre respetado, reconocido, que con su sabiduría y su comportamiento se había ganado un ascendiente sobre los demás. Esa posición prominente no la obtuvo por sus riquezas, por su linaje, por su retórica o por su habilidad en el manejo de las intrigas del poder. La obtuvo por su *parrhesía*, por el coraje que tenía para decir la verdad cuando era necesario, y por el modo en que su propia vida respaldaba esa verdad. Pericles como "sujeto veraz", como un sujeto "capaz de verdad". ¿Y qué dice Pericles, según Tucídides? Que no hay que hacerles concesiones a los espartanos y que lo mejor es ir a la guerra. Pericles hace uso del decir veraz, tiene el valor de expresar su opinión sobre el tema, aun sabiendo que esa opinión podría conducir a una terrible guerra. Pero pide a los ciudadanos tener el coraje de recibir esa verdad. Pericles establece una especie de "pacto parresiástico" con la asamblea: yo les diré la verdad y, si la aceptan, entonces tomaremos una decisión que no será mía, sino de *todos*. En una democracia no puede recurrirse a verdades últimas (como en los regímenes teocráticos), sino que habrá que asumir el riesgo de tomar decisiones. Pero ese riesgo tendrá que ser asumido colectivamente. Esa es la "buena *parrhesía*", nos dice Foucault, aquella en la que los cuatro elementos del rectángulo funcionan balanceados (Foucault, 2009b: 187). Circuito de la *parrhesía* que asegura que la asamblea tomará las mejores decisiones para todos, aun si la guerra se pierde; pues lo más importante no era el cálculo estratégico, sino la fidelidad al *ethos* democrático de Atenas. Lo más importante es la *libertad* y esta conlleva el riesgo de equivocarse.

Para que triunfe el "bien común" no basta, entonces, con la *isegoría* (igualdad formal entre los hombres libres), sino que se requiere también la *parrhesía* en todo su circuito. Lo que Foucault quiere resaltar es que aquello que califica a alguien para hablar no es solo el hecho de que sea ciudadano libre (igual a los demás), sino que ejerza una *superioridad moral* sobre los otros y asuma la responsabilidad parresiástica:

En consecuencia, la mala *parrhesía*, que desplaza a la buena, es si se quiere el "todo el mundo", el "cualquiera" que dice todo y cualquier cosa, con tal de que eso que dice sea bien recibido por cualquiera, es decir por todo el mundo. Tal es el mecanismo de la mala *parrhesía*, es mala *parrhesía* que, en el fondo, es la supresión de la diferencia del decir veraz en el juego de la democracia [...]. Pero —y este es el aspecto en que la relación entre discurso verdadero y democracia resulta difícil y problemática—, es menester comprender con claridad que ese discurso verdadero no se reparte ni puede repartirse parejamente en la democracia, de acuerdo con la forma de la *isegoría*. Que todo el mundo pueda hablar no significa que todo el mundo pueda hablar con verdad. El discurso verdadero introduce una diferencia, o mejor, está ligado, tanto en sus condiciones como en sus efectos, a una diferencia: solo algunos pueden decir la verdad. (Foucault, 2009b: 194)

Foucault sugiere, entonces, como lo hiciera Platón, que el gran problema de la democracia es que no permite establecer *rangos de superioridad moral* entre los ciudadanos ("diferencia ética"). Al establecer formalmente que *cualquier* ciudadano tiene el mismo derecho a expresar su opinión y tomar la palabra en la asamblea (*isegoría*), la democracia excluye la *dynasteia*. El *igualitarismo*, que "reparte parejamente" el derecho a la palabra, es entonces el gran problema de la democracia. Es por eso que, en el caso de la guerra de Atenas contra Esparta, cuarto vértice del circuito, el pacto parresiástico tenía que fallar. En su "Discurso de la peste" Tucídides muestra que a consecuencia de la guerra sobreviene la peste en Atenas y el pueblo se levanta contra Pericles. Los atenienses culpan a Pericles de la situación y buscan, a sus espaldas, hacer un convenio con Esparta. Esta relación no armónica entre *parrhesía* y democracia es ilustrada por Foucault recurriendo al libro *Sobre la paz*, de Isócrates, que apunta hacia una crítica de la democracia como un sistema en el cual ya no es posible la *parrhesía*. Isócrates dice que los atenienses prefieren entretenerse con el teatro y la comedia antes que confrontarse con la verdad de sus propios errores en la arena política (Foucault, 2009b: 192). Nótese que es el mismo argumento presentado por Platón en *La República*: en la democracia, los ciudadanos son incontinentes, les dan vía libre a los placeres. No es extraño, entonces, que el pacto parresiástico se rompa tan fácilmente. La democracia no solo favorece a los aduladores, sino también a los hedonistas. Ya no se escucha a quien tiene ascendencia (*dynasteia*), sino a quienes representan la opinión más "popular", la más deseada por el pueblo. La democracia como escenario del *populismo*, del triunfo del adulador a costa del parresiasta (*ibíd.*, 193). El ascendiente se pervierte y ya no gobiernan "los mejores", sino los peores. La democracia, entonces, como perversión de la oligarquía (Platón).

¿Qué ocurre con ese *antiplatonismo radical* que Foucault tanto admiraba en Deleuze y del cual hablábamos en el capítulo anterior? La lectura que nuestro filósofo hace de Platón en el curso de 1983 parece ser incluso diferente de aquella que defendía en el curso anterior, cuando hablaba del modo en que el platonismo había favorecido una "metafísica del alma".[18] Pero cuando el análisis pasa del ámbito metafísico y epistemológico al político, Platón se convierte de pronto en el gran paladín de la *parrhesía*, pues fue él quien "problematizó", más que ningún otro, los *límites de la democracia*. Esta forma de gobierno no deja lugar para el parresiasta, porque favorece más bien los "efectos" populares del discurso. En la democracia no se dice lo que se cree, sino lo que conviene. Se impone la estrategia sobre la veracidad. Ya no importa el hecho de que el sujeto del discurso sea un agente idóneo, que persuada solo por causa de su ascendiente moral, por las cualidades morales que posee. El discurso no se apoya en una "estética de la existencia" que obliga moralmente a los demás a "comprometerse" con la verdad. Ahora, por el contrario, se le cree al demagogo, al adulador, al *entertainer* que es capaz de divertir al público. En lugar del "coraje de la verdad", lo que encontramos en la democracia

---

[18] Más abajo retomaremos este problema.

son personajes que "no buscan más que una cosa: garantizar su propia seguridad y su propio éxito" (Foucault, 2009b: 194). La diferencia que introduce el discurso verdadero (que es una *diferencia ética*) se desvanece en el momento en que se le cree al *populista* y no al parresiasta. Naufragio, pues, de la democracia, que ya no tolera la rivalidad, el enfrentamiento agonístico del cual emerge la verdad, sino que se siente amenazada por ella. Foucault ya no hablará entonces de la "paradoja del platonismo", como en el curso anterior, sino de la "paradoja de la democracia": esta se proclama como un sistema de gobierno que garantiza la *isegoría* y en el cual es posible el agonismo de la *parrhesía,* pero al mismo tiempo le teme a los parresiastas, los censura y les "quita la voz". Paradoja, dice, que da testimonio de la *insuficiencia de la democracia*, tal como ocurrió en la Grecia clásica (*ibíd.*, 195).

En la primera hora de la clase del 9 de febrero de 1983, Foucault aborda directamente la figura de Platón. Centrémonos en su lectura del libro VIII de *La República* (557a-562a), donde Platón reflexiona sobre la génesis del hombre democrático. Aquí, recordemos, la tesis es que no hay oligarquía sin "hombres oligárquicos", ni democracia sin "hombres democráticos", puesto que no se trata solo de formas de gobierno sino de formas de vida. La oligarquía, como la democracia, son "estados del alma". Pues bien, Platón dice que si la democracia se define por la *isonomía* (igualdad de todos ante la ley) y por la *isegoría* (igualdad de la palabra), esto significa que el "alma democrática" entiende la libertad como el permiso, la licencia, de hacer lo que cada uno quiere hacer.[19] El hombre democrático es anárquico, pues piensa que todas las personas son libres de hacer lo que quieran y que esa libertad debe ser garantizada por la ley. Cada persona es "un pequeño Estado

---

[19] Aunque la palabra *isonomía* resalta la "igualdad de derechos", se trata en realidad de un concepto de inspiración aristocrática (igualdad entre iguales), que además se relaciona con el campo de la medicina hipocrática que promovía el equilibrio de los humores para el buen funcionamiento del cuerpo.

por sí mismo", es decir que cada cual tiene el derecho de decir lo que quiere. "Cada uno es para sí su propia unidad política" (Foucault, 2009b: 210). Es por esto que el hombre democrático proclama la tolerancia frente a cualquier tipo de opinión, pues su alma es incapaz de introducir una "estructura de diferenciación" entre las opiniones. Todas, a su juicio, son igualmente válidas, no importa si provienen del hombre justo o del injusto, del sabio o del ignorante, del viejo o del joven. Primacía, pues, de la indiferenciación del discurso verdadero. Lo cual significa, en opinión de Foucault, que en la democracia no existe ni puede existir la *parrhesía*. Todo es igualmente verdadero, y esto provoca que la ciudad no tenga rumbo, que se encamine hacia la anarquía de las opiniones. El alma democrática no tiene *logos alethés*, y por eso "está vacía de conocimiento y preocupaciones rectas y de discursos verdaderos".[20] Y al no disponer de un "criterio de verdad", válido para todos, los demócratas "llaman eufemísticamente cultura a la desmesura, liberalidad a la anarquía, grandeza de espíritu a la prodigalidad y virilidad a la impudicia".[21] El hombre democrático, en suma, no puede distinguir lo noble de lo plebeyo, lo necesario de lo superfluo y lo verdadero de lo falso. La democracia se caracteriza por una ausencia de discurso verdadero:

> Entre Estado democrático y alma democrática no hay solo esa analogía general y tampoco hay únicamente una identidad en la falta, en la ausencia de discurso verdadero. Hay además un entrelazamiento aún más directo del alma democrática y el Estado democrático. Ocurre que el hombre democrático es precisamente aquel que, dotado de esa alma —el alma que carece del *logos alethés*, el discurso verdadero—, va a introducirse en la vida política de la democracia y a ejercer en ella su efecto y su poder. ¿Qué va a hacer el hombre democrático, al que le falta el *logos alethés*? Sometido a la anarquía de sus propios deseos, querrá

---

[20] Platón, *La República* VIII, 560b.
[21] *Ibíd.*, 561a.

precisamente satisfacer deseos cada vez más grandes. Procurará ejercer el poder sobre los otros, ese poder que es deseable en sí mismo y que le dará acceso a la satisfacción de todos sus deseos. (Foucault, 2009b: 212)

Sometido, pues, a la anarquía de los deseos, el hombre democrático no es otra cosa que un *estulto* que, al hablar en la asamblea, buscará satisfacer sus propios intereses en lugar del bien común de la ciudad. Por eso la democracia es un régimen del "dejar hacer": deja que todos los deseos se confronten por igual, que se enfrenten unos a otros, y el resultado no puede ser otro que la victoria de los peores deseos, de aquellos que avivan a las masas, de los que no permiten la "diferencia ética". La democracia es el triunfo de la *mediocridad*. Allí no hay lugar para diferenciarse con base en el *ethos*, no hay lugar para la "actitud crítica", para el pacto parresiástico. Mientras que la *parrhesía* introduce un "principio de diferenciación", la democracia, en cambio, es el reinado de la indiferenciación.

Platón tiene razón cuando describe la democracia como un régimen donde no hay lugar para el "fundamento" y sí hay lugar, en cambio, para el agonismo de las opiniones. Más aún: la democracia gira alrededor del *antagonismo*, que ocupa el lugar vacío del fundamento. Por eso, en un régimen democrático no es posible eliminar la indeterminación. Platón, sin embargo, quisiera eliminar la indeterminación de la política porque piensa que *allí donde hay antagonismo no puede haber verdad*. Preguntamos: ¿no era esta la tesis que Foucault combatía con todas sus fuerzas en la década del setenta? ¿Tal vez el abandono del modelo bélico le condujo a pensar que los antagonismos pueden llegar a ser armonizados a través del "cuidado de sí", como sospecha Žižek?[22] No lo creemos, pues, como veremos enseguida, el ejercicio mismo de la *parrhesía* demanda un escenario

---

22 "La noción de sujeto que tiene Foucault es ante todo clásica: el sujeto como el poder de automediación y de armonización de las fuerzas antagónicas, como vía para dominar el "uso de los placeres" a través de una restauración de la imagen del yo" (Žižek, 1992: 24).

plagado de antagonismos. La *parrhesía* se ejerce, precisamente, en el "ambiente" de las relaciones antagónicas de poder, como lo hicieron el propio Platón en Sicilia, Sócrates en su juicio de Atenas y Creusa (en la tragedia de Eurípides). Sin embargo, es verdad que su obsesión con el tema del "cuidado de sí" hace que Foucault evite cualquier comentario crítico frente a la tesis de que la política exige la presencia de unos sujetos mejor dotados moralmente que otros, y que debido a su estructura igualitaria, la democracia no permite la ejecución del juego parresiástico. ¿Aristocratismo moral en clave esteticista?

Lo cierto es que, interesado más en el momento "ético" que en el momento "democrático" de la *parrhesía*, Foucault se ocupa de la problematización a la que esta es sometida en el siglo V a.C., no solo por parte de Platón, sino también por uno de los dramaturgos más importantes de la época: Eurípides. En la segunda hora de la clase del 19 de enero de 1983, Foucault da inicio a una larga disertación en torno a la famosa tragedia *Ión*. La obra está datada en el 418 a.C, justo después de la muerte de Pericles, cuando la democracia estaba siendo siendo sometida a duros cuestionamientos. El problema que plantea Eurípides en la obra es saber quién tiene el derecho a la *parrhesía*, esto es, quién puede dirigirse a la asamblea y persuadirla (Foucault, 2009b: 123), ya que este era el gran problema que se discutía en Atenas por aquella época. Cleón pretendía que el derecho a dirigirse a la asamblea pertenecía a todos los ciudadanos (los hombres libres), mientras que Nicias afirmaba que debía reservarse para los "mejores", para la aristocracia. Según Foucault, la *parrhesía* está siendo problematizada en ese debate entre Cleón y Nicias, pero en realidad lo que se cuestionaba era la existencia misma de la democracia.[23] Sobre el trasfondo de esta

---

[23] "Tal fue el contenido de todo el debate en la Atenas de esa época, entre Cleón, el demócrata, demagogo, etc., que pretendía que todos debían estar en condiciones de tener la *parrhesía*, y el movimiento de tendencia aristocrática en torno a Nicias, que consideraba que la *parrhesía* debía estar reservada de hecho a cierta élite. En la gran crisis que la segunda etapa de la guerra del Peloponeso suscitará en Atenas se intentarán diferentes soluciones. En la

crisis, Eurípides —el gran destructor de la tragedia griega según Nietzsche— problematiza el modo en que el mundo (familiar) de la experiencia democrática es "desnaturalizado" y puesto en cuestión. La *parrhesía* es problematizada en el momento en que los aristócratas empezaron a ver con sospecha la extensión del derecho a la palabra hacia las "clases inferiores", lo cual desafiaba las relaciones tradicionales.

No quiero centrarme en los detalles de la trama, sino tan solo en algunos elementos claves para entender el análisis que hace Foucault de la *parrhesía* política. Y el primero de estos elementos es la figura de Ión, mejor aún, "el mito de Ión".[24] ¿Quién es Ión? Conforme a ciertas genealogías, Ión aparece como el ancestro de los Jonios (como su nombre lo indica), es decir, como su antepasado heroico. Pero en la medida en que el poder de Atenas iba creciendo, y sobre todo desde el momento en que desde Atenas se propone crear la liga de Delos para combatir a Esparta, aparece la necesidad de "nacionalizar" a Ión y convertirlo en ateniense. En su libro *Constitución de los atenienses*, Aristóteles lo presenta como un emigrante al que se le atribuye haber promovido la primera constitución de Atenas, una suerte de refundación que habría repartido al pueblo ateniense en cuatro tribus o clanes: los geleontes, los egígoras, los árjodas y los hoplitas (nobles, campesinos, artesanos y soldados).[25] Ión, entonces, es un personaje ubicado en lo que llamaríamos el "período arcaico" de Atenas. Ahora bien, es justo en el marco de este *desplazamiento narrativo* del mito de Ión que se sitúa la tragedia de Eurípides. Ella busca no solo presentar a Ión como un ancestro común de todos los griegos

---

época en que escribe Eurípides, la crisis todavía no ha estallado de manera manifiesta, pero el problema se plantea" (Foucault, 2009b: 123).

[24] Foucault dice que se trata de un mito, que data a lo sumo del siglo VII a.C. Algunos estudiosos piensan, incluso, que Ión es un invento del propio Eurípides. Lo cierto es que la obra ha sido datada en el año 418 a.C., y parece remitirse en sus contenidos a una obra anterior de Sófocles titulada "Creusa", que se ha perdido (Foucault, 2009b: 94).

[25] Debido a sus cuatro hijos: Geleón, Egícores, Árgades y Hoples.

(al convertirlo en hijo de Apolo), sino también hacerlo nativo de Atenas. Eurípides produce a un Ión con sangre divina y ateniense al mismo tiempo, tratando de presentar a todos los griegos como procedentes de una misma cuna y asegurándose de que en la raíz de ese parentesco común se encuentre la ciudad de Atenas. Como lo dice Foucault en el manuscrito para su clase del 19 de enero de 1983, "todo lo que puebla Grecia tiene una raíz en Atenas" (Foucault, 2009b: 95). Pero, ¿qué tiene que ver todo esto con la *parrhesía política*?[26] Pues que no *cualquiera* tiene el derecho de hablar ante la asamblea. Lo que califica a alguien para hablar y le dará ascendiente sobre otros no es el derecho a la igualdad que otorga la democracia, sino el derecho ancestral de nacimiento y la pertenencia al suelo, esto es, el haber nacido —como Ión— en Atenas. No basta, pues, con definir un marco constitucional igualitario para que haya *parrhesía*, sino que se requiere algo más: la "limpieza de sangre" y la "nacionalidad".

Concentrémonos por ahora en lo que Foucault denomina los "tres decires veraces" de la obra: el del oráculo, el de la confesión y el de la política, pues esta serie, nos dice, "constituye el hilo conductor de la pieza" (Foucault, 2009b: 99). En la clase del 2 de febrero Foucault se hace más explícito al decir que la verdad no es un asunto de los dioses (Apolo, Atenea) sino de los hombres; de modo que tendríamos que el "decir veraz" del oráculo (cuando Apolo le dice al marido de Creusa que la primera persona que se encuentre al salir del templo es

---

[26] En la interpretación de Foucault, es posible ver en la tragedia distintas formas de "aleturgia". Recordemos que esta noción había sido introducida en su curso de 1980 sobre el cristianismo para designar el conjunto de procedimientos, sobre todo verbales, a través de los cuales un sujeto dice la verdad, se torna sujeto de verdad, se hace operador de una verdad. En este sentido, la tragedia *Ión* es una "trama aletúrgica", en el sentido de que "revela una verdad", que es, desde luego, la verdad sobre el nacimiento de Ión. Pero la revelación de esa verdad solamente podrá darse con una condición, y esta condición es la *parrhesía*. Esa verdad solo podrá manifestarse si los dos personajes que la han mantenido oculta (Creusa y Apolo) tienen el *coraje* de decirla (Foucault, 2009: 98). Solo a través de esta aleturgia, de esta revelación de lo que estaba oculto, podrá Ión regresar a Atenas y ejercer el derecho a la *parrhesía* en la asamblea política.

su hijo) es tan solo una "verdad a medias". Apolo no dice la verdad, o la dice solo a medias, envuelta en misterios; no tiene el "coraje de la verdad" para decir lo que ha hecho (engañar a Creusa). Apolo es, en realidad, el antiparresiasta, lo cual nos deja solo con dos roles parresiásticos en la obra: Creusa y Ión. Uno representa el "decir veraz" de la confesión (Creusa) y el otro representa el decir veraz de la política (Ión).

Si empezamos con Creusa, Foucault dice que en este personaje se manifiestan dos formas de *parrhesía*: una judicial (cuando increpa al dios) y la otra moral (cuando confiesa su falta ante el confidente). Creusa aparece como un personaje parresiástico en dos escenas de la obra. La primera es la famosa diatriba contra Apolo (Foucault lo llama el "discurso de imprecación"), cuando Creusa le grita la verdad a un dios con cuyo poder no puede medirse. Es el discurso del débil que señala la injusticia del fuerte (Foucault, 2009b: 150). Ya lo dijimos antes, la *parrhesía* demanda que el parresiasta sea un sujeto menos poderoso que aquel a quien se dirige. En este caso, Creusa está despojada de todo poder. No solo es mujer (y no tiene derecho a hablar en la asamblea), sino que lo ha perdido todo; y se dirige al fuerte para llorar la injusticia cometida, de la cual ella se siente culpable. Foucault dice que se trata de un "discurso agonístico", un discurso de combate, un acto ritual construido en torno a una estructura desigualitaria (*ibíd.*, 147). Es un discurso que arriesga todo, que pone en juego la vida, porque lo único que hay son lágrimas. No se trata en este caso de un discurso *político* (como el de Ión), pues cuando Creusa increpa al dios Apolo, en realidad el objeto de su acusación es ella misma. No es el discurso de una mujer contra su raptor, sino un discurso de autoacusación en el que ella revela sus propias faltas (ha dejado desprotegido a su hijo en el templo). Se trata, por tanto, de un discurso de *confesión*, que sin embargo no debe asimilarse al caso de la *exomologesis* cristiana, en la que —recordemos— el sujeto manifiesta dramáticamente la verdad sin palabras, tan solo con su propio cuerpo. En este caso, Creusa no expresa performativamente una verdad sobre sí misma ("soy pecadora", como lo hizo Fabiola), sino que manifiesta verbalmente un reproche contra la injusticia de la cual ha participado. En el curso de 1983 en Berkeley, Foucault muestra que el decir verdad de Creusa es un ejemplo de *parrhesía* "personal", en contraposición a la *parrhesía* "política" de Ión (Foucault, 2004: 87).

Pasaré por alto el segundo discurso parresiástico de Creusa referido por Foucault, para centrarme en la otra figura parresiástica de la trama, Ión, quien no conoce la verdad de su nacimiento y tendrá que atravesar por una aleturgia de esa verdad. Foucault aborda este problema en la clase del 19 de enero de 1983 (segunda hora), mostrando cómo el juego de verdad a medias no convence a Ión: Juto le dice que es su hijo, fruto de su aventura con una servidora del templo, pero Ión se niega a ir con él a Atenas porque, siendo Juto un extranjero, y siendo él también fruto de una unión ilegítima, será rechazado por los ciudadanos que componen la asamblea (Foucault, 2009b: 117-119). Si Ión va a Atenas, quiere hacerlo en categoría de ciudadano, pero no quiere llegar como un ciudadano cualquiera, sino como uno perteneciente a las familias más preeminentes, con derecho a la palabra no solo por ley sino también *por nacimiento*. Ión quiere ejercer el derecho *dinástico* a la *parrhesía*, pero para ello necesita primero la verdad. No basta con que Juto le prometa riquezas o poder, y tampoco basta con tener el estatuto formal de ciudadano. Foucault recuerda que antes de mediados del siglo V a.C. una persona podía ser ciudadana de Atenas si uno de los padres era ateniense. No se requería todavía que ambos padres lo fueran (*ibíd.*, 115). Así las cosas, Ión parecía estar imposibilitado. Quiere el derecho a la *parrhesía*, pero su padre no puede dárselo. ¿Quién puede entonces? Creusa. Pero para que eso ocurra, ella debe decir la verdad; debe revelar que ella es su verdadera madre y que el dios Apolo es su verdadero padre. Solo cuando esta verdad aparezca, solo una vez atravesado este "procedimiento aletúrgico", Ión podrá tener la *dynasteia* requerida para ejercer la *parrhesía* política. Este derecho no puede estar fundado simplemente en el poder, en las riquezas o en la autoridad de los dioses. Para que Ión pueda gobernar, para que pueda representar su papel parresiástico en Atenas, necesita algo de lo cual carece, pero que le será proporcionado por la otra figura parresiástica de la tragedia: su madre, Creusa, que sí es ateniense.

¿Qué podemos concluir de esta trama? ¿Por qué es tan importante esta lectura de la obra de Eurípides? Foucault lo dice al comienzo de la clase del 2 de febrero: para mostrar que la política requiere necesariamente de dos elementos, la *isegoría* y la *parrhesía* (Foucault, 2009b: 162). La igualdad de todos ante la ley (*isegoría*) es importante. No habrá *politeia* democrática si no existe un marco constitucional que garantice que todos los ciudadanos tienen iguales derechos; que el poder no se concentre en unos pocos, mientras que otros carecen de libertad y de derechos. Pero aunque la *isegoría* es condición necesaria para la política democrática, no es condición suficiente. Además de ella se requiere un segundo elemento, que es la *parrhesía*. Aunque un régimen político garantice el derecho a la palabra para todos, no será una verdadera democracia si no hay lugar allí para la *parrhesía*. Con lo cual tenemos que la política no se refiere simplemente al marco constitucional de la sociedad, al ámbito de los derechos garantizados por la ley, sino también, y principalmente, al derecho (¿moral?) que tiene un individuo a ejercer ascendiente sobre otros en virtud de su "estilo de vida". Para decirlo de otro modo, Foucault quiere hacer una distinción categorial entre la *politeia* y la *dynasteia*:

> Los problemas de la *politeia* son los problemas de la constitución. Yo diría que los problemas de la *dynasteia* son los problemas del juego político, esto es, de la formación, el ejercicio, la limitación y también la garantía aportada al ascendiente que algunos ciudadanos ejercen sobre otros [...]. El problema de la *dynasteia* es el problema de lo que el político es en sí mismo, en su propio personaje, en sus cualidades, en su relación consigo mismo y con los otros, en lo que es desde un punto de vista moral, en su *ethos*. La *dynasteia* es el problema del juego político, sus reglas, sus instrumentos, el individuo mismo que lo practica. Es el problema de

la política, e iba a decir de la política como experiencia, es decir, entendida como cierta práctica obligada a obedecer determinadas reglas, ajustadas de cierta manera a la verdad, y que implica, por parte de quienes participan en ese juego, una forma específica de relación consigo mismo y con los otros. (Foucault, 2009b: 170-171)

Mientras que la *politeia* se refiere al marco institucional de la sociedad, a los principios de justicia, la constitución política y las normas de convivencia ciudadana, la *dynasteia* se refiere, en cambio, a la potestad que tiene un ciudadano, en virtud de su propio *ethos*, de ejercer un *ascendiente moral* sobre los demás. Foucault piensa que el "juego político" no tiene tanto que ver con la discusión en torno a cuál pueda ser el mejor y más justo ordenamiento de las instituciones sociales (la "justicia social"), sino con algo mucho más "molecular", que es el problema de la *diferenciación ética* entre los ciudadanos.[27] Más que en una democracia, Foucault pareciera estar pensando en una especie de *meritocracia moral*, en la que solo los más reconocidos por su *ethos* y su "estilo de vida" pueden tener derecho a la *parrhesía*. Su "superioridad" no la dan el nacimiento y las riquezas, sino el hecho de ser individuos "capaces de verdad", capaces de decir la verdad y vivir conforme a ella. Vale recordar en este punto a Nietzsche, quien criticaba abiertamente a la democracia moderna por haberse convertido en una democracia "niveladora", en la que ya no hay lugar para los "hombres superiores". Una democracia que se define solo por la *politeia* y ya no por la *dynasteia*.[28]

---

[27] Ya lo dijimos en el capítulo uno: "molecular" significa que las relaciones de poder son susceptibles de ser *revertidas*, de tal modo que no se solidifiquen hasta convertirse en relaciones de dominación. Foucault piensa que toda relación de poder que vaya *más allá de las relaciones entre individuos* (en el nivel del Estado y las instituciones públicas) es necesariamente "molar". No es raro, entonces, que quiera *reducir* la política a la ética y la estética, como veremos en el Epílogo de este libro.

[28] "Pudiera pensarse que Foucault reproduce, tomando partido, un debate que conmovió Atenas a final del siglo V a.C., sin aclarar a su audiencia que él asume la posición de los oligarcas" (Moreno Pestaña, 2014: 107).

Dramática del discurso verdadero

En la clase del 12 de enero de 1983, al introducir el tema de la *parrhesía*, Foucault dice que el análisis de la misma pasa por la "dramática" antes que por la "pragmática" del discurso (Foucault, 2009b: 84). Se refiere al análisis de la *parrhesía* como "hecho discursivo" que, sin embargo, opera inversamente a la "pragmática", pues de lo que se trata no es de analizar el modo en que la situación real del hablante afecta el valor del enunciado, sino, por el contrario, cómo el "acto de enunciación" afecta el modo de ser del sujeto. El análisis no parte, pues, de la "biografía" del sujeto de enunciación, sino del modo en que este sujeto se "liga" con la verdad de lo que dice, en el mismo acto de decirlo. "La cuestión pasa en la *parrhesía* por la manera en que, al afirmar la verdad, y en el acto mismo de esa afirmación, uno se constituye como la persona que dice la verdad" (*ibíd.*). Anotación importante pues, como se dijo antes, para que haya un enunciado performativo se requiere que el que ejecuta ese enunciado tenga un estatuto institucionalmente legitimado, como el del rector que dice "se abre la sesión" y esa enunciación ejecuta un hecho. Tal como lo mostraron Austin y Searle, el enunciado performativo no describe un hecho sino que lo ejecuta, lo realiza. Y aquí no se puede evaluar de modo alguno si lo que dice el presidente de la sesión es veraz o no lo es. Es una enunciación completamente independiente de la "sinceridad" del sujeto enunciante. Por eso, lo que le interesa a Foucault no es la dimensión pragmática, sino la dimensión dramática del discurso, pues la "verdad" de lo que un sujeto dice se manifiesta sobre todo en situaciones de conflicto, es decir, en situaciones en las que el sujeto desconoce cuál es el resultado de su enunciación (al contrario de la enunciación performativa). Pueden ser momentos, incluso, en que la vida del hablante se halla en riesgo, ante un peligro inminente; pero es ahí cuando el acto enunciativo manifiesta de qué tipo de sujeto se trata: un sujeto "veraz", que cree firmemente en aquello que dice o, bien, un sujeto "estratégico", que dice lo que dice en vista de obtener beneficios en una situación dada.

Recién vimos cómo el caso de Ión es ejemplar para esta "dramática del discurso" a la que se refiere Foucault. Ión no sabe quién es, se halla a merced de situaciones que desconoce y escapan a su control, pero aun así quiere conocer la verdad, incluso por encima del poder y la protección que le ha ofrecido Juto. Quiere, además, obtener el derecho a la *parrhesía* en la asamblea ateniense, sin tener que convertirse en un tirano. Sabe lo que quiere y dice lo que piensa. Ión, entonces, como sujeto parresiástico, cuyo "decir veraz" emerge en medio de una situación conflictiva, en medio de un "drama". Es en este tipo de situaciones cuando se requiere aquello que Foucault llama "coraje de la verdad".

En los cursos de 1983 y 1984 Foucault acudirá a otros dos ejemplos del "discurso dramático": Platón en Siracusa y Sócrates en medio de su juicio. Ya consideramos la crítica de Platón a la democracia, el "modo de problematización" que caracteriza su oposición al sistema democrático en *La República*. Ahora Foucault acude nuevamente a Platón, y lo presenta como ejemplo de sujeto parresiástico para mostrar el paso de la *parrhesía* política a la *parrhesía* filosófica; tema al cual dedicará varias lecciones del curso *El gobierno de sí y de los otros* (clases del 9 de febrero hasta el 23 de febrero). Pero antes de abordar este tema, quisiera insistir en una pregunta ya formulada antes: ¿acaso Foucault no había criticado duramente a Platón en el curso *La hermenéutica del sujeto*? Recordemos brevemente: en la clase del 13 de enero de 1982 (segunda hora), Foucault hablaba de la "gran paradoja del platonismo" al mostrar cómo dio origen a numerosos "movimientos espirituales" que se ocupaban del cuidado de sí, pero hacían depender ese cuidado de una serie de actos de autoconocimiento, por lo cual dice que el platonismo fue "la atmósfera perpetua en la cual se desarrolló un movimiento de conocimiento puro, sin condición de espiritualidad" (Foucault, 2006d: 87). Situación que desembocó primero en el cristianismo y luego en el "momento cartesiano", cuando ya definitivamente la filosofía se convirtió en una ocupación intelectual desligada por completo de los ejercicios espirituales. Esta "paradoja" la remite Foucault al propio Platón en su análisis del diálogo *Alcibíades I*, como lo muestra en la clase del 17 de marzo, donde dice que al final del diálogo el imperativo "conócete a ti mismo" recubrió por entero al imperativo "ocúpate de ti mismo" (*ibíd.*, 397). Lo cual significa que la filosofía de Platón es el origen de esa "bifurcación" de los dos principios, que marcaría trágicamente la historia de Occidente, aun a pesar del énfasis que hicieron las escuelas helenísticas en el "cuidado de sí" durante los siglos I y II. Pero digamos que "el daño estaba ya hecho" y Platón tuvo un lugar clave en desencadenar todo este proceso. El "modelo platónico" predominó finalmente sobre el "modelo helenístico" (*ibíd.*, 249).

La pregunta es, entonces: ¿por qué en el curso de 1983 Foucault presenta a Platón con una imagen tan positiva? ¿Por qué aparece ahora como un modelo de sujeto parresiástico? ¿A qué se debe este cambio de perspectiva? Habría que decir que Foucault es bien consciente de la historicidad y de la ambigüedad de los textos de Platón. Un buen ejemplo de esto es la contraposición que hace de los diálogos *Alcibíades I* y *Laques* en el curso de 1984, clase del 22 de febrero. Aunque no voy a ocuparme ahora de esto, Foucault dice que si se comparan los dos diálogos, encontramos allí dos grandes líneas de evolución de la reflexión y la práctica de la filosofía en Occidente: de un lado, la filosofía como *mathesis*; del otro, la filosofía como *askesis*. Una se sitúa bajo el signo del autoconocimiento (metafísica del alma), mientras que la otra se sitúa en el ámbito del *bíos* y convierte la filosofía en una "prueba de vida" (Foucault, 2010: 141). Como se ve, para Foucault no hay un solo Platón, no hay una lectura unitaria de sus textos. En la misma clase del 22 de febrero, critica al filósofo checo Jan Patočka por tratar de ver en Platón "la raíz de la metafísica occidental" y acusarlo de marcar el "destino de la racionalidad europea" (*ibíd.*, 142). Apartándose de este tipo de lecturas omniabarcantes (tipo

Popper y Heidegger),[29] Foucault reconoce que hay en Platón un interés marcado por la filosofía como "prueba de vida" y no solo como autoconocimiento del alma. En todo caso, la genealogía de la subjetividad que presenta Foucault en sus tres últimos cursos del Collège de France no nos ofrece muchas pistas para entender cómo se resolvió esta "división interna" del platonismo.

Dicho esto, podemos ocuparnos ahora de la lectura que hace Foucault de las cartas de Platón en la segunda hora de la clase del 9 de febrero de 1983. Nótese primero que su interés se dirige hacia textos "menores" del corpus de Platón (como lo había hecho antes con Kant); textos que la crítica incluso ha considerado inauténticos o, por lo menos, sobre los cuales ha dudado de su autenticidad. Pero Foucault no repara mucho en este tipo de discusiones exegéticas, sino que se interesa, más bien, por el carácter testimonial de las cartas, y en particular por el testimonio de una "intervención política" en la que Platón aparece como un sujeto parresiasta. Aunque Foucault hace un análisis de varias de estas cartas, quisiera centrarme solo en la célebre carta VII, donde Platón cuenta su historia personal como consejero político.[30] Recordemos brevemente el contexto de esta carta: su estudiante y amigo Dión, quien vivía en Siracusa (en Sicilia), le escribe a Platón diciéndole que allí gobernaba un tirano, Dionisio el viejo, que tenía fuertes inclinaciones por la filosofía. Esta podría ser la oportunidad para que Platón, sirviendo como consejero del rey Dionisio, pudiera poner en práctica sus ideas políticas. Dión era hermano

---

[29] Sobre la lectura que hace Popper de Platón (en su famoso libro *La sociedad abierta y sus enemigos*), dice Foucault: "Cualquier lectura de Platón que busque en él, a través de textos como *La República* y *Las Leyes*, algo semejante al fundamento, el origen, la forma mayor de un pensamiento político "totalitario", debe sin duda revisarse por completo. Y las interpretaciones bastante fantasiosas del bueno de Karl Popper no tienen en cuenta, desde luego, el detalle concreto y el juego complejo de Platón con respecto al problema de la nomotética, la proposición y la formulación de leyes" (Foucault, 2009b: 264).

[30] Foucault dice que la carta VII es una "autobiografía política de Platón" (Foucault, 2009b: 226).

de la joven esposa que Dionisio había tomado en su vejez. Era pues, el cuñado del rey. Pero una vez Platón había aceptado la invitación, Dionisio el viejo muere, Dión debe salir exiliado y el trono lo ocupa el heredero, Dionisio el joven, quien invita personalmente a Platón a servir como su pedagogo y consejero. Viaja Platón a Sicilia, pero en lugar de aceptar simplemente el puesto, establece como condición el retorno de Dión; condición aceptada por el rey. Pero este no cumple su palabra y Platón debe marcharse una vez más. Finalmente Dión regresa y encabeza una conspiración contra Dionisio el joven, quien es expulsado del trono, que ahora ocupará su cuñado. El drama continúa: Dión es asesinado y su familia le escribe nuevamente a Platón, pidiéndole que regrese a Sicilia y se haga cargo de la situación (Foucault, 2009b: 224-225).

Ya vemos cuál era el tipo de contexto "dramático" en el que estaba envuelto Platón, y las decisiones que tuvo que tomar para hablar verazmente.[31] Platón se ofrece como consejero a un tirano, se coloca en una situación peligrosa y, a pesar de este peligro, no deja nunca de decir lo que pensaba. Estaba dispuesto a arriesgar su vida en nombre de aquello que creía; a saber, que pudiera darse una coincidencia entre el ejercicio de la filosofía y el ejercicio del poder (Foucault, 2009b: 228). Desencantado de la democracia, que se había convertido en el lugar en donde reina solo la retórica, Platón cree que la única forma de establecer un régimen político justo es a través de una *monarquía* en la cual el rey sea un filósofo o, bien, el discípulo de un filósofo.[32] ¿Por qué razón? Porque solo el filósofo

---

[31] Sorprende que Foucault no haya resaltado el motivo central de su viaje a Sicilia, que era su amor por Dión, lo cual hubiera fortalecido su argumento en torno al vínculo entre eros, política y filosofía. Agradezco a Juan Fernando Mejía por ayudarme a ver este punto.

[32] "Entonces, me sentí obligado a reconocer, en alabanza de la filosofía verdadera, que solo a partir de ella es posible distinguir lo que es justo, tanto en el terreno de la vida pública como en la privada. Por ello, no cesarán los males del género humano hasta que ocupen el poder los filósofos puros y auténticos o bien los que ocupen el poder en las ciudades lleguen a ser filósofos verdaderos". Platón. *Carta VII*, 326b.

es capaz de la verdad, del decir verdadero. La *parrhesía* ya no tiene lugar en la política, sino que tan solo puede fundarse en la filosofía. De ahí que Platón viajase a Sicilia para tratar de servir como consejero de un tirano que, sin embargo, tenía interés en la filosofía.

La *parrhesía* es "problematizada" por Platón, y esto genera un nuevo desplazamiento. Si la democracia es calificada como el lugar donde el "decir veraz" ya no es posible, ¿qué surge ahora en su lugar? Ya no es la asamblea donde ciudadanos libres e iguales debaten sin recurrir a una instancia superior de verdad (el Rey), sino la corte de un Príncipe, siempre y cuando ese Príncipe esté dispuesto a escuchar al filósofo. Dionisio el viejo, conforme con lo informado por Platón en la Carta VII, estaba dispuesto a escuchar al filósofo, con lo cual entramos a un segundo punto: el filósofo —en este caso Platón— no se define con base en la verdad de sus teorías. El filósofo no puede ser simplemente *logos*, sino que debe ser también *ergon*, es decir que debe ligarse a la acción, a la puesta en práctica de lo que piensa (Foucault, 2009b: 230). No es filósofo quien se refugia cómodamente detrás de sus teorías. Por eso Platón, según él mismo cuenta, decidió salir de su patria, abandonar su escuela, renunciar a sus seguridades personales, para "atenerse a la realidad de las cosas", pues "estaba muy avergonzado" ante sus propios ojos de parecer "un charlatán de teoría" (Carta VII, 328c).[33] ¿Qué es lo que vemos aquí? El coraje de la verdad. Platón tiene el coraje no solo de abandonar sus seguridades para "probar" la verdad de sus teorías en la práctica, sino que tiene el coraje de viajar a Sicilia para decir la verdad a un tirano, aun sabiendo perfectamente el tipo de vida que llevaban

---

[33] "Abandoné por ello mis propias ocupaciones, que no eran baladíes, y fui a ponerme a las órdenes de un régimen tiránico que no parecía adecuado ni a mis enseñanzas ni a mi persona. Con mi viaje me liberé de responsabilidad ante Zeus hospitalario y desempeñé irreprochablemente mi papel de filósofo, que habría sido censurable si yo hubiera incurrido en una falta vergonzosa por ceder a las comodidades y a la cobardía". Platón. *Carta VII*, 329b.

allí quienes se acogían a las normas del régimen tiránico.[34] Por el contrario, piensa que el "decir veraz" puede funcionar en *cualquier* sistema político (no importa si es una oligarquía o una monarquía), siempre y cuando quienes gobiernen sean sujetos veraces, sean capaces de conducirse "filosóficamente". La actitud parresiástica no depende, entonces, de la *isegoría* ni de la *isonomía* garantizadas por la democracia, sino tan solo de la filosofía. El argumento de Foucault es que Platón transfiere el deber de hablar verazmente, de la política hacia la filosofía; y, al hacerlo, le da a la filosofía la obligación de intervenir en política, no de forma directa sino *indirecta*. El papel del filósofo ya no es intervenir directamente en la asamblea, ni tampoco diseñar las leyes justas. No le corresponde al filósofo decidir si las leyes son justas o injustas, si la guerra es conveniente o inconveniente, etc. Más bien, el filósofo debe operar tras bambalinas, como *consejero* de aquellos que gobiernan. El filósofo gobierna a quienes gobiernan; y estos, a su vez, deben dejarse gobernar por el filósofo. Pacto parresiástico, en lugar de contrato social. De este modo, la filosofía se "realiza" a través de los gobernantes filósofos o discípulos de filósofos. La filosofía "se introduce en el campo político" a través de la voluntad de decir la verdad (que es distinto a la "voluntad de verdad") a quien detenta el poder:

> Me parece que el pequeño pasaje de la carta VII donde el filósofo no quiere ser solamente *logos*, sino tocar también la realidad, señala uno de los rasgos fundamentales de lo que es y será la práctica filosófica en Occidente. Es cierto que durante mucho tiempo y aún hoy algunos pensaron y piensan que lo real de la filosofía se apoya en su posibilidad de decir la verdad y, en particular, de decir la verdad sobre la ciencia. Durante mucho tiempo se creyó y todavía se cree que, en el fondo, lo real de la filosofía es poder

---

[34] En este sentido, Foucault opondrá la "inversión platónica" a la "vacilación aristotélica", en la clase del 8 de febrero de 1984. A diferencia de Aristóteles, Platón no pone en duda la necesidad de fundar la política en la filosofía.

decir la verdad sobre la verdad, la verdad de la verdad. Pero me parece que hay una manera muy distinta de señalar, de definir lo que puede ser lo real de la filosofía, lo real de la veridicción filosófica, ya diga esta, lo reitero, verdades o falsedades. Y ese real se indica en el hecho de que la filosofía es la actividad que consiste en hablar con veracidad, practicar la veridicción con referencia al poder. Creo que desde hace por lo menos dos milenios y medio, ese fue a buen seguro uno de los principios permanentes de su realidad. (Foucault, 2009b: 239-240)

El papel de la filosofía no es, por tanto, decir la verdad sobre la "voluntad de verdad" que opera en las ciencias, sino decir la verdad con respecto al poder político, tal como lo hizo Platón en la corte de Dionisio. Ahora bien: ¿qué implica esto? ¿Qué implica que la "veridicción filosófica" se ejerza en el decir la verdad con referencia al poder? En primer lugar, que el filósofo debe romper con la "lógica del poder" basada en la adulación. Ya vimos antes cómo la adulación es el "adversario moral" de la *parrhesía*. Platón dice en la carta VII que cuando llegó a la corte de Dionisio el viejo, este pretendía que lo elogiara, que lo adulara, como estaban acostumbrados todos los tiranos. ¿Y qué hizo Platón? Esperó pacientemente, tal como esperan los médicos cuando se dedican a curar un enfermo. Esperó hasta comprobar si Dionisio tenía o no voluntad de escucharlo, para comprobar si era o no posible entablar con él un "pacto parresiástico". En lugar de adularlo, de entrar en su juego estratégico, de actuar como un retórico, Platón actúa como un parresiasta: evalúa si el enfermo quiere o no curarse. Y si no quiere hacerlo, simplemente lo abandona. Si el enfermo se niega a seguir las prescripciones, un buen médico le deja hacer su voluntad y no se impone sobre él.[35] La filosofía solo

---

[35] "Esto es lo que tengo que decir: el consejero de un hombre enfermo, lo primero que tiene que hacer, si el enfermo sigue un régimen perjudicial para su salud, es hacerle cambiar su género de vida; si el enfermo está dispuesto a obedecerle, debe darle nuevas prescripciones y, si se niega, yo consideraría hombre de bien y un buen médico a quien no se prestase a nuevas consultas,

existe en lo real a condición de que exista lo que Foucault llama un "círculo de la escucha", pues "un discurso que no sea sino protesta, recusación, grito e ira contra el poder y la tiranía no será filosofía" (Foucault, 2009b: 245). El parresiasta no se comporta "estratégicamente", jugando con las mismas reglas del poder que denuncia, sino que se aparta cuando nota que los aconsejados no son "capaces de la verdad". Aunque la palabra filosófica pueda tener "efectos políticos", el filósofo no es un político ni debe involucrarse en política, como también decían los epicúreos. Si no existe el "círculo de la escucha", el discurso filosófico "no puede encontrar su realidad" (*ibíd.*, 246). Por eso el filósofo no se propone a sí mismo como un "líder" político, como alguien capaz de señalar qué leyes son las que convienen o no a una ciudad. Esa no es su tarea, sino la de enseñar que otros se cuiden a sí mismos. Si quiere conservar su identidad, la filosofía debe negarse a utilizar el lenguaje estratégico de la política.[36]

El episodio de Platón en la corte de Sicilia demuestra que la filosofía no es una cuestión de *logos* sino de *ethos*. Si se reconoce que Platón fue el verdadero fundador de la filosofía, entonces hay que entender que su propósito no era fundar una "ciencia de la política" (como dice por ejemplo Rancière), sino procurar la transfiguración del sujeto. En la primera hora de la clase del 16 de febrero de 1983, Foucault habla por ello del modo en que Platón entiende los *prágmata* filosóficos, aquellas prácticas que resultan imprescindibles para alguien que se haya decidido seriamente por la filosofía. Y dice que no se trata de una cuestión "ideológica", una "cuestión de mirada", sino que es más bien "una cuestión de camino" (Foucault, 2009b: 251).

---

mientras que si persistiese, por el contrario, lo consideraría tan carente de hombría como de ciencia". Platón. *Carta VII*, 330d.

[36] Platón dice que a un esclavo puede imponérsele un modo de comportamiento aun en contra de su voluntad, pero jamás a un hombre libre (Carta VII, 331b-c). La retórica, en cambio, intenta encauzar la opinión del oyente hacia donde el hablante quiere. Pero esta es una forma bastarda de conducir la conducta de otros: el uso de un lenguaje estratégico.

Es decir que la elección por la filosofía conlleva la disposición a recorrer un "largo y penoso" camino, ya que es una actitud de todos los días y de toda la vida. La filosofía no es una ciencia sino un "ejercicio espiritual", tal como lo dijera Pierre Hadot; es una actitud en la que "el sujeto deberá mostrarse *eumathés* (capaz de aprender), *mnemon* (capaz de recordar) y *logízesthai* (capaz de razonar)" (*ibíd.*). Platón mismo dice en la carta VII que hay algunos, como Dionisio, que se "entusiasman" con la filosofía, pero que cuando se dan cuenta de que tienen que esforzarse por cambiar su propio régimen de vida, "se convencen de que ya han aprendido bastante de todo y que no necesitan más esfuerzos".[37] La conclusión es clara: el discurso filosófico no se realiza en los *mathémata*, es decir, en el aprendizaje (teórico y memorístico) de una serie de fórmulas dadas por el maestro (*ibíd.*, 255).[38] La filosofía "no se transmite en el desfile de los *mathémata*" y el filósofo tampoco es un "nomoteta de la política". Lo "real" de la filosofía no es, por tanto, la ciencia de la política, sino la relación de sí consigo (*ibíd.*, 265). Para Platón, el filósofo no debe ser un eremita contemplativo, pero tampoco un científico ni un legislador nomotético. La filosofía nace, en Platón, como un ejercicio de transfiguración del sujeto.

Resumamos lo dicho hasta el momento y vayamos adelante. En el curso *El gobierno de sí y de los otros* de 1983, Foucault ha mostrado que con la crisis de la democracia ateniense, la filosofía ha sustituido a la política como lugar de la *parrhesía*, y para ello ha recreado el escenario dramático al que se enfrentó

---

[37] Platón. *La República*, 340e.

[38] Acaso Foucault esté pensando aquí en una crítica a Jacques Lacan, quien, como se sabe, quiso convertir el psicoanálisis en una ciencia del inconsciente (lingüísticamente estructurado) a través de la formulación de *matemas*. Dice Foucault en la clase del 16 de febrero: "Los *mathémata* son, desde luego, conocimientos, pero también las fórmulas mismas del conocimiento. Son a la vez el conocimiento en su contenido y la manera como ese conocimiento se da en matemas, es decir, en fórmulas que pueden participar de la *máthesis*, es decir, del aprendizaje de una fórmula dada por el maestro, escuchada y aprendida de memoria por el discípulo y convertida así en conocimiento" (Foucault, 2009b: 255).

Platón en la corte de Dionisio el Viejo. La palabra parresiástica se desplaza desde la asamblea democrática de Atenas hasta la corte del tirano en Sicilia, pues es allí, en este contexto de adversidad, donde se probará que la filosofía (no la política) es el tipo de actividad que encarna con mayor fuerza el "decir veraz". Es allí, en últimas, donde el filósofo pondrá a prueba su propia vida y mostrará que aquello que *dice* corresponde con aquello que *hace*. Pues bien, en el curso *El coraje de la verdad*, de 1984, continuación del anterior, Foucault recreará un *segundo* escenario dramático en el que se ejerce el decir veraz de la filosofía. Se trata, en este caso, del juicio de Sócrates en Atenas. Pues es en la *parrhesía* socrática donde se puede ver lo que significa la constitución del *bíos* como "prueba de la verdad", es decir, la constitución del *ethos filosófico* como "vida verdadera". Mostrar este punto es el objetivo del análisis que hace Foucault de la *Apología de Sócrates* en la clase del 15 de febrero de 1984, donde hablará de la fundación de una *parrhesía* ética en oposición a la *parrhesía* política.[39]

El primer punto que resalta Foucault en su lectura de la *Apología* es el discurso que pronuncia Sócrates en su defensa ante la asamblea, cuando establece una diferencia entre él mismo y los políticos que lo acusan. Se trata de una "diferenciación ética". Quienes le acusan falsamente han hecho uso de palabras persuasivas que parecen verdad, pero sin serlo. Usan trucos retóricos que persuaden a la gente no de lo que sería mejor para todos, sino de lo que en realidad es mejor para *ellos*, para "los políticos". Por el contrario, Sócrates hace uso de un lenguaje claro, el lenguaje que habla la gente, para hablar en las calles y en las plazas, porque en realidad no busca ventaja para sí mismo, sino que se "preocupa de los otros". No hay aquí persuasión a partir de "efectos especiales", sino *parrhesía*. No hay ornamentación alguna, sino "hablar franco" y abierto.

---

[39] En realidad, como veremos, el análisis no se centrará solo en la *Apología*, sino que cubrirá lo que Foucault llama "el ciclo de la muerte de Sócrates", que incluye también los diálogos *Critón* y *Fedón* (Foucault, 2010: 89).

Y este es el mismo tipo de lenguaje que Sócrates utiliza ahora, en el momento de su defensa pública. En medio de esta situación dramática, cuando su vida está en inminente peligro, lejos de buscar protección a través del lenguaje retórico, Sócrates habla verazmente. Habla desde un *ethos filosófico*, desde un modo de vida que no está dispuesto a cambiar en el último momento, solo para salir de la situación dramática en que se encuentra. Sócrates se levanta y dice la verdad ante la asamblea (Foucault, 2010: 90).

El segundo punto resaltado por Foucault es que Sócrates, a diferencia de sus acusadores, no se ha involucrado nunca en asuntos de política. No es un político. En lugar de ocuparse de los "asuntos públicos", del gobierno de la *politeia*, decidió más bien dedicarse a hablar con los ciudadanos en la calle, a dialogar personalmente con ellos. ¿Y por qué lo hizo? Porque su "demonio" (*daimon*) le encargó esta misión.[40] Escuchó una voz interna que le mandaba no hablar directamente a la asamblea (*ekklesia*), sino ocuparse de los ciudadanos como un padre lo hace con sus hijos (Foucault, 2010: 92). En realidad el "demonio" lo salvó, porque hablar verazmente ante la asamblea le hubiera costado la vida, ya que la democracia no tolera la verdad. El parresiasta no tiene lugar en la política de Atenas. Por eso, en lugar de instarlo a perder su vida inútilmente como político, el "dios" persuade a Sócrates para que se ocupe de la ciudad de otro modo: cuidando del alma de los ciudadanos:

---

[40] "Yo, atenienses, os aprecio y os quiero, pero voy a obedecer al dios [*daimon*] más que a vosotros y, mientras aliente y sea capaz, es seguro que no dejaré de filosofar, de exhortaros y de hacer manifestaciones al que de vosotros vaya encontrando […]. Haré esto con el que me encuentre, joven o viejo, forastero o ciudadano, y más con los ciudadanos por cuanto más próximos estáis a mí por origen. Pues, esto lo manda el dios [*daimon*], sabedlo bien, y yo creo que todavía no os ha surgido mayor bien en la ciudad que mi servicio al dios. En efecto, voy por todas partes sin hacer otra cosa que intentar persuadiros, a jóvenes y viejos, a no ocuparos ni de los cuerpos ni de los bienes antes que del alma". Platón. *Apología de Sócrates*, 29d-30b.

Tal es pues la misión de Sócrates, misión, como advertirán, muy diferente en su desarrollo, su forma y su objetivo, de la *parrhesía* política, de la veridicción política de la que hablamos hasta aquí. Ese otro objetivo es, sin duda, procurar que la gente se ocupe de sí misma, que cada individuo se ocupe de sí mismo en cuanto ser racional que tiene con la verdad una relación fundada en el ser de su propia alma. Y en este aspecto estamos ahora ante una *parrhesía* centrada en el eje de la ética. La fundación del *ethos* como principio a partir del cual la conducta podrá definirse como conducta racional en función del ser mismo del alma es, en efecto, el punto central de esa nueva forma de *parrhesía*. (Foucault, 2010: 102)

Hay que decir, sin embargo, que Sócrates no se distancia de los asuntos políticos por cobardía, por miedo a perder la vida. A contrapelo de lo que decían sus acusadores (que Sócrates ha traicionado a su ciudad), lo hace porque quiere ser útil para Atenas, y el único modo de hacerlo era practicando la filosofía, llevando una "vida filosófica". Aquí tenemos un "decir veraz" muy diferente a la *parrhesía* política. Su misión no es como la de Solón (uno de los creadores de la democracia); no es una misión política sino ética: procurar que cada individuo se ocupe de sí mismo (Foucault, 2010: 102).[41] Es, por tanto, una *parrhesía* centrada en el eje de la ética: fundar el *ethos* como modo de "probar" que lo que un sujeto dice y piensa es verdadero. Sócrates no tiene una doctrina, un sistema de creencias, unas fórmulas (*mathémata*) que sus discípulos puedan memorizar. Sócrates no ha escrito nada. Lo único que tiene es su propia vida y el coraje de vivirla conforme a lo que

---

[41] Esta contraposición entre Sócrates y Solón, en donde la misión del primero es vista como superior a la del segundo, resulta especialmente significativa, pues muestra cómo Foucault le otorga preeminencia al "cuidado de sí" sobre el "bien común". Recordemos que las reformas de Solón permitieron que las capas medias de la población tuvieran mayor representación en la política, hasta ese momento acaparada por la nobleza de nacimiento. A través de esta dinamización política y económica, el tejido social se hizo más democrático, lo cual estrechó los vínculos de solidaridad ciudadana.

ha indicado su "demonio". Su misión no consistía, por ello, en "salvar la democracia", sino en *salvar al sujeto de las opiniones democráticas*, consideradas por Platón como contrarias al ejercicio de la *parrhesía*.

Este será precisamente el punto abordado por Foucault en la segunda hora de la clase del 15 de febrero de 1984, donde reflexionará sobre las últimas palabras de Sócrates antes de morir. Recordemos el momento, registrado en el diálogo *Fedón*, cuando después de tomar la cicuta, ya con el frío subiendo por su vientre, Sócrates se dirige a Critón y le dice con voz entrecortada: "Debemos un gallo a Asclepio. Así que págaselo y no lo descuides".[42] Foucault toma como base de su lectura la interpretación que hace Georges Dumézil de este episodio en su libro *La cortesana y los señores de colores* (1984). Siendo Asclepio el dios que cura las enfermedades, ¿de qué se había curado Sócrates para estar en deuda con él? Una interpretación muy arraigada (incluso Nietzsche la sostenía) dice: la muerte ha curado a Sócrates de esa enfermedad que es la vida.[43] Sin embargo, Dumézil rechaza de plano esta lectura y propone otra: el sentido de estas palabras debe buscarse teniendo en cuenta el diálogo *Critón*, en donde Sócrates le ha enseñado a su discípulo la necesidad de liberarse de las opiniones. Si queremos ocuparnos de nosotros mismos, tendremos que curarnos de esa "enfermedad" que es atender a las opiniones de la mayoría.[44] Platón decía que este es, precisamente, el problema de la

---

[42] Platón. *Fedón*, 118b.

[43] En el numeral 340 de *La ciencia jovial* escribe Nietzsche: "No sé si fue la muerte o el veneno, la piedad o la maldad, algo en todo caso le soltó la lengua para decir: "Oh, Critón, debo un gallo a Asclepio". Estas ridículas aunque terribles "últimas palabras" significan para el que tenga oídos: "Oh, Critón, *¡la vida es una enfermedad!*". ¡Cómo es posible! Un hombre como él, que había vivido sereno y como un soldado a los ojos de todo el mundo, ¡era pesimista! Solo había puesto buena cara a la vida, ¡y habría escondido durante toda su existencia su juicio último, su más íntimo sentir! Sócrates, ¡Sócrates *sufría con la vida!*" (Nietzsche, 2009: 778-779).

[44] "Según creo, los hombres cuyo juicio tiene interés dicen siempre, como yo decía ahora, que entre las opiniones que los hombres manifiestan deben estimarse

democracia, donde todas las opiniones tienen igual valor y no hay lugar alguno para la *parrhesía*. Pues bien, el hecho de que Critón se haya curado de esa enfermedad y ahora se ocupe de sí mismo, es la prueba de que el discurso de Sócrates es verdadero (Foucault, 2010: 125). En otras palabras: la "prueba de verdad" no es solo su valentía en medio de una situación dramática, sino también el haber salvado a uno de sus discípulos (a los que supuestamente había "corrompido") de la tiranía de las opiniones democráticas. Antes que salvar la democracia en su conjunto, Sócrates ha logrado salvar a un ciudadano ateniense *de la democracia*. Es suficiente con que un individuo se haya transfigurado para que ello se constituya en "prueba" del decir veraz de Sócrates. Y es por eso que el filósofo moribundo agradece a Asclepio. Critón debe sacrificar el gallo en agradecimiento por la curación que ha logrado a través de la *parrhesía* de su maestro. Con su vida y con su muerte, Sócrates ha desmentido el juicio injusto al que se le sometió *en nombre de la democracia*. Al condenar a muerte a un ciudadano justo como Sócrates, la democracia ha demostrado su falsedad, su incapacidad para ser escenario de la *parrhesía*.[45]

---

mucho algunas y otras no. Por los dioses, Critón, ¿no te parece que esto está bien dicho? […]. Luego, querido amigo, no debemos preocuparnos mucho de lo que nos vaya a decir la mayoría, sino de lo que diga el que entiende sobre las cosas justas e injustas, aunque sea uno solo, y de lo que la verdad misma diga". Platón. *Critón*, 46d; 48a.

[45] Recordemos que, en la Carta VII, Platón dice que una de las razones de su desencanto con la democracia fue, precisamente, el juicio injusto de Sócrates. La democracia, según Platón, se ha comportado igual o peor que la tiranía de los Treinta. "Poco tiempo después cayó el régimen de los Treinta con todo su sistema político. Y otra vez, aunque con más tranquilidad, me arrastró el deseo de dedicarme a la actividad política […]. Pero la casualidad quiso que algunos de los que ocupaban el poder hicieran comparecer ante el tribunal a nuestro amigo Sócrates y presentaran contra él la acusación más inicua y más inmerecida […]. Por otra parte, tanto la letra de las leyes como las costumbres se iban corrompiendo hasta tal punto que yo, que al principio estaba lleno de un gran entusiasmo para trabajar en actividades públicas, al dirigir la mirada a la situación y ver que todo iba a la deriva por todas partes, acabé por marearme". Platón. *Carta VII*, 325c-d.

Tal como lo mostrara Frédéric Gros, Sócrates aparece a los ojos de Foucault como un modelo de "intelectual específico", que favorece la *parrhesía* ética como actitud de rechazo a las instituciones políticas.[46] Pero, ¿cómo entender su admiración tardía por una figura que enseñaba a sus discípulos a "ocuparse de sí mismos" en lugar de ocuparse del cuidado de las instituciones *comunes*? Según el filósofo francés, la *parrhesía* ética, ejemplificada por Sócrates, es una posición de *antagonismo radical* frente a la política democrática, que es precisamente el lugar del antagonismo. No obstante, en boca de Platón parece decirnos que el antagonismo democrático, aunque legítimo desde un punto de vista *jurídico-político*, no lo es desde un punto de vista *ético*. ¿Y por qué no lo es? Porque las leyes políticas o institucionales no pueden determinar por sí mismas quién es capaz de decir la verdad. La *parrhesía* no es un derecho civil amparado por leyes que "igualan" a todos los ciudadanos, sin considerar cuáles puedan ser sus virtudes personales. La democracia no es capaz de determinar quién tiene las cualidades específicas que le permiten a un sujeto hablar con verdad. Por tanto, según Foucault, la democracia debe ser rechazada desde un punto de vista ético y filosófico. Opinión que explica por qué razón nuestro filósofo proclama la "estética de la existencia" como una actividad que se coloca en la *exterioridad* de las normas sociales y políticas.[47] Uno puede "crearse a sí mismo" con independencia de la "gramática social" en la cual se desenvuelve

---

[46] Según Gros, la noción de *parrhesía* le permitió a Foucault "ponerse más cerca de sí mismo", como "algo más que un profesor y algo menos que un militante" (Gros, 2010: 131). Al recurrir a la figura de Sócrates en su último curso, Foucault estaría interrogándose *retrospectivamente* por el estatuto de su propia palabra, por su papel como intelectual público, por los retos de su función como profesor. Es claro que Foucault era más que un erudito, pues se pronunciaba con frecuencia en torno a temas de interés público, pero sin llegar a convertirse jamás en un "militante". Pensaba que el intelectual no es alguien que "milita", que interviene en las instituciones para transformarlas de modo reformista o revolucionario.

[47] Este punto lo retomaremos en el Epílogo de este libro.

la propia vida.[48] Y los cínicos, como veremos enseguida, serán el ejemplo perfecto de esta exterioridad radical.

EL PERRO COMO SÍMBOLO DE ANTIPOLÍTICA

Hemos visto cómo, en el curso *El gobierno de sí y de los otros*, Foucault nos ofrece una historia de la *parrhesía* centrada en los "modos de problematización". A partir del siglo V a.C., el "decir veraz" empezó a ser un problema, a ser cuestionado de diversas formas, y como consecuencia de esto sufrió diferentes desplazamientos. En un primer momento la *parrhesía* emerge en un contexto agonístico, en el campo político de la democracia ateniense, pero luego se empiezan a dar diferentes "problematizaciones". El primer desplazamiento es impulsado por Platón, quien cuestiona radicalmente la *parrhesía* política. El problema es que la democracia le ofrece el derecho a la palabra a todos los ciudadanos, tanto a los mejores como a los peores. Y como en la democracia es el pueblo quien gobierna, los ciudadanos que hablan frente a la asamblea querrán halagar a la mayoría utilizando estrategias retóricas, falseando la palabra verdadera. Los políticos querrán, por tanto, *adular* al pueblo, diciendo lo que este quiere escuchar. Aun cuando la *parrhesía* se inscriba en el campo igualitario de la *isegoría*, la democracia pierde de vista la dimensión de la *dynasteia*, del ascendiente moral de unos ciudadanos sobre otros. En la clase del 2 de marzo de 1983, Foucault dice que a raíz de esta problematización la noción de *parrhesía* se "bifurca". Es la gran división que se produce en los siglos V y IV a.C entre la retórica y la filosofía, que durante ocho siglos lucharán entre sí por tener el monopolio de la *parrhesía*

---

[48] Ya vimos en el capítulo anterior cómo, para Foucault, el cuidado de sí tiene *prioridad* sobre el cuidado de los otros. Es *por eso* que alaba el "momento helenístico" como la "edad de oro de las prácticas de sí". Es cierto que la transfiguración de sí requiere de la interacción con otros: los amigos, el maestro, los discípulos. Pero en todo caso, se trata de círculos pequeños, que son vistos como existiendo con relativa independencia del contexto social, económico y político en el que estos sujetos viven.

(Foucault, 2009b: 310). Los sofistas dirán que la retórica es la técnica adecuada que debe aprender el político para gobernar como corresponde. Los filósofos dirán, por el contrario, que la retórica no ayuda a distinguir entre lo verdadero y lo falso, pues sin la vida virtuosa es imposible que un sujeto sea parresiasta. Solo el filósofo tiene las virtudes necesarias que avalan la práctica del decir veraz. Se enciende, con ello, un segundo foco del decir veraz en la cultura antigua, que es la función parresiástica de la filosofía.

Pues bien, es en el contexto de este segundo foco de la *parrhesía* antigua donde se inscribe el análisis que hace Foucault de los cínicos, cuyo decir veraz supone una desviación con respecto al "momento socrático-platónico" examinado antes. Tal como se argumenta en la clase del 23 de febrero de 1983, la *parrhesía* cínica es "otra vertiente del socratismo, la vertiente más opuesta que se imagina del platonismo" (Foucault, 2009b: 294).[49] Poco después de Platón aparece Diógenes de Sínope, e inaugura una modalidad muy distinta de relación entre la filosofía y la política. ¿En qué consiste la diferencia? Mientras que Platón piensa que el filósofo podría gobernar el alma del monarca, conducir su conducta de tal modo que este pudiera gobernar el reino con justicia, Diógenes afirma que un monarca no se volverá sabio tan solo por tener como consejero a un filósofo. Un rey no podrá ser al mismo tiempo filósofo, sino que tendrá que escoger uno de los dos caminos: la política o la filosofía. Donde hay política no hay filosofía y donde hay filosofía no hay política. Es decir que entre el decir veraz de la filosofía y la práctica política existe una relación de "necesaria exterioridad", que provocará la confrontación directa entre el cínico y las instituciones políticas. Para ilustrar este punto, Foucault acude al libro *Vidas de los filósofos ilustres*, de Diógenes

---

[49] Foucault toma a Diógenes de Sínope como paradigma del cinismo, pero lo cierto es que Antístenes, fundador de la escuela y discípulo directo de Sócrates, se hallaba muy lejos del radicalismo diogénico. Según Diógenes Laercio (VI, 53), Platón mismo creía que Diógenes era "un Sócrates enloquecido".

Laercio, donde se narra el famoso episodio del encuentro entre Alejandro Magno y Diógenes el cínico: "Acudió una vez Alejandro hasta él y le dijo: yo soy Alejandro el gran rey. Repuso: yo Diógenes el perro".[50] Aquí, según Foucault, se muestra la completa exterioridad entre la política y la filosofía. Mientras que Platón, en *La República*, afirmaba que solo el filósofo puede gobernar, Diógenes decía lo contrario: el filósofo debe mantener una distancia radical con respecto a la política. Más aún, frente a la política, el filósofo debe asumir una actitud de burla, de sarcasmo, de desprecio absoluto. Al "gran rey" se opone el "perro":

> Tenemos aquí un juego de la *parrhesía* filosófica, un juego del decir veraz filosófico, un juego del ser veraz filosófico frente al ejercicio del poder y la identificación de un individuo con su poder (yo soy el rey Alejandro), un juego que está, desde luego, extremadamente alejado del juego de Platón y es incluso opuesto a este. Digamos, otra vez de manera esquemática, que en el caso de los cínicos tenemos un modo de relación del decir veraz filosófico con respecto a la acción política, que se da bajo la forma de la exterioridad, el desafío y la irrisión, mientras que en Platón vamos a tener una relación del decir veraz filosófico con la práctica política, que será más bien del orden de la intersección, la pedagogía y la identificación del sujeto que filosofa y el sujeto que ejerce el poder. (Foucault, 2009b: 295-296)

No se puede tender un puente entre el filósofo y la política sin que ello suponga la corrupción del filósofo. Lo cual significa que a este solo le queda la elección de vivir como una especie de guerrillero, en antagonismo radical con el poder. Si alguien quiere "vivir filosóficamente" tendrá que asumir una actitud ya no de "confrontación estratégica" (pues esto conlleva ceder a la "lógica el poder"), sino de *confrontación parrhesiástica*. El filósofo es quien, con su "decir veraz", le muestra a la política

---

[50] Diógenes Laercio VI, 60.

su propia banalidad, su propia estupidez. A diferencia, pues, de Platón, la *parrhesía* filosófica no le dice a la política lo que tiene que hacer, sino que la ridiculiza, se burla de ella, la desprecia. Esto se muestra también en el otro encuentro de Diógenes con Alejandro, narrado en el libro VI de Diógenes Laercio. Aquí se dice que un día en que Diógenes tomaba el sol en la ciudad de Corinto, vino Alejandro y le dijo "pídeme lo que quieras"; a lo que el filósofo respondió: "no me hagas sombra".[51] ¿Qué vemos aquí? Sin duda una actitud de impertinencia, de rebeldía, de insumisión. Diógenes desprecia a Alejandro, piensa que no es nadie, que no tiene nada que ofrecerle. No es "su rey", pues no reconoce ninguna jerarquía social y ninguna institución política. Rechaza el *nómos* en nombre de la *physis*, y por eso prefiere el rayo del sol en su cara que estar bajo la sombra del monarca que ha conquistado medio mundo. "Déjame en paz", es lo que le dice el filósofo al político, pues no quiere ser reconocido como miembro de una comunidad política. Para Diógenes, la política jamás podrá ofrecer felicidad ni justicia. Por eso, lo mejor que puede hacer un filósofo es darle la espalda a la política, ignorarla olímpicamente como hizo Diógenes con Alejandro, en vez de caer en la ambición que llevó a Platón a cortejar al tirano de Sicilia. Nada más bajo para un filósofo que "ofrecer sus servicios" al mundo de la política, pues en este mundo solo reinan la corrupción, la banalidad y el pragmatismo.

Diógenes aparece entonces como un *anarquista* que no acepta otro poder diferente al que cada cual ejerce sobre sí mismo. Un "libertario" que no reconoce otro valor por encima de la libertad radical. El filósofo cínico jamás se quemará los dedos en el fuego de la política.[52] A diferencia, pues, de lo

---

[51] Diógenes Laercio, VI, 38.

[52] Estobeo cuenta cómo, al preguntársele por el modo en que uno debe acercarse a la política, Antístenes (fundador de la escuela y maestro de Diógenes) respondió: "Igual que al fuego, ni excesivamente cerca, para no quemarte, ni lejos, para no helarte". Ya se ve que la radicalidad de Diógenes frente a la política no es la regla, sino la excepción de la doctrina cínica. En *La hermenéutica del sujeto* Foucault mismo nos habla de Demetrio de Corinto, filósofo cínico muy

que buscaba Platón, Diógenes propone la independencia total del filósofo respecto de la política, y la obediencia solo a las leyes naturales, al devenir ciego de la vida. Recordemos lo ya dicho en la Introducción de este libro: para Foucault, la "razón política" es el ámbito de la *gubernamentalidad*, del control disciplinario sobre los cuerpos, de la conducción económica de conductas. Allí se despliegan las técnicas de gobierno de la razón de Estado, el liberalismo y el neoliberalismo. Por tanto, la *libertad* no puede darse en el ámbito de las instituciones políticas, aunque fueran estas democráticas, sino que tiene que buscarse por *fuera de ellas*. La libertad nada tiene que ver con la ley, con los derechos, con la igualdad democrática. De ahí la importancia que tiene para Foucault la figura de Diógenes. No obstante, la exterioridad del cínico no debe interpretarse como la búsqueda de soledad, como el alejamiento romántico de la ciudad. Aunque no se inmiscuya en cosas de política, el cínico tiene la "misión" (como Sócrates) de *confrontar* la política. El cínico es un soldado, un militante de la antipolítica. Su "política" es, curiosamente, combatir la política. ¿Pero dónde hacerlo? ¿Dónde se ha de llevar a cabo este combate? Al igual que lo hizo Sócrates, en la plaza pública, en la calle, a la vista de todo el mundo. En la clase del 23 de febrero de 1983, Foucault afirma que en el siglo IV a.C. aparecen simultáneamente dos lugares en los que se dio el cara a cara entre política y filosofía: la corte del príncipe y la plaza pública. De un lado Platón, de otro lado Diógenes. La pregunta es: ¿cuál de los dos es el lugar adecuado para ejercer la *parrhesía* filosófica? ¿Es la corte del príncipe ilustrado o es la plaza pública? ¿Cuál será el lugar apropiado de la *crítica*? En este punto, Foucault apela

---

admirado por Séneca, quien se movía en algunos círculos aristocráticos de Roma. Foucault dice que era un "cínico aclimatado" (Foucault, 2006d: 227). En *El coraje de la verdad* aparece de nuevo la figura de Demetrio de Corinto, acompañada del siguiente comentario: "En él tenemos el tipo mismo de un filósofo consejero de conciencia y *consejero político*, de grupos aristocráticos. Nada que ver con el orador callejero" (Foucault, 2010: 209. El resaltado es mío).

nuevamente al opúsculo de Kant, con el que había iniciado el curso de 1983:

> Recuerden, en el fondo, lo que vimos en el texto sobre la *Aufklärung* con el cual comencé el curso de este año. En su teoría de la *Aufklärung*, Kant intenta explicar que el decir veraz filosófico tiene simultáneamente dos lugares que no solo son compatibles, sino que se exigen uno a otro: por un lado el decir filosófico tiene su lugar en el público, y también lo tiene en el alma del príncipe, si este es un príncipe ilustrado. Tenemos con ello, de alguna manera, una suerte de eclecticismo kantiano, que trata de mantener la unidad de lo que tradicionalmente fue, desde la historia de la lechuga entre Platón y Diógenes, el gran problema de las relaciones entre filosofía y política en Occidente. (Foucault, 2009b: 301)

Recordemos que en ese opúsculo ("Was ist Aufklärung?"), Kant dice que la filosofía tiene ciertamente una función "pública", que sería "tomar la palabra" a través de aquellos medios de comunicación que servían de puente entre el intelectual (*Gelehrter*) y sus lectores: revistas, libros, periódicos, que ya para ese momento (siglo XVIII) habían reemplazado a la plaza pública. Es precisamente en un periódico muy leído (el *Berliner Monatschrift*) en donde Kant publica su opúsculo sobre la Ilustración, en donde —según vimos— se ofrece una problematización del presente. Así como Diógenes problematiza su propia época en la plaza pública, Kant problematiza la suya en los periódicos. En este sentido, nos dice Foucault, Kant inaugura la práctica filosófica como "crítica" de lo que somos, como "ontología de nosotros mismos". La crítica filosófica como llamado a la "salida" (*Ausgang*) de la minoría de edad, como desprendimiento de lo que somos, de lo que hemos devenido, como un éxodo de nosotros mismos. No obstante, el tema espinoso en Kant es el "otro polo" de la *parrhesía* filosófica, "su polo platónico", que tiene lugar en el alma del príncipe, en este caso Federico II de Prusia. Pues de algún modo, Kant divide el "uso político" y el "uso privado" de la razón, tal como lo comentaba Foucault en la clase del 5 de enero de 1983. La "mayoría de edad" no solo supone guiar la propia conducta con base en principios universalmente válidos (obedeciendo solo a la razón), sino también cumplir los deberes "privados" en tanto que funcionarios, trabajadores, profesionales, etc., sobre todo cuando el funcionamiento de la vida social está comandado por un "rey ilustrado", como Federico II. Desobediencia, pues, a las "autoridades exteriores" (el libro, el médico, el pastor), en lo que se refiere al "uso público" de la razón; pero obediencia incondicional al soberano, en lo que se refiere a su "uso privado". De ahí el llamado del rey de Prusia invocado por Kant: "razonad tanto como queráis y sobre los temas que os plazca, ¡pero obedeced!" (Foucault, 2009b: 51-55).

En el caso de Kant, por tanto, Diógenes pareciera quedar sometido a Platón. Eso explica por qué, en su conferencia "¿Qué es la Ilustración?", Foucault introduce una "figura cínica" que no mencionó en el curso de 1983. Esa figura cínica es Baudelaire. Ya lo dijimos en su momento, la presentación de Baudelaire obedece a la necesidad de enfatizar que la "crítica" no es algo teórico (como en el caso de Kant), sino que es, ante todo, una cuestión *práctica*; es decir que no basta con "tomar la palabra" y asumir la condición de "docto" en periódicos, revistas y libros. La "crítica" es una actitud parresiástica (*sapere aude*) antes que un discurso, y esto es precisamente lo que representa Diógenes de Sínope. Antes que el ejercicio de una libertad garantizada por la ley, la crítica es una actitud de *desobediencia* a la ley, una ruptura con el *nómos* de la *polis*. Es Baudelaire, entonces, y no Kant, la figura que simboliza la *parrhesía* filosófica como *ethos*. Pues, al igual que Diógenes, Baudelaire le da la espalda a la política y prefiere transformarse a sí mismo antes que ceder a la "nivelación democrática". La negativa a asumir responsabilidad por lo público no es vista por Foucault como un vicio, sino como una virtud. Tanto Baudelaire como Diógenes son lobos solitarios sin ataduras, animales que carecen de moral colectiva, que desconfían de la "moral de rebaño". Nada les es más ajeno que los "proyectos colectivos", pues su revolución se dirige hacia la transfiguración de sí mismos. La apuesta de ambos no es cambiar el mundo, sino hacer de su vida una obra de arte. Esta será, precisamente, la línea de argumentación que seguirá Foucault a lo largo de su curso de 1984, considerado por algunos como su "testamento filosófico".

Comencemos con la clase del 29 de febrero de 1984, en la que Foucault retoma el tema de los dos desarrollos diferentes de la *parrhesía* filosófica, las dos "líneas de veridicción" que marcaron, de algún modo, toda la historia de la filosofía occidental. De un lado, tenemos la filosofía entendida como "metafísica del alma"; del otro, la filosofía entendida como "estética de la existencia" (Foucault, 2010: 175). No voy a insistir más en este tema, considerado ya con amplitud en el capítulo anterior.[53] Lo que me interesa señalar es que, para Foucault, los cínicos son el ejemplo perfecto del modo en que la filosofía es asumida como "estilística de la existencia". Mientras en el curso de 1982 eran sobre todo los *estoicos* quienes encarnaban este modo de vida, en el curso de 1984 serán los *cínicos*. Ellos son el mejor ejemplo de la articulación entre *parrhesía* y *ethos*, entre la verdad y la vida. ¿A qué se debe esta oscilación entre dos escuelas filosóficas tan radicalmente diferentes? Pues recordemos que para filósofos estoicos como Séneca, la tendencia de algunos

---

[53] Recordemos la tesis básica de Foucault: la metafísica del alma ha supuesto el olvido histórico de la estética de la existencia; y su "desocultamiento" es justo el proyecto genealógico en el que Foucault quiere trabajar al final de su vida: "Mi intención es en cambio comprender, tratar de mostrarles y mostrarme a mí mismo cómo, en virtud del surgimiento y la fundación de la *parrhesía* socrática, la existencia (el *bíos*) se constituyó en el pensamiento griego como un *objeto estético, objeto de elaboración y percepción estética: el bíos como una obra bella* [...]. Todo ese aspecto de la historia de la subjetividad, en cuanto constituye la vida como objeto para una forma estética, estuvo durante mucho tiempo recubierto y dominado, claro está, por lo que podríamos llamar la historia de la metafísica, la historia de la *psykhé*, la historia de la fundación y el establecimiento de la ontología del alma. Ese estudio posible de la existencia como forma bella también quedó oculto por el estudio privilegiado de las formas estéticas que se concibieron para dar forma a las cosas, las sustancias, los colores, el espacio, la luz, los sonidos y las palabras" (Foucault, 2010: 174. El resaltado es mío).

cínicos a desafiar abiertamente a los poderosos (burlándose públicamente de ellos o insultándolos en la calle) no era más que una actitud alocada y estúpida. ¿Qué virtud puede haber en arriesgar la vida de una forma tan banal? Pues bien, esto parece ser, precisamente, lo que admiraba tanto Foucault de los cínicos. La *parrhesía* como actitud de riesgo, como puesta en juego de la vida, como "dramática de la verdad".

En la clase referida, Foucault cita un texto de Epicteto (el retrato del cínico en el libro III de las *Disertaciones*),[54] en donde se muestra al cínico como un explorador, es decir, como aquel que se atreve a entrar en territorios desconocidos, llevando su vida más allá de los límites. Con su propia vida, el cínico nos lleva hasta una *terra incognita*, allí donde nadie más ha llegado antes. El cínico, nos dice, "es el hombre de la galopada por delante de la humanidad" (Foucault, 2010: 179). Ahora bien, ¿en qué sentido el cínico transgrede los límites? ¿Cuáles son estos límites? Ya lo vimos antes: son los límites fijados por el *nómos*, por la "vida política". El cínico cree que la vida política ha desnaturalizado al hombre, le ha convertido en un ser pasivo, débil, obediente, doméstico e inofensivo. La "estética de la existencia" es postulada, entonces, como una *sustracción de las obligaciones cívicas*, que para la Grecia clásica eran síntoma de civilización. El hombre, nos decía Aristóteles, es un "animal político", pues tiende por naturaleza hacia la comunidad, y las leyes encauzan sus hábitos hacia la virtud. Pero Diógenes de Sínope opinaba todo lo contrario: las leyes son causa de la degeneración humana y operan como instrumento de su servidumbre. Por eso el cínico "no practicaba ningún oficio, ni se preocupaba de honras y derechos, no tenía familia y no votaba ni contribuía al quehacer comunitario. Deambulaba por la ciudad como un espectador irónico y sin compromisos, sonriente y mordaz" (García Gual, 2002: 21). Su comportamiento generaba escándalo al transgredir los límites de lo aceptado por todos. Y escandalizaba justo por su desfachatez y desvergüenza, por

---

[54] Véase: Epicteto. *Disertaciones por Arriano*. Madrid: Gredos 1993.

los gestos obscenos y su actitud impúdica. Con sus acciones escandalosas (bien calculadas y ensayadas), el cínico desnuda la inautenticidad de las costumbres sociales, transvalorando los valores admitidos como base de la convivencia política. El escándalo como forma de *parrhesía*: eso es lo que distingue a los cínicos de los estoicos.

Para mostrar esto, Foucault recurre al famoso episodio de la masturbación de Diógenes de Sínope en el ágora. El libro de Diógenes Laercio afirma que "una vez que se masturbaba en medio del ágora, comentó: ojalá fuera posible frotarse también el vientre para no tener hambre".[55] Justo en el ágora, la plaza central de la ciudad, el lugar donde se convocaba la asamblea del *demos*, allí donde se tomaban las decisiones orientadas hacia el bien común, Diógenes se masturba, manifestando su total desprecio por la política y las convenciones sociales. No solo se masturbaba, sino que satisfacía sus necesidades básicas en el mismo lugar en que venían, sin dilaciones de ningún tipo, sin escrúpulos, sin bochorno, sin el menor sonrojo.[56] "Vivir conforme a la naturaleza" es la pedagogía del cínico que, sin embargo, no ha de confundirse con la de Rousseau. Pues no se trata de "volver" a la inocencia del buen salvaje, sino de asumir el hecho de vivir en la ciudad, pero habitándola de otro modo, desterritorializándola, subvirtiendo conscientemente sus normas. El cínico no es un ermitaño sino que es un habitante de la *polis* que, sin embargo, la interpela constantemente con su forma de vida. Esa es su misión en tanto que parresiasta. Su modo de vivir y su apariencia son parte de su práctica filosófica: el bastón de peregrino, el manto sucio, el zurrón de piel, la barba descuidada, el cabello largo. Su apariencia no es un mero "ornamento" sino expresión verdadera de todo lo que "es" (Foucault, 2010: 183). Mientras que los pitagóricos vestían de blanco, se bañaban regularmente y usaban perfumes

---

[55] Diógenes Laercio, VI, 46.
[56] No solo se masturbaba, sino que también orinaba, defecaba y comía en lugares públicos. Véase: Diógenes Laercio, VI, 61.

penetrantes (que buscaban resaltar su "pureza espiritual"), los cínicos se vestían como mendigos y desdeñaban la higiene más elemental. ¿Y por qué lo hacían? Para afirmar su proximidad con los animales y no con los dioses, como postulaba de antaño el ideal homérico. La suciedad del cuerpo y su desnudez enviaban un mensaje claro: no se trata de imitar a los dioses, como afirmaban literatos y filósofos, sino de imitar a los animales, pues ni los hombres ni los dioses son dignos de emulación. Hay que vivir como perros. De ahí el orgullo que sentía Diógenes al ser llamado como tal.[57]

En la clase del 14 de mayo de 1984 (primera hora), Foucault diserta sobre las diversas razones por las cuales Diógenes de Sínope fue llamado "el perro".[58] Acudiendo a un oscuro comentarista de Aristóteles, muestra que la idea de llevar un *bios kynikós*, una "vida de perro", no posee connotaciones peyorativas sino, todo lo contrario, resalta la inmensa sabiduría de los filósofos cínicos:

> En primer lugar, la vida *kynikós* es una vida de perro en cuanto carece de pudor, de vergüenza, de respeto humano. Es una vida que hace en público y ante la vista de todos lo que sólo los perros y otros animales se atreven a hacer, en tanto que los hombres suelen ocultarlo. La vida de cínico es una vida de perro como vida impúdica. En segundo lugar, la vida cínica es una vida de perro

---

[57] "Acudiendo una vez Alejandro hasta él le dijo: "Yo soy Alejandro el gran rey", repuso: "y yo Diógenes el Perro". Al preguntarle por qué se llamaba "perro", dijo: "porque muevo el rabo ante los que me dan algo, ladro a los que no me dan nada y muerdo a los malvados". Diógenes Laercio, VI, 60.

[58] ¿Por qué el perro como símbolo? ¿Acaso no se trata de un modelo gregario? Este animal es adecuado para simbolizar la vida cínica porque el perro vive en los márgenes de la civilización, se mueve en los lugares periféricos: en los cementerios, los mercados, las calles, sin tener una morada fija. Según cuenta Michel Onfray, en Atenas existía un lugar llamado el "Kinosargues" ubicado en las afueras de la ciudad, donde se encontraban los marginados de la sociedad (Onfray, 2002). No es por tanto el perro como animal doméstico y gregario, lo que simboliza a los cínicos, sino el perro como animal vagabundo, callejero, sin dueño, que vive junto a los hombres pero manteniendo sus hábitos naturales con todo impudor.

porque, como la de los perros, es indiferente a todo lo que puede suceder, no está atada a nada, se conforma con lo que tiene y no exhibe otras necesidades que las que puede satisfacer de inmediato. En tercer lugar, la vida de los cínicos es una vida de perro, se le ha impuesto el epíteto de *kynikós*, porque en cierto modo es una vida que ladra, una vida diacrítica (*diakritikós*), es decir, una vida capaz de combatir, de ladrar contra los enemigos [...]. En cuarto y último lugar, la vida cínica es *phylaktikós*. Es una vida de perro de guardia, una vida que sabe entregarse para salvar a los demás y proteger la vida de los amos. (Foucault, 2010: 256)

A través de estas cuatro características, el cínico muestra que la vida solo vale la pena vivirla si ella conlleva una ruptura con la moral convencional, esto es, si es radicalmente una "vida otra". El cinismo se muestra como la contracara del platonismo, pues mientras que este se planteó la pregunta por el "otro mundo", el cinismo, en cambio, se plantea la pregunta por la "vida otra" (Foucault, 2010: 258). No la "metafísica del alma" sino la "estética de la existencia", pero vivida de una forma más radical todavía que los estoicos. A través de su "vida militante", los cínicos realizan una "transvaloración de los valores", tal como lo proponía Nietzsche. Esto significa, de un lado, la desvalorización de los valores supremos, pero también —y como su contraparte— la disposición para aceptar el abismo (*Abgrund*) y llevar una vida "sin fundamentos", esto es, sin recurrir a las instituciones sociales y políticas como garantes del orden. El argumento de Foucault es el siguiente: si en Platón encontramos las raíces de la metafísica occidental, en Diógenes encontramos su contraparte. La vida que recurre a fundamentos últimos aparece junto con la vida que se basta a sí misma, que no requiere de nada por encima de las necesidades del cuerpo. Si en Platón queremos encontrar el nacimiento de la metafísica occidental, en Diógenes tendremos que encontrar su muerte. Este es el sentido de la contraposición ya referida entre la "metafísica del alma" y la "estética de la existencia". Ya no se trata de la contraposición entre "idealismo" y "materialismo", como lo señalara Althusser, sino entre *phsyché* y *bíos*: de un lado el autoconocimiento de la verdad eterna alojado en lo profundo del alma; del otro lado el cuidado de sí, la vida entendida como una obra bella (Foucault, 2010: 174). La "otra vida" *vs.* "la vida otra": he aquí la tensión constitutiva de toda la historia de la filosofía occidental. De un lado la negación de este mundo en nombre de una "otra vida" en la que habitan valores supremos; de otro lado la afirmación del *bíos*, en contraste con cualquier valor trascendente. Estas dos líneas fundadoras de la práctica filosófica occidental, nos dice Foucault, "fueron completa y definitivamente ajenas entre sí" (*ibíd*. 260). Aunque ambas, como vimos en el capítulo anterior, parten de una raíz común que es el cuidado de sí, van a tener, sin embargo, soluciones divergentes: la "verdadera vida" está en *otro* lado, dirá el platonismo; la "verdadera vida" es *esta* que tenemos, dirán los cínicos. No hay que ir a ningún otro mundo. Más bien, hay que asumir esta vida en toda su radicalidad, en toda su desnudez, porque ella es lo *único* que tenemos.

En la primera hora de la clase del 21 de marzo de 1984, Foucault dice que la "vida otra" que muestran los cínicos no es una esencia que habría estado "oculta" por los valores de la civilización. En este sentido, decíamos, el cinismo no puede equipararse sin más con un primitivismo que buscaría "rescatar" una bondad primigenia en el estilo de Rousseau. Más bien, esa "vida verdadera" que el cinismo señala tiene un carácter negativo. El cinismo, dice Foucault, hace las veces de "espejo roto" para la filosofía antigua. Es decir que su función es mostrar una imagen deformada, invertida, de todos los temas planteados por las otras escuelas filosóficas de la antigüedad. Los cínicos no dicen positivamente qué es la vida verdadera, sino que, a través de su modo de existencia, les muestran a los filósofos cuáles son sus propios límites. El cinismo es "una suerte de mueca que la filosofía se hace a sí misma", de tal manera que al contemplar el modo en que los cínicos viven (esa vida desvergonzada y animal de la que hablamos), el filósofo puede ver los límites de su propia vida (Foucault, 2010: 282). El cinismo supone, entonces, una transvaloración no solo de los valores sociales existentes, sino también de los valores planteados por la filosofía. A través del coraje de llevar la propia vida más allá de los límites, los cínicos transgreden los principios enseñados por aquellas escuelas de filosofía que Foucault estudió en el curso *La hermenéutica del sujeto*. Las clases del 14 y 21 de marzo abordan cuatro principios de vida que fueron planteados por otras escuelas filosóficas, pero que el cinismo transgredió de manera ejemplar.

El primer principio es el de la vida no disimulada, o principio de no simulación. Para los estoicos era importante vivir sin tener nada que ocultar a otros, vivir como si estuvieran siempre bajo la mirada de otros. Ya vimos cómo las cartas de Séneca obedecían a este principio: tanto el autor como el destinatario se "desnudaban" uno al otro, se mostraban tal como son, sin hipocresías, exhibiendo el "drama de la vida" que llevaban (tribulaciones, enfermedades, luchas espirituales, etc.). En las cartas de Séneca se despliega el tema del "hablar franco" entre amigos, sin tapujos, sin poner como pantalla las convenciones o los temores. Pues bien, con su modo de vida los cínicos muestran los límites de este principio estoico de no simulación, al radicalizar la eliminación de la intimidad. El cínico vive en la desnudez, se muestra públicamente tal como es, sin secretos. Satisface sus necesidades en público, vive siempre a la luz de la mirada de otros, en medio de la plaza, de los juegos, del teatro. "En la vida cínica no hay intimidad, no hay secreto, no hay inexistencia de publicidad" (Foucault, 2010: 266). Vida, por tanto, no disimulada, que da testimonio público de lo que es. El principio cínico de no simulación va mucho más allá de los estoicos a través de su vida siempre visible, sin secretos, desvergonzada y descarada.

El segundo principio es el de la vida no mezclada, la vida en independencia, sin mezclas con todo aquello que pudiera resultarle ajeno. Foucault habla de dos "estilísticas de la existencia" muy diferentes: la del platonismo, con su propuesta de una vida pura, una vida en la que se procura liberar el alma de todo desorden y de toda impureza. De otro lado tenemos la "estilística de la independencia", favorecida por los epicúreos y estoicos, en la que se persigue el ideal de la vida autosuficiente (autarquía), independiente de todo aquello que pueda desviar al sabio del cuidado de sí mismo (Foucault, 2010: 268). Los cínicos, por su parte, dramatizan este principio, lo empujan más allá de los límites fijados por las escuelas filosóficas. Independencia frente al mundo del trabajo, pues no practicaban ningún oficio; independencia frente al mundo de la familia, pues no se ligaban al matrimonio ni tenían hijos; independencia frente al mundo de la política, pues no contribuían al quehacer comunitario. El cínico se ha desligado literalmente de *todos* los compromisos, de todos los lazos de dependencia con respecto al mundo social. Como un animal feliz, Diógenes vivía en un tonel, despreciaba las riquezas y los honores, libre de las codificaciones sociales de las que filósofos como Séneca, Platón y Marco Aurelio jamás pudieron independizarse. Foucault destaca el tema de la "pobreza cínica", de la cual un filósofo como Séneca (uno de los hombres más ricos de su tiempo) jamás podría presumir.[59] Diógenes no tenía un techo bajo el cual dormir y su vestido se reducía al mínimo, pues su afán era vivir con lo indispensable. La pobreza cínica es literal, va más allá del "desapego" frente a las riquezas proclamado por las otras escuelas filosóficas. No se trata de renunciar a las preocupaciones de la fortuna pero teniendo fortuna, como Séneca, o de renunciar a las preocupaciones del poder pero teniendo poder, como Marco Aurelio, o de renunciar a las preocupaciones de la política pero deseando la política, como Platón. La pobreza cínica supone una renuncia *literal* y no solo "mental". No es una pobreza imaginada y tampoco padecida (frente a la cual se protesta), sino una pobreza buscada, deseada, elaborada. La pobreza como técnica de desidentificación frente al mundo, la cual genera una nueva

---

[59] Paul Veyne dice que la fortuna de Séneca ascendía a unos 75 millones de denarios, una suma fabulosa para la época, ¡equivalente a la quinta parte de la recaudación del Imperio romano! (Veyne, 2008: 29).

valoración, una nueva escala de valores. Se valoran la soledad, la miseria, el desprecio de los demás, la mala reputación, el no ser nada en el mundo (*ibíd*. 272). Transgresión, por tanto, del principio de la vida independiente, mediante el cultivo consciente del deshonor.[60]

El tercer principio es el de la "vida recta" como característica del sabio. Para los estoicos, como vimos en el capítulo anterior, la vida recta es aquella que se ajusta a la racionalidad inmanente del mundo. Vivir conforme al *kosmos*, ajustarse a la naturaleza, aceptar lo que nos depara el destino, aceptar que todo lo que acontece es justo solo porque acontece, aprender a reconocer el lugar de cada uno en la economía del universo. La "vida recta", entonces, como adecuación a una normatividad cósmica, pero también a las leyes humanas, a las leyes que rigen la comunidad. Es el famoso tema de la responsabilidad estoica, que Foucault abordó en su curso de 1982: los estoicos consideraban deshonroso, impropio de la vida filosófica, sustraerse de las responsabilidades sociales y políticas, de las obligaciones para con los demás. La vida cínica, por el contrario, supone una transvaloración de este principio, pues justo lo que busca es huir de las responsabilidades, *ser irresponsable*, no tener que responder frente a nada y frente a nadie por la propia conducta. Rechazo, por tanto, de la responsabilidad como camino para la vida filosófica. Descompromiso total con el mundo de las convenciones humanas y valoración de todo aquello que los

---

[60] Los cínicos procuran colocarse en situaciones humillantes, mostrando de este modo su total indiferencia frente al mundo. Diógenes Laercio cuenta cómo Diógenes de Sínope "entraba en el teatro en contra de los demás que salían. Al preguntársele por qué, dijo: "Eso es lo que trato de hacer durante toda mi vida" (Diógenes Laercio, VI, 64). Con este gesto, Diógenes expresa su desinterés por el teatro (uno de los centros de la educación ateniense) escenificando él mismo un drama: entorpece la salida de los asistentes poniéndose en contravía. Entre codazos y empellones, que busca recibir de forma consciente, el cínico vive "a la enemiga" (como decía Fernando González), yendo a contrapelo de todos los valores aceptados. Foucault parece exaltar esta búsqueda consciente de la humillación como una "tecnología del yo", al igual que lo harían los primeros monjes cristianos.

hombres desvalorizan. La "vida recta" de los cínicos —decíamos— no toma como modelo la vida de los dioses, sino la de los animales. Foucault recuerda que para el cínico la animalidad "es un modelo de comportamiento":

> Para no ser inferior al animal, hay que ser capaz de asumir esa animalidad como forma reducida pero prescriptiva de la vida. La animalidad no es un dato, es un deber [...]. Esa animalidad, que es el modelo material de la existencia, que es también su modelo moral, constituye en la vida cínica una suerte de reto permanente. La animalidad es una manera de ser con respecto a sí mismo, una manera de ser que debe tomar la forma de una prueba perpetua. La animalidad es un ejercicio. Es una tarea para sí mismo y, a la vez, un escándalo para los otros. Asumir, frente a los otros, el escándalo de una animalidad que es una tarea para uno mismo: a eso lleva el principio de la vida recta según los cínicos. (Foucault, 2010: 279)

La animalidad como "forma prescriptiva para la vida" supone, por tanto, una transvaloración del valor de la humanidad, tan apreciado por griegos, romanos y modernos. Para Platón, la educación es aquello que nos separa de los brutos, y para Aristóteles el hombre es un "animal político", un animal civilizado capaz de darse leyes y vivir en comunidad. Los cínicos, en cambio, desprecian este ideal de la *humanitas* y se desmarcan de los valores ligados a la civilización. Niegan, por tanto, el modelo de la "diferencia ontológica" sobre el que descansa la narrativa de la humanización. Transvaloración, pues, del humanismo y adopción consciente del modelo de la vida animal —y en particular de la vida del perro— como guía para la "vida recta".

El cuarto y último principio es la vida soberana, la vida en la que el sujeto ejerce dominio completo sobre sí mismo, sin que nada se le escape. Los estoicos hablaban del "dominio propio" como ideal que el sabio debe cultivar, pues ello le permite vivir libre de influencias externas, conectado consigo mismo, experimentando un gozo que nada ni nadie le puede arrebatar. Pero la vida soberana —como vimos— no supone para los estoicos el solipsismo, sino que demanda el cuidado de los otros, el ser de utilidad para los demás. Aunque viva retirado del mundo, lejos de la ciudad, disfrutando de la soledad del campo, el sabio estoico vive soberanamente cuando es "útil al género humano", cuando lleva una vida de servicio a los demás. Motivo típico de los estoicos, que luego será retomado por el cristianismo. El sabio ha de dar testimonio a los otros, servirles de ejemplo, ayudarlos, socorrerlos, servirles de antorcha para alumbrar el camino (Foucault, 2010: 285-286). ¿Qué hacen los cínicos frente a este principio? Lo transgreden, como a los tres anteriores, lo transvaloran. Pues, para ellos, el sentido de la vida no es servir a otros, no es vivir para que otros se beneficien. Todo lo contrario: el cínico vive para *agredir a los otros*, para molestarlos, para morderlos, como hacen los perros. El cínico, dice Foucault, "es útil porque muerde, es útil porque ofende" (*ibíd.* 292). Como un perro rabioso, el cínico merodea por las calles buscando a quién morder, a quién incomodar. Pero no lo hace por medio de discursos, sino de gestos, de ademanes escandalosos que escenifica performativamente. El cínico no está ahí para ayudar a los demás, sino para hostigarlos. La agresión es su valor supremo, su forma de vida. Agresión explícita, voluntaria, constante, que se dirige —nos dice Foucault— contra la humanidad en general (*ibíd.* 293).

En la clase del 21 de marzo de 1984, Foucault insiste mucho en el antihumanismo militante de los cínicos. El cínico lleva una "vida militante", una vida destinada al combate contra las costumbres, las instituciones y las leyes *humanas*. No lucha *por* el hombre sino *contra* el hombre. No combate para hacer "más humano" al hombre, sino para que se deshumanice por completo. Resonancia clara con lo ya planteado por Nietzsche: el hombre es algo que debe ser "sobrepasado" (*Überwunden*), debe convertirse en otra cosa, ir más allá de sí mismo, superar sus propios límites. El hombre tendrá que dejar de ser hombre para devenir "ultrahombre" (*Übermensch*). Los cínicos son como esos "grandes despreciadores" a los que se refiere Nietzsche en *Así habló Zaratustra*: esos que el profeta ama porque no pueden vivir sino hundiéndose en el ocaso de lo humano; porque viven para perecer como hombres. El principio cínico de la vida soberana no apunta, entonces, al orgullo de ser humanos (como en los estoicos), sino al combate permanente contra lo que queda en nosotros de "humano".

Al referirse a los cínicos de esta manera, pareciera que el último Foucault hubiera pasado del *antihumanismo metodológico* de sus escritos anteriores (el rechazo a una teoría de la naturaleza humana para explicar fenómenos relativos al poder y el conocimiento) a un *antihumanismo ético y político*, que postula sin más como "estilística de la existencia". Ya lo dijimos en la introducción a este volumen: con su utopía antiestatal de la "vida cínica", nuestro filósofo pretende buscar alternativas a la gubernamentalización promovida por la razón de Estado, el liberalismo y el neoliberalismo. El cinismo pareciera ser el ejemplo perfecto para mostrar en qué consiste la *desgubernamentalización* que necesita con urgencia el sujeto contemporáneo. Negarse a ser gobernados de ese modo, con esos objetivos, a través de esas técnicas estatales y económicas desplegadas por la modernidad, constituye precisamente la "actitud crítica" que Foucault quisiera encontrar en los cínicos. Y es que, para Foucault, el cinismo es algo más que una escuela filosófica que desapareció en la antigüedad sin dejar rastros. El cinismo es una *actitud transhistórica* que puede ayudarnos a resistir los imperativos disciplinarios y biopolíticos que gobiernan la vida de los sujetos. Al rastreo genealógico de la "actitud cínica" dedicaremos la última sección de este capítulo.

CINISMOS TRANSHISTÓRICOS

En la segunda hora de la clase del 29 de febrero de 1984, Foucault propone a sus estudiantes un "paseo", un "vagabundeo" por la historia del cinismo, que no será visto ya como escuela filosófica, sino "como actitud y manera de ser".[61] Una historia de la "actitud cínica" que, según nuestro filósofo, podría ser trazada "desde la antigüedad hasta nuestros días" (Foucault, 2010: 190). Vale la pena recordar que esta idea de una historia de la actitud cínica no es nueva en Foucault. Si nos remitimos al curso de 1982, *La hermenéutica del sujeto*, en la primera hora de la clase del 10 de febrero había propuesto trazar la "historia de la subjetividad revolucionaria", utilizando como pista metodológica la noción de "conversión" (Foucault, 2006d: 206). Es decir, trazar una historia de las revoluciones en Occidente, pero tomando como base el modo en que, a través de un "retorno a sí", de una "vuelta a sí mismos", los sujetos devienen militantes. Posteriormente, al comienzo del curso de 1983, *El gobierno de sí y de los otros*, anunció a sus estudiantes que ese año se ocuparía de abordar la "dramática del discurso verdadero", pero no solo en el mundo antiguo sino también en la modernidad. Propone tres figuras históricas de esa dramática: el "ministro", el "crítico" y el "revolucionario", que se habrían movido en el escenario de la política moderna entre los siglos XVI y XX (Foucault, 2009b: 86). Sabemos que este programa jamás se realizó y que Foucault centró su curso en la dramática de figuras como Ión, Platón y Sócrates. Con todo, la intención de escribir una historia de la subjetividad transgresora vuelve de nuevo en el curso de 1984, *El coraje de la verdad*, en el que dedica una sesión entera (en realidad solo fue la segunda hora) a retomar, a manera de esbozo, ese programa de investigación jamás realizado.[62]

---

[61] Foucault hace una pausa en sus consideraciones sobre el cinismo antiguo y propone a sus estudiantes el siguiente juego: "Imaginen que pudiéramos trabajar en grupo y quisiéramos escribir un libro sobre el cinismo como categoría moral en la cultura occidental: ¿qué haríamos?" (Foucault, 2010: 189).

[62] Foucault sabía que ya no le quedaría tiempo para realizar sus investigaciones históricas sobre la estética de la existencia. En la primera hora de la clase del 29 de diciembre les dice de repente a sus estudiantes: "Ese problema, ese tema de las relaciones entre el decir veraz y la existencia bella e, incluso, en una palabra, el problema de la "verdadera vida", exigiría, como es evidente, toda una serie de estudios. Pero —perdón por quejarme una vez más— es obvio

¿Pero existe acaso un cinismo *después* de los cínicos? Para discutir este problema, Foucault recurre a la diferencia categorial introducida por el teólogo alemán Paul Tillich entre *Kynismus* y *Zynismus*.[63] Tillich utiliza *Kynismus* para referirse al cinismo filosófico de la antigüedad, mientras que *Zynismus* hace referencia a algunas filosofías individualistas del siglo XX, como el existencialismo. Menciona también el libro de Arnold Gehlen, *Moral und Hypermoral* de 1969, en el que la palabra *Zynismus* se utiliza, como en Tillich, para señalar el carácter individualista del mundo contemporáneo. Pero la fuente básica utilizada por Foucault es el libro *Der Kynismus des Diogenes und der Begriff des Zynismus*, escrito en 1979 por Heinrich Niehus-Pröbsting, en el que opera la misma distinción categorial de Tillich, solo que la noción *Zynismus* abarca autores modernos como Schlegel, Wieland y Nietzsche. Por último, y aunque solo de pasada, Foucault menciona "un libro que no conozco, aparecido el año pasado en Alemania, en Suhrkamp, de alguien que se llama Sloterdijk y lleva el solemne título de *Kritik der zynischen Vernunft*" (Foucault, 2010: 191). Todos estos autores alemanes "oponen un cinismo de valor más bien positivo, que sería el antiguo, a un cinismo de valor negativo, que sería el moderno" (*ibíd.*, 192). Foucault, por el contrario, quiere corregir esta forma de enfocar el tema y propone una historia que mire las continuidades entre el cinismo antiguo y el moderno, pasando también por la edad media europea. Antes, pues, que asumir la distinción alemana entre "kinismo" y "cinismo", Foucault prefiere hablar de un "cinismo transhistórico".[64]

---

que son cosas que todavía no he analizado, y que sería interesante estudiar en grupo, en un seminario, y poder discutirlas. No, actualmente no estoy en condiciones —quizá suceda algún día, quizás no suceda nunca— de dictarles un curso en debida forma sobre el tema de la verdadera vida" (Foucault, 2010: 175).

[63] En su libro de 1953, *Der Mut zum Sein*, traducido al francés como *Le Courage d'être*.

[64] Es una pena que Foucault no haya alcanzado a leer el libro de Sloterdijk, pues aunque allí se retoma ciertamente la distinción entre *Kynismus* y *Zynismus*

La historia del cinismo después de los cínicos empieza con el cristianismo. "En el ascetismo cristiano encontramos lo que durante mucho tiempo fue el gran vehículo del modo de ser cínico a través de Europa" (Foucault, 2010: 193). Y, en efecto, eran muy frecuentes los cruces entre la vida cínica y la ascesis monástica durante los primeros siglos del cristianismo. El propio San Agustín (de quien no puede sospecharse vínculo alguno con el cinismo) decía que era posible admitir en la comunidad cristiana a filósofos que llevaran un modo de vida cínico. Esa persona, una vez convertida al cristianismo (es decir, habiendo renunciado a las falsas doctrinas paganas), puede continuar viviendo como cínico, vistiendo como cínico, etc.[65] Son, pues, las *prácticas de vida* el punto de encuentro entre el cinismo y el cristianismo, y no, desde luego, la doctrina cristiana y mucho menos su moral. Foucault recurre a varios ejemplos que muestran los cruces que se dieron entre la vida cínica y la vida monástica, sobre todo aquellos en los que el *martirio* era una manifestación del despojamiento de sí. Cita el caso de Peregrino, un filósofo cínico que se hizo cristiano y se quemó vivo, inmolándose en los juegos olímpicos del año 167 d.C. según cuenta Luciano de Samosata. ¿Y qué es lo que

---

(tomada por cierto del libro de Niehues-Pröbsting), no se establece, sin embargo, esa discontinuidad radical que el francés tanto critica. Al contrario, Sloterdijk examina el modo en que en el mundo moderno sobreviven tradiciones "kínikas" emparentadas con el cinismo antiguo. El filósofo alemán nos hablará, por tanto, de un "neokinismo" que se prolonga desde las tradiciones satíricas de la edad media a través de la cultura burguesa, y que llega incluso hasta el movimiento hippie de los años sesenta (del que formó parte el propio Sloterdijk). Esto, sin duda, hubiera complacido mucho a Foucault.

[65] El pasaje citado por Foucault corresponde al Libro XIX, capítulo 19 de *La ciudad de Dios*: "Nada interesa a esta Ciudad el que cada uno siga y profese esta fe en cualquier traje o modo de vivir, como no sea contra los preceptos divinos, pues con esta misma fe se llega a conseguir la visión beatífica de Dios y la posesión de la patria celestial, y así a los mismos filósofos, cuando se hacen cristianos, no los compele a que muden el hábito, uso y costumbre de sus alimentos que nada obstan a la religión, sino sus falsas opiniones. Por eso la diferencia que trae Varrón en el vestir de los cínicos, si no cometen acción torpe o deshonesta, no cuida de ella".

Foucault rescata de este mártir cínico-cristiano?[66] No tanto la dramática misma del martirio, sino el "escándalo de la verdad" ligado a ella. Peregrino se somete voluntariamente al martirio porque a través de él se prueba el *bíos* como verdad. El martirio opera aquí como *aleturgia*, como manifestación de la verdad. Recordemos lo dicho por Foucault en la primera hora de la clase del 29 de febrero:

> El cinismo liga el modo de vida y la verdad de una forma mucho más estrecha, mucho más precisa. Hace de la forma de la existencia una condición esencial para el decir veraz [...]. Hace de la forma de existencia un medio de hacer visible, en los gestos, en los cuerpos, en la manera de vestirse, en la manera de conducirse y de vivir, la verdad misma. En suma, el cinismo hace de la vida, de la existencia, del *bíos*, lo que podríamos llamar una aleturgia, una manifestación de la verdad. (Foucault, 2010: 185)

Desde luego que el martirio de Peregrino es también expresión de un "heroísmo filosófico" que Foucault —de la mano de Nietzsche— valoró mucho de los cínicos. Para estos, el héroe filosófico no es el sabio que se gobierna a sí mismo a través de la razón, como para los estoicos, sino el que *vive su vida al límite*. El heroísmo de Peregrino radica en haber despreciado su propia vida, en haberse sometido voluntariamente al martirio, dando con ello prueba visible de su fe. Recordemos lo dicho en el capítulo dos: en una época en que la iglesia primitiva combatía la influencia del gnosticismo, era importante mostrar que el *bíos* y no la *psykhé* es el lugar de manifestación de la verdad.[67] De ahí la alabanza que un ortodoxo como Tertuliano hace del heroísmo de los mártires. A esto debemos agregar que

---

66 "Peregrino es, pues, un cínico que pasó por el cristianismo o un cristiano convertido en cínico" (Foucault, 2010: 193).

67 Aquí resuena de nuevo la contraposición que hace Foucault entre la "metafísica del alma" y la "estética de la existencia", que —recordemos— había derivado del cotejo entre el *Alcibíades* y el *Laques*.

el tema de la "pobreza cínica", resaltado ya por Foucault en clases anteriores, tiene evidentes cruces con la vida de algunas comunidades monásticas cristianas: la idea del despojamiento, de la renuncia, de la desnudez, de reducir las necesidades al mínimo, será importante para varios movimientos espirituales durante toda la Edad Media europea. Foucault menciona en particular a los franciscanos, a quienes llama "los cínicos de la cristiandad medieval" (Foucault, 2010: 195). Fue precisamente a través de la renuncia a los bienes materiales, la asunción de la desnudez de Cristo y la exaltación de la fragilidad ontológica de los cuerpos (los estigmas de San Francisco), que los franciscanos adelantaron una especie de "reforma cínica" en el seno mismo de la Iglesia católica. La dimensión *performativa* de la vida cínica (ejemplificada por Diógenes de Sínope) parece ser aquello que Foucault rescata de comunidades monásticas como los franciscanos, que no hacían énfasis en cuestiones doctrinales y teológicas (como los dominicos), sino en la "pobreza evangélica".[68]

Pero al igual que había hecho en el curso de 1978, Foucault se interesa también por los movimientos heréticos de la Edad Media, que ahora enfoca bajo el lente de un "cinismo anti-institucional", cuya influencia se prolongó incluso hasta la reforma de Lutero. Recordemos que ya en su curso de 1978, *Seguridad, territorio, población*, Foucault había recurrido a estos movimientos heréticos como ejemplo de las "rebeliones antipastorales".[69] En esta ocasión amplía el panorama y utiliza el libro de Norman Cohn, *Les Fanatiques de l'Apocalypse*, para mostrar el modo en que una serie de "anarquistas místicos"[70]

---

[68] En la clase del 7 de marzo de 1984 Foucault muestra que la enseñanza de los cínicos (como la de los franciscanos) se hace "por el camino corto", es decir apelando menos a la teoría y a la dogmática, que a los modelos, relatos y anécdotas (Foucault, 2010: 225).

[69] Véase: Castro-Gómez, 2015a: 104-109.

[70] El libro de Cohn fue traducido al español como *En pos del milenio. Revolucionarios milenaristas y anarquistas místicos de la Edad Media*. La Rioja: Pepitas de Calabaza, 2015.

lucharon durante toda la Edad Media europea contra el enriquecimiento de la Iglesia y contra la relajación de sus costumbres. Cohn menciona en su libro a un movimiento del siglo XI que practicaba la autoflagelación delante de las iglesias. Marchaban de pueblo en pueblo encapuchados y con antorchas encendidas, y al llegar a la iglesia se ponían en círculo delante de ella, se desnudaban y empezaban a azotarse cruelmente durante horas, causando gran espanto entre los pobladores. Al igual que en el caso de Peregrino, Foucault destaca ejemplos "espectaculares" en su performatividad para mostrar la supervivencia de la "vida cínica" después de los cínicos. En el caso de los flagelantes, Cohn informa que estaban sometidos a una disciplina rigurosa, pues "no podían bañarse, ni afeitarse, ni cambiarse de ropa, ni dormir en camas blandas. No se les permitía hablar entre sí sin la aprobación del maestro y sobre todo se les prohibía cualquier trato con mujeres" (Cohn, 2015: 182). Específicamente, Foucault menciona el caso de Robert d'Arbrissel, un excéntrico predicador itinerante del siglo XI, de quien se dice que buscaba la compañía de mujeres para exponerse conscientemente al "fuego de la carne". Para nuestro filósofo, este es un ejemplo de la "desnudez cínica" que muestra, en el cuerpo mismo, "el teatro visible de la verdad" (Foucault, 2010: 195).

Un *segundo* momento en esta "historia de la actitud cínica" es el de algunos movimientos revolucionarios de los siglos XIX y XX. Las revoluciones modernas, dice Foucault, llevan en sí mismas un componente cínico que se realiza en la forma de vida militante. La revolución "no fue un mero proyecto político, fue también una forma de vida" (Foucault, 2010: 196). Esta "militancia revolucionaria" se manifestó de tres formas diferentes: la clandestinidad, el partidismo y el anarquismo. Foucault no se detiene sino en la *tercera* de estas formas, que es la que mejor expresa lo que significa "el escándalo de la vida revolucionaria como escándalo de la verdad".[71] Es aquí donde

---

71 "Podríamos decir esquemáticamente que [estos tres aspectos] predominaron de manera alternada: el aspecto de la socialidad secreta dominó con claridad

reaparece el modo de vida cínico, pues se trata de "romper con las convenciones, los hábitos y los valores de la sociedad" (*ibíd.*). Como Diógenes, el anarquista es un "militante contra el mundo". Agrede a la sociedad, no la acepta tal como es, quiere "morderla" con todas sus fuerzas, y expone su propia vida como testimonio de la verdad:

> Habría que estudiar a Dostoievski, por supuesto, y con él el nihilismo ruso; tras este, el anarquismo europeo y americano, y asimismo el problema del terrorismo y la manera en que el anarquismo y el terrorismo, como práctica de vida hasta la muerte por la verdad (la bomba que mata incluso a quien la pone), aparecen como una especie de paso al límite, paso dramático o delirante de ese coraje por la verdad que los griegos y la filosofía griega habían presentado como uno de los principios fundamentales de la vida de verdad. Ir a la verdad, manifestar la verdad, hacer prorrumpir la vida hasta perder la vida o derramar la sangre de otros, es algo cuya prolongada filiación encontramos a través del pensamiento europeo. Pero cuando digo que el aspecto del testimonio por la vida fue dominante en el siglo XIX, y que se le encuentra sobre todo en movimientos que van del nihilismo al anarquismo o el terrorismo, no quiero decir, sin embargo, que haya desaparecido del todo y que solo fue una figura histórica en la historia del revolucionarismo europeo. De hecho, vemos resurgir sin cesar el problema de la vida como escándalo de la verdad. Así, se advierte la reaparición bastante constante del problema del estilo de vida revolucionario en lo que podemos llamar izquierdismo. (Foucault, 2010: 197-198)

---

los movimientos revolucionarios a comienzos del siglo XIX; el aspecto de la organización se tornó esencial en los últimos treinta años de ese siglo con la institucionalización de los partidos políticos y los sindicatos; y el aspecto del testimonio por la vida, el escándalo de la vida revolucionaria como escándalo de la verdad, fue mucho más dominante en los movimientos que, en líneas generales, se sitúan a mediados del siglo XIX" (Foucault, 2010: 197).

Aquí Foucault parece identificar el "verdadero" izquierdismo con una radicalidad extrema que rechaza el mundo y sus instituciones. Los modelos de una posición "consecuente" de izquierdas son nada menos que el anarquista y el terrorista, figuras que están dispuestas a todo con tal de acabar con el mundo tal como es, pues lo rechazan visceralmente. Colocarán incluso bombas y sacrificarán su propia vida (¡y la de otros!) con tal de dar "testimonio de la verdad", tal como lo hicieran los antiguos cínicos. Declaraciones que parecen más una *apología del nihilismo* que una consideración seria de la política, con el agravante de que se apela a "los griegos y la filosofía griega" como base para esa argumentación.[72] Como si acciones espectaculares como quemarse vivo en medio de los juegos olímpicos, azotarse en grupos hasta sangrar en frente de una iglesia y colocar bombas en lugares públicos fueran ejemplos de una "estética de la existencia" que echaría sus raíces en la filosofía griega. Y como si el izquierdismo fuera simplemente una "actitud" que nada tiene que ver con las instituciones políticas, como se deja ver en las críticas que hace Foucault a las estructuras institucionales de los partidos de izquierda (en particular del Partido Comunista Francés), al que acusa de "retomar y hacer valer, en el propio estilo de vida, obstinada y visiblemente, todos los valores vigentes, todos los comportamientos más habituales y los esquemas de conducta más tradicionales" (Foucault, 2010: 198).[73]

---

[72] Esta identificación del cinismo con el anarquismo y el terrorismo parece más una provocación de Foucault que una reflexión seria sobre el asunto. En varias ocasiones él manifestó no ser un anarquista radical y tampoco un nihilista (Foucault, 2016b: 144; 152). El problema parece ser que en el anarquismo y el terrorismo Foucault reconoce formas de intervención política que buscan "desmolarizar" las relaciones de poder, haciéndolas fluidas y flexibles. Pero, *¿a qué precio?* Este problema lo abordaremos en el Epílogo de este libro.

[73] Aquí Foucault parece referirse específicamente al rechazo de la homosexualidad por parte del PCF, en el que militó durante poco tiempo. Sin embargo, la referencia va mucho más allá. El filósofo piensa que la institucionalización de la izquierda supone ya una complicidad con los procesos modernos de gubernamentalización que han sometido la vida individual a los imperativos

Vale la pena recordar que Foucault manifestó siempre una gran simpatía por el anarquismo. En la clase del 30 de enero de 1980, del curso *El gobierno de los vivos*, dice que la "vida verdadera" radica en el acto mismo de "desprenderse del poder", bajo el convencimiento de que ningún poder merece ser aceptado de antemano. Y, desde luego, el ejemplo clásico de esta forma de vida son los anarquistas. Foucault dice que no ve por qué la palabra "anarquía" no puede ser utilizada para movilizar un discurso crítico. Pues no se trata del proyecto utópico de una sociedad sin relaciones de poder, sino de una "actitud crítica" en la que el sujeto cuestiona en su propia vida las ligazones con el poder, negándose a ser gobernado de un modo particular (Foucault, 2014: 100). Agrega que incluso su propuesta metodológica no excluye la anarquía, sino que, por el contrario, es anarquista, es un tipo de "anarqueología".[74] Es evidente aquí la resonancia con su conferencia *¿Qué es la crítica?*, de 1978, donde decía que como respuesta a la gubernamentalización de la sociedad a partir del siglo XVI, surge una actitud crítica que dice: "no queremos ser gobernados en absoluto". Son, desde luego, los anarquistas, aquellos a quienes Foucault tiene en mente cuando dice que "la crítica será el arte de la inservidumbre voluntaria, de la indocilidad reflexiva" (Foucault, 2006a: 11). Parece claro que la interpretación que nuestro filósofo hace de los cínicos en su curso de 1984 está inspirada por el modelo anarquista que postula el "arte de la desgubernamentalización" como alternativa para las luchas políticas contemporáneas, tal como se comentó en el capítulo uno.

Pasemos al *tercer* momento de la "historia de la actitud crítica" que, como era de esperarse, Foucault identifica con la

---

del disciplinamiento y la biopolítica desde el siglo XVIII. En su opinión, el izquierdismo debe ser más una "actitud crítica" que una forma de organización política.

[74] Foucault recomienda expresamente a sus estudiantes leer el libro de Paul Feyerabend sobre la ciencia (*Against Method*), en el que se defiende un anarquismo epistemológico (Foucault, 2014: 101).

vida del artista. Momento que puede rastrearse ya en la Edad Media, con los juglares, los cuentos populares, las prácticas carnavalescas, pero que se hace especialmente claro a partir del Renacimiento en toda la cultura europea. Nace la idea de que el verdadero artista no puede tener una vida ordinaria, como la de todos los demás, sino que ella es transformada a través de su arte. El filósofo Peter Sloterdijk ha investigado muy bien este tema en su libro *Haz de cambiar tu vida*; pero a diferencia del alemán, Foucault no se interesa tanto por el artista *virtuoso* sino por el artista *excéntrico*. Singularidad del artista, que hace de su vida algo distinto, algo especial, que a los ojos de los demás podría parecer extraño e incluso escandaloso. Ya con el romanticismo del siglo XIX se impone la idea de que el arte es capaz de embellecer la vida, de hacerla una obra creativa, de separarla de la vida ordinaria:

> Este tema de la vida del artista, tan importante a lo largo del siglo XIX, se apoya en el fondo sobre dos principios. Primero: el arte es capaz de dar a la existencia una forma en ruptura con cualquier otra, una forma que es la de la verdadera vida. Y el segundo principio: si bien tiene la forma de la verdadera vida, la vida, a cambio, es el aval de que toda obra que echa raíces en ella y a partir de ella, pertenece a la dinastía y el dominio del arte. Creo, pues, que la idea de la vida del artista como condición de la obra de arte, autentificación de la obra de arte, obra de arte en sí misma, es una manera de retomar, bajo otro aspecto, el principio cínico de la vida como manifestación de ruptura escandalosa, a través de la cual la verdad sale a la luz, es manifiesta y cobra cuerpo. (Foucault, 2010: 200)

Los ejemplos que coloca Foucault de esta "vida artística" son Baudelaire, Flaubert y Manet. ¿Por qué estos tres nombres? Primero, porque estos artistas rompieron con la práctica del arte como ornamentación, del arte vinculado al mecenazgo, del arte entendido como *mimesis*, para entender el arte como lugar de "irrupción de lo sumergido" (Foucault, 2010: 201).

Esto significa que a través de su obra, estos sujetos han hecho visibles —como los cínicos— aquellos valores que la sociedad margina. El arte muestra en su desnudez "el abajo, aquello que en una cultura no tiene posibilidad de expresión" (*ibíd.*). Pero Baudelaire, Flaubert y Manet no solo agredieron al mundo con sus obras de arte, sino que también encarnaron la vida del "artista moderno" que Foucault había evocado ya con el tratado de Baudelaire en su conferencia *¿Qué es la Ilustración?*.[75] Allí se decía que el artista no acepta el mundo tal como es, sino que necesita transfigurarlo. ¿Cómo? Haciendo de su vida una obra de arte, pues esto conlleva entablar una relación liberadora consigo mismo, un "ascetismo indispensable". Ser moderno —nos dice Foucault en aquella conferencia— no es aceptarse a sí mismo como uno es, sino tomarse como objeto de una "elaboración compleja y dura" (Foucault, 2006b: 85). Y el ejemplo de esta relación artística de sí consigo es el *dandismo*. En tanto que paradigma del artista moderno, el "dandy" es aquel que quiere inventar el mundo, reinventándose a sí mismo. De modo que las tres figuras que Foucault menciona operaron como un "vehículo del cinismo", como ejemplo del modo en que el artista ha asumido el principio cínico de la vida como escándalo. Esto pareciera ajustarse muy bien a la figura de Baudelaire, e incluso a la de Flaubert, pero... ¿Manet? ¿Por qué la pintura de Manet puede ser vista como ejemplo de una actitud cínica propia del arte moderno, es decir, como una forma estética de *parrhesía*?

Tal vez valga la pena revisar la conferencia *La pintura de Manet*, que Foucault dictó hacia finales de los años sesenta.[76] Sabemos que el filósofo era un gran admirador de Manet y que incluso dejó un voluminoso manuscrito sobre su obra que, según dicen, destruyó antes de su muerte. Me interesa centrarme en la lectura que hace Foucault del cuadro *Olympia*, de Manet, para relacionarla con su categoría del arte moderno como ejercicio cínico. En primer lugar, sabemos que *Olympia* generó

---

[75] Véanse las reflexiones sobre esta conferencia en el capítulo uno.
[76] Véase: Foucault, 2005.

un escándalo. Fue exhibido en el "salón de los rechazados" en 1865, y generó tal reacción negativa que algunos espectadores procuraban destruir el cuadro picándolo con la punta de los paraguas. ¿Por qué esta reacción airada? No se trataba solo por el tema (un desnudo femenino, una prostituta), ya que esa tradición ya venía desde el siglo XVI y muchos desnudos habían sido ya exhibidos en el Salón de París. De hecho, Manet se inspira en el famoso cuadro *La Venus de Urbino*, de Tiziano. Foucault dice que el escándalo se debe a que los espectadores se sintieron interpelados, denunciados por los recursos estéticos del cuadro, en particular por el uso de la luz. Mientras que en *La Venus de Urbino* la luz viene de arriba, en el *Olympia* viene del frente y alumbra directamente el cuerpo de la mujer, es decir que proviene del lugar que ocupa el espectador. Lo que dice Foucault es que la mirada del espectador ilumina el cuerpo desnudo de la prostituta. No se trata, por tanto, de un espectador inocente, sino de uno implicado directamente con lo que desea. El cuadro es, en realidad, una representación del deseo del espectador. La prostitución como producto de la mirada burguesa que, sin embargo, el burgués niega hipócritamente, condenando esa prostitución como un problema moral. El cuadro obliga, entonces, al espectador a reconocer su propia vida, a mirarse a sí mismo, y por eso fue un escándalo. Como los cínicos, Manet genera un escándalo moral a través de su arte, de su lenguaje estético, pues muestra que el lugar del espectador es el lugar del cliente.

Ejemplos como este muestran que para Foucault el arte moderno puede ser visto como lugar de la *parrhesía*, como expresión de rechazo y agresión frente a las normas sociales, en una suerte de "cinismo permanente" con respecto a los cánones estéticos. En la clase del 29 de febrero de 1984 dice: "el arte moderno tiene una función que cabría calificar de esencialmente anticultural [...] el arte moderno es el cinismo de la cultura, el cinismo de la cultura vuelto contra sí mismo" (Foucault, 2010: 201). El filósofo piensa, desde luego, en las vanguardias artísticas de comienzos del siglo XX, cuyas obras forman parte hoy día de la industria cultural más conservadora. Son obras que ya no escandalizan a nadie, que ya no ofenden los valores culturales hegemónicos, porque han pasado a formar parte de ellos. Pareciera que la "función cínica" que tuvo el arte moderno se hubiera perdido para siempre. Se ha operado una desciniquización paulatina del arte por causa del mercado. No obstante, en la pintura del cubismo, en el arte Dadá y en el Surrealismo, en la música de Boulez y en la poesía de Baudelaire, Foucault quiere ver lo que en su momento fue una ruptura con las formas tradicionales de ver, oír, hablar y pensar. Tender puertas entre el arte y la vida fue, precisamente, el intento de las vanguardias modernas. Y esa parece ser *también* la apuesta de Foucault con su concepto "estética de la existencia". La vida y el arte se fusionan entre sí hasta el punto de llevar a cabo una estilización de la existencia, capaz de generar "escándalo" en quienes la ven. Diseño de uno mismo como ser excéntrico, concepción del sujeto como su propio escultor y poeta, a contrapelo de la "gubernamentalidad" estatal que normaliza la vida y la somete a las técnicas del biopoder. Pero, preguntamos, ¿no estará el "diseño de sí mismo" capturado *también* por el mercado de formas de vida que circula hoy por todo el mundo? ¿Añoranza de un tipo de estética que parece cosa del pasado? Pareciera que Foucault idealiza la estética de la existencia como forma de oposición ética y política; tema que retomaremos a continuación.

EPÍLOGO
EL "EFECTO FOUCAULT" DE LA POLÍTICA

En la Introducción a este volumen II decíamos que las ideas políticas de Foucault beben del espíritu de Mayo del 68, en el que la "suspensión" de los poderes del Estado aparecía como ideal emancipatorio.[1] Intervenir sobre las relaciones microfísicas del poder, como estrategia para "interrumpir" las operaciones del Estado, parecía ser la consigna bélica defendida por Foucault durante la primera mitad de la década de 1970.[2] No

---

[1] Sobre la relación de Mayo del 68 con el pensamiento político de Foucault, véanse: Pardo, 2000: 23-50; Merquior, 1988: 287-288.

[2] José Luis Pardo señala cómo el ideal político de Foucault durante estos años era el enfrentamiento de la vida desnuda contra el poder soberano. Le fascinaba el choque corporal con la policía, la puesta en riesgo de los cuerpos, el desafío mano a mano contra el poder. A este "modelo bélico" de la política le oponía el "modelo jurídico" centrado en los mecanismos democráticos, que para él resultaban inútiles. El esfuerzo de pensadores post-68 como Foucault y Deleuze, nos dice Pardo, "va encaminado a defender la tesis de que el nuevo ámbito político —microfísico— descubierto por los sucesos de mayo (y en donde el término "política", por primera vez, no remite al Estado sino únicamente al poder, a un poder que significa mas *potentia* que *potestas*) es intraducible al lenguaje de la política y nunca puede ser "comprendido" por el Estado ni legalizado por él [...]. Este sueño-pesadilla de una "política de lo imposible" alimenta, pues, una filosofía que quiere comenzar por pensar sin el Estado, y que por ello declara su filiación nietscheana y su enemistad

obstante, con el paso del modelo bélico al modelo gubernamental, esta forma de entender la política se modifica.[3] Los cursos dictados en 1978 y 1979 mostraron que no es tanto el Estado, sino tecnologías de gobierno vinculadas a la economía, las que desde el siglo XVIII han gobernado la conducta de los sujetos modernos. No solo el Estado y la sociedad civil han sido gubernamentalizados por completo, neutralizando los antagonismos allí presentes (de modo que ahí no puede esperarse ningún tipo de resistencia política), sino que también la subjetividad ha sido convertida en un "campo de intervención" de la racionalidad económica.[4] Foucault nos dice que, sobre todo después de la segunda guerra mundial, las técnicas neoliberales de gobierno han mercantilizado la relación de los sujetos consigo mismos, neutralizando en buena parte sus potencias creativas. Con todo, es aquí, en el campo de la subjetividad, donde todavía puede ofrecerse algún tipo de resistencia, donde existe aún espacio para el antagonismo. Buscando pistas para entender esta resistencia, nuestro filósofo recurre al mundo antiguo en sus cinco últimos cursos del Collège de France. Y la pista más importante la encontró en las "artes de la existencia" desarrolladas en la Grecia clásica (siglo V a.C.), el mundo helenístico (siglos I-III d.C.) y el monacato cristiano (siglos III-V d.C.). El estudio de

---

hacia el "filósofo-funcionario", servidor del Estado y defensor del Derecho" (Pardo, 2000: 31-32).

[3] Leer la filosofía política de Foucault exclusivamente sobre la base del modelo bélico, sin tener en cuenta al paso el modelo gubernamental, conlleva fuertes equívocos en la interpretación de su obra posterior. Véase, por ejemplo: Cerón Gonsalez 2011.

[4] Con el abandono del modelo bélico y la introducción de la subjetividad como variable relativamente independiente, tanto del poder como del saber, Foucault escapa ciertamente a las críticas que había recibido por parte de Habermas y Honneth en el sentido de que su diagnóstico se funda en una visión "mecanicista" y "funcionalista" de la conducta humana (behaviorismo). No obstante, esta importante modificación no logra afectar la gravedad del diagnóstico que había ofrecido en libros como *Vigilar y Castigar*. Al igual que Horkheimer y Adorno, pero con otro lenguaje, Foucault piensa que la "gubernamentalidad" ha logrado subsumir a su lógica (técnico-instrumental) todas las instituciones modernas. Véase: Honneth, 1986: 216-223.

los cambios que experimentaron las "artes de sí" en el mundo antiguo no pretende en modo alguno "revivirlas" hoy día, pero sí busca entender cómo sería posible desgubernamentalizar la subjetividad.

Tenemos, entonces, que si los cursos de 1978-1979 diagnostican el "malestar de la modernidad", los de 1980-1984 proponen un remedio contra la enfermedad. El malestar ya lo conocemos: las sociedades modernas se han gubernamentalizado a tal punto, que la subjetividad es heterónomamente conducida por tecnologías políticas de gobierno. La sociedad civil, la democracia y el Estado de derecho no son espacios en los que pueda abrirse paso una emancipación de la subjetividad. ¿Qué nos queda entonces por hacer? Nuestro filósofo está convencido de que los efectos desastrosos que las tecnologías de gobierno han obrado sobre la subjetividad, pueden ser neutralizados a través de intervenciones en la subjetividad misma, sin recurrir para ello a la mediación de las instituciones políticas. Y el remedio que receta en sus últimos cinco cursos lleva un nombre concreto: la *estética de la existencia*. La pregunta es: ¿qué tan adecuado es este diagnóstico y qué tan efectivo el remedio propuesto? A continuación quisiera argumentar que el diagnóstico de Foucault es *insatisfactorio*, pues adolece de serios problemas a nivel metodológico, histórico y estratégico. Una vez problematizado el diagnóstico, pasaré a considerar brevemente los límites del remedio:

1) Desde el punto de vista *metodológico*, Foucault apuesta por una visión *nominalista* que busca entender las prácticas sin recurrir a universales. Esto significa que el gobierno de la conducta es abordado desde el punto de vista de las *técnicas* que lo agencian y no de los sujetos y las instituciones que las ponen en marcha. Nuestro filósofo decía irónicamente que el Estado es como "una comida indigesta", pues en lugar de verlo como un universal ya constituido, del cual "emanan" las prácticas de gobierno, lo entiende más bien como el *producto* histórico de esas prácticas. Para Foucault, las prácticas se deben analizar

solo desde el punto de vista de su *funcionamiento* técnico.[5] Esto le conducirá a examinar el nacimiento del Estado moderno a partir de la conjunción de diferentes tecnologías (el poder pastoral y la economía política), y *prescindiendo de la política*, esto es, descartando de su análisis factores tales como las luchas sociales del momento, los intereses políticos de los actores y las lógicas geoestratégicas que coadyuvaron a este nacimiento. El nominalismo metodológico impide que estos factores generales se puedan utilizar para explicar el surgimiento del Estado, porque lo particular solo puede ser explicado por lo particular. Para Foucault, *el Estado es lo que hace*, razón por la cual se interesa únicamente por las *técnicas* que habilitan la ejecución particular de ciertas operaciones de gobierno. Esto le conduce a eliminar cualquier otro criterio de *legitimación* del Estado distinto al de su funcionamiento técnico, con lo cual nuestro filósofo se precipita directo en el "momento hobbesiano" de la política. Recordemos la máxima de Hobbes: *Auctorictas non veritas, facit legem*, lo cual significa que las leyes del Estado tienen validez únicamente *porque* son decretadas por la autoridad designada para ello. Análogamente, Foucault diría que las acciones del Estado tienen validez únicamente por la eficacia de las técnicas de gobierno a su disposición. Pero, al proclamar la eficacia técnica como único criterio que legitima la práctica gubernamental, nuestro filósofo *despolitiza el Estado* y lo presenta como una fría maquinaria instrumental. Quiero decir: al explicar el Estado únicamente con base en las técnicas que hacen posible su funcionamiento, Foucault ignora que *la política no es solo tecnología política* y que el Estado, más que

---

[5] Todavía en *Defender la sociedad* (1976) Foucault utilizaba el modelo bélico para entender el surgimiento del Estado como producto de una guerra, de tal modo que asuntos tales como la legitimidad, la representación y los derechos son tan solo efecto de una violencia originaria ejercida por los vencedores. Con la adopción del modelo gubernamental, en el curso *Seguridad, territorio, población* (1978) argumentará que el Estado es efecto de la conjunción de dos tecnologías de gobierno: una que busca gobernar la conducta individual y otra que busca gobernar los procesos poblacionales (*omnes et singulatim*). El Estado no es otra cosa que el efecto de una gubernamentalización técnica.

un ente monolítico, es un escenario estratégico de lucha. Pero esto es precisamente lo que el nominalismo metodológico impide pensar; razón por la cual Foucault adoptará una posición *antiestatalista* que renuncia de entrada a la transformación *política* de las instituciones.

¿Cuál pudiera ser el "efecto Foucault" de este anti-institucionalismo? Con algo de razón, Slavoj Žižek dice que la consigna política de Mayo del 68, "Pensar sin el Estado", conllevó una despolitización del movimiento estudiantil y abrió la puerta a la consolidación del neoliberalismo.[6] Pero esa despolitización no ha de centrarse tanto en el surgimiento de las luchas feministas, antirracistas y ecologistas, como quiere Žižek, sino en una cierta *actitud autonomista* que renuncia de entrada a la transformación política de las instituciones.[7] Esa idea de que el Estado y sus aparatos son como una especie de rey Midas, que cristaliza todo aquello que pasa por sus manos, es la excusa perfecta para la proliferación de movimientos "antisistema", que entienden la política de forma similar al modo en que la entendía Foucault hasta mediados de los años 70: como una serie de pequeñas luchas que nada piden al Estado, que no buscan negociar con los "poderes establecidos", que repudian toda institucionalidad y que no aspiran a representación alguna. Se trata de una insurrección bélica permanente, que no quiere convertirse en forma-Estado, sino continuar siendo *potentia* sin *potestas*.[8] Me pregunto si esta actitud no es en realidad un

---

[6] Véase: Žižek 2011: 61-76.

[7] Como ejemplos de este autonomismo político en la filosofía contemporánea debemos mencionar a Negri y Castoriadis, pero también a colectivos filosófico-políticos como el francés *Tiqqun*. Si se buscan ejemplos prácticos, quizás el más importante de todos sea el zapatismo en México, que de entrada renunció a la transformación de las relaciones sociales de poder y optó por un "éxodo" frente a ellas, buscando más bien la creación de islas de autonomía (los famosos caracoles). No es extraño que el zapatismo siga siendo el modelo al que acuden muchos movimientos autonomistas en todo el mundo.

[8] Ya vimos, en el capítulo uno de este libro, la razón de esta desconfianza hacia la *potestas*. Foucault piensa que toda relación de poder que vaya más allá del ámbito controlado por el individuo tiende a "molarizarse", es decir,

intento *conservador* de mantener la pureza de los principios, en lugar de ponerlos a prueba en el escenario del antagonismo democrático. En lugar de arriesgarse a ganar en una lucha por la hegemonía de la sociedad política, el autonomista prefiere "mantener la posición" y *seguir perdiendo*; prefiere dejar inalterada una condición de *subalternidad perpetua* que, por lo menos, le asegura legitimidad como sujeto excluido, a fin de alimentarse de sus continuas derrotas y permanecer en espera de una "revolución" siempre pospuesta. Aquí se opera una primera manifestación del "efecto Foucault" en la política: una despolitización de las luchas por la emancipación que se presenta, paradójicamente, bajo una máscara emancipadora. Un *subalternismo* autonomista que deja las cosas "tal como están".

2) Desde el punto de vista *histórico*, Foucault tiene una comprensión algo sesgada del significado político del siglo XVIII. De un lado, sus análisis establecen que en la "época clásica" se produjo una transformación radical del poder.[9] A partir de ese momento, el poder deja de funcionar como mecanismo de sustracción de fuerzas (poder soberano) y se convierte en un

---

a volverse inmóvil y cristalizarse. Pero esto no parece ser más que un dogma autonomista que Foucault hereda de Mayo del 68, y que luego se convierte en la *ilusión* de un cambio social sin instituciones. Creemos, por el contrario, que el papel de la política no es únicamente desmoralizar las relaciones de poder, sino establecer nuevos "puntos nodales", nuevas cristalizaciones temporales. Diríamos que una política progresista es aquella que crea nuevas instituciones, a la manera de una estrategia para devolver a las relaciones de poder su condición de movilidad, no para inmovilizarlas de nuevo. Ahí es donde se juega la *democracia*. Es por eso que la *potentia* sin *potestas* es a todas luces insuficiente para pensar la política. Para entender este punto, véanse los capítulos cuatro y cinco de mi libro *Revoluciones sin sujeto* (Castro-Gómez, 2015b: 223-397).

[9] En su artículo "Las mallas del poder" afirma que en el siglo XVIII se produjo "la gran mutación tecnológica del poder en Occidente". Tal mutación consiste en que fue inventada esa "gran tecnología de doble faz" a la que se refiere Foucault en *La voluntad de saber*. De un lado, la "tecnología individualizante del poder", que no pasa por el Estado sino que se despliega en las fábricas, las escuelas y los talleres; de otro lado, el gobierno de las poblaciones, que no funciona jurídicamente sino a través de la economía política (Foucault, 1999j: 243-245).

mecanismo de potenciación de la vida (biopoder). Esta es la razón por la cual se opone a toda consideración "jurídica" de la política y rechaza de plano la "hipótesis represiva" del poder.[10] Le parece que esta comprensión del poder es una reliquia del *pasado*, cuando fue utilizada como arma en la constitución de los poderes feudales medievales y luego en la constitución de las monarquías absolutistas europeas. Se trata de un poder represivo, que opera por sustracción de fuerzas (impuestos, monopolios, castigos), que captura los flujos circulantes por el territorio (cosechas, alimentos, cuerpos) y legitima este despojo con base en la autoridad fundadora del soberano (derecho divino).[11] Tal como lo muestra en su curso *Defender la sociedad*, Foucault piensa que el *derecho* no es otra cosa que la marca de una conquista pasada realizada por la fuerza y que evoca la obediencia debida a los vencedores.[12] El derecho es tan solo un mecanismo que legitima el dominio de los vencedores sobre

---

[10] Ya vimos antes cómo para el Foucault de los años setenta, el derecho (y por extensión el Estado de derecho) es un *aparato represivo*. Este motivo, central a su pensamiento, se modifica muy poco en el tránsito del modelo bélico al modelo gubernamental. Su apuesta continúa siendo ofrecer una alternativa al modelo jurídico del poder, al que acusa de no haber "cortado la cabeza del Rey", pues no toma en cuenta el alcance de las tecnologías políticas que se desplegaron a partir del siglo XVIII. Para Foucault, las sociedades modernas no pueden ser pensadas bajo el paradigma jurídico de la represión.

[11] Esta concepción de soberanía es muy similar a la que maneja Carl Schmitt. Recordemos aquel famoso pasaje de su libro *El concepto de lo político*: "El Estado, en su condición de unidad política determinante, concentra en sí una competencia aterradora: la posibilidad de declarar la guerra, y en consecuencia de disponer abiertamente de la vida de las personas. Pues el *ius belli* implica tal capacidad de disposición: significa la doble posibilidad para matar y ser muertos, y por la otra de matar a las personas que se encuentran del lado del enemigo" (Schmitt, 2014: 76).

[12] Es curioso que Foucault no haya reparado (como sí lo hizo Nietzsche) en que el modelo bélico está emparentado con el modelo jurídico, ya que la guerra fue siempre un fenómeno enaltecido por la nobleza. El honor militar, el combate, el duelo y la "hombría" fueron siempre valores pertenecientes al código moral de la aristocracia. No obstante, por lo menos hasta mediados de los años setenta, el filósofo se empeñó en colocar el modelo jurídico y el bélico en oposición, rechazando el primero pero acogiendo al segundo.

los vencidos.[13] Pero todo esto, según nuestro filósofo, empieza a cambiar a partir del siglo XVIII, cuando la normalización, el disciplinamiento de los cuerpos y el gobierno de las poblaciones dejen de pasar por el Estado. Esto será obra de nuevas tecnologías políticas (anatomopolítica y biopolítica) que ya no operan ni bélica ni jurídicamente; pero, más aún, será el producto de una nueva *racionalidad gubernamental* (un "poder sin rey" de carácter económico) que asumirá desde ahora el gobierno de las conductas. Lo cual implica necesariamente que el Estado ha sido despojado de la soberanía.

Pero si el modelo jurídico es cosa del pasado, si la soberanía del Estado desaparece desde el siglo XVIII bajo el avance de los nuevos poderes económicos, ¿cómo explicar entonces fenómenos como el fascismo y el estalinismo en la Europa del siglo XX? ¿Y cómo explicar también la persistencia del racismo y el colonialismo? Filósofos como Roberto Espósito han detectado una "vacilación" del pensamiento de Foucault en este punto. Es cierto que en su curso *Defender la sociedad* reconoce que en algunas ocasiones el poder soberano puede "retornar" y articularse con el biopoder. Pero, de ser así, ¿cuál es entonces la relación entre biopolítica y soberanía? Si la noción de gobierno se obtiene por *oposición* a la noción de soberanía (según se mostró en el volumen I de este libro), ¿cómo explicar ese misterioso retorno?[14] Al parecer, Foucault piensa que el racismo y el colonialismo son irrupciones "premodernas" en medio de la modernidad. Al igual que casi todos los izquierdistas europeos, está convencido de que son fenómenos del *pasado*, que "reaparecen" hoy día en manos de las fuerzas más reaccionarias de la sociedad. No obstante, si aceptamos que eso que llamamos "modernidad" viene de la mano con los procesos de expansión

---

[13] Sobre los problemas que acarrea la concepción foucaultiana del derecho, véanse: Wickham, 2002; Golder, 2009

[14] Espósito pregunta: "¿Es en verdad pasado ese pasado, o se alarga como una sombra sobre el presente hasta devorarlo?". ¿Es la soberanía "un remanente que tarda en consumirse, una chispa no del todo apagada"?, O más bien ¿un "sustrato profundo, una estructura subyacente"? (Espósito, 2004: 69-70).

colonial europea iniciados en el siglo XVI, entenderemos que el colonialismo y el racismo no son fenómenos ligados al "antiguo régimen" que fueron rebasados en el siglo XVIII, cuando se produjo el cambio de las tecnologías políticas. Son, por el contrario, fenómenos propiamente *modernos* que persisten hasta hoy. Vistas las cosas desde América Latina, no podemos decir que el poder soberano es cosa del pasado que "retorna" en determinadas ocasiones a la manera de un acontecimiento, puesto que las *herencias coloniales* sobredeterminan hasta hoy día los procesos de modernización en esta región del mundo, tal como ha sido mostrado en numerosos estudios.[15] No se ha producido entonces un *reemplazo*[16] de las técnicas represivas del poder soberano por las tecnologías políticas de los individuos, como quiere el diagnóstico de Foucault, sino que en muchos lugares del mundo (incluyendo a la propia Europa) esas tecnologías funcionan *conectadas* a estructuras soberanas

---

[15] La teoría crítica de los últimos años en América Latina ha mostrado que la modernidad y la colonialidad no son etapas sucesivas en el tiempo, sino fenómenos genéticamente *cooriginarios*. Lo cual significa que la colonialidad no es un subproducto de la modernidad, que será rebasado cuando esta se consolide plenamente (ideología desarrollista). Para hablar en los términos de Foucault diríamos que en esta región del mundo, el poder soberano no puede ser disociado de las tecnologías políticas modernas, sino que ambas formas de poder funcionan en mutua dependencia y se articulan la una con la otra. Me he ocupado de mostrar esto en mis estudios genealógicos titulados *La hybris del punto cero* y *Tejidos Oníricos*.

[16] Es Foucault mismo quien habla de "reemplazo": "Podría decirse que el viejo derecho de *hacer* morir o *dejar* vivir fue reemplazado por el poder de hacer *vivir* o de *rechazar* hacia la muerte" (Foucault, 2009a: 167). En su curso, *Seguridad, territorio, población*, decía, sin embargo, que las formaciones emergentes de poder no hacen desaparecer del todo a las precedentes. "No hay era de lo legal, era de lo disciplinario, era de la seguridad" (Foucault, 2006: 23). A pesar de esto, hasta el final de su vida mantuvo la convicción de que el modelo jurídico del poder no es más que un "anacronismo" en vías de desaparición. En el debate posterior a las conferencias que ofreció en el Darmouth College (1980) dijo claramente: "Las sociedades occidentales conocieron una era judicial, un período judicial que comenzó en el siglo XII o XIII y se extendió hasta principios del XIX, con las grandes constituciones políticas, los grandes códigos civiles y penales del siglo XIX, y ahora esas estructuras jurídicas están en plena decadencia y desaparición" (Foucault, 2016a: 115).

de poder. El filósofo no parece haber entendido que las formas de dominación al nivel de la subjetividad no pueden separarse del poder soberano que legitima, todavía hoy, las desigualdades propias de la sociedad estamental.[17] Por eso, como veremos luego, su visión política se dirige a combatir las técnicas que gobiernan la subjetividad, sin considerar las jerarquías que organizan desigualitariamente la sociedad.

De otro lado, resulta sorprendente la tesis de Foucault según la cual la democracia y el Estado de derecho son *también* encarnaciones del viejo poder soberano; con lo cual nos quedamos con las manos atadas para combatir las desigualdades arrastradas por el mismo. En el capítulo uno de este libro vimos que la Revolución francesa no representó para Foucault ningún cambio sustantivo con respecto al antiguo régimen soberano. La razón ya la sabemos: tales cambios no se produjeron al nivel de las leyes y las instituciones (ámbito jurídico), sino a nivel de las tecnologías de conducción de la conducta (ámbito gubernamental). Y fueron cambios que, lejos de moverse en una dirección progresista, refinaron el gobierno de los cuerpos y la sumisión de la subjetividad, tornándolos cada vez más imperceptibles, más moleculares, más ligados a la dimensión del deseo. No solo las ciencias (naturales y humanas) han servido para esclavizar a los sujetos en lugar de emanciparlos, sino que la democracia misma ha sido también un instrumento de esclavitud. Dicho de otro modo: eso que llamamos "democracia" no es más que la versión modernizada del antiguo discurso de la soberanía. Pues, según Foucault, fenómenos tales como la separación de la Iglesia y el Estado, la división de poderes, la legitimación del poder político con base en la soberanía popular, los derechos humanos, la ciudadanía universal, la constitución de una

---

[17] Foucault piensa que la dominación de la subjetividad tiene que ver hoy día exclusivamente con dispositivos de gobierno sobre las conductas (dispositivo de sexualidad, dispositivos de seguridad, etc.), sin reparar que estos mecanismos coexisten y están ligados a formas "soberanas" de dominación, como el trabajo infantil, las maquilas, la violencia sobre las mujeres y la esclavitud racista.

sociedad civil autónoma, etc., lejos de ser conquistas emancipatorias, son la prolongación de la figura soberana del rey.[18] Da igual si vivimos en una monarquía, en una dictadura o en una democracia: para Foucault todas estas formas políticas son tan solo distintos rostros de un *mismo* poder soberano que se resiste a morir.[19] Lo cual significa que una política emancipatoria no podrá ser democrática, pues esta forma de gobierno aún no ha "cortado la cabeza del rey".[20]

¿Cuál puede ser el "efecto Foucault" de este *discurso inflacionario* de la soberanía? Me parece que tiene que ver con una cierta *actitud antimoderna* que, por desgracia, se ha naturalizado en algunos círculos de izquierdas.[21] Hasta no hace mucho tiempo, esta actitud era normal y hasta cierto punto entendible en posiciones ligadas a la derecha política. Un teórico de derechas como Carl Schmitt decía, por ejemplo, que todos los conceptos políticos de la modernidad no son más que la prolongación de

---

[18] Aquí Foucault cae incluso por detrás de Marx, quien en textos como *La cuestión judía* reconocía el carácter emancipatorio de la Revolución francesa y del Estado liberal de derecho, si bien era consciente de sus contradicciones.

[19] Bien lo dice Luciano Nosetto, refiriéndose al concepto de soberanía en Foucault: "se trate de un hombre, de una asamblea de hombres, o de la voluntad general del pueblo, la soberanía y su discurso no dejan de remitir al personaje del rey [...]. Sea un Estado absolutista o una democracia popular, la máxima ha sido siempre la misma: legitimar al soberano" (Nosetto, 2014: 112).

[20] Si bien, en sus últimos años, Foucault reconoció la importancia de los derechos democráticos; por ejemplo en el caso del abogado alemán de las brigadas rojas, Klaus Croissant, refugiado en Francia (para quien pidió el derecho de asilo), así como en el caso de las luchas gay. En relación con esto último, y ante la pregunta de por qué las luchas gay no habían ido más allá de la reivindicación liberal de los derechos para las minorías sexuales, Foucault respondió: "Ante todo es importante para un individuo el tener la posibilidad —y el derecho— de elegir su sexualidad. Los derechos del individuo concernientes a la sexualidad son importantes, y todavía hay muchos lugares en los que no son respetados" (Foucault, 1999k: 418).

[21] En realidad, Foucault hereda de la izquierda marxista tradicional una cierta comprensión "sociológica" de la democracia, que la entiende como el brazo político de los intereses de la clase burguesa. La democracia como un mecanismo de dominación sobre las clases populares, en nombre de valores "burgueses" como la libertad y la igualdad. La democracia, pues, como una *institución del pasado* que debe ser "superada".

una teología política premoderna, de tal modo que no hay nada específicamente moderno que pueda ofrecer otro tipo de legitimidad al poder político, distinto del que existía en el antiguo régimen. Schmitt, en últimas, se niega a aceptar que de las ruinas del régimen teológico-político haya surgido una nueva forma de sociedad. Al igual que Foucault, se niega a aceptar lo que Claude Lefort llamó la "revolución democrática", pues considera que, en realidad, *la modernidad política no ha tenido lugar*. Lo que tenemos es el antiguo régimen de soberanía oculto bajo una fachada moderna y democrática. Resulta curioso (y digno de análisis) ver cómo esta misma idea transita sin solución de continuidad hasta filósofos nada sospechosos de complicidad con la derecha, como Giorgio Agamben, y cómo se ha convertido hoy en día en el caballo de batalla de algunos grupos que no dudan un segundo en *identificar* la modernidad en su conjunto con el colonialismo, el occidentalismo y el eurocentrismo. Tal vez valdría la pena resaltar que aunque es verdad, como recién dijimos, que la modernidad viene de la mano con los procesos de expansión colonial de Europa, ella no se *reduce* a estos procesos sino que los excede. No conviene confundir el proyecto colonial y epistemológico de la modernidad, con el núcleo duro de su *proyecto político*. A diferencia de lo que dice Foucault, este proyecto sí fue "regicida", pues a partir de la revolución democrática del siglo XVIII el poder ya no puede recurrir a ningún tipo de legitimación metafísica que naturalice la desigualdad. A raíz de ese acontecimiento político (de orden mundial), todas las jerarquías epistémicas, culturales y económicas de la sociedad, incluyendo las arrastradas por el propio colonialismo moderno, pueden ser combatidas a través de la extensión de valores como la igualdad y la libertad hacia ámbitos cada vez más amplios de la sociedad.[22] Me parece que es solo a

---

[22] Esto debido a que (como ya lo veía Marx) no se puede ser "libre e igual" sino en la medida en que *todos* tengan la posibilidad formal y material de serlo. Lo cual va en contravía de lo dicho expresamente por Foucault (según vimos en el capítulo uno de este libro), en el sentido de que la libertad *positiva* es el juego abierto de la confrontación agonística entre *individuos*, donde cada

partir de la asimilación crítica de este ideario democrático que podremos avanzar hacia la *transmodernización* que demandan las luchas políticas decoloniales.[23] En suma, y muy a pesar de lo dicho por Foucault, las luchas por la democratización radical de las instituciones políticas y por la transformación valorativa del sentido común, continúan siendo la *via regia* para combatir los embates del poder soberano.

3) Todo esto nos conduce al *tercer* elemento del diagnóstico de Foucault, estrechamente ligado a los dos anteriores. Ante los acechos permanentes del poder soberano, ante la incapacidad de la política moderna para combatirlos, ante el avance incontenible de las tecnologías políticas del neoliberalismo, ¿cuál es la estrategia de lucha propuesta? Para nuestro filósofo, tan solo existe una salida: la emancipación de la subjetividad. En su opinión, el problema fundamental de las luchas políticas contemporáneas no es cómo combatir la desigualdad en todos sus niveles, o cómo ampliar el espectro de libertades sociales y políticas hacia grupos tradicionalmente excluidos, sino uno mucho más modesto: cómo desgobernar la subjetividad. En el curso *La hermenéutica del sujeto* dice que "no hay otro punto, primero y último, de resistencia al poder político que la relación de sí consigo".[24] Muy lejos de él está la idea de que el objetivo fundamental de la política es construir intereses comunes que se presentan como válidos para toda la sociedad. Todo lo contrario: para Foucault, el espacio propio de la política no es el de los intereses colectivos, sino el de la relación del sujeto con su

---

cual tiene la posibilidad de evitar que su conducta sea gobernada por imperativos exteriores. Se trata, pues, de un concepto *subjetivista* que se mueve de espaldas a la realización social y política de la libertad. Soy libre siempre y cuando pueda hacer de mi propia vida una "obra de arte", no importa si vivo en medio de una sociedad objetivamente marcada por las desigualdades.

[23] Sobre el concepto de transmodernidad, véase: Dussel, 2015: 255-294; para una discusión en torno al concepto de *democracia transmoderna*, véase: Castro-Gómez, 2015: 357-359.

[24] Véase: Foucault, 2006d: 246.

entorno más *próximo*.²⁵ En su visión subjetivista de la libertad y la política, nunca se pregunta por asuntos que atañen al *bien común*, tales como la desigualdad, la pobreza, los derechos sociales, la justicia, la educación, la salud, el medio ambiente, la gestión de las finanzas públicas, etc. En suma, Foucault entiende la libertad como juego agonístico entre sujetos y no como *libertad política*. ¿Y por qué lo entiende de este modo? Porque está convencido de que en ese nivel comunitario y *supraindividual* las relaciones de poder son "molares", tienden a solidificarse y a convertirse en relaciones de dominación. Por eso Foucault se limita a identificar la justicia con el castigo, la pobreza con la biopolítica, la educación con el disciplinamiento, y la salud pública con la medicalización. De ahí su tesis de que una política de oposición en esos ámbitos resulta *imposible*, porque todos ellos han sido cooptados por la racionalidad gubernamental. El único espacio que aún queda para resistir es el de la relación de sí consigo, porque solo ahí las relaciones de poder son susceptibles de revertirse y volverse "moleculares", de tal modo que el juego agonístico de las libertades pueda ser posible.²⁶ Desde este punto de vista, uno se hace sujeto

---

[25] Ya lo vimos en el capítulo cuatro de este libro: para el último Foucault, la relación con los "otros" dependerá siempre de la relación que entable el sujeto consigo mismo (el cuidado de sí). No en vano esos "otros" son *individuos* pertenecientes al entorno de proximidad del sujeto: el maestro, el discípulo, los amigos, la esposa, el amante, el director de conciencia, etc.

[26] Aquellas escenas de los años setenta, en las que veíamos a Foucault marchar por las calles de París junto a Sartre para apoyar diversas causas políticas, desaparecieron a partir del abandono del modelo bélico. Nuestro filósofo se fue convenciendo con mayor fuerza de que el único espacio válido para la resistencia política es el de la "estilística de la existencia" y no el de la protesta pública. El prolongado silencio de ocho años que acompañó el abandono del modelo bélico y la concomitante crisis personal a la que hacíamos referencia en el volumen I (la inconformidad con su trabajo en el Collège de France, su fallido diagnóstico de la revolución iraní, las duras críticas que recibió de la izquierda, su ruptura con Deleuze, etc.) fueron volviendo a Foucault cada vez más escéptico respecto a la eficacia política de la acción colectiva. En una de sus últimas entrevistas manifestó estar "decepcionado" con el tipo de política en la que había creído en los años setenta, y le echa la culpa a su propia "ingenuidad" (Foucault, 2016: 117).

emancipado cuando entabla una relación de libertad consigo mismo y con su entorno inmediato. Para Foucault, la política de oposición tendrá que pasar por una ética de la subjetividad, o no será política en absoluto.

¿Cuál puede ser el "efecto Foucault" de esta *visión subjetivista* de la libertad y la política? Uno de ellos es la exaltación del comunitarismo ético como espacio privilegiado para la acción transformadora. Creencia que se deriva del diagnóstico examinado anteriormente. En un mundo en donde la vida ha sido colonizada por el mercantilismo, en el que la política de partidos está molarizada y en el que los levantamientos sociales resultan inútiles, no es extraño que la subjetividad aparezca como la última trinchera de resistencia. Por eso, en lugar de permitir ser gobernado por otros, la libertad consistiría en gobernarse *inmediatamente* a sí mismo, sin pasar por las instancias mediadoras de la sociedad política. En lugar de aceptar las leyes *morales* que organizan las distintas "posiciones de sujeto", la acción emancipatoria radicaría en que individuos y grupos particulares sean capaces de darse sus propias normas éticas de comportamiento. Si el poder ha hecho de la vida su objeto de intervención (biopoder), habría entonces que "recuperar" esa vida mediante la práctica de un nuevo "arte de vivir". Esto es lo que piensan hoy día multitud de grupos ecologistas, religiosos e indigenistas (la idea del "buen vivir"), convencidos de que el cambio radical de las formas éticas de vida es la clave para detener los males que afectan a la sociedad. La política se reduce entonces a la transformación de las relaciones del sujeto consigo mismo, con su entorno social más próximo (la comunidad) y con la naturaleza.[27] Pero si seguimos esta vía, ¿no estaremos confundiendo la ética de los individuos y las comunidades particulares con la *dimensión* ética de la política?

---

[27] Alberto Acosta dice al respecto: "El Buen Vivir es la esencia de la filosofía indígena. De lo que se trata es de buscar una vida en armonía de los seres humanos, viviendo en comunidad, consigo mismos, con sus congéneres y con la naturaleza" (Acosta, 2012: 70).

Son dos cosas enteramente diferentes. Una cosa es el *modo de vida* que un individuo o una comunidad particular tengan por "bueno" para sí mismos, ya sea porque se ajusta a sus tradiciones, a su idiosincrasia, o simplemente porque obedece a un ideal de existencia tenido por superior a otros. Otra cosa diferente son los principios de convivencia que se adecúan a un *régimen democrático pluralista*, y que no pueden reducirse a ningún bien de orden sustancial. Son principios que valen para *todos* los participantes de ese régimen, con independencia de cuáles sean las preferencias éticas (el "arte de vivir") de cada cual.[28] En sociedades pluralistas como las nuestras, que avanzan difícilmente hacia la construcción de la democracia, esos principios no pueden ser otros que la *libertad* y la *igualdad*.[29]

Ahora bien, es verdad que no habrá política emancipatoria si no se producen cambios en los modos de vida y si no se transforma el *sentido común* que estructura las posiciones de sujeto. Aquí Foucault tiene razón. Y también es verdad que a esta lucha por transformar el sentido común que organiza desigualitariamente nuestra comprensión del mundo contribuyen mucho todas esas intervenciones moleculares que nuestro filósofo tanto aprecia. Pero si de lo que se trata es de luchar

---

[28] Con esto no estoy diciendo que existan principios políticos que tengan *de suyo* un valor *universal*, derivados de las competencias morales del sujeto trascendental, como en su momento lo establecieron el primer Rawls y Habermas. Lo que digo es que en las sociedades que han venido formándose históricamente bajo la influencia de la revolución democrática del siglo XVIII (e incluyo aquí a todas las sociedades latinoamericanas), estos principios políticos no se reducen a valores comunitarios particulares, sino que su universalidad es construida con base en la interpretación hegemónica de valores como la libertad y la igualdad. Sobre la diferencia entre universalismo y universalidad, véase: Castro-Gómez, 2015b: 270-288.

[29] El pluralismo de las formas de vida que se observa en las sociedades latinoamericanas se impone por encima del mito latinoamericanista de la "unidad cultural". Y la lucha por la construcción de una *democracia participativa* como instrumento político para combatir las herencias coloniales, se impone por encima de los grupos que revindican un retorno al comunitarismo de las tradiciones indígenas, o bien un repliegue autonomista en el particularismo de las identidades subalternas. Véase mi libro *Crítica de la razón latinoamericana* (2011).

por lograr una *sociedad* justa e igualitaria (y no solo por establecer relaciones interpersonales abiertas y transparentes en *comunidades* pequeñas), entonces se hace claro que no basta con desgubernamentalizar la subjetividad, y que la lucha por la *hegemonía cultural* del sentido común debe ir acompañada de la lucha por la *hegemonía política* de las instituciones públicas. Lo cual significa que la política emancipatoria debe ir más allá de la ética de los individuos y de cualquier "arte de vivir" comunitario. Su objetivo es llenar de contenido significantes vacíos como "igualdad", "justicia" y "libertad", de modo que una mayoría de ciudadanos, con total independencia de las concepciones de bien que hayan adoptado, pueda *reconocerse* en esos significantes. Y esto no se logra con acciones individuales o sectoriales, sino a través de articulaciones políticas entre diferentes particularidades.[30] En suma, una política emancipatoria debe pasar de la *lógica diferencial* a la *lógica equivalencial*, pues de lo que se trata es de construir una *voluntad común* que vaya más allá de las luchas sectoriales. Dicho de otro modo: la política emancipatoria arrastra consigo una pretensión de universalidad (generalización de intereses) que un filósofo como Michel Foucault jamás pudo comprender.

Las tres consideraciones presentadas nos muestran que el diagnóstico foucaultiano de la gubernamentalización moderna es *incompleto* y conduce por ello a un remedio *equivocado*: la estética de la existencia. ¿Cómo entender históricamente la tesis de que las luchas por configurar un *estilo propio de vida* son el terreno adecuado para la política? El filósofo canadiense Charles Taylor ha mostrado que la elección autónoma del estilo de vida es un valor cuya trayectoria puede reconstruirse en cuatro momentos históricos: el romanticismo del siglo XVIII, las vanguardias artísticas de comienzos del siglo XX, los levantamientos juveniles de los años sesenta y la sociedad global de

---

[30] Tal como lo han mostrado Ernesto Laclau y Chantal Mouffe. Véase: Laclau (2008) y Mouffe (1999).

consumo de comienzos del siglo XXI. No es este el lugar para discutir en rigor la tesis de Taylor, pero la resumiré brevemente porque me parece que ayuda a comprender las apuestas políticas del último Foucault. La "ética de la autenticidad" —como la llama Taylor— surge en el seno del romanticismo europeo de los siglos XVIII y XIX, de la mano de poetas, filósofos, artistas y escritores. Si antes de esta época la subjetividad era vista como ligada a la "gran cadena del ser" (el orden metafísico del mundo), a partir de personajes como Rousseau se empieza a hacer énfasis en la *singularidad del yo*.[31] Y si anteriormente la belleza del arte se entendía en términos de *mimesis* (el arte remite a las analogías y correspondencias en el orden del ser), a partir de personajes como Schiller se empieza a valorar la experiencia de lo bello en el ámbito de la propia vida. Lo importante es vivir de forma bella, en contraposición al sometimiento a valores impuestos "desde el exterior"; situación que toma fuerza más adelante con el arte de vanguardia de finales del siglo XIX y comienzos del XX. Aquí se anuncia que el arte debe unirse con la vida, salir de las instituciones (museos, galerías), romper con los "valores burgueses" y resistirse a los códigos establecidos (Taylor, 2007: 281).

Es verdad, como se mostró en el capítulo uno de este libro, que Foucault comparte esta visión *romántica* del artista como aquel que se coloca en la exterioridad del orden establecido. De ahí su atracción por el "pensamiento del afuera" y las referencias constantes a escritores marginales, como Sade, Blanchot, Flaubert y Baudelaire. En varias ocasiones comparó su propia obra con una experiencia estética de autotransformación

---

[31] Taylor dice que esta tendencia hacia el repliegue en la subjetividad es la *otra cara* del "desencanto del mundo", la "pérdida de sentido" y el "eclipse de los fines" que producen en aquella misma época los procesos de racionalización en Europa, recogiendo de este modo el diagnóstico trágico de Max Weber y la Escuela de Frankfurt (compartido en cierta medida por Foucault): "La pérdida de libertad política vendría a significar que hasta las opciones que se nos dejan ya no serían objeto de nuestra elección como ciudadanos, sino la de un poder tutelar irresponsable" (Taylor, 1994: 45).

permanente, que resiste la adaptación al *statu quo*.[32] Pero también comparte mucho de las actitudes "hippies" escenificadas por la cultura juvenil de los años sesenta, a la que hace también referencia Taylor. Las juventudes rebeldes condenaban a la sociedad de posguerra por conformista, por plegarse a los valores de la producción, por resignarse a la pérdida de la individualidad. Las instituciones tradicionales (la familia burguesa, el Estado de derecho, los partidos políticos) eran vistas en su totalidad como "autoritarias" y se proclamaba una emancipación de la subjetividad que tendría lugar por *fuera de ellas*.[33] La expresión del yo, su liberación de ataduras impuestas, la libre manifestación de la sexualidad, el cultivo de la espiritualidad, son actitudes que van de la mano con una creciente desconfianza en las instituciones políticas. *La autoridad es intrínsecamente sospechosa, el Estado no tiene por qué intervenir en mi forma de ser y de pensar, soy libre para elegir el estilo de vida que mejor me parezca*, comienzan a ser consignas que calaron muy hondo en vastos sectores de la juventud.[34] Foucault respira todo este ambiente antiautoritario de la época y no permanece inmune a su influencia. Su apuesta por la "estética de la existencia"

---

[32] En la entrevista con Duccio Trombadori (1978) decía que se interesó siempre por aquellos personajes que llevaron su vida al límite. "Esta empresa desubjetivadora, la idea de una "experiencia límite" que arranca al sujeto de sí mismo, es la lección fundamental que aprendí de estos autores [Nietzsche, Blanchot, Bataille]; y es lo que me llevó a concebir mis libros, por más aburridos y eruditos que fueran, como experiencias destinadas a "arrancarme" de mí mismo e impedirme ser siempre el mismo" (Trombadori, 2010: 45).

[33] Foucault pensaba que la *ley* como tal —todo tipo de ley— constriñe la libertad del sujeto y pone límites a su creatividad. En este sentido preciso, su pensamiento está *emparentado* con el anarquismo. Solo seremos verdaderamente libres cuando no existan leyes, cuando desaparezca el *Estado*.

[34] Estoy reconstruyendo el relato de Taylor para buscar en él pistas que ayuden a entender mejor la opción que toma Foucault por la "estética de la existencia". Sin embargo, no comparto la *lectura conservadora* que hace Taylor de la "ética de la autenticidad". Para él, todo esto no conduce sino al "liberalismo" que justifica la legalización del aborto y el divorcio, la autorización de las películas pornográficas, la permisividad frente a la homosexualidad como opción legítima, etc. (Taylor, 2007: 297).

como alternativa a las "tecnologías políticas" de las instituciones se enmarca sin duda en este contexto.[35] Vistas las cosas retrospectivamente, diríamos que se trata de una concepción "sesentayochera" de la política, que un viejo sabueso como Habermas supo "oler" demasiado bien en su momento.[36] No quiero decir con ello que sea necesario deslegitimar las opciones políticas que surgieron a partir de Mayo del 68 (el feminismo, el ecologismo, el anticolonialismo), como quiere por ejemplo Žižek. Lo que digo es que tanto Foucault, como sus contemporáneos Deleuze y Derrida, están sumergidos en una especie de *vanguardismo esteticista,* explicable desde su

---

[35] De ahí su curiosa lectura de Kant, estudiada ya en el capítulo uno de este libro. Foucault cree que la "actitud crítica" es el arte de la *desobediencia frente a la autoridad* ejecutado de forma *individual.*

[36] Puntualicemos lo dicho ya en el capítulo uno. En el discurso pronunciado el 11 de septiembre de 1980 con motivo del premio Adorno que le otorgó la ciudad de Frankfurt, Habermas dice que las vanguardias artísticas del siglo XX representan tendencias políticamente conservadoras, en el sentido de querer "cancelar" (*Aufhebung*) la separación entre arte y vida. Esto equivale a desconocer el potencial de la racionalidad estético-expresiva, diferenciada ya del "mundo de la vida" (*Lebenswelt*). El proyecto vanguardista de reconciliar el arte con la vida conlleva una imposibilidad: recuperar la unidad de la razón, proyecto imposible ya en las condiciones desplegadas por el mundo moderno (diferenciación de las esferas de valor). Pero es justo *este* proyecto esteticista el que, según Habermas, ha sido reeditado por la actual filosofía posestructuralista en Francia. Filósofos como Foucault y Derrida pretenden superar las patologías de la razón moderna mediante el recurso a la "experimentación constante", haciendo de la subjetividad misma una obra de arte. Es por eso que el alemán se refiere a estos filósofos como los "jóvenes conservadores" (Habermas 1990: 52). ¿Qué decir frente a esta crítica? En primer lugar, Habermas se equivoca por completo al presentar a Foucault y a Derrida (pero también a las vanguardias artísticas) como queriendo recuperar la "unidad fundamental de la razón", es decir, como activando un proyecto nostálgico de orientación *antimoderna*. No obstante, hay algo que Habermas sí ve con mucha claridad: las *fatales consecuencias políticas del esteticismo vanguardista.* El filósofo alemán sabe que la renuncia a entender el potencial crítico que se despliega en las *instituciones modernas* (y esto incluye tanto las instituciones políticas como las artísticas) es un gesto de signo *conservador*. Decir que la acción política y artística debe replegarse al ámbito íntimo de la subjetividad, declarando las instituciones modernas (el Estado de derecho, la democracia) como elementos "alejados de la vida", refleja una comprensión *infantilista* de la política, que resuena con algunas tendencias juveniles del 68.

momento histórico particular, pero que no les dice mucho a las luchas políticas contemporáneas.

Taylor y Žižek resaltan un asunto que cuestiona la fuerza política del concepto "estética de la existencia". Se trata del actual mercado capitalista, que hace del "vivir bellamente" un valor fundamental. Millones de personas son interpeladas hoy día para expresar libremente su "individualidad", cultivar un "estilo de vida" propio, desarrollar su "espiritualidad", etc. Algunos dicen, incluso, que Foucault expresaba una secreta admiración por el modo en que el neoliberalismo coloca la relación de sí consigo en el centro de sus estrategias, construyendo un "yo" independiente del Estado (Zamora & Behrent, 2016).[37] Ya se dijo en el capítulo uno de este libro que tal sospecha resulta insostenible. Con todo, es verdad que el tópico de las "artes de la existencia", que a comienzos de la década de 1980 constituía una novedad filosófica, se fue convirtiendo luego en un "target" de mercado. Sin sospechar nada de esto, Foucault decía en 1981 que "hoy nadie se atrevería a escribir un libro sobre el arte de ser feliz". No deja de ser una ironía que fuera Foucault mismo quien, con sus estudios sobre la estética de la existencia, contribuyera a impulsar un género literario que se puso de moda. Filósofos como Wilhem Schmidt y André Compte-Sponville se han hecho famosos con libros asociados a la *Lebenskunstphilosophie* (filosofía del arte de vivir), que en las librerías suelen aparecer en la sección "literatura de autosuperación".[38] Abundan los libros sobre el "arte de ser feliz" que apelan exactamente a los *mismos* autores antiguos y modernos (Sócrates, Marco Aurelio, Séneca, Epicteto, Montaigne) que Foucault abordó en sus últimos cursos. Y aunque no podemos culparlo en absoluto de esto, sí emerge una sombra de duda en torno a si la estética de la existencia es el antídoto

---

[37] Es el gobierno de los estilos de vida al que hace referencia Lazzarato con su noción de *noopolítica* (2006).
[38] Véase el estudio de Dora Marín al respecto (2015). Para una crítica a la literatura del "arte de vivir", véase: Kersting & Langbehn 2007.

político que necesitamos para combatir las tecnologías modernas de gobierno.

Todo esto no quiere decir que la noción de *gubernamentalidad* —objeto de estudio en estos dos volúmenes— carezca de pertinencia analítica y heurística en las ciencias sociales y en la filosofía contemporáneas. Ya en el "anexo" incluido en el volumen I vimos cómo esta noción ha resultado provechosa para una serie de estudios en torno a la racionalidad de las prácticas médicas, terapéuticas, políticas, etc. Son cada vez más numerosos los estudios que arrojan luces sobre el funcionamiento del neoliberalismo con base en la metodología de análisis propuesta por Foucault. Es importante saber cómo funcionan las prácticas gubernamentales, qué tipo de racionalidad despliegan, a qué técnicas y estrategias recurren. Hemos aprendido mucho acerca del modo en que el neoliberalismo gobierna las conductas, establece un tipo específico de relación entre las personas y promueve una determinada relación empresarial de sí consigo. Con todo, esta metodología de análisis *nada* en absoluto nos dice sobre las *hegemonías políticas* que acompañan la puesta en marcha de las tecnologías neoliberales de gobierno. Quizás, como hemos dicho, el problema sea que todo este análisis de la gubernamentalidad supone la apuesta nominalista de "cortar la cabeza del Rey", es decir, de analizar el poder sin recurrir a *mediaciones políticas* de ningún tipo: el Estado de derecho, la justicia social, las libertades civiles, las luchas sociales, etc. Pero si nos quedamos solamente con las tecnologías políticas en su nuda facticidad, ¿no perdemos con ello los criterios para entender la acción política? Pues aunque esta operación metodológica visibiliza ciertamente la operatividad de las técnicas de gobierno, invisibiliza al mismo tiempo *cuáles* son las instituciones y *quiénes* los grupos sociales específicos *responsables* de su implementación. Y sin este ejercicio de construcción de un "ellos" (los responsables de poner en marcha esas técnicas) y de un "nosotros" (los que se oponen a ellas), la política como tal resulta imposible. Nadie se *organiza* políticamente para combatir "técnicas" anónimas.[39] Lo que se combate son las hegemonías políticas que implementan esas técnicas. Y el objetivo de esta lucha no es tan solo desgobernar la subjetividad de esas técnicas que se combaten, sino construir una hegemonía emancipatoria capaz de implementar *otras* técnicas de gobierno.[40] Pero es tal operación política justo lo que la analítica de la gubernamentalidad oblitera.

Diremos entonces que la analítica de la gubernamentalidad es útil para entender el *modus operandi* de las técnicas de gobierno, su despliegue histórico, su relación formal con otras técnicas, etc., pero resulta particularmente *inútil* para comprender la racionalidad política como tal.[41] Compartimos plenamente la tesis de Rancière, en el sentido de que Foucault nunca *pensó* la política en sentido estricto,[42] lo cual significa que fue un

---

[39] Esta tesis de que el poder está en todas partes, que nadie lo tiene, que solamente se ejerce localmente, etc., al mismo tiempo que abre nuevas posibilidades para pensar el *poder*, cierra también el espacio para pensar la *política*, pues esta demanda una serie de operaciones que no se *reducen* a las tecnologías políticas. Esto lo vieron ya los críticos de Foucault en los años setenta.

[40] Ya se dijo antes: el objetivo de la política no es solo "molecularizar" las relaciones de poder, tornándolas flexibles y dinámicas. También es necesario establecer "puntos nodales" capaces de implementar políticas igualitarias y asegurar la libertad. La izquierda no debe definirse a sí misma como opción de oposición únicamente, sino que también debe verse como *alternativa de gobierno*. Por eso no se trata solo de rechazar la biopolítica, como con frecuencia sostienen los foucaultófilos ("toda biopolítica es dominio sobre la población en nombre de la razón de Estado o del neoliberalismo"), sino de construir una biopolítica de signo emancipatorio. Se requiere ser demasiado ciego para decir que el gobierno de la población (en términos de salud, educación, trabajo, seguridad, oportunidades, derechos sociales, etc.) *no* debería ser el objetivo de una política progresista.

[41] Lo que digo es que la analítica de la gubernamentalidad, junto con la genealogía, constituyen aportes muy significativos de tipo metodológico para la comprensión del *poder*. Yo mismo me he beneficiado mucho de ellos en mis análisis históricos de la colonialidad. Pero a la hora de entender filosóficamente la *política*, me parece que resultan insuficientes.

[42] "Una subjetivación política es un dispositivo de enunciación y de manifestación de "un" colectivo. No creo que el pensamiento teórico de Foucault se haya preocupado por este problema [...]. En ninguna parte vemos que Foucault considere una esfera específica de actos que podríamos llamar actos de

pensador del poder, pero no de la política. De hecho, como hemos señalado, Foucault tiende a *confundir* la política con las tecnologías políticas. No comprendió jamás que la política no se reduce a la facticidad del poder, es decir, que hay un *exceso ontológico* del antagonismo con respecto a las relaciones históricas de poder que él nunca se animó a tematizar. Como hemos mostrado en otro lugar, Foucault no fue consecuente con la *ontología del poder* que hereda de Nietzsche y que postula el antagonismo de las fuerzas como condición trascendental de todo poder fáctico.[43] De haberlo sido, jamás hubiera llegado al diagnóstico de la gubernamentalización completa de la sociedad, precisamente *porque* el excedente de las fuerzas con respecto a la historicidad del poder impide la clausura de cualquier tipo de relación social. Y es justo la condición abierta del antagonismo en *todos* los ámbitos sociales (incluyendo desde luego al Estado y la sociedad civil, no solo el de las relaciones interpersonales) lo que hace posible la política. Pero el no reconocimiento de la ontología con la que implícitamente trabajaba en los años setenta hizo que Foucault identificara la política con su dimensión puramente óntica (las tecnologías

---

subjetivación política. No creo que se interesara nunca en definir una teoría de la subjetivación política […]. Lo que le interesa no es lo común polémico, sino el gobierno de sí y de los otros […]. Lo que le falta, a mi entender, es simplemente un interés *teórico* por la política. Lo que le interesó teóricamente bajo el nombre de política es propiamente la relación del poder del Estado con los modos de gestión de las poblaciones y de producción de los individuos. Esto, para mí, es constitutivo de la esfera de la policía (Rancière, 2011: 133-134).

[43] En realidad fue Gilles Deleuze el primero que hizo "explícitos" los supuestos ontológicos de la concepción foucaultiana del poder (Deleuze 2014: 99-125; 169-210). Para esta discusión en torno a la "ontología impensada" de Foucault, véase mi libro *Revoluciones sin sujeto* (2015: 223-250). Al respecto, véanse también las críticas a Foucault levantadas por la filósofa Béatrice Han en su extraordinario libro *L'ontologie manqué de Michel Foucault* (1998). Recientemente, el filósofo español Francisco Vásquez García ha mostrado que esta ontología implícita pero no reconocida por Foucault, puede rastrearse en la influencia que sobre él ejerció el vitalismo de Canguilhem (Vásquez García, 2015).

políticas), y le condujo finalmente a confinar el antagonismo en el ámbito de la subjetividad.

Con todo, los siete últimos cursos de Foucault en el Collège de France ofrecen un arsenal de conceptos que pudieran ser utilizados de forma diferente. Aquello que el filósofo decía de sus libros resulta todavía más cierto en relación con sus cursos: ellos deben ser vistos como cajas de herramientas, como instrumentos cuyo uso no está preestablecido. La analítica de la gubernamentalidad podría ser útil para un análisis de la acción política, más allá de las intenciones del propio Foucault. Existen estudios sobre el modo en que el concepto de gobierno puede cruzarse con la noción gramsciana de hegemonía, o incluso con la ontología negativa de Žižek y Laclau & Mouffe.[44] Del mismo modo, conceptos tales como *parrhesía* han resultado útiles para el análisis del discurso político en la esfera pública.[45] Incluso la noción "estética de la existencia" podría ser utilizada sin recurrir al esteticismo vanguardista en que la recluyó nuestro filósofo. Pero, más allá de las múltiples lecturas que puede ofrecer su obra tardía, lo cierto es que debemos ir *más allá de Foucault* para entender los alcances y límites de las luchas contemporáneas. La mejor estrategia para combatir el neoliberalismo no es el repliegue en las acciones moleculares, sino la lucha por reconquistar la soberanía de las instituciones públicas, que fueron sustraídas del control democrático y entregadas impunemente a la lógica mercantil.[46] Sería grotesco elegir la "estética de la existencia" como *alternativa* al Estado

---

[44] Para estudios específicos sobre la relación Foucault-Gramsci, véase la antología compilada por David Kreps (2015). Para un análisis comparativo de la teoría del discurso en Foucault, Laclau, Mouffe y Žižek, véase: Torfing, 2012.

[45] Véanse los valiosos estudios de Carlos Manrique al respecto (2013, 2014).

[46] Esto no significa que estemos *identificando* sin más la democracia con el Estado (estatalismo democrático). Somos conscientes de los antagonismos que existen entre los ideales emancipatorios de la democracia y la forma-Estado. Creemos, sin embargo, que en este momento específico de la historia mundial (hegemonía del neoliberalismo) se hace necesario luchar por una *recuperación* de la democracia estatal, reconociendo que hay que avanzar en todo caso hacia una radicalización de la democracia que, sin construirse *a espaldas* del Estado

democrático de derecho, sabiendo que el debilitamiento de este ha generado la precarización de millones de personas en todo el mundo, arrojadas sin piedad al circo romano de la competencia mercantil. Debemos entender que no hay soluciones éticas ni estéticas para los problemas *políticos* y que la construcción de una voluntad común es lo único que puede ofrecernos esperanzas en medio del desierto.

(como pretende el autonomismo), vaya *más allá* del Estado. Este, me parece, era el proyecto *político* de Marx. Véase: Abensour 2011.

BIBLIOGRAFÍA

Abensour, Miguel. 2011. *Democracy against the State. Marx and the Machiavellian Moment*. Cambridge: Polity Press.

Acosta, Alberto. 2012. *Buen vivir. Sumak kawsay. Una oportunidad para imaginar otros mundos*. Quito: Abya Yala.

Adorno, Francesco Paolo. 2010. "La tarea del intelectual: el modelo socrático". En Frédéric Gros (ed.). *Foucault. El coraje de la verdad*. Buenos Aires: Arena Libros.

Álvarez Yágüez, Jorge. 2013. *El último Foucault. Voluntad de verdad y subjetividad*. Madrid: Biblioteca Nueva.

Baudelaire, Charles. 2008. *El pintor de la vida moderna* (edición y traducción de Silvia Acierno y Julio Baquero Cruz). Madrid: Langre.

Benjamin, Walter. 2008. "El París del Segundo Imperio en Baudelaire". En *Obras*. Libro I, vol. 2 (edición española de Juan Barja, Félix Duque y Fernando Guerrero). Madrid: Abada Editores.

Butler, Judith. 2008. "¿Qué es la crítica? Un ensayo sobre la virtud de Foucault". En AA.VV. *Producción cultural y prácticas instituyentes. Líneas de ruptura en la crítica institucional*. Madrid: Traficantes de Sueños.

Bürger, Peter. 2009. *Teoría de la vanguardia*. Buenos Aires: Las Cuarenta.

Castro, Edgardo. 2009. "Foucault, lector de Kant". En Michel Foucault. *Una lectura de Kant. Introducción a la antropología en sentido pragmático*. Buenos Aires: Siglo XXI Editores.

_____. 2011. *Lecturas foucaulteanas. Una historia conceptual de la biopolítica*. Buenos Aires: Unipe.

Castro-Gómez, Santiago. 2011. *Crítica de la razón latinoamericana*. Bogotá: Editorial Pontificia Universidad Javeriana (segunda edición).

_____. 2015a. *Historia de la gubernamentalidad I. Razón de Estado, liberalismo y neoliberalismo en Michel Foucault*. Bogotá: Siglo del Hombre Editores / Instituto Pensar / Universidad Santo Tomás (segunda edición).

_____. 2015b. *Revoluciones sin sujeto. Slavoj Žižek y la crítica del historicismo posmoderno*. Madrid: Akal.

Castro Orellana, Rodrigo. 2008. *Foucault y el cuidado de la libertad. Ética para un rostro de arena*. Santiago: Lom Ediciones.

Castro Orellana, Rodrigo y Adrián Salinas (eds.). *La actualidad de Michel Foucault*. Madrid: Editores Escolar y Mayo.

Cerón Gonsalez, William. 2011. *La filosofía política en Michel Foucault. Una obra para repensar la política*. Medellín: Ediciones Unaula.

Chevallier, Philippe. 2011. *Michel Foucault et le christianisme*. Lyon: Ens Éditions.

_____. 2012. "O cristianismo como confissão em Michel Foucault". En *Foucault e o cristianismo*. Belo Horizonte: Autêntica Editora.

Cohn, Norman. 2015. *En pos del milenio. Revolucionarios milenaristas y anarquistas místicos de la Edad Media*. Logroño: Pepitas de Calabaza.

De Lagasnerie, Geoffroy. 2012. *A última Lição de Michel Foucault. Sobre o neoliberalismo, a teoria e a política*. São Paulo: Três Estrelas.

Defert, Daniel. 2001. "Zeittafel". En Michel Foucault. *Schriften in vier Bänden. Dits et Écrits*. Band I (1954-1969). Frankfurt: Suhrkamp.
Deleuze, Gilles. 2005. *Lógica del sentido*. Barcelona: Paidós.
_____. 2014. *El poder. Curso sobre Foucault*. Tomo II. Buenos Aires: Cactus.
_____. 2015. *La subjetivación. Curso sobre Foucault*. Tomo III. Buenos Aires: Cactus.
Deleuze, Gilles y Félix Guattari. 2005. *¿Qué es la filosofía?* Barcelona: Anagrama.
Detel, Wolfgang. 1998. *Foucault und die klassische Antike. Macht, Moral, Wissen*. Frankfurt: Suhrkamp.
Dosse, François. 2009. *Gilles Deleuze y Félix Guattari. Biografía cruzada*. México: Fondo de Cultura Económica.
Dreyfus, Hubert y Paul Rabinow. 2001. "Sobre la genealogía de la ética: una visión de conjunto de un trabajo en proceso". En *Michel Foucault: más allá del estructuralismo y la hermenéutica*. Buenos Aires: Nueva Visión.
Droit, Roger-Pol. 2006. *Entrevistas con Michel Foucault*. Buenos Aires: Paidós.
Dussel, Enrique. 2015. *Filosofías del sur. Descolonización y transmodernidad*. Madrid: Akal.
Eribon, Didier. 1992. *Michel Foucault*. Barcelona: Anagrama.
Espósito, Roberto. 2004. *Bios. Biopolítica y filosofía*. Buenos Aires: Amorrortu Editores.
_____. 2014. *Bios: biopolítica y filosofía*. Buenos Aires: Amorrortu.
Fiamini, Mariapaola. 2005. *Foucault y Kant. Crítica, clínica, ética*. Buenos Aires: Colección Sur / Herramienta Ediciones.
Foucault, Michel. 1991a. "*Omnes et singulatim*: hacia una crítica de la razón política". En *Tecnologías del yo y otros textos afines*. Barcelona: Paidós.
_____. 1991b. "Tecnologías del yo". En *Tecnologías del yo y otros textos afines*. Barcelona: Paidós.
_____. 1995. *Theatrum Philosophicum*. Barcelona: Anagrama.

_____. 1999a. "El retorno de la moral". En *Obras esenciales*. Volumen III: *Estética, ética y hermenéutica*. Barcelona: Paidós.

_____. 1999b. "La ética del cuidado de sí como práctica de la libertad". En *Obras esenciales*. Volumen III: *Estética, ética y hermenéutica*. Barcelona: Paidós.

_____. 1999c. "Estructuralismo y posestructuralismo". En *Obras esenciales*. Volumen III: *Estética, ética y hermenéutica*. Barcelona: Paidós.

_____. 1999d. "Foucault". En *Obras esenciales*. Volumen III: *Estética, ética y hermenéutica*. Barcelona: Paidós.

_____. 1999e. "Polémica, política y problematizaciones". En *Obras esenciales*. Volumen III: *Estética, ética y hermenéutica*. Barcelona: Paidós.

_____. 1999f. "El cuidado de la verdad". En *Obras esenciales*. Volumen III: *Estética, ética y hermenéutica*. Barcelona: Paidós.

_____. 1999g. "El combate de la castidad". En *Obras esenciales*. Volumen III: *Estética, ética y hermenéutica*. Barcelona: Paidós.

_____. 1999h. "Sexualidad y soledad". En *Obras esenciales*. Volumen III: *Estética, ética y hermenéutica*. Barcelona: Paidós.

_____. 1999i. "La escritura de sí". En *Obras esenciales*. Volumen III: *Estética, ética y hermenéutica*. Barcelona: Paidós.

_____. 1999j. "Las mallas del poder". En *Obras esenciales*. Volumen III: *Estética, ética y hermenéutica*. Barcelona: Paidós.

_____. 1999k. "Michel Foucault, una entrevista: sexo, poder y política de la identidad". En *Obras esenciales*. Volumen III: *Estética, ética y hermenéutica*. Barcelona: Paidós.

_____. 2000. *Defender la sociedad. Curso en el Collège de France (1975-1976)*. México: Fondo de Cultura Económica.

_____. 2000a. *Los anormales. Curso en el Collège de France (1974-1975)*. México: Fondo de Cultura Económica.

_____. 2001. "El sujeto y el poder". En Hubert Dreyfus y Paul Rabinow. *Michel Foucault: más allá del estructuralismo y la hermenéutica*. Buenos Aires: Nueva Visión.
_____. 2004. *Discurso y verdad en la antigua Grecia*. Barcelona: Paidós.
_____. 2005. *La pintura de Manet*. Barcelona: Alpha Decay.
_____. 2006a. "¿Qué es la crítica?". En *Sobre la Ilustración*. Madrid: Tecnos.
_____. 2006b. "¿Qué es la Ilustración?". En *Sobre la Ilustración*. Madrid: Tecnos.
_____. 2006c. *Seguridad, territorio, población. Curso en el Collège de France (1977-1978)*. México: Fondo de Cultura Económica.
_____. 2006d. *La hermenéutica del sujeto. Curso en el Collège de France (1981-1982)*. México: Fondo de Cultura Económica.
_____. 2007a. *Historia de la sexualidad*. Vol. II. *El uso de los placeres*. México: Siglo XXI Editores.
_____. 2007b. *Nacimiento de la biopolítica. Curso en el Collège de France (1978-1979)*. México: Fondo de Cultura Económica.
_____. 2009a. *Historia de la sexualidad*. Vol. I. *La voluntad de saber*. México: Siglo XXI Editores.
_____. 2009b. *El gobierno de sí y de los otros. Curso en el Collège de France (1982-1983)*. México: Fondo de Cultura Económica.
_____. 2010. *El coraje de la verdad. El gobierno de sí y de los otros II. Curso en el Collège de France (1983-1984)*. México: Fondo de Cultura Económica.
_____. 2012. *Historia de la sexualidad*. Vol. III. *La inquietud de sí*. México: Siglo XXI Editores / Biblioteca Nueva.
_____. 2013a. "La tecnología política de los individuos". En *La inquietud por la verdad. Escritos sobre sexualidad y el sujeto*. Buenos Aires: Siglo XXI Editores.

———. 2013b. "Uso de los placeres y técnicas de sí". En *La inquietud por la verdad. Escritos sobre la sexualidad y el sujeto*. Buenos Aires: Siglo XXI Editores.

———. 2014a. *Obrar mal, decir la verdad. La función de la confesión en la justicia*. Buenos Aires: Siglo XXI Editores.

———. 2014b. *Del gobierno de los vivos. Curso en el Collège de France (1979-1980)*. México: Fondo de Cultura Económica.

———. 2014c. *Subjectivité et Verité. Cours au Collège de France. 1980-1981*. Paris: Seuli / Gallimard.

———. 2015a. "Sobre el comienzo de la hermenéutica de sí". En Jorge Álvarez Yágüez (ed.). *Michel Foucault. La ética del pensamiento. Para una crítica de lo que somos*. Madrid: Biblioteca Nueva.

———. 2015b. "La ética del pensamiento". En Jorge Álvarez Yágüez (ed.). *Michel Foucault. La ética del pensamiento. Para una crítica de lo que somos*. Madrid: Biblioteca Nueva.

———. 2015c. "Entrevista a Michel Foucault, con J.P. Joecker, M. Overd y A. Sanzio". En Jorge Álvarez Yágüez (ed.). *Michel Foucault. La ética del pensamiento. Para una crítica de lo que somos*. Madrid: Biblioteca Nueva.

———. 2015d. "Política y ética". En Jorge Álvarez Yágüez (ed.). *Michel Foucault. La ética del pensamiento. Para una crítica de lo que somos*. Madrid: Biblioteca Nueva.

———. 2016a. "Debate sobre verdad y subjetividad". En *El origen de la hermenéutica de sí. Conferencias de Darmouth, 1980*. Buenos Aires: Siglo XXI Editores.

———. 2016b. "Estos son mis valores". En *El origen de la hermenéutica de sí. Conferencias de Darmouth, 1980*. Buenos Aires: Siglo XXI Editores.

García Gual, Carlos. 2002. *La secta del perro*. Madrid: Alianza Editorial.

García Gual, Carlos, Emilio Lledó, Pierre Hadot (eds.). 2014. *Epicuro. Filosofía para la felicidad*. Buenos Aires: Errata naturae.

Golder, B. Filzpatrick. 2009. *Foucault's Law*. London: Routledge.

Gros, Frédéric. 2010. "La *parresía* en Foucault (1982-1984)". En Frédéric Gros (ed.). *Foucault. El coraje de la verdad*. Buenos Aires: Arena Libros.

Habermas, Jürgen. 1990. "Die Moderne – ein unvollendetes Projekt". En *Philosopisch-politische Aufsätze 1977-1990*. Leipzig: Reclam.

_____. 2008. *El discurso filosófico de la modernidad*. Buenos Aires: Katz.

Hadot, Pierre. 2006. *Ejercicios espirituales y filosofía antigua*. Madrid: Ediciones Siruela.

_____. 2009. *La filosofía como forma de vida*. Barcelona: Ediciones Alpha Decay.

Halperin, David. 1990. *One Hundred Years of Homosexuality and other Essays on Greek Love*. New York: Routledge.

Han, Béatrice. 1998. *L'Ontologie manqué de Michel Foucault*. Grenoble: Éditions Jérôme Millon.

Heidbrink, Ludger. 2007. "Autonomie und Lebenskunst. Über die Grenzen der Selbsbestimmung". En Wolfgang Kersting und Claus Langbehn (eds.). *Kritik der Lebenskunst*. Frankfurt: Suhrkamp.

Hemminger, Andrea. 2004. *Kritik und Geschichte. Foucault – ein Erbe Kants?* Berlin: Philo.

Höffe, Otfried. 1979. *Ethik und Politik. Grundmodelle und –probleme der praktischen Philosophie*. Frankfurt: Suhrkamp.

_____. 1996. *Immanuel Kant*. München: Verlag C.H. Beck.

Honneth, Axel. 1986. *Kritik der Macht. Reflexionsstufen einer kritischen Gesellschafttheorie*. Frankfurt: Suhrkamp.

Horn, Christoph. 2007. "Objektivität, Rationalität, Immunität: Teleologie: Wie plausibel ist die antike Konzeption einer Lebenskunst?". En Wolfgang Kersting und Claus Langbehn (eds.). *Kritik der Lebenskunst*. Frankfurt: Suhrkamp.

Kant, Immanuel. 1996a. "Beantwortung der Frage: Was ist Aufklärung?". En *Schriften zur Anthropologie, Geschichtsphilosophie, Politik und Pädagogik 1*. Frankfurt: Suhrkamp.

_____. 1996b. "Der Streit der Fakultäten". En *Schriften zur Anthropologie, Geschichtsphilosophie, Politik und Pädagogik 1*. Frankfurt: Suhrkamp.

_____. 2003. *El conflicto de las Facultades*. Madrid: Alianza Editorial.

Kersting, Wolfgang und Claus Langbehn (eds.). 2007. *Kritik der Lebenskunst*. Frankfurt: Suhrkamp.

Kraemer, Celso. 2011. *Ética e liberdade em Michel Foucault. Uma leitura de Kant*. São Paulo: Educ.

Kreps, David (ed.). 2015. *Gramsci and Foucault: A Reassessment*. Farnham: Ashgate Publishing Company.

Laclau, Ernesto. 2008. *La razón populista*. México: Fondo de Cultura Económica.

Lazzarato, Maurizio. 2006. *Por una política menor. Acontecimiento y política en las sociedades de control*. Madrid: Traficantes de Sueños.

Manrique, Carlos. 2013. "Actitud, crítica, ruptura: la reconfiguración de la esfera de lo público en la reflexión de Foucault sobre la *parrhesía* como modo del decir veraz". En Manrique, Carlos y Acosta, María del Rosario (eds.). *A la sombra de lo político. Violencias institucionales y transformaciones de lo común*. Bogotá: Ediciones Uniandes.

_____. 2014. "La dramatización de la verdad y la discursividad de los cuerpos (líneas de resonancia entre los estudios de Foucault sobre la gubernamentalidad neoliberal y la *parrhesía* cínica). En *Quadranti. Rivista Internazionale di Filosofia Contemporanea*. Vol. II, n. 1, pp. 183-205.

Mariblanca Corrales, Pedro José. 2015. *Tiqqun and the Matter of Bloom in Contemporary Political Philosophy*. Licencia de Creative Commons.

Marín-Díaz, Dora. 2015. *La clave es el individuo: prácticas de sí y aprendizaje permanente*. Belo Horizonte: Autêntica Editora.

McCarthy, Thomas. 1993. *Ideale und Illusionen. Dekonstruktion und Rekonstrution in der kritischen Theorie*. Frankfurt: Suhrkamp.

McGushin, Edward. 2007. *Foucault's Askésis. An Introduction to the Philosophical Life*. Evanston: Northwestern University Press.

Merquior, J.G. 1988. *Foucault o el nihilismo de la cátedra*. México: Fondo de Cultura Económica.

Moreno Pestaña, José Luis. 2014. "Pericles en París". En *Pensamiento*. Vol. 70, número 262, pp. 99-119.

Mouffe, Chantal. 1999. *El retorno de lo político. Comunidad, ciudadanía, pluralismo, democracia radical*. Barcelona: Paidós.

Nehamas, Alexander. 1985. *Nietzsche: Life as Literature*. Cambridge: Harvard University Press.

Nietzsche, Friedrich. 2001. *Schopenhauer como educador* (traducción de Jacobo Muñoz). Madrid: Biblioteca Nueva.

_____. 2009. *La ciencia jovial* (traducción de Germán Cano). Madrid: Gredos.

Nosetto, Luciano. 2014. *Michel Foucault y la política*. Buenos Aires: UNSAM.

Onfray, Michel. 2002. *Cínicos. Retrato de los filósofos llamados perros*. Barcelona: Paidós.

Pardo, José Luis. 2000. "Máquinas y componendas. La filosofía política de Deleuze y Foucault". En Pablo López Álvarez y Jacobo Muñoz (eds.). *La impaciencia de la libertad. Michel Foucault y lo político*. Madrid: Biblioteca Nueva.

Prado, C.G. 2006. *Searle and Foucault on Truth*. New York: Cambridge University Press.

Rancière, Jacques. 2011. "La política no es coextensiva ni a la vida ni al Estado". En *El tiempo de la igualdad. Diálogos sobre política y estética*. Barcelona: Herder.

Schmitt, Carl. 2014. *El concepto de lo político*. Madrid: Alianza Editorial (segunda edición).

Senellart, Michel. 2012. "Verdade e subjetividade: uma outra história do cristianismo?". En Cesar Candiotto y Pedro de Souza (orgs.). *Foucault e o cristianismo*. Belo Horizonte: Autêntica Editora.

Simons, Jon. 1995. *Foucault & the Political*. London: Routledge.

Sloterdijk, Peter. 2012. *Has de cambiar tu vida*. Valencia: Pre-Textos.

Taylor, Charles. 1994. *La ética de la autenticidad*. Barcelona: Paidós.

⎯⎯⎯⎯. 2007. *La era secular*. Tomo II. Barcelona: Gedisa.

Torfing, Jacob. 2012. "The Linguistic Turn: Foucault, Laclau, Mouffe, and Žižek". En Thomas Janoski et al. (eds.). *The Handbook of Political Sociology. Satetes, Civil Societies, and Globalization*. Cambridge: Cambridge University Press.

Trombadori, Duccio. 2010. *Conversaciones con Foucault. Pensamientos, obras, omisiones del último maître-à-penser*. Buenos Aires: Amorrortu Ediciones.

Vásquez García, Francisco. 2011. "Foucault como filósofo analítico". En Rodrigo Castro Orellana y Joaquín Fortanet Hernández (eds.). *Foucault desconocido*. Murcia: Universidad de Murcia.

Veyne, Paul. 2008. *Séneca. Una introducción*. Barcelona: Marbot Ediciones.

Walzer, Michael. 1989. *The Company of Critics: Social Criticism and Political Commitment in the Twentieth Century*. London: Peter Haben.

Wickham, Gary. 2002. "Foucault and Law". En R. Banakr, M. Travers (eds.). *An Introduction to Law and Society Theory*. Oxford: Hart.

Zamora, Daniel y Michael Behrent (eds.). 2016. *Foucault and Neoliberalism*. Cambridge: Polity Press.

Žižek, Slavoj. 1992. *El sublime objeto de la ideología*. México: Siglo XXI Editores.

⎯⎯⎯⎯. 2001. *El espinoso sujeto. El centro ausente de la ontología política*. Barcelona: Paidós.

⎯⎯⎯⎯. 2011. *Primero como tragedia, después como farsa*. Madrid: Akal.

www.ingramcontent.com/pod-product-compliance
Lightning Source LLC
Chambersburg PA
CBHW070833160426
43192CB00012B/2184